I0127100

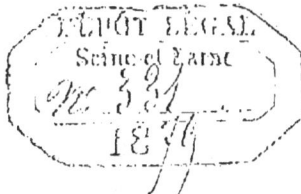

DÉPOT LÉGAL
Seine et Marne
N° 331
1877

R.F.
BIBLIOTHÈQUE NATIONALE
ESTAMPES

COURS

DE

COSMOGRAPHIE

A LA MÊME LIBRAIRIE

COURS COMPLET

D'ENSEIGNEMENT

LITTÉRAIRE ET SCIENTIFIQUE

A L'USAGE

DE TOUS LES ÉTABLISSEMENTS D'INSTRUCTION PUBLIQUE

PUBLIÉ SOUS LA DIRECTION

DE MM.

F. DELTOUR

Inspecteur général
de l'enseignement secondaire pour
les lettres,
Docteur ès lettres.

J.-H. FABRE

Docteur ès science,
Ancien élève de l'École normale
de Vaucluse, ex-professeur au lycée
d'Avignon.

VOLUMES IN-12 CARTONNÉS

LITTÉRATURE

Principes de composition et de style (Deltour),
2ᵉ édition. **2 75**

Cet ouvrage, adopté pour toutes les bibliothèques scolaires de France,
a obtenu de l'Académie française le prix Montyon.

Histoire de la littérature française (Tivier, professeur à la Faculté de Besançon), 2 volumes. . . . . » »

En préparation :

Histoire des littératures anciennes (Deltour) . . » »
Histoire des littératures étrangères (Deltour) . . » »

SCIENCES

Arithmétique théorique et pratique (J.-H. Fabre). **1 50**
Solutions de ladite. **1 75**
Algèbre et trigonométrie (J.-H. Fabre). **2 50**
Géométrie (J.-H. Fabre), avec figures. **2 50**
Éléments de physique (J.-H. Fabre), avec figures. . **3 50**
Éléments de chimie (J.-H. Fabre), avec figures). . . **3 50**
Mécanique (J.-H. Fabre), avec figures . . . . » »

GÉOGRAPHIE

Géographie (J.-H. Fabre), avec figures. **2 50**

F. Aureau. — Imprimerie de Lagny.

COURS COMPLET

D'ENSEIGNEMENT

LITTÉRAIRE ET SCIENTIFIQUE

A L'USAGE

DE TOUS LES ÉTABLISSEMENTS D'INSTRUCTION PUBLIQUE

PAR MM.

F. DELTOUR
Docteur ès lettres, ancien
professeur de rhétorique, inspecteur
général de l'instruction publique.

H. FABRE
Ancien professeur de sciences au lycée
et aux écoles municipales d'Avignon,
Docteur ès sciences.

COURS

DE

COSMOGRAPHIE

Par H. FABRE

ANCIEN PROFESSEUR DE SCIENCES
AU LYCÉE ET AUX ÉCOLES MUNICIPALES D'AVIGNON
DOCTEUR ÈS SCIENCES

AVEC FIGURES DANS LE TEXTE ET UN PLANISPHÈRE CÉLESTE HORS TEXTE

PARIS

LIBRAIRIE CH. DELAGRAVE

15, RUE SOUFFLOT, 15

—

1879

Tout exemplaire de cet ouvrage non revêtu de notre griffe sera réputé contrefait.

Ch. Delagrave

ÉLÉMENTS

DE

COSMOGRAPHIE

Ce cours doit être tout à fait élémentaire
et surtout descriptif.
(Note du programme officiel.)

CHAPITRE PREMIER

PREMIÈRES APPARENCES DU CIEL

Astronomie et Cosmographie. — L'astronomie (Ἀστήρ, astre; Νόμος, loi) est la science des lois qui régissent l'univers. Son étude fondamentale est la mécanique céleste, ayant pour objet les mouvements, les relations mutuelles, la distance, la masse, le volume des divers corps qui peuplent l'étendue. Dans une mesure plus étroite, à cause des difficultés, elle s'occupe aussi de la nature de ces corps et de leur constitution physique. En ces ardus problèmes, elle appelle à son aide les moyens les plus puissants de l'optique, et surtout les plus élevées conceptions de l'esprit dans les sciences de l'analyse algébrique, de l'étendue et du mouvement. L'astronomie est donc, avant tout, du domaine des hautes mathématiques.

Comme le signifie son nom (Κόσμος, univers; γράφω, je décris), la cosmographie est la description de l'univers. Sous une forme plus élémentaire, elle nous fait connaître, elle nous explique les résultats obtenus par l'astronomie. Celle-ci, étude du petit nombre, observe, recherche, trouve, en faisant usage des plus savantes ressources; celle-là, libre du lourd fardeau des méthodes et des appareils, décrit, expose et s'adresse à tous. Ce rôle modeste ne diminue en rien le puissant intérêt de la cosmographie. Aucune science d'observation ne peut, comme elle, nous démontrer à quelles hauteurs l'intelligence humaine est capable de s'élever; aucune ne peut rivaliser avec elle pour ouvrir d'immenses perspectives au sentiment moral.

2. **Les astres.** — On raconte que les bergers chaldéens furent les premiers attentifs à l'étude du ciel. Les loisirs de la vie pastorale, la sérénité de l'atmosphère et la douceur du climat, favorisaient, aux plaines de l'Euphrate, les humbles débuts de l'astronomie; et les longues heures des pacages nocturnes s'écoulaient dans la contemplation du ciel étoilé. Recommençons, dans toute leur simplicité, la première observation des antiques pâtres de la Chaldée. Par une nuit sereine, que ne voile aucune vapeur et d'où la lune est absente, levons les yeux au ciel. Que verrons-nous, à notre tour?

Un spectacle d'une magnificence inouïe, et qui nous ravirait si l'habitude n'avait, en nous, émoussé l'admiration. L'espace qui nous entoure, le ciel, pareil à une sombre et immense coupole, est semé de partout, comme au hasard, d'une multitude de points brillants, les uns à peine perceptibles à la vue, les autres d'un vif éclat et dont les rayons semblent dardés par élancements rapides. Leur nombre lasserait une supputation. Ce sont les *étoiles*. — Une large bande, sans régularité, pareille à une subtile traînée de vapeurs blanches, ici disjointe et là entière, s'étale d'un bout à l'autre de la voûte des cieux. L'antiquité lui donna le nom de *voie lactée*, qu'elle porte encore. — De loin en loin, parfois à de longues années d'intervalle, se montre, pour disparaître bientôt, quelqu'un de ces astres étranges nommés *comètes*, qui, dans les siècles passés, étaient l'objet de superstitieuses épouvantes. La science nous a délivrés de ces terreurs, et ce n'est pas là le moindre de ses bien-faits. Les comètes, toujours rares et pour ainsi dire étrangères dans notre ciel, se reconnaissent à la traînée lumineuse, plus ou moins longue et plus ou moins épanouie, qui les accompagne. — Enfin un corps céleste, visible périodiquement, exceptionnel par son ampleur apparente et son intensité lumineuse, complète ce relevé du ciel nocturne. C'est la *lune*, si remarquable par les divers aspects qu'elle prend, tantôt orbe complet, tantôt segment de cercle ou croissant. Tel est le ciel de la nuit, des dernières lueurs du soir aux premières lueurs du matin.

Puis, une clarté croissante monte d'un bord du ciel et peu à peu envahit l'étendue. A mesure qu'elle devient plus intense, les étoiles pâlissent d'éclat et deviennent invisibles en commençant par les plus faibles. On dirait qu'elles s'éteignent. Enfin le *soleil* se lève, et sa présence achève de faire la solitude dans le ciel. De son lever à son coucher, l'astre éblouissant est seul, dans le ciel de-venu, en apparence, une coupole bleue ; tout au plus, en même temps que lui et seulement à certaines épo-ques, apparaît aux regards la lune, mais très-affaiblie d'éclat. Il monte, atteint le point culminant de sa course, par delà redescend, et arrive au bord opposé du ciel, où il se couche et disparaît. Dès que l'illu-mination est suffisamment affaiblie, les étoiles redevien-nent visibles, non toutes à la fois, mais d'après leur ordre d'éclat ; les plus faibles ne se montrent que lorsque se sont éteintes les dernières clartés solaires. Ainsi répa-raît, de même qu'il a disparu, par gradation, le ciel noc-turne, avec ses innombrables étoiles, sa lune, sa voie lactée, sa comète parfois.

3. **Cause de l'invisibilité des étoiles en plein jour.** — Cette disparition graduelle des étoiles, des plus faibles aux plus brillantes, à mesure qu'augmente l'illumination par le soleil, et leur réapparition pareillement gra-duelle, des plus brillantes aux plus faibles, à mesure

que l'illumination diminue, font aussitôt soupçonner, sous ces apparences, une simple illusion produite par un contraste de lumière. Le ciel du jour, loin d'être désert comme le regard semble l'affirmer, doit être étoilé comme le ciel de la nuit.

La flamme d'une lampe, qui donne clarté dans l'ombre d'un appartement, pâlit en plein soleil jusqu'à devenir presque invisible. Un charbon incandescent, qui brille dans l'obscurité, semble obscur aux clartés du jour. Notre vue, sous l'impression d'une vive lumière, n'est plus apte à percevoir une faible lueur, qui l'impressionnerait néanmoins étant seule. Pour nous, clarté puissante annule clarté sans force, de même qu'un son intense empêche l'audition d'un son faible. L'éblouissante illumination que le soleil verse dans le ciel est donc cause de la disparition des étoiles pendant le jour. Et en effet, au moyen d'une lunette astronomique, dont le tube protége la vue contre la lumière ambiante, et dont les lentilles concentrent le faisceau lumineux reçu, il est possible d'observer en plein jour les étoiles, que nous sommes habitués à ne voir que de nuit. Le ciel est donc constamment étoilé.

4. **Distance angulaire.** — Supposons deux points quelconques situés dans l'espace à telle distance que l'on voudra ; et imaginons deux droites, deux rayons visuels, qui, de l'œil de l'observateur, se dirigent vers ces points. L'angle compris entre ces deux droites se nomme la *distance angulaire* des deux points. Il augmente si nous nous rapprochons des deux objets, il diminue si nous nous éloignons ; c'est du moins ce qui se passe lorsque l'éloignement n'atteint pas des proportions énormes, hors de comparaison avec ce que nous fournit l'habituel spectacle des choses de la terre. Cette mesure ne nous renseigne en rien sur l'intervalle réel compris entre les deux points, pas plus que sur la distance nous séparant de chacun d'entre eux ; elle nous dit seulement de combien s'écartent en degrés les deux rayons visuels ; elle

nous donne enfin l'angle au sommet d'un triangle dont tous les autres éléments sont inconnus.

5. Premier aperçu sur l'immense éloignement des étoiles. — Avec un graphomètre, appliquons ce mode de mensuration aux étoiles, considérées deux à deux ; déterminons leurs distances angulaires. Un premier et bien remarquable résultat se dégagera de nos observations. Mesurée d'ici ou bien d'ailleurs, du nord de l'Europe ou de la pointe australe de l'Afrique, de telle région de la terre ou de telle autre que l'on voudra, la distance angulaire de deux étoiles quelconques est reconnue partout identiquement la même, si précis que soient les instruments employés.

Nous voici donc, par la rigueur géométrique des faits, en face d'une conclusion que les apparences d'un premier examen étaient loin de faire prévoir. Si éloignés de nous que soient deux points terrestres, leur distance angulaire croît ou décroît avec le déplacement qui nous rapproche ou qui nous éloigne. Au contraire, la distance angulaire entre deux étoiles reste invariable pour nous, n'importe le lieu de l'observation. Notre déplacement suivant les plus grandes dimensions de la terre ne peut la faire croître ni la faire décroître. Par conséquent les longueurs terrestres, si étendues qu'on les prenne, sont excessivement petites, négligeables et pour ainsi dire nulles par rapport à l'éloignement qui nous sépare des étoiles. Ces points lumineux, qui nous semblaient d'abord à une distance très-grande, sans doute, mais enfin mesurable avec nos unités de longueur, sont, au contraire, tellement éloignés, que les plus longues dimensions de la terre, en comparaison, ne sont plus rien.

6. Invariabilité de la distance angulaire des étoiles. — Une autre conséquence de cette revue du ciel à l'aide du graphomètre, est celle-ci : non-seulement la distance angulaire des étoiles conserve même valeur, quel que soit le lieu où nous nous transportions pour la mesurer, mais elle est encore invariable dans le temps. Telle nous l'avons trouvée hier, telle nous l'observons aujourd'hui, et telle nous la retrouverons demain. Elle est pour le présent ce qu'elle était pour les siècles passés et ce qu'elle sera pour les siècles futurs. Les étoiles conservent donc le même arrangement par rapport les unes aux autres; les groupes qu'elles forment dans le ciel gardent en tout temps le même ordre, les mêmes configurations. Beaucoup de ces groupes sont dénommés et décrits dans la littérature de l'antiquité; ils fournissent de belles images à la poésie grecque et à la poésie latine. Les noms en sont restés les mêmes; les distances angulaires aussi; car ces groupes nous apparaissent aujourd'hui comme ils se montraient aux regards d'un Hésiode, d'un Homère, d'un Virgile. Pour rappeler cette fixité d'arrangement, les anciens ont appelé ces points brillants les *étoiles fixes*, ou plus brièvement les *fixes* (1).

7. **Planètes.** — Si l'observation se poursuit avec quelque assiduité, on ne tarde pas à reconnaître, non dans tout le ciel indifféremment, mais dans une étroite zone dont la direction est à peu près celle de la course du soleil, quelques astres d'éclat plus grand ou plus faible, qui font exception à l'invariable fixité des étoiles. D'une nuit à l'autre, et peu à peu, ils modifient continuellement leurs distances angulaires, soit entre eux, soit entre les étoiles voisines. Ils se déplacent donc dans le ciel, ils ont un mouvement qui leur appartient en propre; enfin, ils errent, pour ainsi dire, d'un groupe stellaire au suivant. On les nomme *planètes*, du mot πλανάω, j'erre, par allusion à leur déplacement conti-

---

(1) L'invariabilité des distances angulaires entre les étoiles n'est pas rigoureusement exacte. Des modifications ont lieu dans le ciel étoilé, mais si faibles et si lentes, qu'on doit les négliger dans une vue d'ensemble. Ainsi, l'une des étoiles dont les variations angulaires sont le plus rapides, se déplace par an et toujours dans le même sens d'un arc de cinq secondes environ. On reviendra sur cette question en traitant de l'astronomie sidérale.

nuel. Leur nombre est peu considérable, mais leur importance est majeure pour nous, car il sera plus tard établi que la terre est, elle aussi, un astre errant, une planète.

Au caractère de la variation des distances angulaires, s'en adjoint un autre qui permet, jusqu'à un certain point, de distinguer une planète d'une étoile. La lumière des étoiles est douée d'élancements rapides, et d'une sorte de tremblement continu, qu'on nomme *scintillation*. Notre atmosphère paraît en être la cause. La scintillation est d'autant plus vive, que l'air est plus pur, la température plus froide et l'étoile plus élevée au-dessus de l'horizon. Au contraire, les planètes ont une lumière calme ; elles scintillent peu ou point pour la plupart.

8. Sphère céleste. — La distance angulaire des étoiles, reconnue partout la même, quel que soit le lieu d'observation choisi à la surface de la terre, nous démontre que l'éloignement de ces astres est hors de proportion avec nos habituelles mesures linéaires, et tellement considérable, qu'un terme de comparaison nous manque pour en apprécier l'immensité. Il doit y avoir des étoiles plus éloignées que les autres, c'est indubitable ; il doit y en avoir de plus rapprochées ; et cependant le regard ne perçoit aucune différence entre leurs éloignements respectifs. Notre vue est impuissante à comparer entre elles semblables longueurs, qui, plus longues ou plus courtes, n'en sont pas moins toujours immenses. Toutes les étoiles nous paraissent donc à la même distance. Elles semblent fixées, pareilles à des points brillants, sur le fond sombre d'une voûte, dont le centre est l'observateur lui-même et dont les bords reposent sur la ligne circulaire de l'horizon. La même illusion se répète en tout point de la terre. Par conséquent l'espace étoilé, si nous pouvions en embrasser à la fois toute l'étendue, nous apparaîtrait comme une sphère dont nous occuperions le centre, Cette sphère idéale se nomme *sphère céleste*.

Pour en avoir une représentation, imaginons, autour du spectateur, une enveloppe sphérique de rayon arbitraire, et dirigeons un rayon visuel vers chaque étoile. Le point où cette ligne visuelle percera l'enveloppe, concentrique à la sphère céleste, sera la représentation de l'étoile correspondante. Nous distribuerons ainsi, sur notre carte sphérique, l'ensemble des étoiles, avec les mêmes distances angulaires et les mêmes mutuelles relations qu'elles ont dans le ciel tel qu'il nous apparaît.

9. **Mouvement apparent de la sphère céleste.** — Par des observations faites à différentes heures de la nuit, il est aisé de reconnaître que l'ensemble des étoiles accomplit une rotation apparente, dirigée dans le même sens que la course journalière du soleil, c'est-à-dire de l'*orient*, côté de l'horizon où le soleil se lève, vers l'*occident*, côté de l'horizon où le soleil se couche. Sans rien changer dans leurs distances angulaires, sans rien modifier dans la configuration de leurs groupes, elles se déplacent toutes d'un mouvement uniforme et reviennent en vingt-quatre heures aux mêmes points du ciel. Telle étoile qui maintenant est au-dessus de nos têtes, un peu plus tard, inclinera vers l'occident; telle autre qui se montre au bord oriental de l'horizon quand arrive la nuit, sera revue au bord occidental lorsque reviendra le jour. Enfin, les choses se passent comme si l'étendue étoilée était réellement une sphère creuse, qui tournerait en vingt-quatre heures et d'un mouvement uniforme autour d'un axe imaginaire, passant par l'observateur, et emporterait avec elle les étoiles, fixées à sa surface dans une immuable position. Mais cette sphère et cet axe, ne l'oublions pas, sont pures conceptions idéales; si l'on en fait usage, c'est qu'elles se prêtent à une facile exposition des apparences du ciel.

10. **Verticale et horizontale.** — La connaissance du ciel resterait dans le vague où nous laisse le regard promené sans méthode sur la voûte étoilée, si l'on ne faisait in-

tervenir une coordination précise empruntée à la géométrie. Avant de poursuivre, nous allons donc exposer l'appareil géométrique dont l'usage est le plus fréquent.

Pour un point quelconque de la surface terrestre, la *verticale* est la direction de la pesanteur en ce point, c'est-à-dire la direction même du fil à plomb. Idéalement prolongée, dans un sens comme dans l'autre, cette direction rencontre la sphère céleste en deux points nommés *Zénith* et *Nadir*, expressions qui nous sont venus des Arabes. Le zénith est le point directement au-dessus de nos têtes ; le nadir est le point opposé. Le premier est visible pour l'observateur ; le second est invisible.

Tout plan passant par la verticale est un *plan vertical*. Pour un même lieu, le nombre de plans verticaux est indéfini.

Supposons-nous dans une vaste plaine aussi unie que possible ; ou mieux, supposons-nous sur la surface des mers. La vue autour de nous est bornée par une ligne circulaire dont nous occupons le centre. Dans le langage vulgaire, cette ligne qui délimite la partie de la surface terrestre accessible aux regards se nomme *Horizon* (Ὁρίζω, je borne, je délimite). La cosmographie fait emploi du même terme, mais en lui donnant définition plus rigoureuse. Un *plan horizontal* est un plan perpendiculaire à la verticale du lieu considéré. Prolongé dans tous les sens, il coupe la sphère céleste suivant un grand cercle (1), puisque, à cause des dimensions négligeables et en quelque sorte nulles de la terre

_____

(1) La géométrie appelle *grand cercle* toute section faite dans une sphère par un plan qui passe par le centre. Tous les grands cercles sont égaux ; ils ont pour rayon le rayon même de la sphère. Elle appelle *petit cercle* toute section faite par un plan ne passant pas par le centre. Si ce n'est lesquelles sont à égale distance du centre, ces sections ont des rayons inégaux et toujours moindres que le rayon de la sphère ; ce qui leur a valu le nom de *petits cercles*, tandis que les premières, à rayon le plus grand possible, portent le nom de *grands cercles*.

1.

par rapport à l'immensité qui nous sépare des étoiles, l'observateur occupe toujours le centre de la sphère étoilée, en quelque lieu qu'il se trouve. Ce grand cercle est l'*Horizon*. Il divise la sphère en deux parties égales : l'une au-dessus visible à nos regards, l'autre au-dessous et invisible. Un astre se lève quand il émerge au-dessus du plan horizontal mené par le lieu d'observation ; il se couche quand il rencontre pour la seconde fois ce plan et disparaît au-dessous.

11. Axe du Monde. — Pôles. — La ligne idéale autour de laquelle le ciel paraît se mouvoir tout d'une pièce, se nomme *Axe du monde*. Les deux points où elle rencontre la sphère céleste prennent le nom de *Pôles* (Πολέω je tourne), parce que ce sont, dans le langage imagé des apparences, les pivots sur lesquels semble s'effectuer la rotation du ciel. L'un, visible de nos régions, s'appelle *Pôle arctique* (Ἄρκτος, ourse), par allusion à deux constellations ou groupes d'étoiles qui l'avoisinent, la Grande Ourse et la Petite Ourse, sur lesquelles on reviendra bientôt. L'autre, invisible dans nos pays, se nomme *Pôle antarctique*, c'est-à-dire opposé à l'Ourse. On emploie encore pour désigner le premier, l'expression de *Pôle boréal ;* et pour désigner le second, celle de *Pôle austral*.

12. Equateur et parallèles. — Sur l'axe du monde, concevons élevés autant de plans perpendiculaires qu'il nous conviendra. Tous feront dans la sphère céleste des sections circulaires ; et ces sections seront parallèles entre elles. La plus grande, celle de plus grand rayon, sera la section menée par le centre de la sphère, c'est-à-dire par le point même où se trouve l'observateur ; car, répétons-le encore pour bien le graver dans l'esprit, nos déplacements à la surface de la terre ne sont rien à côté de l'immense éloignement des étoiles, de manière que nous occupons toujours le centre de la sphère céleste n'importe le point choisi comme lieu d'observation. Cette plus grande section, ce grand cercle enfin est appelé *Equateur*. On peut alors définir l'é-

quateur, *un grand cercle perpendiculaire à l'axe du monde.*
Il divise le ciel en deux parties égales ou *Hémisphères*,
dont l'un, ayant au sommet le pôle arctique, se nomme
hémisphère boréal ; et dont l'autre, ayant au sommet le
pôle antarctique, s'appelle *hémisphère austral.*

Quant aux autres plans perpendiculaires à l'axe du
monde, ils coupent la sphère céleste suivant de petits
cercles appelés *Parallèles*, dont le rayon décroît depuis
l'équateur jusqu'à chaque pôle, où il est nul. A égale
distance, soit de l'équateur, soit de l'un et l'autre pôle,
deux parallèles sont évidemment égaux ; hors de ces
conditions ils sont inégaux.

Les apparences sont telles que le ciel, semblable à une
immense sphère étoilée, paraît tourner tout d'une pièce,
d'orient en occident, autour de l'axe du monde. On voit
alors que chaque étoile, dans son mouvement apparent,
décrit un parallèle, ayant pour rayon la perpendiculaire
abaissée de cette étoile sur l'axe. La partie de ce parallèle située au-dessus du plan horizontal, représente,
dans le trajet circulaire de l'étoile, ce qui est visible
pour nous; et la partie du même parallèle située au-
dessous représente ce qui est invisible.

13. **Méridien.** — Toute section de la sphère céleste
faite par un plan assujetti à passer par l'axe du monde
se nomme *Méridien.* Le nombre des méridiens est indéfini, car suivant une même droite, l'axe du monde, il
est possible de mener une suite indéfinie de plans. Ce
sont autant de grands cercles, égaux par conséquent entre eux, et divisant chacun la sphère céleste en deux
parties égales, l'une à l'orient, l'autre à l'occident. Tous
sont perpendiculaires à l'équateur et aux divers parallèles. Pour tous enfin il y a point de croisement aux deux
pôles célestes.

Considérons maintenant un lieu déterminé à la surface de la terre. Par la verticale de ce lieu et par l'axe
du monde conduisons un plan, qui est unique vu les
deux conditions auxquelles il doit satisfaire. Ce plan

est le *méridien du lieu considéré*. Il est perpendiculaire au plan horizontal puisqu'il comprend la verticale ; il divise en deux parties égales la portion des divers parallèles comprise au-dessus de l'horizon, ainsi que la portion comprise en dessous. Chaque étoile en décrivant son parallèle d'orient en occident, vient le traverser une première fois dans la région du ciel visible pour nous, et une seconde fois dans la région invisible. Dans le premier cas, on dit que l'étoile est à son *passage supérieur*, expression qui s'explique d'elle-même ; on dit encore que l'étoile est à son point de *culmination*, parce qu'elle atteint sur son parallèle le point culminant ou le plus élevé au-dessus de l'horizon. Dans le second cas, l'étoile est à son *passage inférieur*.

14. **Origine du mot méridien.** — Puisque le méridien divise en deux parties égales la portion de chaque parallèle comprise au-dessus de notre horizon, et que d'autre part chaque parallèle est parcouru par l'étoile correspondante avec une vitesse uniforme, on voit que l'instant du passage supérieur dans le méridien d'un lieu divise en deux parts égales le temps compris entre le lever et le coucher d'une étoile quelconque.

Semblable fait se reproduit le jour au sujet du soleil, qui atteint le point culminant de sa course au-dessus de notre horizon lorsqu'il traverse notre méridien. Il est alors midi, non-seulement pour nous, mais encore pour tous les points de la terre situés sous le même méridien. Quant aux points situés sous l'autre moitié de ce méridien, ils ont minuit. C'est pour rappeler ce fait fondamental, l'instant précis de la moitié du jour lorsque le soleil traverse le plan conduit suivant l'axe de monde et notre verticale, que l'on a donné à ce plan le nom de méridien. (*Meridies*, midi, milieu du jour).

15. **Méridienne. Points cardinaux.** — L'intersection du méridien d'un lieu avec l'horizon correspondant donne une ligne droite indéfinie qui prend le nom de *méridienne* de ce lieu.

Sur cette méridienne et dans le plan de l'horizon, élevons une perpendiculaire. Nous obtiendrons ainsi quatre directions à angle droit tournées vers ce qu'on nomme les quatre *points cardinaux* de l'horizon, savoir : le *nord*, le *sud*, *l'est* et *l'ouest*. La méridienne est comprise dans un même plan avec l'axe du monde, puisqu'elle est située dans le méridien, lui-même conduit suivant cet axe ; et sa perpendiculaire est par conséquent comprise dans le plan d'un parallèle. La première est la direction nord-sud ; elle fait connaître dans quel plan vertical est l'axe du monde. La seconde est la direction est-ouest, c'est-à dire la direction même suivant laquelle se meut le ciel dans son apparente rotation.

Tournons-nous alors du côté de l'horizon où les étoiles se lèvent, ou plus simplement considérons le soleil à son lever. Nous aurons devant nous l'*est*, nommé aussi *orient* ou *levant ;* derrière nous l'ouest, ou comme on dit encore, l'*occident,* le *couchant ;* à notre gauche, le *nord* ou *septentrion ;* à notre droite, le *sud* ou *midi*. Si nous faisions face au soleil qui se couche, nous aurions l'ouest devant nous, l'est derrière, le nord à droite et le sud à gauche. Reconnaître les quatre points cardinaux de l'horizon est ce qu'on appelle s'*orienter*. Ajoutons que la méthode d'orientation consistant à se tourner vers le soleil qui se lève ou qui se couche pour déterminer l'est ou l'ouest et par suite les autres points cardinaux, ne fournit qu'une approximation grossière, car, ainsi qu'on le verra dans un chapitre ultérieur, le soleil est loin de se lever et de se coucher toute l'année aux mêmes points de l'horizon.

RÉSUMÉ

1. L'astronomie est la science des lois qui régissent l'univers. La cosmographique est la description de l'univers.

2. Le ciel de la nuit nous montre d'innombrables étoi-

les, la voie lactée, la lune, parfois une comète. Le ciel du jour ne nous montre guère que le soleil.

3. Cependant le ciel du jour est étoilé comme celui de la nuit. La disparition apparente des étoiles a pour cause la vive illumination que verse le soleil.

4. La *distance angulaire* de deux points est l'angle que forment les rayons visuels dirigés vers chacun de ces points.

5. La distance angulaire de deux étoiles est partout la même quel que soit le lieu d'observation à la surface de la terre. L'éloignement qui nous sépare des étoiles est donc immense et hors de comparaisons avec nos déplacements sur la terre.

6. La distance angulaire des étoiles est invariable dans les temps. Les divers groupes stellaires conservent toujours la même configuration.

7. On nomme *planètes* des astres semblables d'aspect aux étoiles mais ne conservant pas les mêmes distances angulaires, soit entre elles, soit avec les étoiles voisines.

8. Le ciel nous apparaît comme une sphère immense dont l'observateur occupe toujours le centre. Cette sphère idéale se nomme *sphère céleste*.

9. La sphère céleste paraît tourner tout d'une pièce d'orient en occident, emportant avec elle les étoiles fixées à sa surface.

10. La *verticale* est la direction de la pesanteur ou la direction du fil à plomb. Tout plan conduit suivant la verticale est un plan *vertical*. Un plan *horizontal* est un plan perpendiculaire à la verticale du lieu considéré. Il coupe la sphère céleste suivant un grand cercle nommé *horizon*.

11. L'*axe du monde* est la ligne idéale autour de laquelle le ciel paraît se mouvoir. Les points où cette ligne rencontre la sphère céleste se nomment *pôles*. L'un est le pôle arctique ou boréal; l'autre, le pôle antarctique ou austral.

12. L'*équateur céleste* est un grand cercle perpendicu-

laire sur l'axe du monde. Les *parallèles* sont de petits cercles perpendiculaires sur le même axe.

13. Les *méridiens* sont de grands cercles comprenant tous l'axe du monde. Le méridien d'un lieu est le plan conduit suivant l'axe du monde et la verticale de ce lieu.

14. Il est midi pour un lieu quand le soleil traverse le méridien de ce lieu. Le mot méridien fait allusion à ce fait.

15. La *méridienne* est la droite que donne l'intersection de l'horizon et du méridien d'un lieu. Cette droite et une perpendiculaire qu'on lui mène dans un plan horizontal déterminent les quatre points cardinaux de l'horizon, le nord, le sud, l'est et l'ouest.

CHAPITRE II

COORDONNÉES ET INSTRUMENTS ASTRONOMIQUES

1. **Azimut. Hauteur apparente. Distance zénithale.** — Nous avons admis jusqu'ici, nous en rapportant à ce que dit la plus élémentaire observation des apparences, que le ciel se meut autour de nous, d'un mouvement uniforme, et que chaque étoile décrit un cercle perpendiculaire à l'axe du monde, enfin une parallèle. Apportons maintenant dans ces affirmations, la rigueur des méthodes géométriques.

Soient dans la figure 1, T le point occupé par l'observateur, point qui est le centre de la sphère céleste; NOHSE l'horizon, TZ la verticale et par conséquent Z le zénith. Soit encore A la position d'une étoile sur la sphère du ciel. Pour déterminer cette position, que faudrait-il

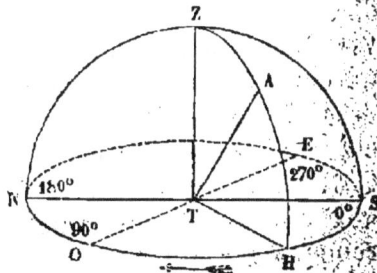

Fig. 1.

connaître ? — Deux choses. D'abord l'angle que le plan vertical THAZ passant par cette étoile fait avec un autre plan vertical arbitrairement choisi comme origine, ou point de départ, par exemple avec le plan vertical TZS que nous dirigerons vers un point fixe de l'horizon, de point S laissé à notre choix. Cet angle est STH, que mesure l'arc HS. On le nomme l'*azimut* de l'étoile. En second lieu, il nous faudrait l'angle ATH, correspondant à l'arc AH et nommé *hauteur apparente* de l'étoile ; ou bien, ce qui reviendrait au même, l'angle ATZ, complément du premier, et appelé *distance zénithale* de l'étoile.

Il est visible qu'avec ces deux données angulaires, il serait facile de reporter, sur une sphère construite de nos mains, les positions précises qu'une même étoile occupe dans la sphère du ciel à des instants quelconques. Pour représenter l'horizon, on y tracerait un grand cercle, au pôle géométrique duquel serait le point figurant le zénith. De ce point, un grand cercle serait mené perpendiculairement à l'horizon et donnerait l'origine des arcs SH, SO, etc., mesure des divers azimuts. Ainsi seraient obtenus les points homologues de H, O, etc., par lesquels on conduirait de grands cercles passant tous par le zénith. Enfin, sur ces derniers on prendrait des arcs égaux, soit à la hauteur apparente, soit à la distance zénithale, et l'on obtiendrait la représentation exacte du lieu de l'étoile pour le moment considéré.

Résumons par des définitions les coordonnées dont nous venons de faire usage. *L'azimut d'un astre quelconque est l'angle que forme avec un plan vertical fixe, arbitrairement choisi, le plan vertical qui passe par cet astre.* C'est le point sud de l'horizon que l'on choisit d'habitude pour origine des azimuts. Le plan du vertical fixe n'est donc autre chose que le plan du méridien. *La hauteur apparente d'un astre est l'angle que le rayon visuel dirigé vers cet astre forme avec le plan de l'horizon, et sa distance zénithale est l'angle que le même rayon visuel forme avec la verticale.* La hauteur et la distance zénithale sont complémentaires.

2. Théodolite. — L'instrument pour obtenir les deux coordonnées astronomiques dont il vient d'être parlé, porte le nom de *théodolite.* Réduit à ses éléments essentiels, il affecte la disposition suivante :

Un cercle gradué ONES (fig. 2) est mis horizontal au moyen d'un niveau à bulle d'air. Au centre de ce cercle et perpendiculairement à son plan s'élève un axe mobile TZ, entraînant avec lui une alidade TH qui parcourt les divisions du cercle. Lorsque celui-ci est horizontal, l'axe lui-même est vertical, et son prolongement Z est dirigé vers le zénith. A cet axe est fixé par son centre un autre cercle gradué, mais à limbe vertical et situé dans le même plan que l'alidade TH. Enfin ce cercle vertical est armé d'une alidade à lunette CA'.

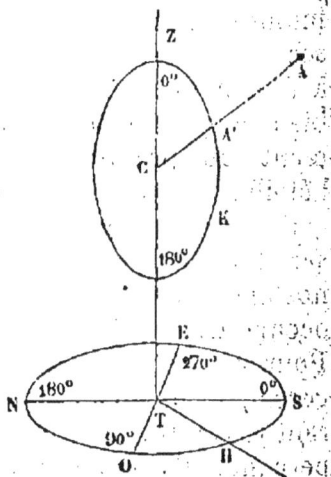

Fig. 2.

Ces dispositions comprises, dirigeons vers le point de l'horizon choisi comme origine des azimuts, le diamètre NS correspondant au zéro des divisions dans le cercle horizontal ; puis faisons tourner l'axe TZ jusqu'à ce que le plan du cercle vertical prolongé rencontre l'étoile A qu'il s'agit d'observer ; enfin dirigeons l'alidade à lunette CA' vers cette étoile. La distance zénithale et l'azimut de l'astre sont à la fois donnés par l'instrument, car SH sur le cercle horizontal est l'azimut, et ZA' sur le cercle vertical est la distance zénithale.

3. Lois du mouvement de la sphère céleste. — Rapportons, comme nous l'avons expliqué, sur une sphère en carton ou en toute autre matière, les coordonnées ainsi obtenues pour une étoile à différentes heures de la nuit, et à différentes époques de l'année. Nous reconnaîtrons que la série des points déterminés de la sorte forme toujours sur la sphère une circonférence, et une invariable circonférence, quelle que soit l'étoile observée. Donc, comme nous l'avions admis d'après les simples approximations du regard, le mouvement apparent de chaque étoile se fait suivant une circonférence. De plus, les circonférences décrites par autant d'étoiles que l'on voudra soumettre à l'observation, sont parallèles entre elles et par suite leurs plans perpendiculaires à un même axe, qui est l'axe du monde. De cette vérité fait foi notre tracé sur la sphère, tracé dont le résultat est une série de circonférences parallèles. Enfin, avec un instrument d'horlogerie mesurons les intervalles de temps compris entre les observations successives d'une même étoile, et mesurons aussi sur notre sphère en cartonnage les arcs compris entre les positions correspondantes. Nous reconnaîtrons qu'en un laps de temps double, triple, quadruple, est parcouru un arc lui-même double, triple, quadruple. Dans leur mouvement apparent autour de nous, les étoiles parcourent donc des arcs proportionnels au temps mis à les parcourir; en d'autres termes, ce mouvement est uniforme. Ainsi se trouvent établies expérimentalement les vérités suivantes : *Le mouvement apparent des étoiles est circulaire, uniforme, d'égale durée pour toutes, de même sens et perpendiculaire à un même axe.*

4. Jour sidéral. — On désigne par l'expression de jour sidéral, le temps écoulé entre deux retours consécutifs de la même étoile au même point du ciel, ou bien encore au même méridien. C'est donc la durée d'une révolution complète de la sphère céleste autour de l'axe du monde. Cette durée a été reconnue invariable depuis les époques les plus reculées où puissent remonter les annales de l'astronomie. En comparant les observations d'il y a deux mille cinq cents ans avec les observations de nos jours, on constate que, dans cette période de vingt-cinq siècles, le ciel étoilé n'a pas varié sa révolution d'un centième de seconde. Tel il tournait aux temps reculés où, pour la première fois, les pâtres chaldéens suivaient dans leurs veilles les mouvements des étoiles, tel il tourne aujourd'hui, et tel il tournera dans un avenir dont rien ne peut faire soupçonner les limites.

Cette révolution apparente du ciel, si remarquable par son invariable durée, nous fournit le meilleur moyen et le plus simple pour mesurer le temps. Le jour sidéral se divise en 24 heures sidérales, qui elles-mêmes se subdivisent en 60 minutes, comprenant chacune 60 secondes. Il est plus court de 4 minutes environ que le jour ordinaire, basé sur la marche du soleil et tel que nous le donnent nos habituels instruments d'horlogerie. Le pendule qui bat la seconde sidérale a pour longueur à Paris 0^m,99385, tandis que le pendule battant la seconde de jour ordinaire mesure 0^m,9939.

Détermination de la méridienne. — Nous avons défini le méridien d'un lieu le plan mené suivant la verticale de ce lieu et l'axe du monde. Ce plan, avons-nous vu, passe par le milieu de la partie des parallèles située au-dessus de l'horizon; en d'autres termes, il passe par le point de culmination des étoiles. Il divise donc en parties égales l'angle formé par deux rayons visuels dirigés vers la même étoile, le premier lorsque cette étoile atteint une certaine distance zénithale avant d'arriver au méridien, le second lorsqu'elle a même distance zénithale après avoir dépassé le méridien.

Cette remarque nous fournit le moyen de tracer la méridienne, c'est-à-dire l'intersection du méridien avec l'horizon; ce qui détermine le méridien lui-même. — Disposons horizontalement le cercle inférieur du théodolite (fig. 3) et faisons tourner l'axe OZ jusqu'à ce que le plan

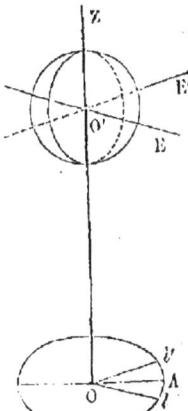

Fig. 3.

vertical du cercle supérieur rencontre une certaine étoile, vers laquelle la lunette de ce cercle est alors dirigée. On obtient ainsi la distance zénithale de l'astre. Dans ces conditions, l'alidade du cercle inférieur, entraînée par la rotation de l'axe, occupe O*l*, projection du cercle vertical lui-même. Nous marquons cette direction. Plus tard, quand l'étoile après avoir dépassé le méridien est dans la partie descendante de son arc, nous renouvelons l'observation, en épiant l'instant précis ou la distance zénithale est redevenue exactement la même, mais dans un sens contraire. Soit alors O.' la position de l'alidade sur le cercle horizontal. Menons la bissectrice de l'angle *lOl'*, et cette bissectrice sera évidemment la méridienne.

On peut encore observer l'étoile d'abord à l'est et puis à l'ouest à des moments où sa hauteur apparente au dessus de l'horizon est de même valeur, et mener la bissectrice de l'angle déterminé par les deux positions de l'alidade sur le cercle horizontal. C'est ce qu'on nomme la *méthode des hauteurs correspondantes*, parce que les hauteurs de l'étoile au-dessus de l'horizon, d'une part à l'est et d'autre part à l'ouest, se correspondent ou sont égales.

6. **Lunette méridienne. Cercle mural.** — Concevons une lunette qui se meuve autour d'un axe horizontal inébranlable, et de manière à rester constamment dans le plan du méridien. A l'intérieur, munissons-la d'un *réticule*, c'est-à-dire de deux fils très-fins se croisant à angle droit sur l'axe même de l'appareil. Pour obtenir le plus de précision possible, l'image de l'astre observé doit se trouver au croisement des fils. Cet instrument, l'un des plus utiles en astronomie, se nomme *lunette méridienne* ou *instrument des passages*. Il sert à observer le passage d'un astre quelconque au méridien.

Dans un mur solidement construit pour éviter toute trépidation, et dirigé suivant le méridien, imsplantons un axe horizontal O (fig. 4), et sur cet axe montons un

cercle gradué fixe dont le limbe se confonde avec le plan du méridien. En-
fin au centre disposons une lunette L, mobile dans le plan du cercle gradué. L'appareil ainsi construit se nom-me *cercle mural*. Il sert à mesurer soit la hau-teur d'un astre au-des-sus de l'horizon, soit sa distance zénithale au moment du passage

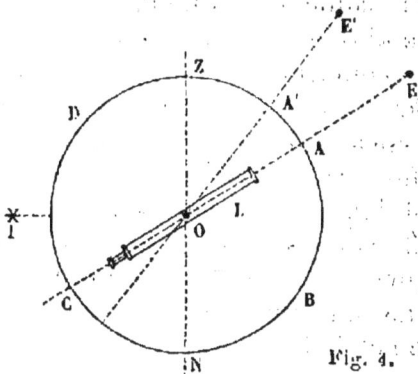

Fig. 4.

au méridien. Il sert enfin à trouver la distance angu-laire de deux étoiles quelconques EE', qui passent à la fois au méridien. Cette distance angulaire est, en effet, égale à la différence des distances zénithales ainsi que l'indique suffisamment la figure.

7. Divers aspects du ciel suivant la position de l'axe par rapport à l'horizon. — Les apparences nous mon-trent une sphère étoilée tournant tout d'une pièce, en 24 heures sidérales, autour de l'axe du monde. Une moitié de cette sphère nous est masquée par l'horizon, l'autre moitié est visible. Imaginons d'abord l'axe per-pendiculaire à l'horizon. Dans ces conditions-là, com-ment verrions-nous se mouvoir les étoiles? — Nous les verrions, c'est évident, dans la moitié du ciel accessible aux regards, circuler autour de nous et décrire des cir-conférences complètes. Plus rapprochées de l'horizon ou plus voisines du zénith, toutes seraient visibles pendant la durée entière de leur révolution, sans jamais se lever sans jamais se coucher, c'est-à-dire sans apparaître et disparaître périodiquement. Pour le spectateur, la sphère céleste serait alors *parallèle;* en d'autres termes, les étoiles décriraient autour de lui des circonférences parallèles à l'horizon.

Supposons maintenant que l'horizon soit dirigé suivant l'axe du monde. Alors la sphère étoilée sera pour nous visible d'un pôle céleste à l'autre, et nous verrons les étoiles parcourir toutes des demi-circonférences au-dessus de l'horizon. Dans ces conditions, la sphère sera *droite* pour l'observateur, c'est-à-dire que les étoiles circuleront dans des plans perpendiculaires à l'horizon.

Admettons enfin que l'axe soit oblique par rapport au plan horizontal. La figure 5, où le cercle HH′ repré-

Fig. 5.

sente l'horizon et PP′ l'axe du monde, suffit pour nous montrer quelles doivent être alors les apparences. L'arc visible ou l'arc compris au-dessus de l'horizon, embrasse une partie d'autant plus grande de la circonférence que l'étoile considérée E, *b*, etc., se rapproche davan-
tage du pôle céleste P. Il arrive même qu'au voisinage du pôle, la circonférence totale est au-dessus de l'horizon ; et l'étoile *a*, par exemple, reste visible pendant sa révolution entière. L'inverse se passe du côté opposé. L'arc visible va en diminuant ; et en H′, l'étoile effleure un instant l'horizon pour redevenir aussitôt invisible. Par delà enfin, au voisinage du pôle P′, les étoiles tournent sans jamais monter au-dessus de l'horizon, sans jamais devenirs visibles. Dans de semblables conditions, la sphère est *oblique ;* les étoiles se meuvent sur des circonférences obliques à l'horizon.

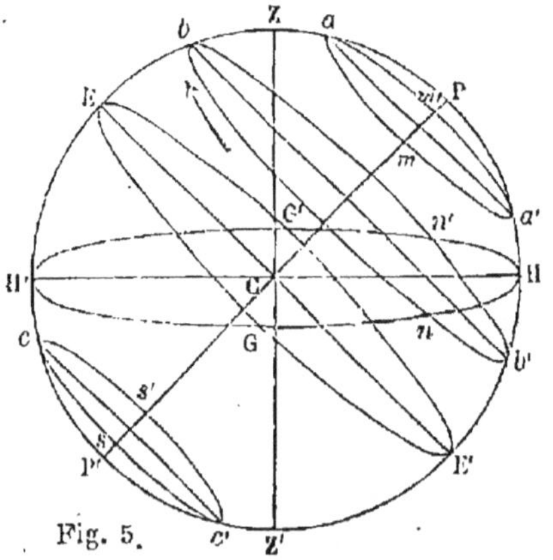

8. **Aspect du ciel dans nos régions. — Etoiles circumpolaire.** — Pour nos régions, la sphère est oblique. Portons nos regards, en effet, dans la direction du sud : nous reconnaîtrons que certaines étoiles s'y montrent plus ou moins longtemps au-dessus de l'horizon, puis

replongent au-dessous, après avoir décrit un arc, minime fraction de la circonférence. L'arc visible augmente jusqu'à devenir une demi-circonférence, jusqu'à dépasser cette valeur à mesure que l'étoile remonte davantage vers nous. Faisons face maintenant au nord. L'observation poursuivie une nuit entière nous apprendra que, dans cette partie du ciel, il existe des étoiles visibles pendant toute la durée de leur révolution parce que les circonférences qu'elles décrivent sont en entier au-dessus de l'horizon. Il n'y a pour elles ni lever ni coucher. L'illumination du jour les fait disparaître, l'obscurité de la nuit les fait reparaître, mais il n'y a jamais d'obstacle interposé entre elles et notre regard. Ces étoiles de perpétuelle apparition se moment *étoiles circompolaires*.

9. Changement de l'aspect du ciel suivant le lieu d'observation. — En nous déplaçant dans la direction du méridien, nous verrions, comme il suit, changer l'aspect du ciel. Plus au nord, certaines étoiles qui se couchent pour le lieu où nous sommes, viendraient s'ajouter aux étoiles qui ne se couchent pas, en d'autres termes deviendraient circompolaires. D'autre part, les étoiles qui d'ici sont visibles au sud mais dans un arc de petite étendue, cesseraient d'être visibles. Enfin au pôle géographique de la terre, les étoiles ne se coucheraient plus; toutes seraient circompolaires et décriraient autour du spectateur des circonférences parallèles à l'horizon.

Si le déplacement avait lieu vers le sud, des étoiles qui pour le lieu où nous sommes actuellement sont circompolaires, auraient un lever et un coucher, parce qu'une partie de leur circonférence plongerait sous l'horizon. En second lieu, nous verrions apparaître peu à peu, au bord méridional de l'horizon, des étoiles qui, ici, ne sont jamais visibles. Finalement, dans les régions même de l'équateur géographique, nous verrions le ciel étoilé d'un pôle céleste à l'autre. Il n'y aurait plus de circompolaires. Les étoiles décriraient toutes des demi-circonférences au-dessus de l'horizon, et la sphère céleste serait droite.

Par delà l'équateur terrestre apparaîtraient, de plus en plus nombreuses à mesure qu'on avancerait davantage vers le sud, d'autres circompolaires différentes des nôtres, d'autres constellations inconnues dans nos pays, et la sphère de nouveau serait oblique. Enfin à l'autre pôle de la terre, la sphère serait encore parallèle, mais avec un ciel étoilé tout différent.

10. Détermination de l'axe du monde. Hauteur du pôle. — Considérons une étoile circompolaire quelconque (fig. 6). Elle traverse le méridien ZH Z'H' deux fois, à

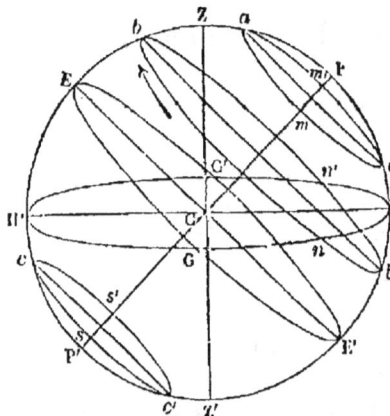

Fig. 6.

son passage supérieur a et à son passage inférieur a'. L'axe du monde est dirigé du centre C de la sphère céleste, point qu'occupe toujours l'observateur, au milieu P de l'arc de méridien aa' compris entre les deux passages. Si donc, l'observateur, au moyen du cercle mural, mesure la hauteur Ha de l'étoile au moment du passage supérieur, et la hauteur Ha' au moment du passage inférieur, la demi-somme des deux observations lui donnera HP (1), et par conséquent la position du point P, c'est-à-dire, le pôle céleste. L'axe du monde sera alors CP, ou P'P.

La valeur angulaire HP se nomme *hauteur du pôle*. La hauteur du pôle en un lieu considéré est donc l'angle que forme avec l'horizon le rayon visuel dirigé vers le pôle ou bien l'axe du monde. Sa valeur à Paris est de $48°50'11''$.

(1) $\dfrac{Ha + Ha'}{2} = \dfrac{Ha' + a'a + Ha'}{2} = \dfrac{2Ha' + 2a'P}{2} = Ha' + a'P = HP.$

Nous verrons bientôt qu'une étoile, dite *la Polaire*, sans se trouver précisément au pôle céleste boréal, décrit autour de lui une circonférence très-petite. La connaissance de cette étoile donne approximativement la position du pôle sans l'intervention des instruments astronomiques.

11. Equatorial. — Soit un axe AB (fig. 7) exactement dirigé suivant l'axe du monde, dont nous venons d'étudier la détermination. Sur cet axe sont deux cercles disposés de la même manière que ceux du théodolite. L'un HI est perpendiculaire à l'axe, et représente de la sorte le plan de l'équa-

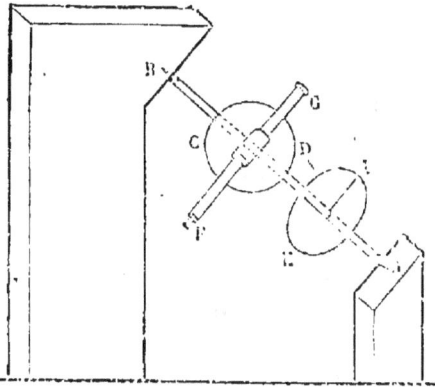

Fig. 7.

teur; l'autre CD est dirigé suivant l'axe lui-même, et se trouve ainsi perpendiculaire au plan du premier. Le cercle HI est fixe; sa graduation indique le déplacement angulaire du cercle CD. Celui-ci est mobile autour de l'axe comme diamètre, et porte une lunette FG pouvant tourner dans le plan du cercle autour du centre. L'appareil ainsi construit se nomme *équatorial* ou *machine parallactique*.

Au moyen de cet instrument, il est facile de constater le mouvement circulaire et uniforme des étoiles, perpendiculairement à l'axe du monde. Disposons le cercle CD de manière que son plan rencontre l'étoile que nous nous proposons d'observer; puis dirigeons la lunette FG vers cette étoile. Ces dispositions prises, la lunette est fixée d'une façon invariable sur le cercle qui la porte. — Eh bien, pour suivre désormais l'étoile dans son parcours, il suffit de faire tourner peu à peu le cercle CD autour de l'axe sans déranger la lunette de sa position initiale. Le rayon visuel dirigé vers l'étoile décrit donc un cône droit autour de l'axe de l'appareil. Par conséquent, la révolution de l'étoile se fait suivant une circonférence perpendiculaire à l'axe du monde.

Pour reconnaître l'uniformité de ce mouvement, ayons à proximité de l'appareil une horloge réglée par un pendule sidéral. Le cercle HI nous donnera pour chaque instant le déplacement angulaire du cercle CD ; l'horloge nous donnera le temps écoulé. En comparant entre elles ces deux valeurs, on reconnaît qu'il y a proportionnalité. Le mouvement de l'étoile est donc uniforme. On peut encore disposer le mécanisme de manière que l'horloge fasse elle-même tourner le cercle CD autour de l'axe à raison d'un tour complet dans les vingt-quatre heures sidérales. Dans ces conditions, la machine parallactique suit d'elle-même, avec une rigoureuse fidélité, le mouvement du ciel, c'est-à-dire que la lunette est constamment dirigée vers la même étoile.

12. Cercles horaires. — Nous avons donné le nom de méridien à tout plan conduit suivant l'axe du monde. Les méridiens, en nombre indéfini, coupent la sphère céleste suivant de grands cercles dont les circonférences se croisent aux deux pôles. Le demi-méridien qui passe par une étoile déterminée, porte le nom de *cercle horaire* de cette étoile. Ainsi dans la figure 8 où P et P′ représentent les deux pôles de la sphère céleste, PAP′ est le cercle horaire de l'étoile A. Toutes les étoiles situées sur le même demi-méridien d'un pôle à l'autre, ont le même cercle horaire.

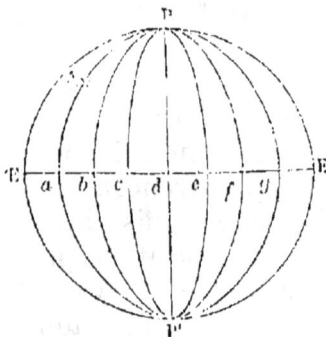

Fig. 8.

Imaginons la circonférence de l'équateur EE′ divisée en vingt-quatre parties égales, comptées de l'ouest à l'est, à partir du méridien du lieu d'observation, et par chacun de ces points de division, supposons un cercle horaire. A cause de la révolution uniforme du ciel autour de l'axe dans la direction est-ouest, dans la vingt-quatrième partie du jour sidéral ou dans une heure, le premier cercle horaire vers l'est viendra se superposer au méridien de l'observateur, amenant avec lui toutes les étoiles qui lui correspondent d'un pôle à l'autre ; c'est-à-dire que, dans une heure, toutes ces étoiles feront leur passage dans le méridien du lieu d'observation. Même chose arrivera dans deux heures pour le second cercle horaire, dans trois heures pour le troisième ; et ainsi de suite jusqu'à ce que la révolution du ciel soit complète, et que les vingt-quatre cercles horaires soient venus un à un, par intervalle d'une heure, se confondre avec le méridien de l'observateur. Une autre révolution alors commence, et le retour des cercles horaires au méridien reprend dans le même ordre. Ces explications nous disent assez quelle est l'origine de l'expression cercle horaire.

Pour faciliter l'exposition, nous n'avons supposé que vingt-quatre cercles horaires ; mais il est loisible d'en imaginer autant que l'on voudra, de manière que chaque étoile ait le sien. Tous, dans les vingt-quatre heures sidérales, viendront se superposer au méridien de l'observateur dans un laps de temps proportionnel à leur distance angulaire à ce méridien. Divisons donc l'équateur en 360 degrés, comptés de l'occident vers l'orient, à partir du méridien de l'observateur. Cette division nous fournira autant de cercles horaires. Puisque ces 360 degrés défilent en vingt-quatre heures dans notre méridien, 15° défilent en une heure, et 1 degré correspond à 4 minutes de temps. Ainsi le cercle horaire de la première heure est distant de 15° à l'est, le second l'est de 30°, et ainsi de suite. D'où il résulte que la détermination d'un cercle horaire peut être indifféremment donnée en degrés ou en temps.

Supposons par exemple, que deux cercles horaires

diffèrent de 2 heures et 16 minutes, c'est-à-dire qu'une étoile située dans le second passe à notre méridien 2 heures et 16 minutes plus tard qu'une étoile située dans le premier. Cela signifie que le second cercle horaire est plus reculé que le premier de 34° vers l'est, car les 2 heures et 16 minutes écoulées entre les deux passages représentent 136 minutes, qui, à raison de 4 minutes pour 1 degré, correspondent à une distance angulaire de 34°. Semblable calcul convertirait toute autre valeur de temps en valeur angulaire et réciproquement.

13. Ascension droite. — *L'ascension droite d'une étoile est la distance en degrés du cercle horaire de cette étoile à un autre cercle horaire choisi comme point de départ.* Elle se compte sur l'équateur, d'occident en orient, depuis 0° jusqu'à 360°. On peut également l'évaluer en temps, à raison de 4 minutes de temps pour 1 degré. Le point de départ adopté n'est nullement le méridien de l'observateur, comme nous l'avons supposé ci-dessus pour plus de simplicité; ce serait là une origine variable suivant les lieux. On a choisi un cercle horaire spécial qui passe par un point remarquable du ciel, nommé *point vernal* (1).

Pour obtenir l'ascension droite d'une étoile, il suffit de mesurer le temps écoulé entre le passage au méridien d'abord du point vernal et puis de l'étoile considérée. Supposons que ce temps soit de 3 heures et 36 minutes. On dira que l'ascension droite de l'étoile est de 3 heures 36 minutes; ou bien, en convertissant en mesure angulaire, de 54°. Une fois l'ascension droite d'une étoile quelconque déterminée par rapport au point vernal, il est aisé d'obtenir l'ascension droite d'une seconde par une simple comparaison avec la première. Car, si la seconde passe au méridien, par exemple 1 heure plus tard, cela signifie que son ascension

_____

(1) Le point *vernal* est le point où le soleil traverse l'équateur céleste à l'époque de l'équinoxe du printemps.

droite est plus forte de 15° ou de 1 heure. Si elle passait 1 heure plus tôt, son ascension droite serait plus faible de 15° ou de 1 heure.

14. **Déclinaison.** — On appelle ainsi la distance en degrés d'une étoile à l'équateur, c'est-à-dire l'arc *a* A, (fig. 9) compris sur le cercle horaire depuis l'équateur jusqu'à l'étoile. Le complément de cet arc est AP, distance angulaire de l'étoile au pôle. La déclinaison est boréale ou australe suivant que l'astre est au nord ou au sud de l'équateur. Elle se compte sur un méridien ou un cercle horaire depuis l'équateur, où elle est 0°. jusqu'à l'un et l'autre pôle, où elle est 90°.

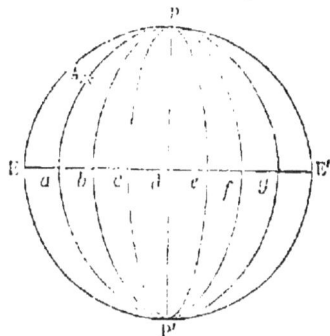

Fig. 9.

Pour l'obtenir, une fois connue la hauteur du pôle, il suffit de mesurer la distance zénithale de l'étoile au au moment de son passage supérieur au méridien. Soient en effet PP' l'axe du monde (fig. 10), EE' l'équateur, HH' l'horizon, ZO' la ligne du zénith, PEP'E' le méridien. L'angle POH est la hauteur du pôle. Il a pour égal EOZ à cause des côtés perpendiculaires deux à deux. Cela dit, supposons d'abord que lors de son passage supérieur au méridien, l'étoile se trouve en M, entre le zénith Z et le pôle P; sa

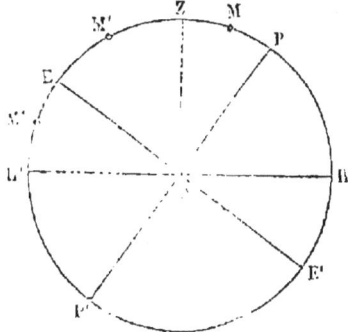

Fig. 10.

déclinaison est alors EM, somme de EZ et de ZM, c'est-à-dire somme de la distance zénithale de l'étoile et de la hauteur du pôle. — Supposons-la maintenant en M', entre le zénith et l'équateur. Dans ce cas la déclinaison est EM', différence entre la hauteur de

2.

pôle et la distance zénithale de l'étoile. — Finalement supposons-la en M″, entre l'équateur et l'horizon.
La déclinaison est alors australe et égale à M″E, différence entre M″Z distance zénithale de l'étoile et EZ dont
la valeur est la hauteur du pôle.

15. Globes célestes. — Etant connues l'ascension
droite et la déclinaison des diverses étoiles, il est possible de construire un *globe céleste*, c'est-à-dire la représentation du ciel étoilé. Traversons d'un axe PP′ un
globe quelconque en bois, en carton ou en toute autre
matière. Perpendiculairement à cet axe (fig. 11) menons

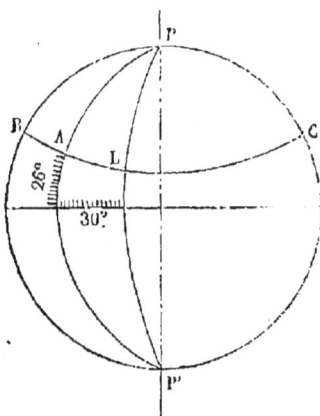

Fig. 11.

un grand cercle qui sera
l'équateur ; et par les deux
pôles, faisons passer un
méridien quelconque PAP′,
qui représentera le cercle
horaire adopté pour origine.
Supposons qu'une étoile
ait pour ascension droite
30° et pour déclinaison 26°
au nord de l'équateur. A
partir du cercle horaire
origine, nous comptons 30°
sur l'équateur vers l'est ; et
par le point obtenu, nous
conduisons le cercle horaire PLP′, sur lequel doit nécessairement se trouver l'étoile, d'après la valeur de son
ascension droite. Puis, sur le cercle horaire origine,
nous comptons 26° au nord de l'équateur, et par le point
ainsi déterminé, nous menons un parallèle BC. La position de l'étoile est en L, intersection du cercle horaire
PLP′ et du parallèle BLC, car c'est le seul point qui sa-
tisfasse aux conditions données d'ascension droite et
déclinaison. Pareille construction se poursuivrait pour
les autres étoiles.

RÉSUMÉ

1. L'*azimut* d'un astre est l'angle que forme avec un

plan vertical fixe arbitrairement choisi, le plan vertical qui passe par cet astre. La *hauteur apparente* d'un astre est l'angle que le rayon visuel dirigé vers cet astre forme avec le plan de l'horizon; et sa *distance zénithale* est l'angle que le même rayon visuel forme avec la verticale.

2. Pour obtenir ces diverses valeurs angulaires, on se sert du *théodolite*, composé de deux cercles gradués, l'un horizontal et l'autre vertical.

3. Les valeurs angulaires obtenues avec le théodolite permettent de représenter sur un globe de carton les positions successives qu'une étoile occupe dans le ciel par rapport à nous. On reconnaît ainsi que le mouvement apparent des étoiles est circulaire, uniforme et perpendiculaire à un même axe.

4. On nomme *jour sidéral* la durée d'une révolution complète de la sphère céleste autour de l'axe du monde. C'est le temps qui s'écoule entre deux passages successifs de la même étoile au méridien de l'observateur. Cette durée est invariable. Le jour sidéral est plus court de 4 minutes environ que le jour ordinaire.

5. La détermination de la *méridienne*, et par suite du méridien, s'obtient au moyen du théodolite. Elle est la bissectrice d'un angle déterminé par deux positions d'une même étoile, soit à égale distance du zénith, soit à égale distance de l'horizon.

6. La *lunette méridienne* ou *instrument des passages* est une lunette qui se meut autour d'un axe horizontal et toujours dans le plan du méridien. Elle sert à observer le passage d'un astre au méridien. Le *cercle mural* est un cercle gradué invariablement fixé à un mur et dont le plan se confond avec celui du méridien. Il sert à mesurer soit la distance zénithale d'un astre, soit la hauteur d'un astre au-dessus de l'horizon, au moment du passage au méridien.

7. Si l'axe du monde est perpendiculaire sur l'horizon, les astres tournent autour du spectateur et décrivent

des circonférences complètes parallèles à l'horizon. La sphère est alors *parallèle*. — Si l'axe est dans le plan de l'horizon, les astres décrivent, d'un pôle à l'autre, des demi-circonférences perpendiculaires à l'horizon. La sphère est alors *droite*. — Enfin si l'axe est oblique sur l'horizon, les étoiles décrivent des arcs inégaux, obliques à l'horizon. La sphère est alors *oblique*.

8. Dans nos régions, la sphère est oblique. On nomme étoiles *circompolaires* celles dont la révolution s'effectue en entier au-dessus de l'horizon.

9. L'aspect du ciel change suivant la position que l'observateur occupe à la surface de la terre. A l'un et l'autre pôle géographique, la sphère est parallèle, mais avec des étoiles toutes différentes. A l'équateur géographique, la sphère est droite. Partout ailleurs, elle est oblique.

10. *L'axe du monde* est contenu dans le plan du méridien de l'observateur et passe par le milieu de l'arc compris entre le passage supérieur et le passage inférieur d'une même étoile circompolaire à ce méridien.— La *hauteur du pôle*, pour un lieu déterminé, est l'angle que forme avec l'horizon, le rayon visuel dirigé vers le pôle. A Paris, cet angle est de 48° 50' 11".

11. *L'équatorial* ou *machine parallactique* est une sorte de théodolite dont l'axe est dirigé suivant l'axe du monde. La lunette, une fois convenablement dirigée, suit une étoile dans tout son parcours au-dessus de l'horizon, et donne ainsi la preuve expérimentale du mouvement circulaire et uniforme de chaque point du ciel.

12. On nomme *cercle horaire* d'une étoile le demi-méridien qui passe par cette étoile.

13. *L'ascension droite* d'une étoile est la distance en degrés du cercle horaire de cette étoile à un autre cercle horaire choisi comme point de départ. Elle se compte de l'ouest à l'est sur l'équateur, depuis 0° jusqu'à 360°. On la compte aussi en temps. On l'obtient en détermi-

nant le temps écoulé entre le passage au méridien de l'observateur d'abord du cercle horaire origine, puis du cercle horaire de l'étoile considérée.

14. On appelle *déclinaison* d'une étoile la distance en degrés de cette étoile à l'équateur. Elle est boréale ou australe et se compte sur un cercle horaire depuis l'équateur, où elle est 0°, jusqu'à l'un et l'autre pôle, où elle est 90°. Pour l'obtenir, il suffit de connaître la hauteur du pôle et la distance zénithale de l'étoile dans son passage supérieur au méridien.

25. Connaissant l'ascension droite et la déclinaison des diverses étoiles, on peut, sur un globe, tracer la représentation du ciel étoilé.

CHAPITRE III

DESCRIPTION DU CIEL

1. L'aspect du ciel étoilé change dans le cours de l'année.
Portons notre attention sur une étoile qui se lève au moment même où le soleil se couche. Dans quelques jours, nous pourrons observer qu'elle se lève un peu plus tôt, le soleil étant encore visible; de manière que sa hauteur au-dessus de l'horizon atteindra une valeur plus ou moins considérable au moment où le soleil se couchera. Cette différence ne peut provenir du ciel étoilé, dont nous avons reconnu l'invariable et uniforme révolution circulaire; elle provient alors du soleil, qui lui-même a reculé vers l'étoile, c'est-à-dire vers l'est. De jour en jour les deux astres se rapprochent davantage et l'étoile se lève plus tôt, à des instants où le soleil est de plus en plus éloigné de son coucher. Enfin au bout de six mois, le soleil et l'étoile sont sur le même cercle horaire; ils se lèvent à la fois. A partir de ce moment, l'étoile n'est plus visible, puisqu'elle passe de jour et que son faible éclat cesse d'impressionner le

regard au milieu des vives clartés solaires. D'autres, au contraire, qui passaient d'abord de jour et restaient ainsi invisibles, passent maintenant de nuit et sont devenues visibles. Ainsi se renouvelle peu à peu, dans le cours d'une année, l'aspect du ciel étoilé : la cause en est le soleil, qui, à ne consulter que les apparences, fait en un an une révolution autour de la terre, de l'occident vers l'orient.

Quant aux étoiles circompolaires, qui ne descendent jamais au-dessous de l'horizon, toutes les nuits elles sont visibles; seulement, pour la même heure de la nuit, on les voit au-dessus ou au-dessous du pôle, à l'est ou à l'ouest, suivant l'époque de l'année.

2. Ordres de grandeur des étoiles. — Les étoiles sont classées en divers ordres d'après leur éclat. Les plus brillantes sont dites de *première grandeur;* celles dont la lumière est un peu plus faible sont dites de *seconde grandeur*, et ainsi de suite. Cette classification ne nous apprend rien sur les dimensions réelles des étoiles, elle nous renseigne seulement sur leur éclat tel qu'il nous apparaît. Aussi, comme l'éclat diminue à mesure que la distance augmente, il peut très bien se faire qu'une étoile appartenant à l'un des derniers ordres de grandeur soit, en réalité, plus importante qu'une autre élevée dans le premier ordre, car son éclat plus faible peut résulter d'un éloignement plus grand. Le moindre point stellaire, limite de ce que l'œil perçoit, est peut-être supérieur en volume à l'étoile la plus brillante pour nous. Les six premiers ordres de grandeur renferment les étoiles qu'une vue ordinaire distingue sans l'emploi d'instruments optiques. Les ordres suivants comprennent les étoiles invisibles sans télescope.

3. Étoiles de première grandeur. — Voici, en commençant par les plus brillantes, les étoiles de première grandeur visibles dans notre ciel. On donne plus loin le moyen de les reconnaître. Le nom de chaque étoile est accompagné de celui de la constellation dont elle fait partie.

Étoiles de première grandeur.	Constellations.
Sirius	Le Grand Chien.
Arcturus	Le Bouvier.
Rigel	Orion.
La Chèvre	Le Cocher.
Wéga	La Lyre.
Procyon	Le Petit Chien.
Bételgeuze	Orion.
Aldébaran	Le Taureau.
Antarès	Le Scorpion.
Ataïr	L'Aigle,
L'Épi	La Vierge.
Fomalhaut	Le Poisson austral.
Pollux	Les Gémeaux.
Régulus	Le Lion.

Dans le ciel austral, il faut citer : Canopus, Alpha de l'Éridan, Alpha et Bêta du Centaure, Alpha et Bêta de la Croix du sud (1). En tout vingt étoiles de première grandeur.

4. Nombre des étoiles. — Le nombre augmente rapidement dans les ordres inférieurs. On compte 65 étoiles de seconde grandeur, 190 de troisième, 425 de quatrième, 1100 de cinquième, 3200 de sixième. La somme des étoiles de toute grandeur, visibles à la vue simple, est donc de 5000. Sur ce nombre, dans nos pays, 1000 à peu près ne s'élèvent jamais au-dessus de l'horizon. Il en reste ainsi 4000 de visibles dans notre ciel. Mais, comme nous n'avons à un moment donné que la moitié du ciel au-dessus de nos têtes, la totalité des étoiles embrassée en une fois par le regard est de 2000 ; au plus 3000 si la nuit est sereine et la vue bien perçante.

Les étoiles seulement visibles au télescope sont bien plus nombreuses. On trouve 13000 étoiles de septième grandeur, 40000 de huitième, 142000 de neuvième, et c'est par millions que se comptent les étoiles des der-

---

(1) On est dans l'usage de désigner les étoiles d'une même constellation par les lettres de l'alphabet grec, dont on suit l'ordre en descendant de l'étoile la plus brillante à la moins brillante.

niers ordres perceptibles. On évalue par approximation
à 43 millions le total des étoiles, depuis la première
grandeur jusqu'à la quatorzième. Vers le quatorzième
ordre de grandeur s'arrête en général la puissance de
nos appareils de vision, mais là ne s'arrêtent pas les
richesses stellaires de l'espace, car, à mesure que des
instruments meilleurs sondent des couches plus profondes, de nouvelles légions d'étoiles apparaissent à
lasser tout dénombrement.

Constellations. — Pour soulager la mémoire et se reconnaître dans le ciel étoilé, les antiques observateurs,
bergers des plaines de la Chaldée et autres, classèrent les
étoiles en *constellations* ou groupes, auxquels ils assi-
gnèrent le nom d'un personnage, d'un animal, d'un
objet quelconque, dont leur imagination croyait voir
une certaine ressemblance dans la configuration du
groupe dénommé. La vie pastorale fournit les dénominations de Taureau, de Chèvre, de Bélier, de Chien ;
l'agriculture donna le Bouvier, le Chariot, l'Épi ; la
mythologie fit inscrire Orion, Andromède, Persée ; et
ainsi des autres groupes. Ces dénominations, qui nous
ramènent aux humbles débuts de l'astronomie, sont
encore employées de nos jours telles que les employait
l'antiquité, bien que les ressemblances de forme entre
une constellation et l'objet dont le nom sert à la désigner
soit habituellement des plus vagues, parfois même tout
à fait nulle.

6. La Grande Ourse. — C'est au moyen d'alignements,
dont nous allons donner les principaux exemples, que
l'on parvient à retrouver, de la manière la plus commode,
soit une étoile, soit un groupe d'étoiles ou constellation.
— Par une nuit sereine, en un lieu découvert, tournons-nous vers le nord. Nous aurons devant nous une
constellation remarquable, la *Grande Ourse*, composée
de sept étoiles principales, dont six de seconde grandeur.
Quatre de ces étoiles sont disposées à peu près en
trapèze ; les trois autres sont placées en une file irré-

gulière à l'un des angles de ce trapèze. Par son éclat et sa grandeur, la Grande Ourse frappe tout de suite les regards ; car, dans la partie du ciel où elle se trouve, rien ne peut lui être comparé. Enfin, à cause de sa position dans le voisinage du pôle, elle est visible, dans nos contrées, à toute heure de nuit. En tournant autour de l'axe, elle se montre tantôt plus haut, tantôt plus bas dans le ciel, soit à droite soit à gauche de la direction du pôle ; mais elle ne descend jamais sous l'horizon. C'est une constellation circompolaire. La figure 12 reproduit

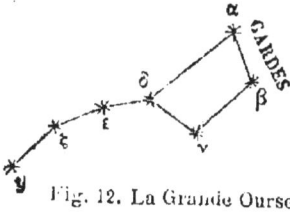

Fig. 12. La Grande Ourse

la forme de ce groupe stellaire. Quatre étoiles α, β, γ, δ, font partie du corps de l'Ourse ; les trois autres ε, ζ, π, en constituent la queue. On appelle encore ces sept étoiles le *Chariot*. Dans ce cas, les quatre étoiles groupées en trapèze figurent le char, et les trois autres figurent le timon.

La Petite Ourse. — La Polaire. — En dehors de la Grande Ourse, au-dessus, au-dessous ou à côté, suivant l'époque de l'observation, on voit un autre groupe de sept étoiles, disposées de la même manière que les sept dont nous venons de parler ; seulement, elles sont plus faibles d'éclat et embrassent une région moins étendue. Quatre sont disposées à peu près en rectangle ; les trois autres partent d'un angle de cette figure et forment la queue de la constellation. Ce nouveau groupe stellaire porte le nom de *Petite Ourse* (fig. 13). Sa queue est toujours tournée

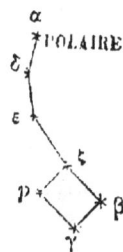

Fig. 13. La Petite Ourse.

en sens inverse de celle de la constellation précédente.
L'étoile α, terminant la queue, est la plus brillante du
groupe et se trouve à peu près isolée dans une région
du ciel dépourvue d'étoiles brillantes. On la nomme
la *Polaire*. Sa distance angulaire au pôle est de 1° 28.
Elle décrit donc autour de l'axe du monde une circonférence très-petite, et pour le regard non armé
d'instruments précis, paraît immobile au même point
du ciel. Elle nous indique ainsi, à très-peu près, la
position du pôle céleste. Pour trouver facilement la
Polaire quand on connaît la Grande Ourse, on s'y prend
comme il suit. **Par les deux** étoiles extrêmes du quadrilatère de la **Grande Ourse**, c'est-à-dire par les étoiles β et

α, nommées les
Gardes (fig. 14), on
suppose une ligne
droite, qui prolon-
gée dans le ciel,
rencontre une é-
toile plus brillante
qu'aucune de cel-
les qui l'avoisi-
nent. Cette étoile

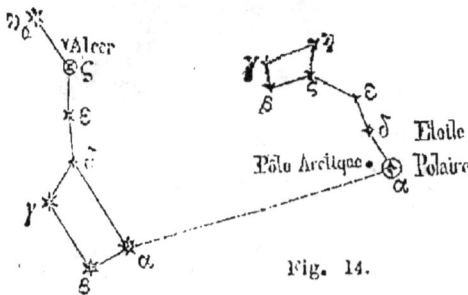

Fig. 14.

est la Polaire. On vérifie que l'on n'a pas fait erreur en
examinant si l'étoile ainsi trouvée termine bien la queue
d'une petite constellation semblable à la Grande Ourse
mais disposée en sens inverse.

La connaissance de la Polaire nous permet un moyen
facile d'orientation. Tournons-nous vers cette étoile :
nous aurons devant nous le nord, le sud derrière, l'est
à droite et l'ouest à gauche.

**8. Alignements pour reconnaître les principales constella-
tions de l'hiver.** — Supposons-nous en fin décembre,
vers neuf à dix heures du soir, et faisons face au nord.
La Grande Ourse est à droite du pôle, un peu en dessous, la queue dirigée en bas. A une heure plus avancée
de la nuit, nous la verrions, entraînée par la rotation

apparente du ciel, exactement à droite de la Polaire, un peu plus tard en dessus, mais alors le jour se lèverait.

De l'autre côté du quadrilatère de la Grande Ourse et par conséquent à notre gauche, se trouve, dans le voisinage de la voie lactée, une belle constellation formée de six à sept étoiles principales, représentant une espèce d'Y à queue brisée, ou bien une chaise renversée ; c'est *Cassiopée* (fig. 15). Cette constellation est toujours à l'opposite de la Grande Ourse par rapport au pôle : à gauche de la Polaire quand la Grande Ourse est à droite, au-dessus quand la Grande Ourse est au-dessous, etc.

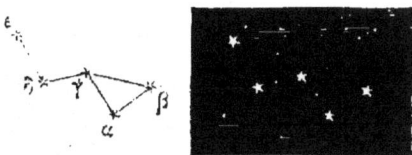

Fig. 15. Cassiopée.

Deux diagonales peuvent être menées à travers le quadrilatère de la Grande Ourse : l'une aboutissant à la queue et l'autre non. Si l'on mène cette dernière et qu'on la prolonge jusqu'au voisinage de Cassiopée, on traverse *Persée*, (fig. 16) constellation de peu d'état, mais remarquable par la présence d'*Algol*. C'est une étoile qui, en trois jours environ, passe de la seconde grandeur à la quatrième, puis revient de

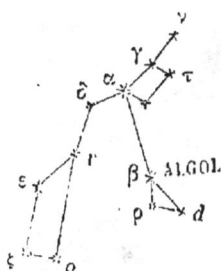

Fig. 16. Persée.

la quatrième à la seconde. Elle fait partie des étoiles dites *périodiques*, à cause de leur éclat variable par périodes.

La ligne des gardes de la Grande Ourse prolongée au delà de la Polaire, rencontre, au voisinage de Cassiopée, un groupe de trois étoiles de troisième grandeur, disposées en un arc de cercle, dont la convexité regarde le pôle. Cette constellation est celle de *Céphée* (fig. 17).

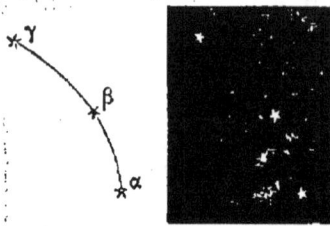

Fig. 17. Céphée.

Dans le voisinage de Persée, à peu près au haut du ciel, est une belle étoile jaune de première grandeur, la *Chèvre*, de la constellation du *Cocher* (fig. 18). Le Cocher est lui-même un grand pentagone irrégulier.

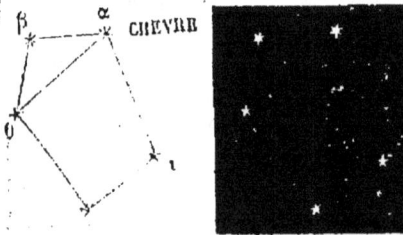

Fig. 18. Le Cocher.

On trouve aisément la Chèvre en prolongeant, à l'opposé de la queue, le côté du quadrilatère de la Grande Ourse le plus voisin du pôle. La Chèvre et toutes les constellations précédentes font partie des étoiles circompolaires pour notre horizon.

Tournons-nous maintenant vers le sud. Nous avons sous les yeux les plus belles constellations de l'année.

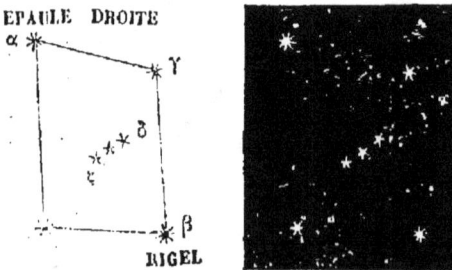

Fig. 19. — Orion.

Et d'abord *Orion* (fig. 19). C'est un grand quadrilatère irrégulier, au centre duquel sont rangées en ligne droite trois étoiles assez voisines et de troisième grandeur. Ces trois étoiles forment le *Baudrier* du chasseur Orion qui, la massue levée, attaque le Taureau céleste, d'après les antiques conceptions astronomiques. On leur donne vulgairement le nom des *Trois Rois*, des *Rois Mages*. Deux des étoiles situées aux quatre angles du quadrilatère d'Orion sont de première grandeur. Celle d'en haut est *Bételgeuze*, à teinte rougeâtre. Elle forme l'épaule droite d'Orion. Celle d'en bas est *Rigel* ; elle est blanche et appartient au pied gauche du Chasseur.

L'alignement des trois étoiles du baudrier d'Orion prolongé vers le sud-est rencontre la plus brillante étoile du ciel, *Sirius*, de la constellation du *Grand Chien* (figure 20).

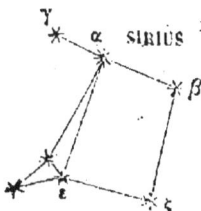

Fig. 20. Le Grand Chien.

A l'est du quadrilatère d'Orion, à peu près à la même hauteur que Bételgeuze, est encore une étoile de première grandeur, *Procyon*, du *Petit Chien* (fig. 21) Sirius, Bételgeuze et Procyon forment entre elles un triangle équilatéral traversé par la voie lactée.

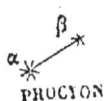

Fig. 21. Le Petit Chien.

Prolongeons maintenant la ligne des trois étoiles du baudrier d'Orion en sens inverse de Sirius. Elle rencontre une étoile rouge de première grandeur. C'est *Aldébaran* ou l'œil du *Taureau* (fig. 22). Elle termine l'une des branches d'une espèce de V composé de cinq étoiles bien visibles, formant le front du *Taureau*.

Fig. 22. Le Taureau.

Par delà Aldébaran, toujours dans l'alignement du baudrier d'Orion, sont les *Pléiades*, groupe de six ou sept petites étoiles très-rapprochées et qui exigent une certaine acuïté de vue pour être dénombrées. Aldébaran est lui-même au milieu d'un groupe analogue appelé les *Hyades*.

La diagonale menée dans le quadrilatère de la Grande Ourse par le sommet où aboutit la queue va passer par Sirius à l'autre bout du ciel. A mi-chemin, elle traverse les *Gémeaux* (fig. 23), où se trouvent deux belles étoiles : *Pollux*, de première grandeur, et *Castor*, de seconde.

Ces deux étoiles sont au-dessus de Procyon, à peu près

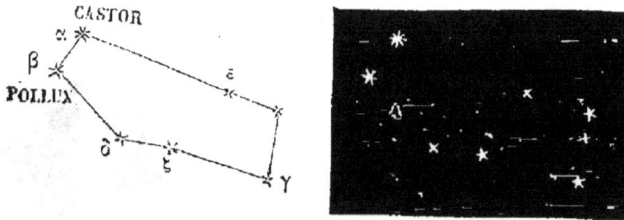

Fig. 23. Les Gémeaux.

sur le prolongement de la diagonale qui de Rigel irait à Bételgeuze.

9. Alignements pour reconnaître les principales constellations de l'été. — En fin juin, Sirius, Procyon, Rigel, Aldébaran, ne sont plus visibles : elles passent de jour au-dessus de nos têtes. D'autres leur ont succédé dans le ciel de la nuit. — La Grande Ourse est à gauche de la Polaire, la queue dirigée en haut ; Cassiopée est à droite, le dos de la chaise couché horizontalement.

Infléchie comme un doigt indicateur, la queue de la Grande Ourse nous montre vers l'ouest, dans la direction de sa courbure prolongée, une étoile rouge de pre-

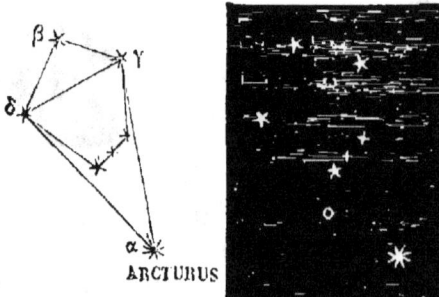

Fig. 24. Le Bouvier.

mière grandeur. C'est *Arcturus*, de la constellation du *Bouvier* (fig. 24).

Après avoir passé Arcturus, si l'on continue la courbure de la queue de la Grande Ourse, comme pour achever la circonférence, on trouve l'*Épi*, autre étoile de première grandeur. Elle appartient à la *Vierge*.

Toujours à l'ouest, mais en remontant vers le nord, se voit *Régulus* ou le *Cœur-du-Lion*. La ligne des Gardes de la Grande Ourse, prolongée en sens inverse de la Polaire, aboutit à cette constellation du *Lion*, reconnais-

sable à six étoiles disposées en faucille de moissonneur.
La plus brillante, *Régulus*, est de première grandeur, et
occupe l'extrémité libre du manche de la faucille.

Presque en haut du ciel et à l'est d'Arcturus, sont as-
semblées en demi-cercle régulier sept étoiles faciles à
reconnaître quoique peu brillantes. Elles forment la
Couronne boréale. L'une d'elles, de seconde grandeur, est
appelée la *Perle*.

Sur l'alignement d'Arcturus et de la Perle, et à une
distance double, brille, à côté de la Voie lactée, une très-
belle étoile de première grandeur,
Wéga, de la *Lyre* (fig. 25). Quatre
étoiles très-petites, arrangées en
parallélogramme régulier, l'ac-
compagnent en dessous. Wéga,
dans douze mille ans, sera l'é-

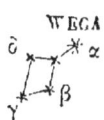 

Fig. 25. La Lyre.

toile du pôle, la polaire, ainsi qu'on le verra plus loin.

La droite qui va de la Perle à Wéga rencontre à mi-
chemin la constellation d'*Hercule*. Rien de frappant ne
la caractérise.

A gauche de la Lyre et tout au milieu de la Voie lactée,
en ce point bifurquée, se voient cinq étoiles disposées en
grande croix, dont la plus longue branche est horizontale
et la plus courte verticale. L'étoile occupant la tête de la
croix est de seconde grandeur ; les quatre autres sont
de troisième. Cette constellation est le *Cygne* (fig. 26).

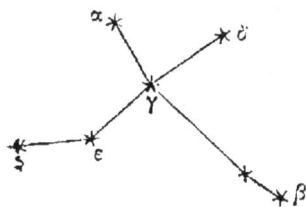 

Fig. 26. Le Cygne.

Enfin une droite menée de la Polaire à travers le

Cygne rencontre, un peu au delà de la Voie lactée, trois étoiles régulièrement rangées, dont celle du milieu est de première grandeur. Elles font partie de la constellation de l'*Aigle*. L'étoile principale se nomme *Ataïr*.

10. La Voie lactée.—Par une nuit sereine et en l'absence de la lune, s'aperçoit dans le ciel une bande lumineuse très-irrégulière qui fait le tour de la sphère céleste. C'est la *Voie lactée*, ou vulgairement *Chemin de saint Jacques*. Dans notre hémisphère, on la suit l'hiver à travers les constellations de Cassiopée, de Persée, du Cocher, tout près de la Chèvre; dans le voisinage d'Orion, dont elle couvre la massue; enfin à proximité de Sirius. En été, de Cassiopée, elle se dirige à travers le Cygne et l'Aigle. A partir du Cygne, elle se divise en deux branches, qui se rejoignent dans le ciel austral près d'Alpha, du Centaure.

RÉSUMÉ

1. Par suite d'un mouvement propre du soleil d'occident en orient, l'aspect du ciel étoilé change dans le cours de l'année.

2. Les étoiles se classent en ordres de grandeur d'après leur éclat. Les six premiers ordres comprennent les étoiles visibles à la vue simple; les ordres suivants comprennent les étoiles invisibles sans télescope.

3. Il y a une vingtaine d'étoiles de première grandeur, dont quinze visibles en Europe.

4. La totalité des étoiles embrassée en une fois par le regard est de deux mille, au plus trois mille si la nuit est sereine et la vue bien perçante. On évalue par approximation à quarante-trois millions le total des étoiles depuis la première grandeur jusqu'à la quatorzième.

5. On nomme *constellations* des groupes d'étoiles arbitrairement délimités par les anciens observateurs pour soulager la mémoire et se reconnaître au milieu du ciel étoilé. Ces groupes n'ont avec l'objet dont le nom sert à les désigner, qu'une ressemblance très-vague et même nulle.

6. La constellation d'où l'on part en général pour reconnaître les autres est la *Grande Ourse*.

7. La Grande Ourse reconnue fait connaître la *Petite Ourse* et la *Polaire*.

8. Les principales constellations circompolaires pour nos régions sont : la *Petite Ourse*, la *Grande Ourse*, *Cassiopée*, *Persée*, *Céphée*. La *Chèvre*, de la constellation du *Cocher* est aussi une étoile circompolaire. Les principales constellations visibles en hiver sont, outre les précédentes : *Orion*, le *Grand Chien*, le *Petit Chien*, le *Taureau*, les *Gémeaux*.

9. Les principales constellations visibles en été sont : le *Bouvier*, le *Lion*, la *Lyre*, le *Cygne*, l'*Aigle*.

10. La *Voie lactée* forme une bande lumineuse très-irrégulière. Elle se divise en deux branches à partir du Cygne.

CHAPITRE IV

LA TERRE

1. Premières conceptions sur la forme de la terre. — Pour celui qui s'en rapporte aux plus élémentaires perceptions du regard, la terre, abstraction faite des inégalités de sa surface, est une étendue plate et circulaire sur laquelle repose la voûte du ciel. C'est ainsi que dans les anciens âges fut conçu le monde, comme le témoignent, par exemple, les antiques poëmes d'Homère, l'*Iliade* et l'*Odyssée*.

Pour les Grecs des temps homériques, dix siècles environ avant notre ère, la terre est un grand disque plat, entouré d'un bourrelet de montagnes et cerné par le fleuve Océan, qui roule ses flots sur des rivages inconnus. Au milieu du disque se dresse l'Olympe, séjour des dieux immortels, et s'étale la mer Égée (l'Archipel) parsemée d'îles. D'un côté est la Grèce, divisée en autant de royaumes qu'elle a de vallées ; de l'autre sont les plaines de la Troade et le pays des Phrygiens (Asie Mineure, Anatolie). Sur ces parties centrales, théâtre des deux poëmes, les descriptions géographiques sont justes et tracées avec fermeté ; Homère a parcouru ces pays et il décrit ce qu'il a vu. Mais pour le reste, l'incertitude, le merveilleux, la légende populaire, dominent au milieu de quelques lambeaux de vérité.

La nappe bleue de la Méditerranée sépare en deux les terres. Sur le rivage méridional (Afrique) sont : l'Égypte, avec sa grande ville Thèbes aux cent portes et son fleuve fertilisateur ; les Pygmées, peuple de nains en guerre avec les grues ; les Lotophages, nourris d'un fruit délicieux qui fait perdre jusqu'au désir de revoir sa patrie. Mention est faite de l'île aux trois caps, la Trinacrie (Sicile), habitée par les Lestrigons, farouches anthropophages, et par les Cyclopes, géants qui n'ont qu'un œil tout au milieu du front et forgent les foudres de Jupiter dans les cavernes et les fournaises de l'Etna. Par delà, aux dernières bornes du monde, sont les Cimmériens, enveloppés d'épaisses ténèbres, dans lesquelles le soleil vient terminer sa course chaque soir. Enfin au-dessus de la demeure des hommes s'arrondit le ciel, voûte de cristal que supportent du côté du jour le pilier du Caucase, et du côté de la nuit le pilier de l'Atlas.

2. **Courbure du sol.** — Les voyages, l'interprétation plus rationnelle des apparences, la réflexion, vinrent corriger peu à peu ces antiques erreurs. La terre n'est pas un disque que recouvre la voûte des cieux ; elle n'est pas plate, mais ronde. Les preuves en surabondent aujourd'hui.

Lorsque, pour arriver à la ville où il se rend, un voyageur traverse une grande plaine régulière, où rien n'entrave la portée de la vue, à une certaine distance les points les plus élevés de la ville, sommets des tours et des clochers, se montrent à ses regards. A une distance moindre, les flèches des clochers deviennent en

entier visibles, puis les toits des habitations, et enfin les
habitations elles-mêmes, de sorte que la vision embrasse
un plus grand nombre d'objets, en commençant par les
plus élevés et en finissant par les plus bas, à mesure
que l'éloignement diminue.

Si la terre était plate, ce n'est pas ainsi que les choses se passeraient. A toute distance, une tour, au lieu de
devenir graduellement visible du sommet à la base, serait toujours visible en entier, comme le représente la
figure 27, où deux observateurs placés, l'un en A, l'au-

Fig. 27.

tre en B, à des distances fort différentes, voient également la tour dans toute sa hauteur.

Au contraire, si le sol est courbe, si la terre est
ronde, les objets suffisamment éloignés doivent être
masqués par la courbure du sol ; et si l'éloignement diminue, ils doivent apparaître par degrés à partir du
sommet. Ainsi, pour un observateur placé en A (fig. 28)

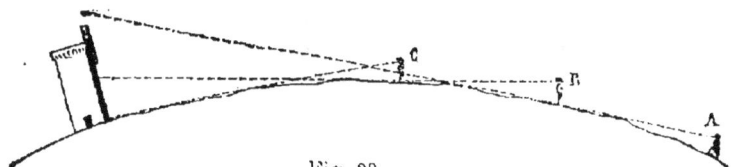

Fig. 28.

la tour est complétement invisible, parce que la convexité du sol met obstacle à la vue ; pour l'observateur
placé en B, la partie supérieure de la tour est visible,
mais la partie inférieure est encore cachée par la courbure de la terre ; enfin, quand l'observateur est en C, il
peut voir la tour en entier.

3. **Courbure des mers.** — Sur la terre ferme, il est rare
de trouver des plaines qui, par leur étendue et leur régularité, se prêtent au genre d'observation qui précède.

Presque toujours des collines, des plis du sol, des rideaux de verdure et autres obstacles, arrêtent le regard et empêchent de voir apparaître peu à peu, du sommet à la base, la tour ou le clocher dont on se rapproche. Sur mer, aucun obstacle n'arrête la vue, si ce n'est la convexité des eaux, qui possèdent la courbure générale de la terre ; c'est donc là surtout qu'il est facile de constater les apparences produites par la forme arrondie.

Lorsqu'une barque, venant de la pleine mer, se rapproche des côtes, les premiers points du rivage, visibles pour les gens qui la montent, sont les points les plus élevés, comme les cimes des montagnes ; plus tard, apparaissent les sommets des hautes tours et des phares ; plus tard encore, le bord du rivage lui-même. Pareillement, un observateur qui, du rivage, assiste à l'arrivée d'un navire, commence par apercevoir la pointe des mâts, puis les voiles les plus hautes, puis encore les voiles basses, et enfin la coque du navire. Si le navire s'éloignait du rivage, on le verrait graduellement disparaître et plonger, en apparence, sous les eaux, dans un ordre inverse, c'est-à-dire que la coque se déroberait la première aux regards puis les voiles basses, les voiles hautes, et enfin la cime du grand mât qui disparaîtrait la dernière. C'est ce que montre la figure 29.

Fig. 29.

4. Courbure de la terre déduite des apparences du ciel étoilé. — Si la terre était plate, l'horizon serait partout le même, et l'aspect du ciel ne changerait pas, à cause de l'immense éloignement des étoiles, quelque part que l'observateur fût placé. Mais ce n'est pas ainsi que nous

voyons le ciel. Allons plus au nord, et des étoiles qui
avaient un lever et un coucher pour le premier lieu
d'observation, n'en auront pas pour le deuxième ; elles
y seront circompolaires. Allons plus au sud, et des étoiles
qui, d'abord, étaient invisibles, se montreront à nous
plus nombreuses à mesure que nous progresserons vers
le midi ; tandis que du côté opposé certaines étoiles disparaîtront et que d'autres cesseront de décrire une circonférence complète au-dessus de l'horizon. Considérons, en particulier, la Polaire : notre déplacement vers
le nord augmentera sa hauteur, notre déplacement vers
le sud la fera diminuer.

Ces modifications dans l'aspect du ciel, inexplicables la terre étant supposée plate, sont expliquées de
la manière la plus simple, la terre étant reconnue ronde.
Un observateur, par exemple, occupe successivement les
trois positions A, A'A" (fig. 30). Pour lui, l'horizon est tour

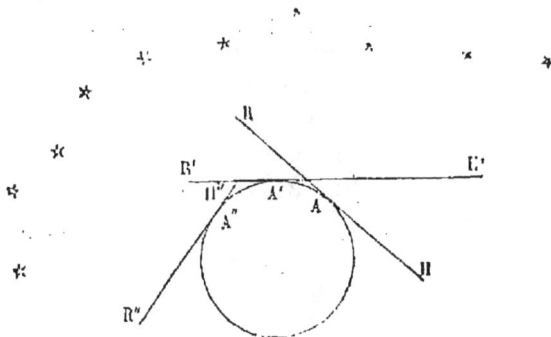

Fig. 30.

à tour l'un des plans tangents RH, R'H'. R"H" menés à
la surface courbe ; et chacun de ces horizons délimite
un ciel étoilé différent. Telle étoile au-dessous de RH,
par conséquent invisible quand l'observateur est en A,
est au-dessus de R'H', et devient ainsi visible pour l'observateur en A'. De même, l'horizon R"H" laissera voir
des étoiles que cachait l'horizon R'H'. Dans la région
opposée du ciel, des faits inverses se passent : les étoiles disparaissent à mesure que l'observateur se déplace

de A vers A". Remarquons encore que ce déplacement
augmente la hauteur au-dessus de l'horizon pour les
étoiles de la région de gauche, et la diminue pour celles
de la région de droite, précisément comme cela se
passe à la surface de la terre, quand l'observateur, en
allant vers le nord, voit croître la hauteur des étoiles
septentrionales et décroître la hauteur des étoiles méri-
dionales. La terre est donc courbe dans la direction
nord-sud. — L'est-elle aussi dans la direction est-ouest?
Oui, car deux observateurs suffisamment distants l'un à
l'est et l'autre à l'ouest, ne voient pas la même étoile, ne
voient pas le soleil se lever au même instant. Celui de
l'est assiste au lever de l'astre avant celui de l'ouest. Le
déplacement dans cette direction change donc aussi l'horizon ; et par conséquent la terre est courbe dans un
sens comme dans l'autre.

5. **Courbure de la terre déduite des éclipses de lune.** —
En traitant des éclipses de la lune, nous verrons qu'elles
sont produites par la projection de l'ombre de la terre
sur cet astre. Or la ligne de séparation entre la partie
éclipsée et la partie encore visible est constamment une
ligne courbe. L'ombre terrestre est donc arrondie, et
par suite la terre elle-même est ronde.

6. **Sphéricité de la terre déduite de la forme de l'horizon
sensible.** — Les observations précédentes nous apprennent que la terre est ronde, sans rien préciser sur la
forme de sa courbure. Établissons maintenant cette
forme et démontrons que la terre est sphérique.

CAD (*fig.* 31) est la surface des mers, et AB une verti-

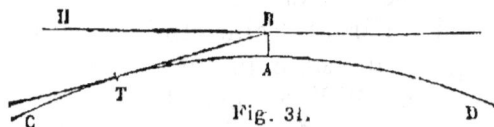

Fig. 31.

cale. Pour l'observateur placé en B, l'horizon est le plan
BH perpendiculaire à la verticale. A cause de sa situation
élevée, l'observateur peut plonger le regard au-dessous

de l'horizon BH et atteindre de la vue le point **T**, limite extrême de la vision. Ce point limite est le point de tangence du rayon visuel BT avec la courbe CAD des eaux. Tout ce qui se trouve en deçà de T est accessible à la vue, tout ce qui est au delà est invisible. Si l'observateur mène d'autres lignes pareilles, autour de lui, dans toutes les directions, l'ensemble des points de tangence T déterminera ce que l'on appelle *l'horizon sensible* du lieu d'observation B, c'est-à-dire la ligne de démarcation entre la partie visible de la surface terrestre et la partie invisible. D'après la seule appréciation du regard, cet horizon sensible est circulaire. Mais en est-il réellement ainsi?

Pour s'en convaincre, on mesure, dans autant de directions que l'on veut, l'angle TBH, angle qui porte le nom de *dépression apparente*; et il se trouve que la valeur obtenue est constante. La tangente BT, toujours abaissée de la même quantité au-dessous du plan BH, décrit donc un cône droit autour de la verticale pour axe. Par conséquent, l'horizon sensible est constamment circulaire à la surface des mers. Il en est de même à la surface du sol, abstraction faite des inégalités que peuvent produire les plis du terrain. On en déduit que la terre est sphérique, car la sphère est la seule surface qui puisse constamment donner une circonférence par son intersection avec un cône.

7. Sphéricité des astres. — La même raison nous fait reconnaître que les astres sont des corps sphériques. D'abord, il est évident que le point de tangence du rayon visuel avec la surface terrestre est d'autant plus éloigné que l'observateur est placé plus haut; ce qui détermine un horizon plus étendu. Ainsi l'horizon sensible pour le sommet d'une montagne est plus grand que pour le sommet d'une tour, et plus grand encore pour les régions où un ballon transporte l'aéronaute (fig. 32). Si le point d'observation était infiniment éloigné, l'horizon aurait la plus grande ampleur possible et ferait le tour de la terre suivant un grand cercle. La moitié du globe serait alors visible et l'autre moitié invisible. Dans

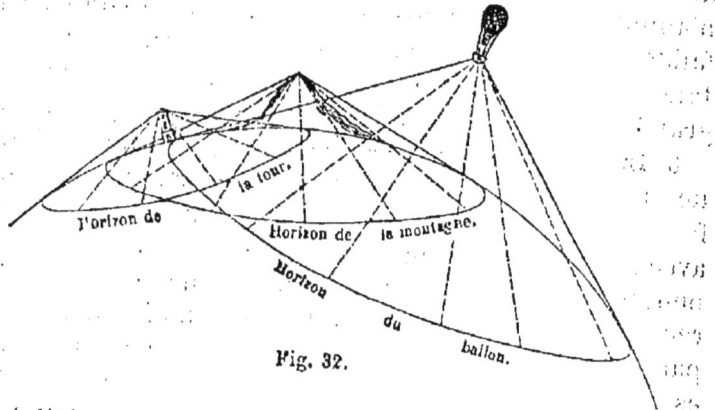

Fig. 32.

la réalité, en quelque point que l'on s'élève par une ascension aérostatique ou autrement, il est impossible d'avoir un grand cercle pour horizon sensible et de voir à la fois la moitié du globe terrestre, parce que la distance du lieu d'observation est trop petite par rapport aux dimensions de la terre, relativement énormes.

Mais avec les corps célestes, les conditions sont bien différentes : nous les voyons à d'immenses distances, et alors notre horizon sur ces corps est toujours un grand cercle, si d'ailleurs ils sont en entier lumineux, condition indispensable pour la pleine visibilité. C'est ainsi que le soleil, bien qu'il tourne vers nous tantôt une face et tantôt une autre, comme on l'établira plus loin, se présente toujours à nos regards avec un grand cercle pour horizon ; et tel est le motif qui nous le fait juger sphérique. Il en est de même de la lune et des diverses planètes. Quant aux étoiles, leur éloignement pour ainsi dire infini, fait que nos instruments de vision, même les plus puissants, ne nous les montrent que comme des points lumineux sans dimensions appréciables ; et nous les jugeons sphériques uniquement d'après une analogie dont tout démontre du reste la légitimité. Ainsi le même fait, c'est-à-dire la forme constamment circulaire de l'horizon sensible, conduit à la sphéricité de la terre, du soleil et d'un astre quelconque dont l'éloignement n'annule pas les dimensions; seulement la distance trop faible nous donne un petit cercle pour horizon terrestre, tandis qu'une distance très-considérable nous donne un grand cercle pour horizon sur les divers corps célestes.

8. Inégalités de la surface terrestre. — Une difficulté ne manque pas de se glisser dans l'esprit au sujet de la forme arrondie de la terre. On se demande comment, avec ses chaînes de montagnes et ses vallées, la terre peut toujours être qualifiée de sphérique. Volontiers, on reconnaît la courbure régulière des mers; mais le sol paraît sans ordre dans sa configuration générale, car il est de partout hérissé d'irrégularités souvent énormes. — Eh bien, ces irrégularités, si considérables à notre point de vue, ne sont plus rien quand on les compare aux dimensions de la terre. Une orange est ronde malgré les rugosités de sa peau; et, cependant, par rapport au fruit, ces rugosités sont plus saillantes que les plus hautes montagnes par rapport à la terre. Nous établirons prochainement que le rayon du globe terrestre est de 1600 lieues métriques en nombre rond. Connaissant ce nombre, figurons la terre par une sphère parfaitement unie et de un mètre de rayon; puis, dans de justes proportions, représentons en relief à sa surface quelques-unes des principales montagnes. La cime la plus élevée du monde est le Gaurisankar, qui fait partie de la chaîne de l'Himalaya, vers le centre de l'Asie. Son altitude est de 8840 mètres, presque le double de celle du Mont-Blanc, la plus haute montagne de l'Europe. Pour représenter le Gaurisankar sur la boule de un mètre de rayon figurant la terre, il faudrait un petit grain de sable d'un millimètre et un tiers de relief. La moindre rugosité d'une orange est incomparablement plus considérable par rapport à ce fruit. La terre n'est donc qu'une sphère plus grande, parsemée d'autres grains de poussière et de sable proportionnés à sa grosseur et qui sont les montagnes.

9. Les océans et l'atmosphère. — Les mers occupent à peu près les trois quarts de la surface de la terre, et leur profondeur moyenne paraît être de six à sept kilomètres. Mise en parallèle avec la terre, l'inconcevable masse des eaux océaniques se réduit presque à rien. Pour la représenter sur notre globe d'un mètre de rayon, une couche de liquide d'un millimètre d'épaisseur suffirait ; c'est-à-dire qu'un pinceau largement imbibé d'eau et promené à la surface de cette grosse boule, laisserait après lui assez d'humidité pour figurer les océans.

L'autre mer, la mer aérienne, bien plus vaste encore puisqu'elle enveloppe la terre entière et s'élève à une quinzaine de lieues de hauteur, d'après les calculs les plus modérés, l'atmosphère enfin serait représentée sur la même boule par une couche gazeuse d'un centimètre d'épaisseur. Autour d'une pêche, la mer atmosphérique serait figurée, mais avec une exagération énorme, par l'imperceptible duvet qui veloute ce fruit.

10. Isolement de la terre. — Le globe terrestre est isolé dans l'espace ; il se maintient dans l'étendue sans aucun appui. Le mouvement apparent de la sphère céleste nous en fournit une preuve évidente. Puisque les étoiles se lèvent d'un côté de l'horizon, se couchent du côté opposé et reparaissent à l'orient toutes les vingt-quatre heures sidérales, il est visible que le ciel étoilé circule autour de nous sans rencontrer nulle part d'obstacle, provenant de quelque appui sur lequel reposerait notre globe. D'ailleurs, si l'on admettait semblable appui, il y aurait lieu de se demander sur quelle base à son tour il repose ; puis cette base en supposerait une autre, et ainsi de suite indéfiniment.

A ces preuves de la logique s'adjoint l'expérience directe. Des milliers de voyageurs ont parcouru la terre en tous sens, sans trouver nulle part de support. On ne voit partout que ce que l'on voit ici ; le sol sous ses pieds,

l'étendue libre ou le ciel au-dessus de sa tête. Le navigateur Magellan est le premier qui ait entrepris un voyage
autour du monde. Parti en 1519 des côtes occiden-
dentales de l'Espagne, de l'embouchure du Guadalquivir, et il se dirigea toujours vers l'ouest autant que le
permettait la configuration des terres. Après avoir contourné l'extrémité australe de l'Amérique du Sud et découvert le détroit qui porte son nom, il traversa le grand
Océan, et aborda aux Philippines, où il périt. Son lieu-
tenant Sébastien del Cano poursuivit le voyage vers
l'ouest, et doublant le cap de Bonne-Espérance, revint
en 1522, à l'embouchure du Guadalquivir, trente-sept
mois après le départ.

Depuis cette expédition mémorable, établissant sur
des preuves incontestables que la terre est un globe
dont on peut faire le tour, les voyages de circonnavigation se sont multipliés, affirmant tous l'isolement de la
sphère terrestre. A notre époque, deux régions restent
seules à explorer : ce sont les régions de l'un et l'autre
pôle, où, malgré des tentatives répétées, surtout pour
le pôle nord, les navigateurs n'ont pu jusqu'ici parvenir à cause de l'extrême rudesse du climat. Même pour
ces deux points, encore domaine de l'inconnu, on peut
affirmer toute absence d'ap-
pui, car nous voyons d'ici le
ciel du pôle nord, nous
voyons la Polaire, située
sur la verticale du pôle ; et
dans cette direction, l'espace se montre libre comme
partout ailleurs.

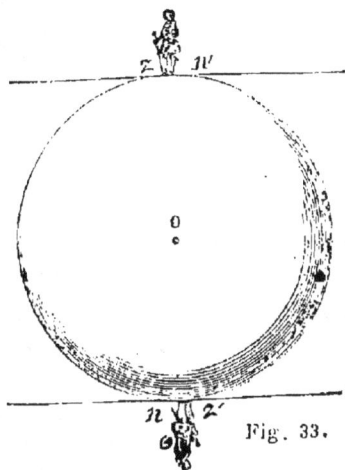

Fig. 33.

11. Antipodes. — A travers
le globe terrestre, imaginons un diamètre. Les deux
points opposés où aboutit
ce diamètre sont dit *antipodes* (fig. 33) l'un de l'autre

(Ἀντί, contre; πούς, ποδός, pied). L'antipode de Paris est un point du grand océan Austral, situé un peu à l'est de la Nouvelle-Zélande. Le mot antipode signifie pieds contre pieds, pieds opposés. En effet, les habitants de deux points antipodes du globe ont les pieds tournés les uns vers les autres, puisque, étant debout suivant la verticale, ils les ont appliqués sur le sol dans la direction du centre. Ils sont dans une situation renversée les uns par rapport aux autres; les premiers tournent la tête du côté de l'espace où les seconds tournent les pieds; ils tournent les pieds du côté où les seconds tournent la tête.

Cette position renversée des habitants de la Nouvelle-Zélande par rapport à notre propre situation, semble tout d'abord singulièrement incommode, et l'on se demande comment ils ne sont pas précipités. — Retenus comme nous à la surface du sol par l'attraction terrestre, ils sont dans une position identique à la nôtre. Ils ont les pieds, comme nous, tournés vers le bas, c'est-à-dire vers le sol; ils ont, comme nous, la tête dirigée vers le haut, c'est-à-dire vers l'espace ou le ciel environnant. Pour eux, comme pour nous, tomber, c'est se rapprocher du centre de la terre; monter, c'est s'en éloigner. Ils ne courent pas le péril d'être précipités dans l'espace non plus que nous-mêmes ne sommes exposés à être lancés dans le ciel au-dessus de nos têtes. S'il nous paraît tout simple de ne pas être lancés dans l'étendue qui forme notre ciel, pourquoi les habitants des antipodes seraient-ils précipités dans le ciel opposé? Tomber vers ce ciel opposé, ce serait s'élever, comme s'élève ici un aérostat quittant le sol.

Dans l'espace illimité, dans l'étendue absolue, tomber, monter, n'ont pas de sens. Cela ne se dit que par rapport au corps qui, par son attraction, provoque la chute. Les objets terrestres tombent quand ils se rapprochent du centre de la terre; ils montent quand ils s'en éloignent. Le haut, le bas, ne signifient rien non plus dans l'étendue absolue; ils n'ont de valeur que par rapport au corps vers lequel s'effectue la chute. Pour tous les habitants de la terre, le haut, c'est l'espace environnant; le bas, c'est le sol; le point le plus bas, c'est le centre du globe. Placés ici, ou sur les côtés, ou aux antipodes, nous avons tous les pieds en bas, tournés vers le centre du globe; nous avons tous la tête en haut, tournée vers le ciel environnant; nous sommes tous dans une position droite par rapport à la terre; et cela nous suffit, car l'étendue qui nous environne, n'est pour rien dans ce qui s'appelle chute et ce qui s'appelle ascension.

12. Pourquoi, étant isolée, la terre ne tombe pas. — La terre, par son attraction, provoque la chute des corps; ce qui tombe se rapproche de la terre qui l'attire. Quoique dépourvu d'appui dans l'espace, le globe terrestre ne peut donc tomber dans l'acception vulgaire du mot, car ce serait se rapprocher de lui-même, ce qui n'a pas de sens. S'il n'y avait rien au delà de la terre, aucune attraction ne s'exercerait sur notre globe, dont la chute, dans n'importe quelle direction, serait par suite impossible. Alors la terre resterait éternellement immobile au point de l'étendue qu'elle occupait au début des choses, ou bien, une fois en mouvement dans l'espace, elle irait à travers l'étendue suivant une ligne droite sans fin. Mais s'il se trouve dans le ciel un astre dont la puissance attractive puisse l'entraîner, la terre doit tomber vers cet astre dominant. En réalité, la terre tombe, non cependant comme on l'entend d'habitude; elle tombe vers le soleil qui l'attire et l'entraîne sans repos. On reviendra plus tard sur cette intéressante question.

RÉSUMÉ

1. D'après les poëmes d'Homère, l'antiquité se figurait la terre comme un disque au-dessus duquel se courbait la voûte des cieux. Au milieu du disque s'élevait l'Olympe, demeure des dieux.

2. On constate la courbure du sol en considérant que les objets éloignés nous montrent leur sommet puis leur base à mesure que l'éloignement diminue.

3. On reconnaît la courbure des mers à la manière dont se présente, pour un observateur placé sur le rivage, un navire qui se rapproche ou qui s'éloigne.

4. La forme courbe de la terre se déduit des modifications qu'éprouve l'aspect du ciel étoilé pour un observateur se déplaçant dans la direction nord-sud.

Ces modifications seraient inexplicables, la terre étant supposée plate.

5. Sur la lune éclipsée on constate la forme ronde de l'ombre de la terre.

6. La terre est sphérique, parce que, en tous lieux, la forme de l'horizon sensible est circulaire. L'horizon sensible est la ligne qui, autour de nous, borne la vue, soit sur terre, soit sur mer. C'est le lieu géométrique des points de contact des rayons visuels menés tangentiellement à la surface de la terre.

7. De même nous jugeons les astres sphériques parce que leur horizon pour nous est circulaire.

8. Les inégalités de la surface terrestre ne modifient pas d'une manière appréciable la configuration sphérique. La plus haute montagne du monde serait représentée sur une sphère d'un mètre de rayon par une saillie d'un millimètre et un tiers.

9. Sur la même sphère, les océans seraient représentés par une couche d'eau d'un millimètre d'épaisseur ; et l'atmosphère par une couche gazeuse haute d'un centimètre.

10. La terre est isolée dans l'espace, comme le prouvent le mouvement apparent du ciel et les voyages de circonnavigation. Magellan est le premier navigateur qui ait fait le tour de la terre.

11. On nomme *antipodes*, deux points de la surface terrestre situés aux deux extrémités d'un même dia-

mètre. Dans l'étendue absolue, le haut et le bas, tomber et s'élever, n'ont aucun sens. Tomber c'est se rapprocher du centre de la terre. Les habitants des antipodes sont, par rapport à la terre, dans la même position que nous, et par conséquent ne peuvent être précipités.

12. La terre ne peut tomber, puisque, dans l'acception vulgaire du mot, ce serait se rápprocher d'elle-même, ce qui ne signifie plus rien.

CHAPITRE V

LONGITUDES ET LATITUDES GÉOGRAPHIQUES

1. **Axe et pôles de la terre.** — Ainsi que nous venons de le reconnaître, la terre est sphérique, forme que rappellent les expressions de *globe terrestre*, ou simplement de *globe*. D'autre part, malgré son volume énorme quand nous la comparons aux objets terrestres sur lesquels se porte la vue, serait-ce les plus puissants bourrelets de montagnes, elle n'est en réalité qu'un point sans dimensions par rapport à l'immensité qui nous entoure ; de telle sorte que l'axe idéal autour duquel le ciel étoilé paraît accomplir sa révolution quotidienne, l'axe du monde enfin passe toujours par l'observateur, quel que soit le lieu occupé par celui-ci à la surface du globe. Si nos plus grands déplacements à la superficie de la sphère terrestre ne modifient en rien pour nous la direction de cet axe, parce que cette sphère est comme un point mathématique en comparaison de la sphère du ciel, il est visible que si le lieu d'observation était le centre de la terre, le spectacle de l'espace étoilé serait à nos regards exactement le même (fig. 34).

Imaginons donc l'observateur placé au centre de la terre, qui devient ainsi le centre de la sphère céleste. Dans ces conditions, l'axe du monde traverse le globe terrestre suivant un diamètre, qui prend lui-même le nom d'*axe de la terre* ou d'*axe terrestre*. L'axe du monde

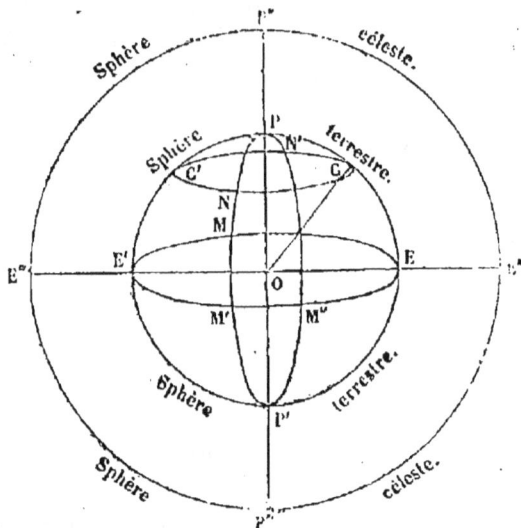

Fig. 34.

n'est ainsi que l'axe de la terre prolongé. Celui-ci rencontre la surface du globe en deux points, qui sont les *Pôles* de la terre. L'un est en face du pôle arctique du ciel, et porte le même nom; l'autre est en face du pôle céleste antarctique, et lui emprunte sa dénomination. Il y a donc pour la sphère terrestre, comme pour la sphère du ciel, un *pôle boréal* ou *arctique* et un pôle *austral* ou *antarctique*.

2. **Méridiens, équateur et parallèles terrestres.** — On nomme *méridien terrestre* tout grand cercle qui a pour diamètre l'axe de la terre, ou, ce qui revient au même, tout grand cercle passant par les deux pôles de la terre. Les plans des méridiens terrestres se confondent par conséquent avec les plans des méridiens célestes. Pour un lieu déterminé à la surface du globe, le méridien est le grand cercle qui passe par les deux pôles et la verticale de ce lieu.

L'*équateur* terrestre est un grand cercle perpendiculaire à l'axe. Son plan se confond avec celui de l'équateur céleste. Il divise la terre en deux parties égales ou *hémisphères*, l'un *boréal* et l'autre *austral*.

Enfin les *parallèles* sont de petits cercles perpendiculaires à l'axe et par conséquent parallèles à l'équateur. Leur nombre est indéfini, comme celui des méridiens. Leur plan ne se confond pas avec celui des parallèles célestes correspondants ; mais si l'on imagine un cône droit ayant pour sommet le centre de la terre et pour base un parallèle terrestre, ce cône prolongé rencontrera la sphère céleste suivant un parallèle homologue du premier.

3. **Longitude et latitude géographiques.** — Parmi l'infinité de méridiens possibles, il est nécessaire, pour l'uniformité des travaux astronomiques et géographiques, d'en adopter un comme point de départ. Le choix est d'ailleurs parfaitement arbitraire et varie avec les nations. C'est ainsi que l'Angleterre a choisi comme point de départ, le méridien qui passe par l'Observatoire de Greenwich, aux environs de Londres. La France a fait choix de celui qui passe par l'Observatoire de Paris. Nous nommerons celui-ci *premier méridien* ou *méridien convenu.*

On nomme *longitude d'un lieu la distance en degrés du méridien de ce lieu au méridien convenu.* Elle est *orientale* ou *occidentale :* orientale, si le lieu considéré se trouve à l'est du méridien convenu; occidentale, s'il se trouve à l'ouest. Sur un globe géographique, sur une carte, la longitude se compte sur l'équateur, et à défaut de l'équateur, suivant un parallèle quelconque, dans les cartes ne comprenant qu'une portion de la terre. Elle varie, tant à l'est qu'à l'ouest, depuis 0° jusqu'à 180°. La valeur 0° correspond au premier méridien, c'est-à-dire pour nous au demi-méridien passant par l'Observatoire de Paris; la valeur 180° correspond au demi-méridien opposé.

La latitude d'un lieu est la distance en degrés de ce lieu à

l'équateur. Elle est *septentrionale* ou *boréale* si le point
considéré se trouve au nord de l'équateur; elle est *méridionale* ou *australe* si le point se trouve au sud. Elle
se compte sur un méridien quelconque, depuis l'équateur, où sa valeur est 0°, jusqu'à l'un et l'autre pôle,
où sa valeur est de 90°. Enfin elle est la même pour
tous les points d'un même parallèle.

Pour préciser ces notions, soient dans la figure 35
O le centre de la terre,
P et P' les deux pôles,
E C A E' l'équateur, E'
l'est, E l'ouest, enfin
PCP' le premier méri-
dien. Considérons le
point M à la surface de
la terre. Son méridien
est PMP'. Sa longitude
est alors CA, arc de l'é-
quateur compris entre
le premier méridien et
le méridien du lieu con-

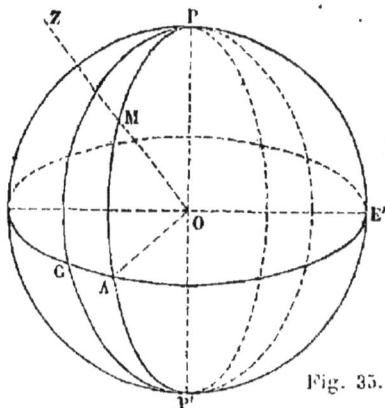

Fig. 35.

sidéré. Cet arc est la mesure de l'angle COA, que font
entre eux les deux méridiens. Enfin dans le cas actuel,
la longitude est orientale car le point M se trouve à l'est
du premier méridien. Quant à la latitude, elle est AM,
arc de méridien compris entre l'équateur et le point M.
De plus elle est septentrionale puisque M est au nord de
l'équateur.

4. **Origine des expressions longitude et latitude.** — Les
termes de longitude et de latitude nous viennent de
l'antiquité, pour laquelle n'était connue qu'une petite
portion de la terre, celle qui entoure la Méditerranée.
Comme cette partie est plus étendue dans le sens de
l'ouest à l'est, suivant lequel se succèdent les méridiens,
que dans le sens du sud au nord, suivant lequel sont
échelonnés les parallèles, on nomma *longitude* ou *longueur* la distance comptée suivant la plus grande dimen-

sion du monde alors connu; et *latitude*, c'est-à-dire *largeur*, la distance comptée suivant la plus petite dimension. Aujourd'hui il n'est plus permis d'attacher les idées de longueur et de largeur aux expressions de longitude et de latitude. La terre est reconnue sphérique; sa dimension du nord au sud égale sa dimension de l'ouest à l'est; ou plutôt, comme nous ne tarderons pas pas à le voir, leur différence est tout à fait négligeable.

5. **Usages de la longitude et de la latitude.** — La longitude et la latitude servent à déterminer la position d'un lieu à la surface de la terre, de même que l'ascension droite et la déclinaison servent à déterminer la position d'un astre sur la sphère céleste. Les premières sont des coordonnées géographiques, les secondes des coordonnées célestes; et les deux systèmes sont similaires. A la déclinaison correspond la latitude; à l'ascension droite correspond la longitude, avec cette seule différence que l'ascension droite se compte toujours dans le même sens, de l'ouest à l'est, depuis 0° jusqu'à 360°, tandis que la longitude se compte tantôt à l'est, tantôt à l'ouest du premier méridien, depuis 0° jusqu'à 180°. Enfin ce premier méridien a pour analogue, sans que leurs plans se confondent, le premier cercle horaire.

Pour obtenir une représentation exacte du ciel étoilé, c'est-à-dire pour distribuer sur une sphère de carton des points ayant entre eux mêmes relations que les étoiles, il nous a suffi de connaître, pour chacune de celles-ci, son ascension droite et sa déclinaison. Pareillement, pour obtenir un *globe géographique*, image de la terre sous le rapport de la configuration extérieure, de la distribution des continents et des mers, enfin de la position respective des lieux, il nous suffira de faire le relevé des longitudes et des latitudes.

En effet, sur notre sphère de carton, traçons d'abord perpendiculairement à l'axe un grand cercle qui sera l'équateur; puis, un méridien quelconque, qui nous représentera le premier méridien. Si l'observation nous a

appris qu'un certain lieu a par exemple 50° de longitude
occidentale et 48° de latitude septentrionale, rien ne
sera plus facile que d'obtenir la représentation de ce
lieu. Sur l'équateur, à partir du méridien convenu, comptons 50° vers l'ouest, et par ce cinquantième degré, menons un demi-méridien. Puis, à partir de l'équateur et
vers le nord puisque la latitude est septentrionale, comptons 48° sur ce dernier méridien. Le point ainsi obtenu
sera la représentation du point de la terre que nous
avons considéré. Semblable construction répétée autant
de fois qu'il sera nécessaire, finira par nous donner
l'image géographique du globe terrestre.

De même, si nous avons sous les yeux un globe géographique, il nous sera aisé d'y trouver la position d'un
lieu dont on donne la longitude et la latitude. Un récit
de voyage, par exemple, nous parle d'un point situé à
115° de longitude orientale et à 35° de latitude méridionale. Le premier renseignement nous indique que le
point en question est à l'orient du méridien de Paris, sur
le demi-méridien du 115e degré. Le second renseignement nous dit que ce point est au sud de l'équateur, sur
le parallèle du 35° degré. L'intersection du demi-méridien et du parallèle ainsi déterminée est le lieu cherché,

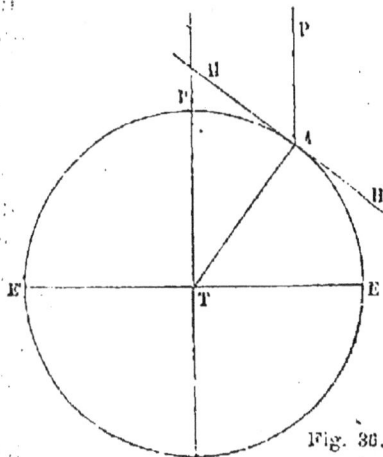

Fig. 36.

sur la côte méridionale
de l'Australie vers l'ex-
trémité ouest. La re-
cherche s'effectuerait de
pareille manière si l'on
ne disposait que d'une
carte au lieu d'un globe
géographique.

6. Détermination de la
latitude d'un lieu. —
Soient dans la figure 36,
A le point dont il faut
trouver la latitude, HH'
l'horizon de ce point,

EE' l'équateur, TP l'axe de la terre, qui se confond avec l'axe du monde et par conséquent est dirigé vers le pôle céleste ainsi que nous venons de le voir tout à l'heure. La latitude à déterminer est l'angle ATE, qui nous donnera en degrés la distance du point A à l'équateur E. Directement, cet angle n'est pas mesurable, mais on peut en mesurer un autre qui lui soit égal. Dirigeons, en effet, du point A, un rayon visuel AP' vers le pôle céleste, au voisinage de la polaire. L'angle P'AH que ce rayon visuel fera avec l'horizon AH sera la hauteur du pôle pour le point A. D'autre part, AP' et TP toutes les deux indéfiniment prolongées aboutissent au pôle, c'est-à-dire se rencontrent à une distance immensément grande à cause de l'éloignement presque infini des étoiles par rapport aux dimensions de la terre ; on peut donc les considérer comme parallèles. Mais alors les deux angles P'AH et ATE sont égaux, car AH, ligne horizontale, est perpendiculaire à AT, prolongement de la verticale dans l'intérieur de la terre ; et AP', parallèle à l'axe PT, est par cela même perpendiculaire à TE, située dans le plan de l'équateur. Les deux angles, l'un et l'autre aigus, ont ainsi les côtés perpendiculaires chacun à chacun, et par conséquent sont égaux. On voit donc que *la latitude d'un lieu est égale à la hauteur du pôle au-dessus de l'horizon de ce lieu.*

La hauteur du pôle à Paris est de 48° 50' 11" ; la même valeur angulaire est la latitude de Paris.

7. Détermination de la longitude. — Revenons aux cercles horaires du paragraphe 12, chap. II. Si une étoile est située sur un cercle horaire distant de notre méridien d'une fois, deux fois, trois fois, etc., 15° vers l'est, cela signifie que cette étoile passera à notre méridien dans une heure sidérale, dans deux, dans trois, etc. Si au contraire elle est sur un cercle horaire distant de notre méridien d'une fois, deux fois, trois fois, etc. 15° vers l'ouest, cela signifie qu'elle a passé à notre méridien depuis une heure, depuis deux, depuis trois, etc.

4.

Mais les cercles horaires ne sont autre chose que les plans des méridiens terrestres prolongés. Alors un observateur situé à l'est du méridien de Paris à une distance de n fois 15°, verrait une étoile traverser le méridien du lieu où il se trouve n heures avant que s'effectuât le passage de la même étoile au premier méridien, c'est-à-dire à celui de Paris. Pareillement, s'il était à l'ouest, il verrait l'étoile passer au méridien du lieu d'observation n heures après. Un écart quelconque en longitude, soit orientale, soit occidentale, amène ainsi, en moins ou en plus, une différence de temps entre les deux passages, savoir le passage d'une étoile au méridien de l'observateur et le passage de la même étoile au premier méridien.

Inversement : cette différence de temps étant connue, on peut en déduire l'écart en longitude, 1 heure en moins correspondant à 15° vers l'est, 1 heure en plus correspondant à 15° vers l'ouest. Pour toute autre valeur de temps, on calculerait sans difficulté la valeur angulaire correspondante. On voit donc que la détermination d'une longitude est une question de mesure de temps.

8. Chronomètre, montre marine, garde-temps. — On appelle de ces divers noms des instruments d'horlogerie qui peuvent marcher longtemps avec une grande précision sans avoir besoin d'être remontés. Bien construits, ils varient de quelques secondes à peine dans l'intervalle de plusieurs mois. Leur nom si expressif de *garde-temps* signifie qu'ils gardent l'heure du lieu où ils ont été réglés, et indiquent, non l'heure du point où l'on est arrivé, mais bien celle du point d'où l'on vient.

Supposons un chronomètre dont l'aiguille fasse une révolution complète en un jour sidéral. Nous le réglons sur le méridien de Paris, c'est-à-dire nous lui faisons marquer $0^h \ 0^m \ 0^s$ au moment où une étoile quelconque, Sirius, par exemple, passe au méridien de Paris. Si l'instrument est exact, à chaque révolution de l'étoile, à

chacun de ses passages au premier méridien, l'aiguille
sera revenue à la division 0ʰ. Transportons-nous maintenant où bon nous semblera. Nous observons le passage de Sirius au méridien du lieu où nous sommes ; et
au même instant le chronomètre consulté indique, supposons, la 20ᵉ heure. Nous pouvons en conclure que
nous sommes à l'orient de Paris et que notre longitude
est orientale, puisque la même étoile, Sirius, passe à
notre méridien avant de passer au méridien de Paris.
De plus, cette longitude est de 60°, car une heure de
temps correspond à 15° et 4 heures à 60°. De même, si
le chronomètre indiquait la 3ᵉ heure, cela signifierait
que la longitude du lieu d'observation est occidentale,
puisque Sirius y passe au méridien trois heures plus tard
qu'à Paris ; et cette longitude occidentale serait de 45°.

9. Signaux instantanés. — On entend par *signaux instantanés* des signaux de nature quelconque visibles au
même instant de deux observateurs éloignés l'un de
l'autre. Tels sont, par exemple, les signaux de la télé-
graphie électrique, dont la transmission est tellement
rapide, qu'on peut regarder comme nul, même pour des
distances considérables, l'intervalle entre le départ et
l'arrivée.

Cela dit, supposons deux observateurs qui, aux deux
extrémités d'une ligne télégraphique, aient réglé l'un et
l'autre leurs chronomètres sur la même étoile, c'est-à-
dire aient mis l'aiguille de leur instrument sur la division 0ʰ au moment du passage de cette étoile à leur
méridien respectif. Pour plus de simplicité, admettons
que l'un de ces méridiens soit celui de Paris. Puis, à un
signal transmis par le fil télégraphique et indiquant aux
deux stations le même instant à cause de son excessive
rapidité de transmission, chaque observateur lit l'heure
sur son chronomètre. Il suffira plus tard de se communiquer les deux lectures pour obtenir la longitude.
Admettons, en effet, que celle du méridien de Paris soit
1ʰ 23ᵐ, et celle de l'autre méridien 1ʰ 32ᵐ. Ces nombres

nous enseignent que l'étoile adoptée pour repère passe au méridien de la seconde localité, 9ᵐ avant son passage au méridien de Paris. La longitude de cette localité est donc orientale, et de $15' \times 9 = 135' = 2°15'$, car 1ᵐ de temps correspond à 15' de degré.

10. Signaux instantanés célestes. — Certains phénomènes célestes sont visibles au même instant des points les plus éloignés, et deviennent ainsi autant de signaux instantanés naturels mis à profit pour la détermination des longitudes. De ce nombre sont les éclipses de la lune, produites par le passage de cet astre à travers l'ombre de la terre. L'instant précis de l'entrée dans l'ombre, comme aussi l'instant précis de la sortie, sont évidemment les mêmes pour tous les regards, quel que soit dans l'espace le lieu d'observation. Mais ces éclipses sont rares et ne peuvent être utilisées aussi souvent qu'il serait désirable. — En traitant des planètes, nous verrons qu'autour de la plus grosse d'entre elles, Jupiter, circulent plusieurs lunes ou satellites, qui assez fréquemment s'éclipsent, c'est-à-dire cessent d'être visibles en pénétrant dans l'ombre de la planète. Voilà encore, dans ces lointaines éclipses, d'excellents signaux instantanés.

Or chaque année il se publie, par les soins de l'Observatoire de Paris, un volume, dit *Connaissance des temps*, qui donne, dans des tables calculées à l'avance, l'heure du premier méridien au moment où se produisent ces divers phénomènes célestes. Si donc un navigateur observe, par exemple, la disparition de l'un des satellites de Jupiter dans l'ombre de cette planète, il n'a qu'à ouvrir la *Connaissance des temps* pour y trouver l'heure de Paris, au moment même de cette éclipse. En comparant cette heure avec celle du lieu où il est, il lui devient facile de calculer la longitude du point où il se trouve.

RÉSUMÉ.

1. A cause de l'immense éloignement des étoiles,

l'axe du monde peut être considéré comme passant par un point quelconque de la terre. Conduit par le centre de la terre, il se confond avec ce qu'on nomme l'*axe ter-restre*. Les *pôles* géographiques sont les deux points où cet axe rencontre la surface terrestre.

2. Tout grand cercle qui pour diamètre a l'axe de la terre, ou, ce qui revient au même, tout grand cercle passant par les deux pôles se nomme *méridien*. Le nombre des méridiens est indéfini. Le méridien d'un lieu déterminé est celui qui passe par la verticale de ce lieu. L'*équateur* est un grand cercle perpendiculaire à l'axe de la terre ; les *parallèles* sont de petits cercles per-pendiculaires à cet axe. Les méridiens et l'équateur ter-restres confondent leurs plans avec ceux de l'équateur et des méridiens célestes. Il n'en est pas de même pour les parallèles.

3. On appelle *premier méridien* ou *méridien convenu* un méridien arbitraire adopté comme point de départ. Pour nous, le premier méridien est celui qui passe par l'observatoire de Paris. — La *longitude* d'un lieu est la distance en degrés du méridien de ce lieu au premier méridien. La longitude est *orientale* ou *occidentale*. — La latitude d'un lieu est la distance en degrés de ce lieu à l'équateur. Elle est *septentrionale* ou *méridionale*.

4. Les expressions de longitude et de latitude, signi-fiant longueur et largeur, nous viennent des anciens, pour lesquels le monde connu était plus étendu dans le sens des longitudes ou de l'ouest à l'est, que dans le sens des latitudes, ou du sud au nord.

5. La longitude correspond à l'ascension droite, et la latitude à la déclinaison. C'est avec la longitude et la latitude des divers points de la terre que l'on parvient à construire un globe géographique.

6. La latitude d'un lieu est égale à la hauteur du pôle au-dessus de l'horizon de ce lieu.

7. La détermination d'une longitude se ramène à une mesure de temps.

8. On nomme *chronomètre*, *montre-marine*, *garde-temps*, des instruments d'horlogerie qui marchent long-temps sans avoir besoin d'être remontés et donnent l'heure du lieu où ils ont été réglés. L'heure indiquée par le chronomètre au moment où l'étoile prise pour repère passe au méridien du lieu où l'on est, fait con-naître la longitude de ce lieu.

9. Les *signaux instantanés* sont des signaux de nature quelconque visibles au même instant pour des observa-teurs éloignés. On emploie à la détermination de la longitude les signaux instantanés transmis par la télé-graphie électrique.

10. Les éclipses de la lune et des satellites de Jupiter sont des signaux instantanés naturels mis à profit pour la détermination des longitudes avec les documents fournis par la *Connaissance des temps*.

CHAPITRE VI

FORME D'UN MÉRIDIEN. — DIMENSIONS DE LA TERRE.

1. Mesure angulaire d'un arc de méridien. — Sur le mé-ridien P E P' (fig. 37), considérons un arc quel-conque AB, dont nous nous proposons de trou-ver la valeur angulaire. Aux extrémités A et B de cet arc, nous élevons les verticales A Z, B Z', qui prolongées iraient se rencontrer au centre de la terre, dans la suppo-sition où celle-ci serait exactement sphérique, mais qui peuvent se croi-

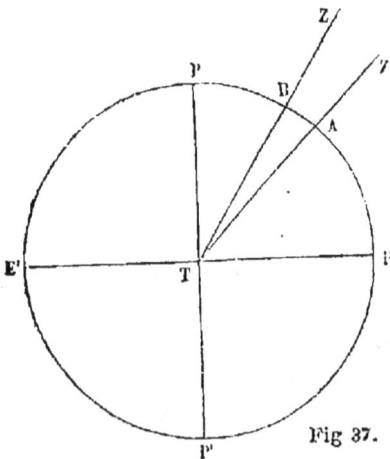

Fig 37.

ser ailleurs et plus ou moins loin du centre si la sphéricité n'est pas parfaite. Dans l'un comme dans l'autre cas, la valeur angulaire de B A est l'angle ZTZ′, que forment entre elles les deux verticales. Ainsi un arc de méridien d'un nombre quelconque *n* de degrés est l'arc compris entre deux verticales se croisant sous un angle de *n* degrés. Cette définition ne préjuge rien sur le croisement des verticales, et par conséquent sur la forme du méridien.

Remarquons maintenant que l'angle Z T E est la distance en degrés du point A à l'équateur E, c'est-à-dire la latitude de ce point. Il est égal, d'après ce qu'on a vu, à la hauteur du pôle au-dessus de l'horizon de A. Pareillement Z′T E est la latitude du point B, et à même valeur que la hauteur du pôle au-dessus de l'horizon de B. En mesurant, donc, la hauteur du pôle en B et en A, on obtiendra l'angle Z′ T Z, ou la valeur angulaire de l'arc de méridien B A, par la différence des deux résultats.

2. Mesure linéaire d'un arc de méridien. — Pour obtenir la longueur d'un arc de méridien A B (figure 38),

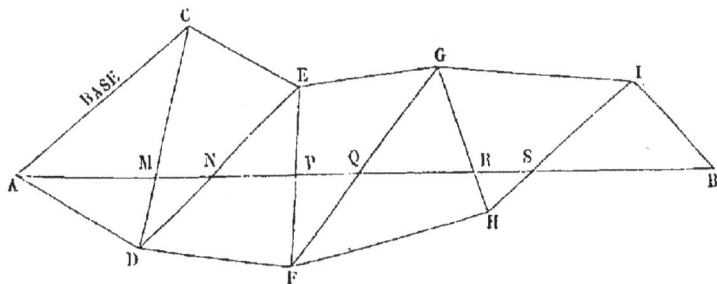

Fig. 38.

l'opération est des plus longues et des plus délicates. Bornons-nous à donner une idée de la méthode suivie. — A partir de l'extrémité A de cet arc, on choisit sur le terrain une longueur convenable A C, dite *base*, que l'on mesure à diverses reprises avec le plus grand soin, au moyen des règles métalliques, disposées bout à bout

dans une position horizontale. Des corrections sont
faites pour tenir compte de la dilatation suivant la température. — Une fois cette base exactement connue, on
fait choix de part et d'autre de la méridienne A B, d'un
certain nombre de points remarquables DEFGHI de
chacun desquels on puisse apercevoir les points voisins. Il en résulte une chaîne de triangles reliés deux à
deux entre eux. Puis, on mesure les angles de ces divers triangles. On connaît ainsi dans le premier A C D
la base A C et les deux angles adjacents ; ce qui permet
de calculer C D. A son tour C D, avec les deux angles
qui lui sont adjacents, permet de calculer D E ; et ainsi
de suite de proche en proche. — Cela fait, on détermine en A la direction de la méridienne par la méthode
déjà indiquée ; et l'on mesure l'angle C A M. Dans le
triangle M A C, on connaît de la sorte le côté A C, et
les deux angles qui lui sont adjacents. De ces valeurs on
déduit le tronçon de méridienne A M, ainsi que M C,
et par suite M D, différence entre C D et C M, maintenant connus l'un et l'autre. Alors dans le triangle DMN,
sont connus le côté DM, l'angle en D mesuré directement, et l'angle en M donné par le triangle qui précède. Ce triangle D M N fournit donc le deuxième
tronçon M N de la méridienne, ainsi que D N et, par
conséquent, N E. Cette dernière valeur à son tour,
combinée avec les angles en N et en E dans le triangle
N E P, fournira le troisième tronçon N P. La même marche se poursuit, tronçon par tronçon de la méridienne,
jusqu'à l'autre extrémité B de l'arc.

En somme, on voit que pour obtenir la longueur de
A B, il suffit de connaître : 1° la longueur de la base A C ;
2° les angles des divers triangles du réseau ; 3° l'angle que forme la méridienne avec la base. Finalement
si la longueur totale de l'arc du méridien est divisée par
la valeur angulaire, on obtient la longueur d'un arc de
méridien d'un degré.

3. Longueur de l'arc d'un degré. — Des mesures ma-

thématiques pareilles à celles que nous venons de décrire, ont été entreprises à diverses époques sous des latitudes différentes. La plus reculée en date est celle du géomètre Picard, qui, en 1669, mesura un arc du méridien dans le nord de la France. Dans le siècle suivant, en 1736, Bouguer et La Condamine se rendirent au Pérou, au voisinage de l'Équateur, pour y déterminer la longueur d'un arc de méridien ; tandis que Maupertuis et Clairaut opéraient en Laponie dans le même but. Bien des travaux analogues ont été exécutés depuis et nous pouvons grouper ainsi quelques-uns des résultats obtenus :

Stations.	Longueur en toises de l'arc d'un degré.
Pérou	56 737
Inde	56 762
France	57 025
Angleterre	57 066
Laponie	57 191

De ces chiffres se dégage un résultat : un degré de méridien augmente de longueur de l'équateur au pôle ; en d'autres termes, la distance qui sépare à la surface de la terre, sur le même méridien, deux verticales faisant entre elles un angle d'un degré, est plus grande au pôle qu'à l'équateur.

4. **Dépression aux pôles et renflement à l'équateur.** — Un méridien n'est donc pas exactement une circonférence, car alors les verticales qui ne sont autre chose que des normales à la courbe, c'est-à-dire des perpendiculaires aux tangentes, se rencontreraient toutes au centre et comprendraient entre elles des arcs de même longueur pour le même écart angulaire. Sa forme doit imiter celle de la courbe E P E′ P′ (fig. 39), que nous exagérons à dessein pour rendre les faits plus sensibles.

Soient donc, dans cette figure, E E′ l'équateur, et P P′ l'axe. Prenons dans la partie à courbure la plus forte, dans le voisinage de l'équateur, un arc A A′ tel que les deux verticales ou normales fassent entre elles un angle C, d'un degré par exemple. Remarquons que

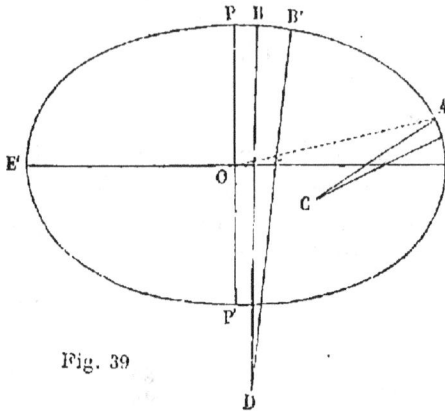

Fig. 39

le point de rencontre des deux normales, le point C, n'est pas et ne peut se trouver au centre O, puisque la courbe n'est plus une circonférence. Remarquons encore que l'arc A A′ peut être considéré, à peu de chose près, comme un arc de cercle

décrit du point C comme centre avec C A pour rayon; et cette assimilation à un arc de cercle sera d'autant plus exacte que l'angle C sera plus petit. Maintenant prenons vers le pôle P deux autres points B et B′, tels que les normales correspondantes comprennent entre elles un angle de même valeur que l'angle C. Comme ici la courbure est moins forte, c'est-à-dire que l'arc B B′ s'écarte moins de la forme rectiligne, les deux normales iront se rencontrer plus loin que dans le premier cas, par exemple en D, et l'arc B B′ pourra être considéré comme un arc de cercle décrit du point D pour centre, avec D B pour rayon. Les angles D et C de même valeur interceptent donc des arcs B B′ et A A′ décrits avec des rayons différents de longueur. Mais les notions les plus élémentaires de la géométrie nous enseignent que deux arcs de cercle de même valeur en degrés ont des longueurs proportionnelles à leurs rayons; par conséquent, B B′ de plus grand rayon surpasse en longueur A A′ de rayon moindre. C'est du reste ce qu'affirme la seule inspection de la figure.

Ainsi, avec la forme que nous venons d'adopter, la longueur d'un arc de même valeur angulaire croîtrait progressivement de l'équateur E au pôle P. C'est précisément là ce que des mesures directes ont constaté au sujet du méridien terrestre. Le méridien a donc une courbure plus forte à l'équateur et une courbure moindre aux pôles ; son diamètre suivant l'équateur est plus long que son diamètre suivant la ligne des pôles ; et comme cette conclusion s'applique à un méridien quelconque, la terre doit être déprimée, aplatie aux pôles, et renflée à l'équateur.

5. Un méridien est une ellipse. — Ces considérations nous démontrent une dépression polaire et un renflement équatorial, sans nous dire la forme exacte du méridien. Pour aller plus loin, il faut entrer dans des calculs qui ne sauraient, à cause de leur difficulté, trouver place ici. D'après l'accroissement éprouvé en longueur, de l'équateur au pôle, par un arc de même valeur angulaire, ces calculs établissent que le méridien a la forme d'une ellipse dont le grand axe et le petit axe sont dans le rapport de 299 à 298. Cette ellipse, on le voit, diffère fort peu d'une circonférence ; et les verticales, sans se croiser rigoureusement au centre, comme cela aurait lieu dans le cas d'une circonférence exacte, se coupent du moins deux à deux assez près d'un même point central. On voit alors combien est exagérée, par rapport à la forme réelle de la terre, la courbe ci-dessus. Les mêmes calculs donnent les valeurs absolues du périmètre du méridien, de son rayon polaire et de son rayon équatorial.

6. La terre est un ellipsoïde de révolution. — La surface engendrée par une ellipse tournant autour de l'un de ses axes se nomme *ellipsoïde de révolution*. Concevons un méridien tournant autour de la ligne des pôles : il décrira un ellipsoïde de révolution qui sera la terre elle-même. Si l'on voulait représenter l'ellipsoïde terrestre, il faudrait construire une sorte de globe ayant $2^m,99$ dans un sens et $2^m,98$ dans l'autre. Avec cette minime différence d'un centimètre pour ses deux axes, pareil

ellipsoïde ne différerait pas sensiblement d'une sphère, même pour le regard le mieux exercé.

7. Dimensions de la terre. — Si la terre était une sphère exacte, il suffirait, pour connaître ses dimensions, de mesurer un arc de méridien au moyen d'une triangulation comme nous l'avons expliqué plus haut. La longueur obtenue divisée par la différence des latitudes aux deux points extrêmes, c'est-à-dire par la valeur en degrés de l'arc mesuré, donnerait la longueur de l'arc d'un degré ; et celle-ci multipliée par 360 fournirait la circonférence complète ou le tour de la terre. Mais avec la forme elliptique, la question est plus compliquée et exige des calculs spéciaux,

Les travaux de Delambre et Méchain, qui mesurèrent, vers la fin du dernier siècle, l'arc de méridien compris entre Dunkerque et Barcelone, ont servi de base à l'établissement de notre système métrique. La longueur trouvée pour le quart du méridien fut divisée en dix millions de parties égales, et une de ces parties devint le type de l'unité linéaire, le *mètre*. Mais ces mesures ont été reconnues depuis entachées de légères erreurs, provenant d'irrégularités locales dans la configuration du sol, et d'une fraction un peu trop faible $\frac{1}{334}$ adoptée pour représenter l'aplatissement polaire. Dans le courant du siècle actuel, divers travaux de triangulation relatifs au méridien ont été entrepris en France, en Angleterre, en Allemagne, en Russie, dans l'Inde; deux illustrations françaises, Arago et Biot, ont, en particulier, prolongé jusqu'à l'île de Formentera, l'une des Baléares, l'arc de Dunkerque à Barcelone. De tous ces travaux réunis, on a déduit les dimensions suivantes.

Circonf. du méridien = 40 003 424 mètres.
Circonf. de l'équateur = 40 070 376.

Et par conséquent :

Rayon du pôle = 6 356 080 mètres.
Rayon de l'équateur = 6 377 398.

De ces nombres se déduisent la surface et le volume qui sont :

Surface = 509 950 820 kilomètres carrés.
Volume = 1 082 841 000 000 kilomètres cubes.

Si l'on voulait représenter la terre par un globe exactement sphérique, sans dépression polaire et sans renflement équatorial, il faudrait prendre la moyenne arithmétique entre le rayon de l'équateur et le rayon du pôle. Cette moyenne est ce qu'on nomme *rayon moyen* de la terre. La valeur en est :

Rayon moyen = 6 366 739 mètres.

Dans les calculs astronomiques, il est fréquent de prendre pour unité linéaire le rayon terrestre ; c'est toujours alors le rayon équatorial qui est adopté. Dans les calculs qui n'exigent pas grande précision, il suffit de considérer la terre comme sphérique, avec une circonférence de 40 millions de mètres et un rayon de 6366 kilomètres, ou environ 1 600 lieues métriques.

Remarquons, pour terminer, que le mètre légal, fondé sur une mesure donnant à la longueur du méridien une valeur un peu au-dessous de la réalité, est lui-même un peu trop faible ; mais la différence est si petite qu'il n'y a nullement lieu de retoucher notre système métrique.

8. Aplatissement polaire. — La différence entre le rayon de l'équateur et celui du pôle est de 21 318, ou de 5 lieues métriques environ. Le rapport entre cette différence et le rayon équatorial est ce qu'on nomme la mesure de l'*aplatissement polaire*. La valeur de cet aplatissement est donc $\frac{21318}{6377308} = \frac{1}{299}$ à peu près.

RÉSUMÉ.

1. La valeur en degrés d'un arc de méridien est égale à la différence des latitudes des deux points extrêmes.
2. On obtient la longueur d'un arc de méridien au moyen d'une base dont on mesure la longueur et d'une

chaîne de triangles dont on mesure les angles. Le reste n'est plus qu'une affaire de calcul.

3. La longueur d'un arc de méridien d'un degré croît de l'équateur aux pôles.

4. Il en résulte qu'un méridien n'est pas une circonférence, mais une courbe renflée à l'équateur et déprimée aux pôles.

5. Le calcul établit que cette courbe est une ellipse dont le grand et le petit axe sont dans le rapport de 299 à 298.

6. La terre est un ellipsoïde de révolution différant très-peu d'une sphère.

7. En nombre rond, le rayon de la terre est de 1 600 lieues métriques.

8. La différence entre le rayon équatorial et le rayon des pôles est de 5 lieues environ.

<hr />

CHAPITRE VII

CARTES GÉOGRAPHIQUES

1. **Globes géographiques.** — La meilleure manière de représenter la terre est de faire emploi d'un globe, où toutes les parties peuvent être figurées avec leur forme rigoureusement exacte. Étant connues la longitude et la latitude d'un lieu, on détermine la position de ce lieu sur le globe à construire par l'intersection de son méridien et de son parallèle, ainsi que nous l'avons déjà vu. Point par point s'obtient de la sorte une fidèle image de la surface terrestre. Le même globe se prête à la représentation en relief des divers accidents du sol, comme les chaînes de montagnes; mais il est à remarquer qu'à cause de la disproportion énorme entre le rayon de la terre et la hauteur des plus grandes montagnes, les inégalités par lesquelles on figure les éminences et les dépressions terrestres sont toujours exagérées afin d'être

sensibles. Nous rappellerons que, sur un globe de 1 mètre de rayon, la plus haute montagne du monde serait figurée, les proportions restant exactes, par une aspérité de 1 millimètre et un tiers de relief.

2. Cartes géographiques. — Une *carte géographique* est la représentation de la terre ou d'une partie de la terre sur une surface plane. Elle est plus portative et, par conséquent, plus commode que le globe ; mais elle ne peut reproduire avec une exacte ressemblance les configurations terrestres. Cette impossibilité tient à la forme ronde de la terre. Une surface sphérique, en effet, n'est pas développable, c'est-à-dire n'est pas susceptible d'être déployée et étalée suivant un plan sans déchirures ni plis, comme l'exigerait la représentation rigoureuse d'un modèle rond par un dessin plan. On a recours alors à divers artifices dont nous allons examiner les principaux. Pour une *mappemonde* ou carte donnant soit un hémisphère de la terre, soit les deux à la fois, on fait usage de la méthode des *projections*, qui peuvent être *stéréographiques* ou *orthographiques ;* pour une carte particulière, n'embrassant qu'une région, une contrée, on préfère, comme plus exacte, la méthode de *développement.* Un point géographique quelconque étant déterminé sur la carte par l'intersection de son méridien et de son parallèle, il suffit de voir ce que deviennent les parallèles et les méridiens dans chacun de ces modes de construction.

3. Projection stéréographique. — Imaginons une sphère transparente (fig. 40) coupée en deux hémisphères par le plan du grand cercle AGB, et un observateur placé au *point de vue* V, à l'extrémité du rayon OV perpendiculaire

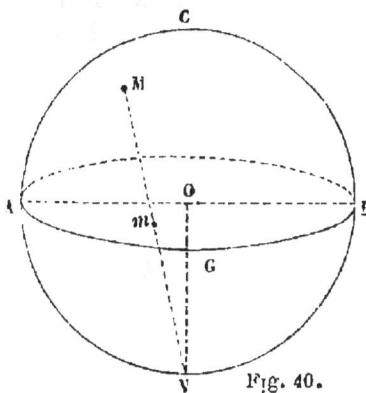
Fig. 40.

à ce plan. Pour un point quelconque M de l'hémisphère opposé, le regard de l'observateur sera dirigé
suivant VM, qui traverse le plan du grand cercle en *m*.
Eh bien, ce point *m* est ce qu'on nomme la *perspective*
du point M sur le plan AGB, relativement à l'observateur V. Si la même construction se répète pour les divers
points d'une figure quelconque tracée sur l'hémisphère
opposé à l'observateur, on obtiendra sur le plan du
grand cercle AGB, servant de tableau, la *perspective* de
cette figure, c'est-à-dire son image telle que, du *point de
vue* V, l'observateur la voit sur le tableau.

4. Avantages de la projection stéréographique. — La
géométrie démontre que tout cercle tracé à la surface de
la sphère, méridien, parallèle et autres, a pour projection stéréographique un cercle. Il faut en excepter ceux
dont le plan passe par le point de vue : la projection est
alors une ligne droite. Elle démontre, en second lieu,
que deux lignes quelconques se croisant à la surface de
la sphère sous un certain angle, ont pour projections
stéréographiques des lignes qui se croisent précisément
sous le même angle.

La première propriété permet de construire aisément
le canevas de la carte, puisque le réseau des méridiens
et des parallèles se réduit à un tracé d'arcs de cercle. La
seconde propriété, plus importante encore, nous montre
que toute portion de surface terrestre assez peu étendue pour qu'il soit permis de la considérer à peu près
comme plane, est représentée sur la carte par une
figure géométriquement semblable, car les divers triangles dont cette portion de surface terrestre se compose
ont pour projections d'autres triangles ayant les mêmes
angles que les premiers, et par conséquent semblables
à ceux-ci. De là résulte la similitude du polygone terrestre représenté et du polygone qui le représente sur
la carte.

5. Inconvénients de la projection stéréographique. —
La projection stéréographique ne déforme pas l'image

des régions de petite étendue : l'égalité des angles et le rapport constant des dimensions y sont conservés ; mais en passant d'une partie de la surface terrestre à une autre plus éloignée ou plus rapprochée de l'observateur, le rapport de similitude peut varier du simple au double.

Dans la figure 41 considérons, en effet, la région PQ voisine du sommet de l'hémisphère opposé à l'observateur V. La projection stéréographique en est pq. Les deux triangles PQV et pqV peuvent être regardés comme semblables si PQ est de petite étendue ; et puisque VP, dont la valeur est à peu près celle du diamètre, est le double de Vp, dont la valeur est à peu près celle du rayon, il faut que PQ soit le double de pq. Dans ce cas, la projection stéréographique réduit les dimensions de moitié.

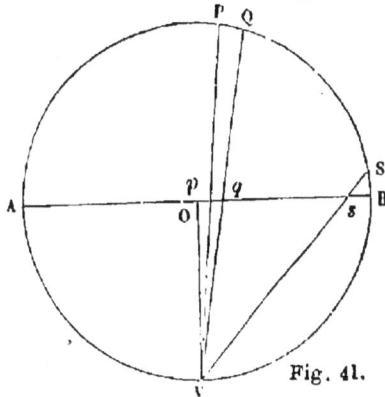

Fig. 41.

Considérons, au contraire, la région BS voisine du plan AB qui sert de tableau. Les deux triangles VOs et SBs peuvent pareillement être considérés comme semblables ; et comme Os diffère très-peu du rayon OV dans la supposition où s est très-rapproché de B, on voit que Bs, à son tour, diffère très-peu de BS ; c'est à-dire que la projection stéréographique Bs a même dimension que la ligne représentée BS. Le rapport de similitude est ainsi l'unité ; en d'autres termes, les deux figures sont égales.

6. **Mappemonde stéréographique.** — Le mode de représentation par la méthode stéréographique est celui que l'on adopte généralement dans les atlas. On suppose la terre coupée par le plan du méridien qui divise la sphère en ancien monde et en nouveau ; et sur ce plan,

5.

comme tableau, on trace la perspective de chaque hémisphère, le point de vue étant au sommet de l'hémisphère
opposé. Dans ce système, les méridiens et les parallèles sont représentés par des arcs de cercle, sauf le méridien du milieu et l'équateur qui, passant l'un et l'autre
par le point de vue, sont représentés par des lignes
droites. Les perspectives des deux hémisphères mises
à côté l'une de l'autre constituent la *mappemonde*, dont
le nom signifie le *monde* étalé en une *nappe*, ou un *plan*.
Comme nous venons de l'expliquer, les parties centrales y sont amoindries du double par rapport à celles
des bords (fig. 42).

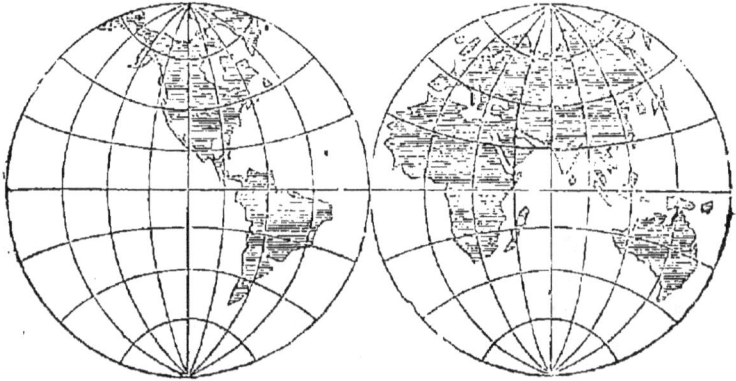

Fig. 42. Mappemonde. — Projection stéréographique.

Si l'on prenait pour tableau le plan de l'équateur et
pour point de vue le pôle géographique de l'hémisphère
opposé à celui qu'on veut figurer, les parallèles seraient
représentées par des cercles concentriques, et les méridiens, qui tous alors passeraient par le point de vue,
seraient représentés par des lignes droites s'irradiant
autour du point central. La mappemonde aurait alors
l'aspect de la figure 43.

Projection orthographique. Moins usité que le précédent, ce mode de représentation suppose que des divers
points de la surface terrestre, on abaisse des perpendiculaires sur le plan d'un grand cercle, qui peut être l'é-

quateur ou un méridien. Les points où ces perpendiculaires rencontrent le plan déterminent sur celui-ci

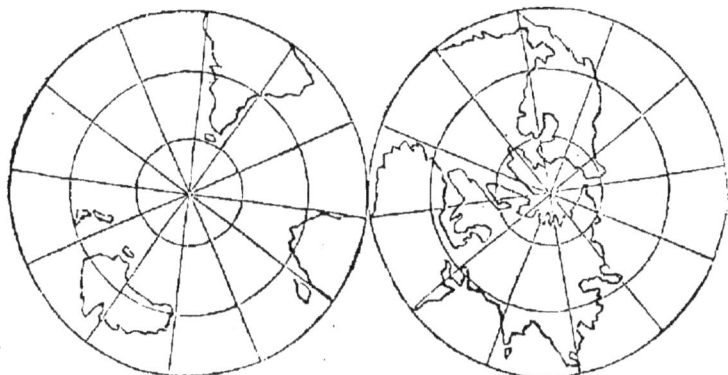

Fig. 43 Mappemonde — Projection stéréographique sur l'équateur.

la figure géographique. Sur le plan de l'équateur les
parallèles sont représentés par des cercles concentriques dont le pôle occupe le centre ; et les méridiens
sont figurés par des rayons. Sur le plan d'un méridien,
les parallèles et l'équateur ont pour représentants des
lignes droites ; tandis que les méridiens sont figurés par
des arcs d'ellipse, à l'exception du méridien qui passe
par le point de vue. Ce dernier se projette suivant une
ligne droite (fig. 44 et fig. 45).

Fig. 44. Projection orthographique sur
le plan de l'équateur.

Fig. 45. Projection orthographique sur
le plan d'un méridien.

8. Inconvénients et avantages de la projection orthographique. — Sur un grand cercle quelconque, l'équateur EE' par exemple (fig. 46), projetons orthographiquement les points A, B, P etc. Les pieds a, b, p, des perpendiculaires sont les projections de ces points. Or il est visible que, pour les parties centrales et de peu d'é-

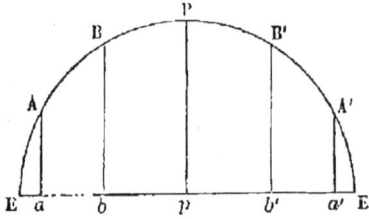

Fig. 46.

tendue avoisinant le point P, la projection conserve à très-peu près les dimensions réelles ainsi que les angles. Ces régions-là sont donc fidèlement représentées. Mais il n'en est pas de même pour les bords.

Ainsi EA se réduit à Ea, de longueur bien moindre; de sorte que de vastes étendues arrivent à n'être plus sur la carte que des traits sans largeur. On le voit donc : la projection orthographique représente fort bien les parties centrales et leur laisse leur vraie grandeur; mais elle déforme les autres, et d'autant plus qu'elles sont davantage rapprochées des bords.

Aussi ce mode de représentation est-il rarement employé dans les cartes géographiques. On le réserve pour les cartes des astres, notamment pour celles de la lune et du soleil. Tel qu'il se montre à nous, l'hémisphère de ces astres n'est, en effet, qu'un disque, un cercle où se dessine la projection orthographique des accidents de la surface; car si nous concevons des rayons visuels dirigés vers les différents points de la lune ou du soleil, ces rayons peuvent être considérés comme parallèles à cause du grand éloignement de l'objet, et par conséquent comme perpendiculaires au plan du cercle qui, pour nous, délimite la moitié visible. Ce que nous avons sous les yeux en regardant un astre quelconque, est donc en réalité une projection orthographique.

9. Développement conique et développement cylindrique. — La sphère n'est pas une surface développable;

elle ne peut être étalée sur un plan. Le cône et le cylindre, au contraire, sont l'un et l'autre développables ; fendus suivant une génératrice, ils s'étalent le premier en un secteur de cercle, le second en un rectangle. Si donc on pouvait assimiler une portion de la sphère terrestre soit à un cône, soit à un cylindre, on obtiendrait la carte de cette partie par un développement. Or deux surfaces, n'importe lesquelles, se confondent en leurs points de tangence, et diffèrent d'autant moins l'une de l'autre qu'elles sont considérées plus près de ces points. On conçoit alors que pour des régions de faible étendue relativement à la terre entière, on puisse remplacer la sphère par le cône ou par le cylindre tangent.

Soit dans la figure 47 AA′ le parallèle moyen de la ré-

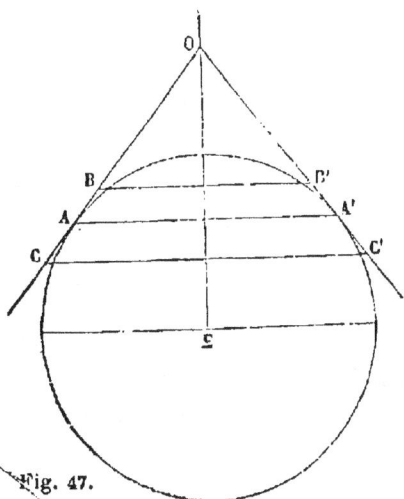

Fig. 47.

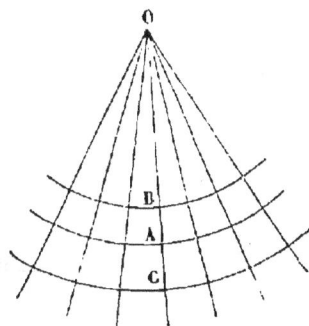

Fig. 48.

gion considérée. Par le point A menons une tangente au méridien et prolongeons-la jusqu'à sa rencontre avec l'axe, au point O. Si cette tangente AO tourne autour de l'axe OE, elle décrit un cône tangent à la sphère suivant le parallèle AA′. En dessus comme en dessous de ce parallèle, à la condition que l'écart ne soit pas trop considérable, la surface de la sphère se confond sensiblement avec celle du cône. Développons maintenant celui-ci. Il deviendra un secteur de cercle (fig. 48) ou le parallèle AA' sera représenté par l'arc A décrit de O comme centre avec un rayon OA égal à la tangente OA. Les autres parallèles deviendront des arcs concentriques au premier et décrits avec les longueurs OB, OC, prises sur la génératrice du cône et déterminées par l'intersection de cette génératrice avec les plans des parallèles prolongées. Quant aux méridiens, ils sont figurés par des lignes droites rayonnant autour du centre O.

Ainsi s'obtient le réseau des parallèles et des méridiens dans le développement conique destiné à la carte d'une région peu étendue dans le sens des latitudes, mais qui peut avoir dans le sens des longitudes telle valeur que l'on voudra. On voit, en effet, que pareille carte déforme rapidement les contrées qui s'étendent tant au nord qu'au sud du parallèle moyen, lieu des points de tangence ; mais conserve leur configuration à toutes celles qui se trouvent sur ce parallèle.

Si la région considérée a pour parallèle moyen l'équateur lui-même, la tangente AO (fig. 47) devient parallèle à l'axe, et le cône se change en un cylindre. La carte est alors un développement cylindrique, où les méridiens et les parallèles forment un réseau de lignes droites se croisant à angle droit.

10. Notions sommmaires sur la carte de France. — L'admirable carte de France due aux travaux des officiers de l'état-major, est à l'échelle de $\frac{1}{80000}$ et se compose de 259 feuilles dont l'ensemble forme une superficie de 82 mètres carrés. Elle est fondée sur le développement conique, mais avec des modifications importantes qui lui donnent bien plus grande exactitude.

Soit AA' (fig. 49) le parallèle moyen, PEP' le méridien moyen, et EO la tangente menée à ce méridien par le point d'intersection avec le parallèle. Du point O comme centre (fig. 50), avec un rayon Oe égal à la tangente OE, nous décrivons l'arc aea' qui sera le parallèle moyen AEA', tandis que la droite Ode sera le méridien moyen PDE. Jusqu'ici, ce n'est que le développement conique ordinaire ; mais voici où se montre l'amélio-

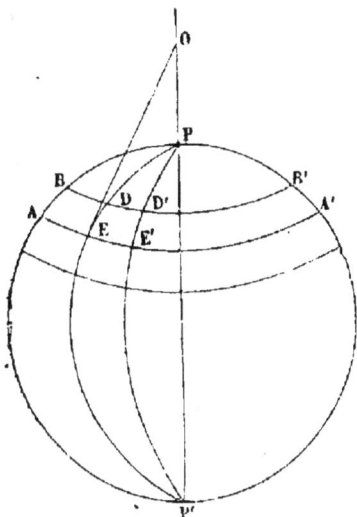

Fig. 49.

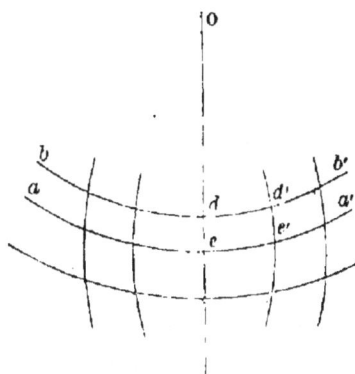

Fig. 50.

ration. Prenons *ed* égal en longueur à l'arc ED ; et du même centre O, décrivons l'arc *bdb'* qui sera le parallèle BDB'. Les autres parallèles sont obtenus de la même manière, et séparés l'un de l'autre suivant leur réelle distance à la surface du globe, ce qui n'a pas lieu pour le développement conique simple. En outre, dans ce dernier, tous les méridiens sont représentés par des lignes droites, tandis que le développement usité pour la carte de France ne donne la forme rectiligne qu'au méridien moyen. Quant aux autres, ils s'obtiennent comme il suit. Prenons *ee'* égal à l'arc EE', *dd'* égal à l'arc DD', etc. ; puis joignons par un trait continu les points ainsi déterminés. Ce trait représentera le méridien PD'E'P'. Et ainsi des autres. Cette méthode, qui conserve les distances réelles pour les méridiens comme pour les parallèles, atteint, on le comprend, une exactitude dont les autres n'approchent pas.

RÉSUMÉ

1. Un *globe géographique* est ce qui représente le mieux la surface de la terre. Pour le construire, il suffit de connaître les longitudes et les latitudes des divers points de la terre. Les reliefs, s'il en porte, y sont toujours très-exagérés pour être sensibles, à cause de la disproportion énorme entre le globe terrestre et les inégalités de la surface.

2. Une *carte géographique* est la représentation de la terre ou d'une partie de la terrre sur une surface plane. Pour les cartes générales ou *mappemondes*, on emploie la méthode des *projections;* pour les cartes particulières, on emploie la méthode des *développements.*

3. La projection *stéréographique* suppose un observateur qui, placé au sommet d'un hémisphère, regarde l'hémisphère opposé. Les points où ses rayons visuels traversent le plan du grand cercle séparant les deux hémisphères déterminent la carte de l'hémisphère considéré.

4. Dans la projection stéréographique, tout cercle de la sphère est représenté par un cercle sur le plan qui sert de *tableau*, à l'exception de ceux dont le plan passe par le *point de vue*, c'est-à-dire par le point où se trouve l'observateur. Ces derniers sont représentés par des lignes droites.

5. La projection stéréographique réduit de moitié les parties centrales, et conserve celles des bords avec leurs dimensions.

6. La mappemonde des atlas est une projection stéréographique dont le *tableau* est le méridien qui divise la sphère en ancien monde et en nouveau. Les méridiens et les parallèles y sont représentés par des arcs de cercle, sauf le méridien du milieu et l'équateur, qui sont représentés par des lignes droites.

Si le tableau était le plan de l'équateur, les parallèles seraient des cercles concentriques ; et les méridiens des droites rayonnant autour du centre, projection du pôle.

7. Dans la projection *orthographique*, les points de la surface terrestre sont figurés par les pieds des perpendiculaires abaissées de ces points sur le plan d'un grand cercle. Si ce grand cercle est un méridien, les parallèles et l'équateur sont représentés par des lignes droites ; tandis que les méridiens sont représentés par des arcs d'ellipse, à l'exception de celui qui est perpendiculaire au plan de projection et qui se trouve figuré par une droite.

8. Avec la projection orthographique, les parties centrales sont fidèlement représentées ; mais les parties des bords sont très-déformées. On n'emploie guère ce système de projection que pour la carte des astres. Les disques de la lune et du soleil, tels que nous les voyons, sont des projections orthographiques.

9. Pour une région de peu d'étendue dans le sens des latitudes, on peut assimiler la surface sphérique à une surface conique ou bien à une surface cylindrique ; ce qui fournit la carte de cette région par le développement du cône, ou du cylindre tangent. Le cylindre intervient pour les régions équatoriales ; le cône pour es autres régions.

10. La carte de France exécutée par les officiers de l'état-major, se compose de 259 feuilles dont l'ensemble forme une superficie de 82 mètres carrés. Elle est basée sur le développement conique, mais avec des améliorations qui conservent les dimensions réelles tant sur les méridiens que sur les parallèles.

CHAPITRE VIII

MOUVEMENT ANNUEL APPARENT DU SOLEIL

1. **Mouvement en ascension droite.** — Dans sa rotation apparente autour de l'axe du monde, chaque étoile se

lève et se couche exactement aux mêmes points de l'horizon ; elle décrit toujours le même parallèle et revient à notre méridien après avoir accompli sa révolution entière dans un invariable intervalle de temps nommé jour sidéral. En est-il de même pour le soleil, qui, lui aussi, tourne en apparence autour de nous d'orient en occident ? Le voyons-nous, pareillement à ce que nous montrent les étoiles, dans une position fixe sur la sphère céleste ? L'observation va nous donner la réponse.

Considérons une étoile quelconque qui se trouve au bord oriental de l'horizon à l'instant même où le soleil se lève. Le lendemain, le soleil sera en retard sur l'étoile de 4 minutes environ, c'est-à-dire qu'il se lèvera 4 minutes après l'étoile. D'un jour à l'autre, ce retard s'accroîtra de 4 minutes à peu près, de manière qu'au bout de six mois l'étoile se couchera quand le soleil se lèvera, et qu'au bout d'un an les deux astres auront de nouveau même lever. A pareil résultat conduirait la comparaison du coucher du soleil, ou de son passage au méridien, avec le coucher ou le passage d'une étoile. Dans tous les cas, nous constaterions que le soleil est de jour en jour plus en arrière par rapport à l'étoile ; et que les retards accumulés dans l'intervalle d'un an embrassent la circonférence entière, ce qui ramène les deux astres dans les mêmes positions relatives qu'au début.

Tout en participant à la révolution quotidienne de la sphère céleste, le soleil a donc un mouvement propre, dirigé en sens inverse, d'occident en orient, en vertu duquel il fait, en apparence, le tour du ciel dans l'intervalle d'une année. Les 360 degrés de ce tour complet, divisés par la valeur de l'année, 365 jours en nombre rond, donnent un peu moins d'un degré par jour, ce qui correspond à peu près aux 4 minutes de temps dont nous venons de parler. Puisqu'il se déplace vers l'est à raison d'un degré par jour environ, le soleil change continuellement de méridien céleste, de cercle horaire, et les traverse tous dans l'espace d'un an. Son ascension

droite, c'est-à-dire l'angle que forme le cercle horaire
où il se trouve à un instant donné avec le cercle horaire
pris pour origine, s'accroît sans cesse et varie en un an
de 0° à 360°. Pour ce motif, on donne à ce déplacement
apparent du soleil dans le sens de l'ouest à l'est le nom
de *mouvement en ascension droite*.

2. Mouvement en déclinaison. — Les points où le soleil
se lève et les points où il se couche ne restent pas davantage les mêmes dans le cours d'une année. En hiver,
ils atteignent leur position la plus reculée vers le sud,
puis ils progressent journellement vers le nord et arrivent dans leur position la plus septentrionale au commencement de l'été. A partir de cette date, ils rétrogradent vers le sud, pour revenir en six mois dans leur
position méridionale extrême. Sans instrument d'aucune
sorte, en prenant pour guide la direction du pôle, sur
laquelle nous imaginerons un plan perpendiculaire qui
sera l'équateur, nous pourrons encore reconnaître à
peu près, à l'aide du seul regard, que pendant six mois
le soleil se trouve au-dessous de l'équateur par rapport
à nous, et pendant six mois au-dessus. La déclinaison
du soleil, c'est-à-dire sa distance en degrés à l'équateur, n'est donc pas la même dans le cours de l'année;
pendant six mois elle est australe, et pendant les six
autres mois elle est boréale. C'est au commencement de
l'hiver et au commencement de l'été qu'a lieu l'écart le
plus grand au sud, puis au nord de l'équateur. Ainsi le
soleil ne se maintient pas sur un invariable parallèle :
tantôt dans un sens, tantôt dans l'autre, il s'éloigne de
l'équateur, puis s'en rapproche, en le traversant deux
fois dans le courant d'une année. Cette variation de la
distance du soleil à l'équateur céleste est ce qu'on nomme
le *mouvement en déclinaison*.

**3. Mesure de l'ascension droite et de la déclinaison du
soleil.** — Recourons maintenant à des méthodes astronomiques pour étudier avec précision les faits dont le
simple regard vient de nous donner un superficiel

aperçu. Si nous voulons connaître les positions que le soleil occupe successivement sur la sphère céleste dans le cours d'une année, il nous faut déterminer à diverses époques son ascension droite et sa déclinaison. Mais si les étoiles se montrent à l'observateur comme de simples points brillants, il n'en est pas de même pour le soleil, dont le disque a un diamètre qui ne peut être négligé ; aussi les coordonnées que nous nous proposons d'obtenir doivent-elles se rapporter au centre de ce disque. La méthode adoptée est la suivante.

Pour la mesure de l'ascension droite, l'observateur est muni d'une lunette méridienne et d'une pendule sidérale, marquant 0^h quand passe au méridien du lieu d'observation le cercle horaire adopté pour origine. On attend le passage du soleil au méridien du lieu, et l'on dirige le fil vertical du réticule de la lunette tangentiellement au bord antérieur du disque, puis tangentiellement au bord postérieur ; et l'on prend note de l'heure sidérale à l'instant de l'un et de l'autre contacts. La demi-somme des deux résultats est l'heure sidérale du passage du centre. Ce temps est après converti en degrés, si l'on veut, ainsi que nous l'avons expliqué, à raison d'un degré pour 4 minutes de temps.

Pour la déclinaison, on fait usage du cercle mural. On amène, quand le soleil passe au méridien, le fil horizontal du réticule tangentiellement au bord supérieur, puis tangentiellement au bord inférieur du disque, et l'on prend dans les deux cas la distance zénithale. La demi-somme est la distance zénithale du centre. On en déduit, étant connue la hauteur du pôle pour le lieu d'observation, la déclinaison du centre du soleil.

4. Variations des deux coordonnées. — Si l'on note, jour par jour, les coordonnées ainsi obtenues, on constate les résultats suivants. Le soleil est dans le plan de l'équateur, autrement dit sa déclinaison est 0° vers le 21 mars et vers le 21 septembre. Du 21 septembre au 21 mars de l'année suivante, elle est australe, et atteint son maximum vers le 22 décembre. Ce maximum est 23° 27′ 15″. Du 21 mars au 21 septembre, elle est boréale, et arrive à son maximum, encore 23° 27′ 15″, vers le 22 juin. Quant à l'ascension droite, elle augmente continuellement de 0° à 360°, mais non d'une manière uniforme. Son accroissement moyen est de 59′ 16″ par jour sidéral.

5. Écliptique. — Le tableau des ascensions droites et des déclinaisons du centre du soleil relevées aux diverses époques de l'année, nous permet de tracer point par point sur un globe le trajet annuel de cet astre en vertu du mouvement qui lui est propre. Prenons pour pôles les deux extrémités d'un diamètre arbitraire, pour équateur un grand cercle perpendiculaire à ce diamètre, et pour cercle horaire origine un demi-méridien quelconque. Puis, sur le globe ainsi préparé, rapportons les ascensions droites et les déclinaisons observées; joignons enfin par un trait continu les points obtenus de la sorte. Notre tracé représentera la courbe que le soleil décrit en apparence sur la sphère céleste dans le cours d'une année. Or, dans cette courbe, on reconnaît un grand cercle incliné sur l'équateur de 23° 27′ 15. On lui donne le nom d'*Écliptique* parce que c'est dans le voisinage de son plan que se trouve la lune lorsqu'ont lieu les *éclipses* soit de lune, soit de soleil, ainsi qu'on le verra ailleurs.

Remarquons avec soin que l'ascension droite et la déclinaison ne nous renseignent en rien sur la distance du soleil, qui peut être plus loin ou plus près de la terre à telle ou telle autre époque de l'année sans que les deux coordonnées nous en donnent connaissance. Elles nous disent simplement dans qu'elle direction l'astre se trouve à un moment donné, et sur quel point de la sphère idéale du ciel il se projette. L'écliptique n'est donc réellement pas le trajet annuel du soleil, mais sa projection sur la sphère céleste; et le tracé que nous venons de faire à l'aide des ascensions droites et déclinaisons nous apprend une seule chose, savoir : le mouvement annuel apparent du soleil se fait dans un même plan qui coupe l'équateur sous un angle de 23° ½ environ.

6. Équinoxes et solstices. — Dans la figure 51 PP' est l'axe du monde, EE' est l'équateur céleste. Par le centre, conduisons un plan qui coupe celui de l'équateur sous un angle de 23° 27' 15". Ce plan sera celui de l'écliptique, et donnera, par son intersection avec la sphère céleste, le grand cercle Aε' Bε, qui sera la projection de la courbe décrite annuellement par le soleil.

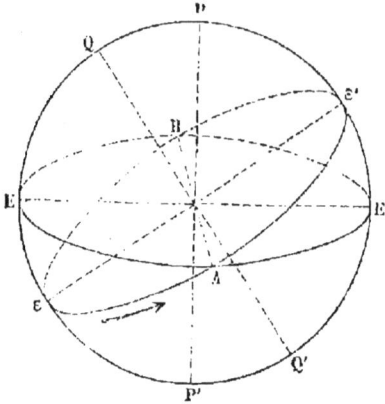

Fig. 51

L'arc Eε, ou son égal E'ε', mesure l'angle que le plan de l'écliptique fait avec le plan de l'équateur. Il a pour valeur soit la plus grande déclinaison australe, vers le 22 décembre ; soit la plus grande déclinaison boréale, vers le 22 juin. Cet angle se nomme *obliquité de l'écliptique*.

Supposons que le soleil se meuve sur l'écliptique dans le sens indiqué par le flèche. Le point A où l'astre traverse l'équateur en passant de l'hémisphère austral dans l'hémisphère boréal, se nomme *point équinoxial du printemps*, ou bien *point vernal*. L'instant de ce passage est l'*équinoxe du printemps*. C'est ce point A que l'on a choisi pour origine des ascensions droites. Nous verrons bientôt comment on le détermine dans le ciel.

Le point opposé B, où le soleil passe de l'hémisphère boréal dans l'hémisphère austral est le *point équinoxial d'automne*. L'instant du passage est l'*équinoxe d'automne*, vers le 21 septembre. Enfin le diamètre A B est la *ligne des équinoxes*. Le mot équinoxe, signifiant nuit égale, rappelle un fait remarquable qui se passe aux époques équinoxiales. Le soleil se trouvant alors dans le plan de l'équateur céleste, qui n'est autre chose que le plan de l'équateur terrestre prolongé, la nuit a même durée que le jour sur toute la surface de la terre.

Le point ε′ où le soleil atteint sa plus grande déclinaison boréale, et le point ε où il atteint sa plus grande déclinaison australe sont les *points solsticiaux*. Le premier est le *solstice d'été*; le soleil y passe vers le 22 juin. Le second est le *solstice d'hiver*; le soleil y passe vers le 22 décembre. Le diamètre εε′ est la *ligne des solstices*. A l'époque de l'un et de l'autre solstices, la déclinaison du soleil cesse de croître et commence à décroître. Cette inversion dans le mouvement en déclinaison amène pour un peu de temps un état stationnaire, auquel fait allusion le mot de solstice (*sol stat*, le soleil s'arrête). Et en effet, la déclinaison s'arrête alors dans sa marche croissante, se conserve quelques jours à peu près la même, puis décroît.

Le cercle complet A ε′ B ε est parcouru par le soleil dans l'intervalle d'une année, elle-même divisée en quatre saisons. Le passage au point équinoxial A, détermine le commencement du printemps; et le passage au point équinoxial B donne le commencement de l'automne. Le soleil parvient au point solsticial ε′ au commencement de l'été; et au point solsticial ε au commencement de l'hiver. Ainsi, l'arc Aε′ est parcouru pendant le printemps, ε′B pendant l'été, Bε pendant l'automne et εA pendant l'hiver.

7. **Tropiques.** — Par les points solsticiaux ε, ε′, concevons deux plans perpendiculaires à l'axe PP′ (fig. 54), et par conséquent parallèles à l'équateur. Ces deux plans couperont la sphère céleste suivant deux petits cercles éloignés de l'équateur d'un arc égal à Eε ou bien E′ε′, c'est-à-dire d'un arc égal à l'obliquité de l'écliptique. Ces deux petits cercles se nomment *tropiques*, du mot grec Τροπέω (je retourne), parce que le soleil parvenu,

soit à l'un soit à l'autre, rétrograde et retourne vers l'équateur. Celui de l'hémisphère boréal, c'est-à-dire celui qui passe par le point solsticial d'été, se nomme *tropique du Cancer;* l'autre, déterminé par le point solsticial d'hiver dans l'hémisphère austral, s'appelle *tropique du Capricorne.*

Ces expressions de Cancer et de Capricorne nous viennent du langage si fortement imagé des anciens astronomes. Le Cancer, c'est-à-dire l'écrevisse, qui nage à reculons, parut convenable, pour rappeler qu'au solstice d'été le soleil cesse de s'avancer vers le nord et commence à reculer vers le sud. Le Capricorne, c'est-à-dire la chèvre, qui se complaît à gravir les hauteurs, à remonter les pentes, rappela, de son côté, qu'à partir du solstice d'hiver, le soleil cesse de descendre vers le sud, pour remonter vers le nord.

En résumé, nous définirons les tropiques deux petits cercles parallèles à l'équateur et éloignés de celui-ci d'un arc égal à l'obliquité de l'écliptique, c'est-à-dire de 23° 1/2 environ. Comme à l'époque des solstices, la déclinaison reste quelque temps stationnaire, à cause du passage de l'accroissement au décroissement, le soleil se maintient alors à très-peu près sur le même parallèle et paraît décrire soit l'un soit l'autre tropique dans sa révolution diurne autour de nous.

8. Image des deux mouvements apparents du soleil. — Les apparences nous montrent le soleil animé de deux mouvements. L'un, qui lui est commun avec la sphère du ciel, le fait tourner chaque jour d'orient en occident autour de l'axe du monde; l'autre, qui lui est spécial, lui fait décrire en sens inverse, d'occident en orient, et dans l'intervalle d'une année, un grand cercle incliné sur l'équateur. Pour se former une idée claire de ces deux mouvements simultanés, imaginons un globe que nous faisons tourner avec une vitesse uniforme autour de son axe. A la surface de ce globe, distribuons au hasard un certain nombre de points fixes, qui nous représenteront les étoiles, immuables de position sur la sphère du ciel. Supposons enfin un point mobile A, qui se déplace à la surface du globe en sens inverse de la rotation de celui-ci, avec une vitesse pareillement uniforme mais bien moindre, et de manière à décrire un grand cercle incliné sur l'équateur de notre appareil. Ce point mobile A, à cause de son mouvement rétrograde sur le globe, passera devant nous de plus en plus en retard par rapport aux points fixes adoptés comme repères; il sera l'image exacte du soleil s'il fait un tour du globe dans le sens opposé pendant que celui-ci en fait 365 sur son axe.

9. Zodiaque. Constellations zodiacales. — Si dans l'appareil que nous venons de concevoir le point mobile se déplace suivant un grand cercle invariable, à chaque révolution sur ce cercle il reviendra traverser les mêmes groupes de points fixes. Ainsi fait le soleil parmi les points fixes du ciel, les étoiles. En parcourant son cercle apparent annuel, en décrivant l'écliptique, dont le plan ne varie pas, il revient chaque année passer par les mêmes groupes d'étoiles.

Afin de se reconnaître dans les régions du ciel annuellement traversées par le soleil, les anciens astronomes imaginèrent une zône, appelée *zodiaque*, large de 17° environ et par le milieu de laquelle passe l'écliptique. A partir du point équinoxial du printemps, cette zône fut divisée en douze parties égales, de 30° chacune, constituant ce qu'on nomme un *signe* du zodiaque. Autrefois ces parties, ces signes correspondaient exactement à certains groupes d'étoiles, à certaines constellations dont ils ont conservé les noms tout en cessant de leur correspondre pour une cause dont nous nous occuperons plus tard sous le nom de précession des équinoxes. Ainsi, lors de l'invention du zodiaque, le soleil, à l'équinoxe du printemps, entrait dans la constellation du Bélier; de nos jours, il entre dans la constellation des Poissons. On n'en continue pas moins

à dire qu'au printemps le soleil entre dans le signe du
Bélier, ce qui ne signifie nullement qu'il est dans la
constellation du Bélier, puisque en réalité il est dans la
constellation des Poissons. Il faut donc se garder de
confondre le *signe* avec la *constellation*, car la concordance primitive a disparu entre le signe et la constellation dont il porte encore le nom sans en occuper la
position. Les deux vers latins suivants viennent en aide
à la mémoire pour retenir les douze signes du zodiaque
dans leur ordre, à partir de l'équinoxe du printemps :

Sunt : Aries, Taurus, Gemini, Cancer, Leo, Virgo,
Libraque, Scorpius, Arcitenens, Caper, Amphora, Pisces.
C'est-à-dire en français : 1° Le Bélier, 2° le Taureau,
3° les Gémeaux, 4° le Cancer, 5° le Lion, 6° la Vierge,
7° la Balance, 8° le Scorpion, 9° le Sagittaire, 10° le
Capricorne, 11° le Verseau, 12° les Poissons.

10. **Longitude et latitude d'un astre.** Revenons à la
fig. 51. A travers la sphère céleste, menons un diamètre
QQ' perpendiculaire au plan de l'écliptique. Ce diamètre
prend le nom d'*axe de l'écliptique;* et les deux points
Q et Q' celui de *pôles de l'écliptique.* Ces derniers sont
éloignés des pôles célestes P et P' d'un arc égal à l'o-
bliquité de l'écliptique, ainsi qu'il résulte des diamètres PP' QQ' perpendiculaires aux diamètres EE', εε'.

Nous nous sommes servis jusqu'ici, comme coordonnées célestes, de l'ascension droite et de la déclinaison;
mais il est parfois plus avantageux de faire emploi d'un
autre système de coordonnées qui sont par rapport à
l'écliptique ce que l'ascension droite et la déclinaison
sont par rapport à l'équateur. On les nomme *longitude*
et *latitude,* comme les coordonnées géographiques, avec
lesquelles il faut bien se garder de les confondre.

La latitude d'un astre est sa distance en degrés au
plan de l'écliptique. Elle se compte, tant en dessus
qu'en dessous de l'écliptique, sur un grand cercle passant par l'axe de l'écliptique et comprenant l'astre considéré. Elle varie de 0° à 90°. Le soleil étant toujours

sur l'écliptique, sa latitude est constamment 0°. La longitude d'un astre est l'arc compris entre le point équinoxial du printemps et le point où l'écliptique est coupé par le grand cercle conduit suivant l'axe de l'écliptique et l'astre. Elle varie de 0° à 360°, et se compte sur l'écliptique dans le même sens que l'ascension droite se compte sur l'équateur.

11. Détermination des points équinoxiaux. — Un peu avant l'équinoxe du printemps, le 20 mars, nous mesurons avec le cercle mural la déclinaison du soleil à midi, c'est-à-dire au moment du passage de cet astre au méridien. Cette déclinaison sera australe et de 6′ supposons. Le lendemain, 21 mars, après l'équinoxe, nous observons de nouveau à midi la déclinaison du soleil. Cette fois-ci elle est boréale et de 14′ par exemple. Le temps nous est donné par une pendule sidérale réglée sur une étoile quelconque, dont le plan horaire nous servira de départ pour les ascensions droites. Admettons qu'entre les deux observations du soleil, il se soit écoulé 24 heures 4 minutes, ou bien 1444 minutes sidérales. Pendant cet intervalle, n'embrassant d'une révolution complète sur l'écliptique qu'une faible fraction, le mouvement en déclinaison peut être considéré comme uniforme. Or dans ces 1444 minutes de temps, le soleil a parcouru d'abord 6′ pour atteindre l'équateur, puis 14′ au delà; en tout 20′. Une simple règle de proportionnalité nous apprend alors que si le soleil met 1444 minutes pour parcourir un arc de 20′, il lui faut 433 minutes pour parcourir un arc de 6′ et atteindre l'équateur à partir de l'instant de midi au 20 mars.

D'autre part, en même temps que la déclinaison, nous relevons l'ascension droite du soleil, le 20 et le 21 mars à midi, l'origine étant le cercle horaire que nous avons arbitrairement choisi. Admettons que de la première à la seconde observation, l'accroissement en ascension droite soit de 60′. Cet accroissement correspond à la même durée, savoir 24 heures 4 minutes, ou

1444 minutes sidérales. Le mouvement en ascension droite pouvant être regardé comme uniforme pendant cet intervalle, nous dirons donc : Si l'accroissement en ascension droite est de 60' pour une durée de 1444 minutes de temps, quel sera cet accroissement pour les 433 minutes que le soleil doit mettre à atteindre l'équateur, à partir de midi 20 mars? La réponse est 17'. Ajoutons ces 17' à l'ascension droite du soleil le 20 mars, et nous aurons le point de l'équateur coupé par l'écliptique, c'est-à-dire le *point équinoxial du printemps* nommé aussi le *point vernal*.

Par une marche en tout pareille se déterminerait le point équinoxial de l'automne.

12. **Origine des ascensions droites.** — Nous avons laissé jusqu'ici indéterminée l'origine des ascensions droites et adopté comme cercle de départ le cercle horaire d'une étoile arbitrairement choisie. Il est indifférent, en effet, de faire choix de telle ou telle autre étoile, puisque toutes accomplissent leur révolution autour de l'axe du monde en un laps de temps exactement le même. Il semblerait donc rationnel d'adopter pour origine le cercle horaire d'une étoile remarquable, par exemple Sirius, qui est l'étoile la plus brillante de notre ciel; de même que les nations adoptent pour premier méridien géographique celui qui passe par leur observatoire le plus célèbre. Mais ici intervient un autre ordre d'idées.

Reportons-nous à la figure précédente. Le point vernal A, où se croisent l'équateur céleste AEE' et l'écliptique Aεε', peut servir d'origine commune à deux systèmes de coordonnées d'un fréquent usage : l'ascension droite, comptée sur l'équateur, et la longitude, comptée sur l'écliptique; et cette origine commune permet de passer aisément d'un système à l'autre. Ce point, rien ne l'indique dans le ciel, aucune étoile ne l'occupe; il faut, pour le déterminer, des observations délicates faites à une époque précise de l'année. Mais une fois qu'il est connu, on mesure par rapport à lui l'ascension droite d'une étoile, ce qui permet d'obtenir après les ascensions droites d'autant d'étoiles que l'on voudra. Réciproquement, les ascensions droites des étoiles reconnues, on peut à l'aide de l'une d'elles retrouver à un moment quelconque la position du point vernal.

On prend donc le point vernal pour origine commune des ascensions droites comptées sur l'équateur et des longitudes comptées sur l'écliptique. On le prend aussi pour origine du jour sidéral. Une pendule sidérale doit marquer 0 h. 0 m. 0 s. lorque ce point de la sphère céleste passe au méridien du lieu d'observation. Le point équinoxial d'automne a semblable rôle. Comme il est éloigné de 180° du point vernal, la pendule sidérale doit marquer exactement 12 h. quand il passe à notre méridien.

RÉSUMÉ

1. L'ascension droite du soleil, c'est-à-dire l'angle que forme le cercle horaire où le soleil se trouve à un instant donné, avec un cercle horaire quelconque pris pour origine, s'accroît sans cesse et varie dans un an de 0° à 360°. Ce déplacement apparent dans le sens de l'ouest à l'est est le *mouvement en ascension droite*.

2. La déclinaison du soleil, c'est-à-dire sa distance en degrés à l'équateur varie également dans le cours de l'année. Pendant six mois, elle est boréale ; et pendant les autres six mois, elle est australe. Cette variation est le *mouvement en déclinaison*.

3. Dans les mesures de l'ascension droite et de la déclinaison du soleil, c'est le centre du disque de cet astre que l'on considère au moyen des fils du réticule de la lunette.

4. L'ascension droite du soleil augmente continuellement dans le cours d'une année, de 0° à 360°. Son accroissement moyen est de 59' 16" par jour sidéral. La plus grande valeur de la déclinaison, tant australe que boréale, est de 23° ¼ environ.

6.

5. Le soleil parcourt en apparence dans le ciel, dans l'intervalle d'un an et en sens inverse du mouvement de la sphère céleste, un grand cercle nommé *écliptique* dont le plan est incliné sur celui de l'équateur de 23 ° ½ à peu près.

6. Les deux points où l'écliptique rencontre l'équateur sont dits points *équinoxiaux*. L'un, le point équinoxial du printemps, est atteint par le soleil vers le 21 mars ; l'autre, le point équinoxial d'automne, est atteint vers le 21 septembre. — Les points de plus grande déclinaison sont les points *solsticiaux*. Celui de l'hémisphère nord, *solstice d'été*, est atteint vers le 22 juin ; celui de l'hémisphère sud, *solstice d'hiver*, est atteint vers le 22 décembre. — Le passage du soleil à ces quatre points détermine le commencement des quatre saisons.

7. Les *Tropiques* sont deux petits cercles parallèles à l'équateur et passant par les points solsticiaux. Celui de l'hémisphère boréal se nomme *Tropique du Cancer* ; celui de l'hémisphère austral se nomme *Tropique du Capricorne*.

8. On peut se représenter le double mouvement apparent du soleil au moyen d'un point qui se déplacerait à la surface d'une sphère et y décrirait un grand cercle incliné sur l'équateur, tandis que la sphère tournerait beaucoup plus rapidement dans un sens inverse autour de son axe.

9. Le *Zodiaque* est une zone large de 17° environ et par le milieu de laquelle passe l'écliptique. A partir du point équinoxial du printemps, cette zone est divisée en 12 parties égales de 30° chacune, auxquelles on donne le nom de *signes* du zodiaque. Les signes ne correspondent plus aux constellations qui autrefois leur ont valu leurs dénominations.

10. La *Longitude* et la *Latitude* d'un astre sont des coordonnées pareilles à l'ascension droite et à la déclinaison, mais rapportées à l'écliptique au lieu d'être rapportées à l'équateur.

11. Deux observations du soleil faites à midi le 20 mars et le 21 mars permettent de calculer l'instant précis de l'équinoxe, et par suite de déterminer la position du *point vernal*, ou point équinoxial des printemps.

12. Le point vernal sert à la fois d'origine pour les ascensions droites, comptées sur l'équateur, et pour les longitudes, comptées sur l'écliptique. L'instant où ce point de la sphère céleste passe au méridien d'un lieu, est aussi le commencement du jour sidéral pour ce lieu.

CHAPITRE IX

MOUVEMENT ELLIPTIQUE DU SOLEIL

1. Orbite. — Les études qui précèdent nous démontrent que le soleil, en son mouvement annuel apparent, se maintient dans un même plan, qui est incliné sur l'équateur et coupe la sphère céleste suivant un grand cercle appelé écliptique ; mais elles ne nous apprennent rien sur la nature de la courbe décrite, courbe à laquelle on donne le nom d'*orbite*. Sans sortir du plan de l'écliptique, le soleil pourrait se trouver à des distances variables de la terre, et parcourir ainsi, suivant les lois de cette variation, des orbites de forme très-diverse, qui toutes néanmoins auraient pour perspective, pour projection dans le ciel, le grand cercle de l'écliptique. Pour déterminer l'orbite réellement suivie, d'autres données sont nécessaires : elles nous seront fournies par le *diamètre apparent* et la *vitesse angulaire*.

2. Diamètre apparent. — On nomme *diamètre apparent* d'un objet quelconque l'angle sous lequel cet objet est vu. Ainsi pour l'observateur placé en O (fig. 52), le dia-

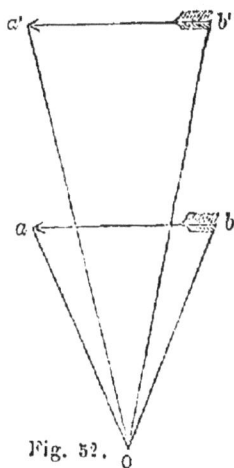

Fig. 52.

mètre apparent de *ab* est l'angle *a Ob* formé par les deux
rayon visuels extrêmes. Si l'objet est plus éloigné, en
a'b' par exemple, le diamètre apparent devient l'angle
a'Ob', moindre que le précédent. Pour la même longueur, le diamètre apparent diminue donc à mesure
que la distance augmente ; et tel est la cause qui nous
fait paraître les mêmes objets d'autant plus petits que
leur éloignement est plus considérable.

Soit maintenant un corps circulaire (fig. 53). Le dia-

Fig. 53.

mètre apparent est l'angle AOB, que forment les deux
tangentes OA et OB. En général, les rayons des points
de tangence ne sont pas le prolongement l'un de l'autre,
ils forment un certain angle ; mais cet angle s'ouvre de
plus en plus à mesure que l'observateur est plus éloigné. Enfin si la distance est excessive, et tel est le cas
du soleil et d'un astre quelconque, les deux lignes vi-
suelles, les deux tangentes OA et OB, peuvent être assi-
milées à deux parallèles, et les contacts A et B se trouvent, sans erreur appréciable, aux extrémités d'un même
diamètre. Ainsi pour un corps rond immensément éloigné, pour le soleil en particulier, le diamètre apparent
est l'angle sous lequel est vu le diamètre réel de ce corps.

3° **Le diamètre apparent d'un astre est en raison inverse
de la distance.** — De la terre T (*fig.* 54), considérons un
astre quel qu'il soit, par exemple le soleil, situé soit
en S sur la circonférence MN, soit en S' sur la circonférence M'N'. — Un arc de très-petite étendue se confond
avec la corde qui le sous-tend ; d'autre part, le soleil
n'occupe qu'une fraction minime de la circonférence
entière du ciel. Par conséquent, l'arc *da* et l'arc *d'a'*
peuvent être pris pour les diamètres de S et de S'. Les
angles *d'T a* et *d'T a'*, dont ces arcs sont les mesures,

sont alors les diamètres apparents du soleil dans la position S et dans la position S'. Mais les arcs da et $d'a'$ ont la même longueur absolue, puis-
qu'ils peuvent être
pris l'un et l'autre
pour le diamètre
réel de l'astre. Ils
embrassent donc
sur les circonféren-
ces correspondan-
tes un nombre d'autant
moindre de degrés
que les rayons de
ces circonférences
sont plus grands.

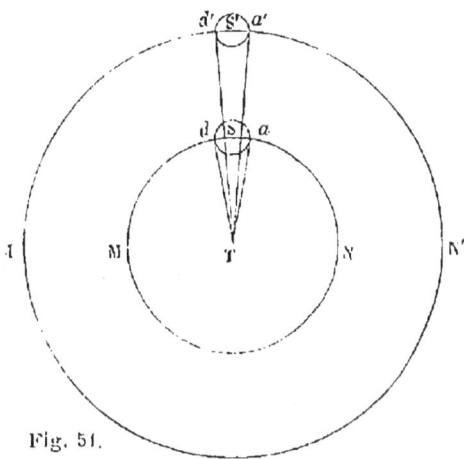

Fig. 51.

Si, par exemple, TS' est le double de TS, les degrés sur la première circonférence ont une longueur double de celle des degrés sur la seconde ; et une même longueur d'arc, savoir le diamètre réel de l'astre, en comprend deux fois moins en S' qu'en S. L'angle $d'Ta'$, ou diamètre apparent de S', est ainsi la moitié de l'angle dTa, diamètre apparent de S. En résumé, si l'astre se trouve à une distance double, triple, quadruple, etc., son diamètre apparent devient la moitié, le tiers, le quart, etc., c'est-à-dire que ce diamètre apparent varie en raison inverse de la distance.

Désignons alors par α le diamètre apparent du soleil à la distance d, et par α' le diamètre apparent à la distance d' ; nous aurons :

$$\frac{\alpha}{\alpha'} = \frac{d'}{d}$$

ou bien : $\alpha d = \alpha' d'$, relation dont nous ferons bientôt usage.

4. **Diamètre apparent du soleil.** — Pour obtenir la déclinaison du soleil, nous savons qu'on mesure, au moment du passage au méridien, la distance zénithale du bord

supérieur, puis du bord inférieur, en disposant tangentiellement à ces deux bords le fil horizontal du réticule.
La différence entre les deux résultats donne, c'est évident, le diamètre apparent du soleil. Or, une table de
semblables observations faites aux diverses époques de
l'année, nous montre que le diamètre apparent du
soleil varie d'une manière périodique entre deux limites.
Vers le 31 décembre, il atteint sa plus grande valeur,
savoir 32'36''. A partir de cette époque, il diminue peu
à peu, et arrive à son minimum 31'30'' vers le 2 juillet.
Puis il commence à croître pendant six mois, pour
décroître après pendant six mois encore, toujours entre
les valeurs extrêmes du 31 décembre et du 2 juillet.

Une conséquence importante se dégage de ces variations. L'orbite du soleil n'est pas une circonférence dont
la terre occuperait le centre, car alors, la distance restant la même, le diamètre apparent ne changerait pas
de valeur. En outre, vers le 31 décembre le soleil est
plus rapproché de la terre qu'à toute autre époque,
puisque son diamètre apparent acquiert alors sa plus
grande valeur; et vers le 2 juillet, époque du moindre
diamètre apparent, il en est le plus éloigné. Il se rapproche peu à peu de la terre de juillet en janvier; et
s'en éloigne peu à peu de janvier en juillet.

5. **Vitesse angulaire**. — Considérons le soleil dans deux
de ses positions S et S'
sur l'écliptique à 24 heures sidérales d'intervalle.
L'angl STS' compris en-
tre les deux rayons vi-
suels dirigés de la terre T
(fig. 55) au soleil dans
l'une et dans l'autre de ces
positions, est ce que l'on
désigne par le nom de vi-
tesse angulaire. Il a pour

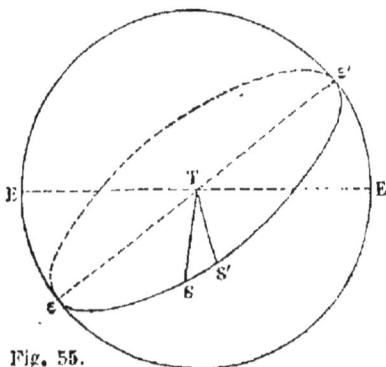

Fig. 55.

mesure l'arc SS', déplacement apparent du soleil sur l'écliptique en un jour sidéral. Le même arc mesure l'accroissement en longitude, qui se compte, avons-nous vu, sur l'écliptique à partir du point vernal. Pour en avoir la valeur jour par jour, il suffit de connaître l'ascension droite et la déclinaison du soleil dans ses passages consécutifs au méridien. Les calculs à faire appartiennent à la trigonométrie sphérique et seront passés sous silence.

Or les arcs ainsi obtenus pour l'accroissement quotidien de la longitude, c'est-à-dire pour la vitesse angulaire, éprouvent des variations périodiques dont la marche est la même que pour les variations du diamètre apparent. Vers le 31 décembre, cette vitesse angulaire est la plus grande et atteint 1° 1′ 9″; vers le 2 juillet, elle est la moindre et vaut 0° 57′ 12″. Entre ces deux limites, elle croît et décroît tour à tour par périodes de six mois.

6. Tracé graphique de l'orbite du soleil. — Une table donnant jour par jour sidéral la vitesse angulaire et le diamètre apparent, permet le tracé graphique de la courbe décrite par le soleil dans son mouvement annuel apparent.

Du point T figurant la terre (fig. 56), menons une droite arbitraire TA, qui représentera le plus grand éloignement du soleil, vers le premier juillet, alors que le diamètre apparent acquiert sa valeur moindre. Menons ensuite une série

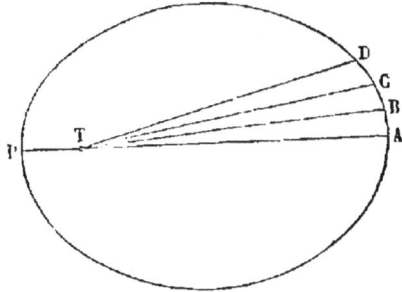

Fig. 56.

de droites TB, TC, TD, etc., comprenant entre elles des angles égaux aux vitesses angulaires constatées jour par jour. Il nous faut maintenant porter sur ces droites, à partir de T, des longueurs proportionnelles aux distances du soleil, variables d'une époque à l'autre. Ces distances, il est vrai, ne nous sont pas encore connues; mais nous savons qu'elles sont en raison inverse des diamètres apparents; ce qui nous a fourni la relation $\alpha d = \alpha' d'$. Si α représente le diamètre apparent moindre, celui du premier juillet, et d la distance correspondante, que nous venons de figurer par TA, nous aurons pour toute autre distance :

$$d' = \frac{\alpha d}{\alpha'} = \frac{\alpha \, \text{TA}}{\alpha'}$$

La droite TA étant arbitrairement donnée, nous pourrons ainsi, au moyen des diamètres apparents α et α', calculer ce que doit être d' par rapport à TA. Ainsi seront obtenues les longueurs TB, TC, TD, etc., ce qui donnera autant de points A, B, C, D, etc., de la courbe cherchée. En joignant ces points par un trait continu, on aura donc la représentation exacte de l'orbite suivie par le soleil dans son mouvement annuel apparent.

7. **L'orbite du soleil est une ellipse.** — Le tracé tel que nous venons de l'exposer, et bien mieux encore le calcul beaucoup plus précis dans ses affirmations, établissent que la courbe décrite en apparence par le soleil dans le cours d'une année, est une ellipse dont la terre occupe un foyer. Rappelons ici ce que la géométrie entend par ellipse.

Plantons deux clous F et F' sur le tableau noir (fig. 57),

Fig. 75

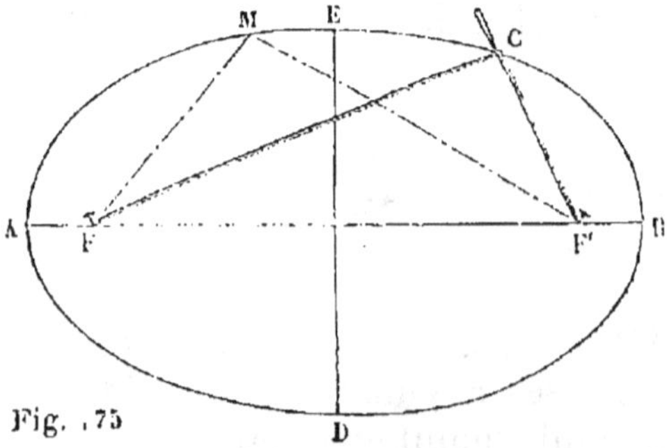

et fixons à ces clous les deux bouts d'un cordon que nous laisserons plus ou moins lâche. Avec un morceau de craie C appliqué contre le cordon, tendons celui-ci; puis faisons glisser la craie dans toutes les positions possibles, en tenant toujours le cordon bien tendu. La courbe ainsi décrite est une ellipse. Les deux points F et F', où les extrémités du cordon sont fixées, s'appellent les *foyers*. La droite AB est le *grand axe* de l'ellipse ; la droite DE est le *petit axe*. Si l'on joint un point quelconque M de l'ellipse aux deux foyers, les droites MF et MF' prennent l'une et l'autre le nom de *rayon vecteur*. Il est visible, d'après le mode de tracé de l'ellipse, que la somme des lignes MF et MF' est toujours égale à la longueur du cordon, quel que soit le point M. *L'ellipse est donc une courbe telle que la somme des distances de chacun de ses points à deux points fixes nommés foyers, est constante.* Plus les foyers sont éloignés l'un de l'autre pour une même longueur de cordon, plus l'ellipse s'allonge et diffère du cercle ; plus ils sont rapprochés, plus l'ellipse s'arrondit. S'ils se confondaient en un seul point, la courbe décrite deviendrait même une circonférence.

D'après les apparences, le soleil, disons-nous, décrit une courbe analogue à celle dont nous venons de rappeler le tracé ; et la terre occupe l'un des foyers, F par exemple. Mais l'orbite solaire est fort loin d'être aussi allongée dans un sens et aussi déprimée dans l'autre, que l'est la figure 57. Le calcul établit, en effet, que si le grand axe est représenté par 1, le petit axe est représenté par 0,99986, quantité qui diffère de la précédente de moins de 2 dix-millièmes. Décrivons une circonférence d'un mètre de diamètre, menons un second diamètre perpendiculaire au premier et raccourcissons-le à chaque extrémité d'environ 1/4 de millimètre ; puis modifions la courbe en la faisant passer par les deux points ainsi déterminés. Ce que nous obtiendrons ne différera pas de la circonférence pour le regard le plus exercé ; ce sera néanmoins l'exacte représentation de l'orbite solaire. Cette orbite se rapproche donc beaucoup d'une circonférence ; et il a fallu les observations les plus délicates pour recon-

naître qu'elle n'a pas réellement la forme circulaire
mais bien la forme elliptique.

Toutefois, à cause de l'immense éloignement du soleil,
les deux axes, dont le rapport s'écarte si peu de l'u-
nité, diffèrent beaucoup l'un de l'autre en grandeur absolue.

8. Périgée et apogée. -- Avec son orbite elliptique, le
soleil n'est pas toujours également distant de la terre
ainsi que l'exigent les variations du diamètre apparent.
La distance est la plus petite quand le soleil occupe
l'extrémité du grand axe la plus voisine du foyer où se
trouve la terre; elle est la plus grande quand le soleil est à
l'extrémité opposée. Si la terre occupe le foyer F (fig. 57),
le point le plus rapproché de l'orbite solaire est A, le
point le plus éloigné est B. Le point A prend le nom de
périgée (περί, près; γῆ, terre); le point B prend le nom
d'*apogée* (ἀπό, loin; γῆ, terre). Le passage du soleil au
périgée a lieu le 31 décembre, époque du plus grand
diamètre apparent; et le passage à l'apogée, le 2 juillet,
époque du moindre diamètre apparent. Nous sommes
donc plus rapprochés du soleil en hiver qu'en été. La
différence des distances est environ de onze cent mille
lieues, malgré la forme presque circulaire de l'orbite.

9. Principe des aires. — La vitesse angulaire du soleil
varie d'un jour au suivant, ainsi que nous l'apprennent
les calculs de sa longitude; sa distance à la terre varie
aussi, comme nous le démontrent les variations de son
diamètre apparent. L'une et l'autre croissent à la fois,
et à la fois décroissent; elles atteignent leur maximum
à la même époque, le 31 décembre; et leur minimum
à la même époque, le 2 juillet. Elles sont donc dans une
mutuelle dépendance. Mais d'après quelle loi? La découverte en est due aux immortels travaux de Kepler
qui la formula sous le nom de *loi* ou *principe des aires*.
Examinons en quoi ce principe consiste.

Admettons qu'à des intervalles égaux de 30 jours, le
soleil S (fig. 58) vienne occuper sur son orbite les posi-

tions S', S'', S''', S'' etc. Du point T, la terre, menons les rayons vecteurs TS, TS', TS'', TS''' etc. Eh bien, les aires des secteurs elliptiques STS', S'TS'', S''TS''', etc., dont les arcs SS', S'S'', S''S''' etc., sont parcourus par le soleil dans des temps égaux, sont elles-mêmes égales. Et ceci a lieu non-seulement pour les intervalles de temps que nous venons de choisir, mais encore

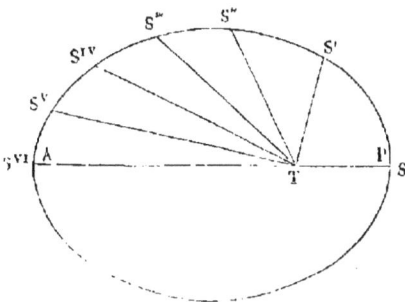

Fig. 58.

pour des intervalles quelconques. Prenons où bon nous semblera sur l'orbite elliptique deux arcs parcourus par le soleil en des temps égaux. Ces arcs n'auront pas généralement même longueur à cause de la vitesse variable du soleil; mais les secteurs qui leur correspondent auront même surface. — Imaginons encore ceci : une droite, rayon vecteur, est menée de la terre au soleil. A mesure que le soleil se déplace, ce rayon vecteur l'accompagne, et décrit sur le plan de l'orbite, balaye en quelque sorte, un secteur elliptique. Or ce secteur, quelle que soit la distance du soleil, quel que soit l'arc parcouru, a constamment surface de même valeur pour des intervalles de temps égaux. Si donc le temps est double, triple, etc., l'aire décrite est elle aussi double, triple, etc. Tel est le principe des aires, que l'on peut énoncer ainsi : *Les aires décrites par le rayon secteur du soleil sont proportionnelles aux temps employés à les décrire.*

10. **Conséquences de ce principe.** — La loi des aires nous montre que le soleil varie sa vitesse de translation sur son orbite de telle manière que, malgré les changements de distance à la terre, les secteurs décrits ont même surface pour des durées égales. Soient donc AN (fig. 59) l'arc parcouru par le soleil en un jour à l'époque de l'apogée, et PM l'arc parcouru encore en un jour à l'é-

poque du périgée. Les deux secteurs NTA et MTP, correspondant à des temps
égaux, doivent avoir
même surface. On peut
d'autre part considérer
leurs arcs comme sensi-
blement circulaires; et
comme TN rayon de l'un
est plus grand que TP
rayon de l'autre, il faut
en compensation, afin
que les surfaces restent égales, que l'arc PM de plus
court rayon soit plus grand que l'arc AN de plus long
rayon. Le déplacement du soleil sur son orbite est donc
plus rapide au périgée qu'à l'apogée.

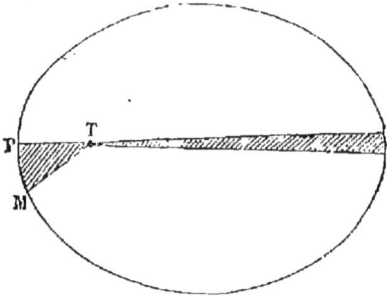

Fig. 59.

On verrait de même qu'à mesure que le soleil se rapproche de la terre, ce qui diminue le rayon vecteur, l'arc
parcouru dans un même temps doit être plus long afin
de rétablir l'égalité dans les aires décrites. Ainsi la vitesse de translation du soleil croît de l'apogée A, où
elle est minimum, au périgée P, où elle est maximum.
Puis elle décroît du périgée à l'apogée, où recommencent les mêmes variations périodiques.

Appelons a et a' les arcs décrits sur son orbite par le
soleil en deux instants égaux et très-courts; et d d' les
distances correspondantes. Ces deux arcs peuvent, dans
ces conditions, être considérés comme circulaires, et
alors les deux secteurs ont pour surface $\frac{1}{2}\,da$ et $\frac{1}{2}\,d'a'$.
D'après le principe des aires, il doit y avoir égalité entre
ces deux valeurs. On a donc :

$$da = d'a', \text{ ou bien } \frac{a}{a'} = \frac{d'}{d}.$$

Mais les arcs a et a' peuvent être pris pour mesure de
la vitesse avec laquelle le soleil se déplace sur son orbite aux deux instants considérés. On voit ainsi que *la
vitesse du soleil à un moment donné varie en raison inverse
de sa distance à la terre.*

RÉSUMÉ

1. L'*orbite* du soleil est la courbe que le soleil semble décrire en un an dans le plan de l'écliptique.

2. Le *diamètre apparent* d'un objet est l'angle sous lequel cet objet est vu. Il diminue quand la distance augmente. Le diamètre apparent d'un astre quelconque est l'angle sous lequel est vu le diamètre réel de cet astre.

3. Le diamètre apparent d'un astre varie en raison inverse de la distance.

4. Le diamètre apparent du soleil est à peu près d'un demi degré. Il varie dans le cours de l'année. Son maximum a lieu le 31 décembre et son minimum le 2 juillet.

5. La *vitesse angulaire* du soleil est son accroissement en longitude dans l'intervalle de 24 heures sidérales. Elle varie comme le diamètre apparent et a les mêmes époques de maximum et de minimum.

9. Une table des diamètres apparents et des vitesses angulaires du soleil pour les diverses époques de l'année permet de construire une figure semblable à l'orbite solaire.

7. Le tracé et le calcul encore mieux, démontrent que l'orbite du soleil est une ellipse dont la terre occupe un foyer. Cette ellipse diffère très-peu d'une circonférence.

8. Le *périgée* est le point de l'orbite solaire le plus rapproché de la terre, et l'*apogée* en est le point le plus éloigné. Ces deux points se trouvent aux deux extrémités du grand axe. Le soleil est plus rapproché de nous en hiver qu'en été.

9. Les aires décrites par le rayon vecteur du soleil sont proportionnelles aux temps employés à les décrire.

10. Le soleil se meut plus rapidement au périgée qu'à l'apogée. Sa vitesse à un instant donné est en raison inverse de sa distance à la terre.

CHAPITRE X

NOTIONS SUR LA MESURE DU TEMPS.

1. Jour solaire et jour sidéral. — Nous savons déjà que le *jour sidéral* est le temps que met la sphère céleste pour accomplir une révolution apparente autour de l'axe du monde. Il a pour valeur la durée comprise entre deux retours consécutifs de la même étoile au même méridien. Pareillement le *jour solaire* est la durée comprise entre deux passages consécutifs du soleil au même méridien.

Le jour solaire et le jour sidéral n'ont pas même valeur, le premier est un peu plus long que le second. Nous avons reconnu, en effet, que le soleil possède un mouvement spécial qui l'entraîne de l'ouest à l'est, en sens inverse de la rotation de la sphère céleste, et lui fait décrire en un an un tour complet; de manière que son ascension droite, s'il n'y avait des causes d'irrégularité, augmenterait par jour du quotient de 360° par le nombre de jours de l'année, c'est-à-dire d'environ 1 degré. L'année finie, l'orbite solaire est en entier parcourue, et le soleil a fait autour de l'axe du monde une révolution de moins que la sphère étoilée.

D'après cela, considérons une étoile quelconque passant aujourd'hui dans notre méridien en même temps que le soleil. Le lendemain, quand elle reviendra à ce méridien, ce qui commencera un autre jour sidéral, le soleil ne l'accompagnera plus; il sera en arrière, du côté de l'est, d'environ un degré; par conséquent il n'atteindra notre méridien que 4 minutes après l'étoile. Telle est la différence moyenne entre la durée du jour solaire et la durée du jour sidéral. Le surlendemain le retard s'accroîtra de 4 minutes encore, et ainsi de suite pour chacun des jours suivants, de sorte qu'au bout de l'année les retards accumulés formeront un jour complet; ce qui ramènera l'étoile et le soleil dans le même méridien qui nous a servi de départ.

2. **Variabilité du jour solaire.** — A cause de son invariable durée, le jour sidéral est d'un fréquent emploi dans les recherches astronomiques, mais il ne peut nullement servir aux usages civils. L'activité de l'homme, en effet, ne saurait se régler que sur le soleil, qui nous distribue le jour, la lumière, la chaleur, les saisons. Il devient dès lors impossible d'adopter le jour sidéral pour unité de temps, car il nous amènerait le commencement de chaque unité diurne, c'est-à-dire le passage de la même étoile au méridien, tantôt de jour, tantôt de nuit, et à des instants quotidiennement variables par rapport à la marche du soleil. Pour la répartition du temps, telle que l'exigent nos travaux, il n'y a qu'un guide admissible, le soleil. Ce guide n'offrirait dans les applications aucune difficulté, si le jour solaire avait une valeur constante, et dépassait le jour sidéral d'un invariable excès de 4 minutes. Tout le désaccord consisterait à voir passer dans notre méridien, à des heures qui seraient les mêmes pour nous, des étoiles qui seraient différentes; désaccord dont les usages civils n'ont pas à se préoccuper. Mais il n'en est pas ainsi : le jour solaire varie de durée; il n'est pas rigoureusement aujourd'hui ce qu'il était hier et ce qu'il sera demain; et ses variations ne discontinuent dans tout le cours de l'année. De là surgit une grande difficulté, que nous allons examiner sous ses principaux aspects.

3. **Causes de la variabilité des jours solaires. Influence de la loi des aires.** — Les causes de la variabilité des jours solaires sont au nombre de deux : 1° la loi des aires, 2° l'obliquité du plan de l'écliptique sur celui de l'équateur. — Pour que le jour solaire conservât une valeur constante, supérieure de 4 minutes à peu près à celle du jour sidéral, il faudrait que le soleil rétrogradât vers l'est d'une manière uniforme, c'est-à-dire que son ascension droite s'accrût de quantités égales en des

temps égaux. Mais à cette uniformité d'accroissement en ascension droite s'oppose tout d'abord le principe des aires. D'après ce principe, quand il est plus rapproché de la terre, le soleil décrit un arc d'orbite plus long; et quand il est plus éloigné, il en décrit un plus court. C'est par semblable compensation entre l'arc parcouru et la distance, que se maintiennent égales les aires des secteurs décrits en temps égaux. Avec cette vitesse variable, tantôt accélérée et tantôt ralentie, le soleil parcourt dans un même temps des longueurs variables suivant l'époque de l'année; ce qui se traduit évidemment par des variations dans l'accroissement en ascension droite, et par suite dans la valeur du jour solaire.

4 Influence de l'obliquité de l'écliptique. — Il y a plus : Lors même que le soleil se déplacerait suivant une circonférence et non suivant une ellipse, lors même qu'il parcourait sur cette circonférence des arcs égaux en des temps égaux, l'ascension droite ne croîtrait pas d'une manière uniforme par la seule raison que le plan de l'écliptique est incliné sur celui de l'équateur.

Soient en effet EE' l'équateur et AB l'écliptique (fig. 60). Considérons la partie AB comprise entre l'équinoxe A et le solstice B, et divisons-la en un certain nombre de parties égales AA', A'B', etc., que nous supposerons parcourues par le soleil en des temps égaux. Quand le soleil passe de A en A', son accroissement en ascension droite est A M; quand il passe de A' en B', son accroissement en ascension droite est MN; et ainsi de suite. Mais les arcs

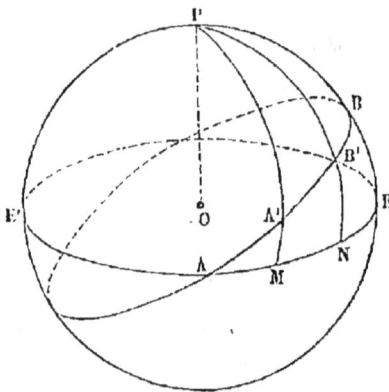

Fig. 60.

AE et AB sont égaux comme étant chacun le quart d'un grand cercle de la sphère. On a donc : $AA' + A'B' + \ldots$ etc. $= AM + MN + \ldots$ etc.

D'autre part il est visible que, dans le triangle AMA', assimilable à un triangle rectangle plan si l'on prend des intervalles assez petits, il est visible, disons-nous, que AM un des côtés de l'angle droit M est plus court que AA' l'hypoténuse. Puisque vers l'équinoxe A l'accroissement en ascension droite AM est moindre que l'arc AA', il faut nécessairement, pour que l'égalité précédente se maintienne, que vers le solstice B l'inverse arrive, et que NE, par exemple, soit plus grand que B'B. On voit donc qu'en supposant même les arcs AA', A'B', B'B égaux, les accroissements correspondants en ascension droite AM, MN, NE ne seraient pas égaux. Ainsi l'obliquité du plan de l'écliptique sur celui de l'équateur est à son tour une cause de continuelle variation dans la durée du jour solaire.

5. **Jour moyen.** — Le jour solaire, avec ses quotidiennes variations de durée, ne remplit pas du tout les conditions voulues pour la mesure du temps. L'unité adoptée doit être de valeur immuable, afin que nos instruments d'horlogerie, tous basés sur un mouvement uniforme, poursuivent leur marche régulière sans nécessiter de continuelles retouches. Nous voici donc dans une sorte de cercle vicieux : forcément le soleil doit nous mesurer le temps, et son mouvement inégal ne se prête pas à cette mesure. La difficulté a été tournée comme il suit. — Divisons la durée totale de l'année par le nombre de jours solaires que l'année embrasse. Le quotient sera une valeur moyenne, plus courte que les jours solaires de plus grande valeur; plus longue que les jours solaires de valeur moindre; et égale par à peu près à certains d'entre eux. Cette valeur moyenne se nomme *jour moyen.*

6. **Soleil fictif.** — Si l'on veut se représenter astronomiquement ce jour moyen, concevons un soleil fictif,

7.

qui parte d'un point de l'écliptique, du point équinoxial du printemps, au même instant que le soleil
réel, et fasse le tour de l'équateur avec une vitesse uniforme, de l'ouest à l'est, dans l'intervalle d'un an, tandis que le soleil réel fait dans le même temps le tour
de l'écliptique. Au bout de l'année, ils seront l'un et
l'autre revenus au point commun de départ, le point
vernal; et ils commenceront une seconde révolution
pareille à la première. Mais ce soleil fictif, qui se meut
sur l'équateur en y parcourant des arcs égaux en des
temps égaux, rétrograde vers l'est d'une manière constante par rapport aux étoiles, de façon à être en retard
le lendemain, toujours de la même quantité, 4 minutes
environ, sur l'étoile qui l'accompagnait la veille. Il revient donc à notre méridien dans des intervalles de
temps égaux, dépassant d'à peu près 4 minutes la durée
du jour sidéral : et ces intervalles sont précisément des
jours moyens, tels que les donne le calcul des moyennes
arithmétiques.

7. **Midi moyen et midi vrai.** — D'après cela, on peut
définir le *jour moyen* la durée comprise entre deux retours consécutifs du soleil fictif au même méridien. Il
se divise, comme le jour sidéral, en 24 heures. L'heure
elle-même se subdivise en 60 minutes; et la minute, en
60 secondes. L'heure, la minute et la seconde de jour
moyen sont un peu plus longues que l'heure, la minute
et la seconde du jour sidéral; la raison en est que le
jour moyen dépasse de 4 minutes environ le jour sidéral.

Évalué en jours moyens, le temps est dit *temps moyen*.
C'est celui que mesurent nos horloges, nos pendules,
nos montres. Évalué en jours solaires, il est dit *temps
vrai*.

Le *midi moyen* est l'instant du passage du soleil fictif
au méridien. Le *midi vrai* est l'instant du passage du
soleil réel au méridien.

Dans les usages civils, le jour moyen commence à

minuit, c'est-à-dire quand le soleil fictif passe dans le demi-méridien opposé. Il se divise en deux parties égales de 12 heures chacune. Pour les astronomes, le jour moyen commence à midi, instant du passage du soleil fictif au méridien; et les heures se comptent de 0 h. à 24 h.

8. Equation du temps. — Temps moyen au midi vrai.
Le soleil fictif, dont la vitesse est constante, est tantôt en avance et tantôt en retard sur le soleil vrai, dont la vitesse est variable. En effet, puisqu'ils parcourent l'un et l'autre la circonférence entière dans un an, il faut qu'à tour de rôle ils se devancent mutuellement pour rétablir la parité; ce qui amène à certaines époques l'égalité des arcs parcourus. Les époques d'accord entre les deux soleils ont lieu quatre fois par an, vers le milieu d'avril, le milieu de juin, la fin d'août et la fin de décembre. Alors le midi moyen ne diffère pas du midi vrai. Le milieu environ de ces quatre intervalles correspond au maximum d'écart entre les deux midis, maximum dont la limite est 17 minutes, soit en faveur du midi vrai, soit en faveur du midi moyen.

Pour obtenir le midi moyen, il faudrait donc, suivant l'époque de l'année, tantôt ajouter, tantôt retrancher au midi vrai, une quantité variable d'un jour à l'autre et nommée *équation du temps*. L'annuaire du Bureau des longitudes publie chaque année, dans un calendrier, le résultat de l'équation du temps, et donne dans une colonne intitulée *Temps moyen au midi vrai*, ce que doit indiquer un instrument d'horlogerie bien réglé sur le temps moyen, au moment du midi vrai.

Supposons que cette table donne pour le 20 mai 11 heures 56 minutes. Cela signifie que le soleil réel est en avance sur le soleil fictif de 4 minutes; et qu'en temps moyen, il n'est que 11 heures 56 minutes du matin au moment du midi vrai. Supposons encore qu'au 10 février la table donne 0 heures 14 minutes. Cette fois, le soleil fictif est en avance de 14 minutes sur le soleil réel ; et au moment du midi vrai, une montre doit indiquer midi et 14 minutes. Au moyen de cette table, renouvelée chaque année à cause de ses légères variations, rien n'est donc plus facile que de régler un instrument d'horlogerie sur le temps moyen quand on connaît le midi vrai.

9. Détermination élémentaire de la méridienne et du midi vrai. Pour obtenir l'instant du midi vrai, les observatoires ont recours au passage du soleil dans le méridien. Ce moyen savant, qui nécessite une lunette méridienne, peut être suppléé comme il suit dans les usages vulgaires de la vie. — Sur un plan bien horizontal (fig. 64), élevons une tige verticale d'une paire de décimètres de longueur, plus ou moins. Du pied de cette tige, avec des rayons arbitraires, décrivons quelques

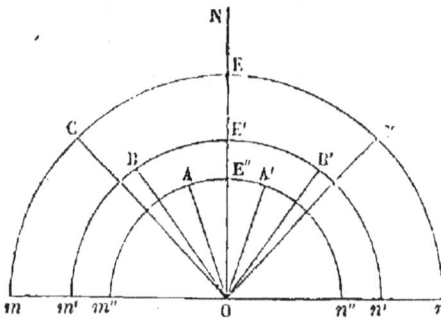

Fig. 64.

circonférences concentriques, et marquons sur ces circonférences les points A, B, C, où arrive l'extrémité de l'ombre de la tige à divers instants de la matinée. Dans l'après-midi, renouvelons l'observation, et marquons les points A' B' C' où l'extrémité de l'ombre de la tige atteint successivement les mêmes circonférences. Divisons en deux parties égales les arcs CC' BB' AA'. Si l'observation est bien conduite, les quatre points EE'E"O, centre des circonférences et milieu des arcs, doivent se trouver en ligne droite.

Or cette ligne n'est autre chose que la méridienne. En effet, dans l'intervalle d'un jour, le soleil se mouvant à peu près d'une manière uniforme et sur un même parallèle, les ombres d'une tige verticale doivent se projeter sur un plan horizontal suivant des droites symétriques deux à deux par rapport à la méridienne, à des instants où le soleil est également écarté du méridien, dans la matinée d'abord puis dans l'après-midi.

Dans la construction ci-dessus, un seul arc suffirait; mais il est préférable d'en employer plusieurs, qui mutuellement se contrôlent, tous les points obtenus devant se trouver, avec le centre, sur la même droite. L'instant du midi vrai sera celui où l'ombre de la tige viendra se superposer à la méridienne que nous venons de tracer.

10. Principes des cadrans solaires. Pour obtenir, non-seulement le midi vrai, que nous donne le petit appareil qui précède, mais encore le temps vrai à un moment quelconque de la journée, pourvu que le soleil soit au-dessus de l'horizon et non voilé de nuages, on fait emploi du *cadran solaire*.

Concevons une tige ou *style* orientée dans la direction du pôle, c'est-à-dire située dans le plan du méridien et relevée au-dessus de l'horizon d'un angle égal à la latitude du lieu, qui n'est autre chose que la hauteur du pôle. A cause des dimensions de la terre, négligeables par rapport à l'énorme éloignement du soleil, ce style peut être considéré comme faisant partie de l'axe du monde. Autour de lui ou de son prolongement circule donc le soleil, à raison de 15° par heure, et suivant un même parallèle, pour le court intervalle d'une seule journée. Suivant ce style conduisons 24 demi-méridiens ou cercles horaires, embrassant le tour complet et distants l'un de l'autre de 15°. L'un d'eux se confond avec le méridien du lieu considéré. Le soleil passera de chacun d'eux au suivant dans l'intervalle d'une heure.

Maintenant, par le pied du style, imaginons un plan A, qui pourra être vertical, horizontal ou incliné de telle manière que nous voudrons. Il déterminera avec les 24 demi-méridiens 24 intersections rayonnant autour du pied du style ; et c'est suivant ces intersections que se projettera sur le plan A l'ombre du style, quand le soleil se trouvera dans le demi-méridien opposé. Si, donc, l'une de ces intersections se trouve dans le plan du méridien du lieu, et indique ainsi l'instant du midi vrai, celles qui suivent indiquent en temps vrai, 1, 2, 3 heures, etc., de l'après-midi; celles qui précèdent indiquent 11, 10, 9 heures, etc., du matin.

La construction d'un cadran solaire se réduit donc à deux choses : 1° installer le style dans la direction de l'axe du monde ; 2° obtenir sur le plan qui supporte le style, l'intersection des 24 plans horaires, disposés comme nous venons de le dire. La seconde partie est un problème de géométrie descriptive. Notre cadre élémentaire ne nous permettant pas de tels développements, nous nous bornerons au cas le plus simple.

11. **Cadran équatorial.** — Perpendiculairement au style O H (fig. 62) menons un plan, qui représentera

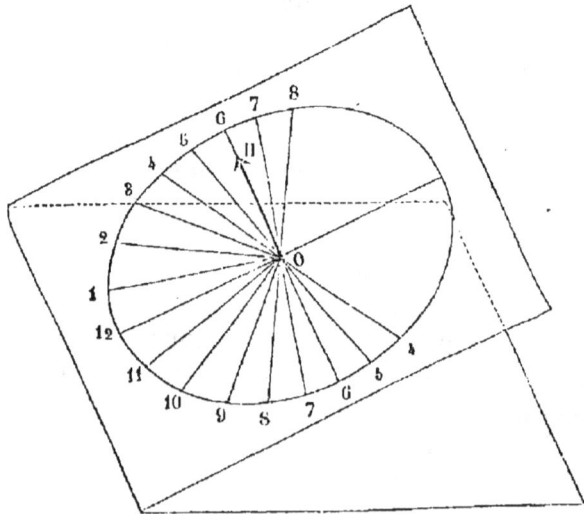

Fig. 62.

l'équateur céleste, toujours à cause des dimensions négligeables de la terre. L'intersection de ce plan avec celui du méridien du lieu est la ligne 12, sur laquelle doit se projeter l'ombre du style à midi vrai. Les intersections des autres plans horaires seront des droites rayonnant autour de O et faisant deux à deux entre elles des angles de 15°. Comme, pour notre horizon, le soleil n'est pas visible avant quatre heures du matin, et cesse de l'être après huit heures du soir, dans la saison des plus longs jours, on termine le cadran solaire aux deux intersections qui correspondent à ces deux instants.

Pendant six mois, le soleil est au nord de l'équateur; et par conséquent éclaire la face supérieure du cadran solaire tel que nous venons de le construire; pendant les autres six mois, il est au sud de l'équateur, et alors il éclaire la face inférieure du cadran. Pour que celui-ci puisse servir pendant l'année entière, il faut donc que le style le traverse de part en part, afin de projeter son ombre six mois sur la face supérieure et six mois sur la face inférieure, où se trouve reproduit exactement le même tracé.

RÉSUMÉ

1. Le *jour solaire* est la durée comprise entre deux passages consécutifs du soleil au même méridien. Il est plus long que le jour sidéral, de quatre minutes en moyenne.

2. Le jour solaire est de longueur variable, suivant l'époque de l'année.

3. Les causes de la variabilité des jours solaires sont d'abord le principe des aires.

4. Et, en second lieu, l'obliquité du plan de l'écliptique sur celui de l'équateur.

5. En divisant la durée totale de l'année par le nombre de jours solaires que l'année embrasse, on a ce qu'on appelle le *jour moyen*.

6. Pour se représenter astronomiquement le jour moyen, on suppose un *soleil fictif* qui parcourrait l'équateur en un an avec une vitesse constante.

7. Le *temps moyen*, le *midi moyen* ont rapport à ce so-

leil fictif. Le *temps vrai*, le *midi vrai* ont rapport au soleil réel. Nos instruments d'horlogerie, à marche uniforme, donnent le temps moyen, et ne pourraient donner le temps vrai qu'avec de continuelles retouches.

8. L'*équation du temps* est la quantité variable qu'il faut tantôt ajouter, tantôt retrancher au midi vrai pour avoir le midi moyen. Quatre fois dans l'an, le temps moyen s'accorde avec le temps vrai. Hors de ces quatre époques, tantôt le temps moyen avance sur le temps vrai, et tantôt il retarde. L'*Annuaire du Bureau des longitudes* donne chaque année, jour par jour, l'heure que doit marquer un instrument d'horlogerie, réglé sur le temps moyen, au moment du midi vrai.

9. On obtient le tracé élémentaire de la méridienne par l'observation des ombres d'égale longueur, dans la matinée et dans l'après-midi, projetées sur un plan horizontal par un style vertical. L'instant du midi vrai est celui où l'ombre de ce style est dirigée suivant la méridienne.

10. Un cadran solaire se compose d'un *style* orienté suivant l'axe du monde et d'un plan sur lequel son ombre se projette. Les lignes des heures y sont les intersections de ce plan avec des plans horaires, conduits suivant le style, et distants l'un de l'autre de 15 degrés. L'un de ces plans est le méridien du lieu. Son intersection avec le cadran donne la ligne du midi vrai.

11. Le cadran solaire le plus simple à construire, est le *cadran équatorial*. Son plan est perpendiculaire au style et par conséquent se confond avec l'équateur céleste. Les lignes des heures y forment entre elles un angle constant de 15°.

CHAPITRE XI

CALENDRIER

1. Année tropique. — L'année tropique (τροπέω, je retourne, je reviens) est le temps que le soleil met pour revenir au même point de son orbite apparente, par exemple, au même équinoxe, en particulier à l'équinoxe du printemps ; en d'autres termes, c'est le temps qu'il faut au soleil pour parcourir son orbite. Pour l'obtenir, il suffirait, à la rigueur, de déterminer le temps écoulé entre deux passages consécutifs du soleil au point équinoxial du printemps ; mais, pour atténuer les légères erreurs inévitables en pareilles observations, il vaut mieux embrasser un nombre considérable de révolutions solaires, une centaine, par exemple, et diviser la durée totale par le nombre de ces révolutions. Les erreurs de l'observation initiale et de l'observation de la fin se trouvent ainsi réparties entre un plus grand nombre d'années, ce qui les amoindrit d'autant pour une année seule. Le résultat est que l'année tropique vaut 365 jours 5^h 48^m 50^s en temps moyen.

2. Origine du mot almanach. — Le mot *almanach* nous vient des peuples orientaux, et signifie la lune. On supputa d'abord les temps, en effet, d'après les lunaisons. Avec ses phases si frappantes, ses retours périodiques rapprochés, la lune ne pouvait manquer de servir la première de base à la division du temps. Quelque chose nous reste encore des primitifs calendriers lunaires : c'est le mois, dont la valeur embrasse à peu près la durée d'une lunaison.

3. Année vague des Egyptiens. — Mais ce n'est pas la lune qui nous donne le jour et les saisons ; ce n'est pas sur elle que se règlent nos travaux, notamment les travaux agricoles, semailles, moisson, vendanges, etc.

Aussi, de bonne heure, s'aperçut-on de l'immense avantage d'une division du temps ou *calendrier* basée sur la marche du soleil. Les Egyptiens furent, dit-on, les premiers à adopter cette heureuse idée ; mais faute de connaissances suffisantes, sans doute, ils donnèrent à leur année l'invariable valeur de 365 jours.

Or, pour parcourir en entier son orbite, le soleil met 365$_j$ 5^h 48^m 50^s en temps moyen. L'année des Egyptiens était donc trop courte d'un quart de jour environ, ou de six heures. A la longue, cette discordance devait amener de graves inconvénients.

Prenons, pour point de départ, une époque remarquable de l'année, l'équinoxe du printemps, par exemple ; et supposons qu'elle arrive d'abord le 21 mars. Comme l'année adoptée est plus courte que l'année réelle d'un quart de jour, au bout de quatre ans, lorsque le 21 mars du calendrier sera revenu, le soleil ne sera pas arrivé au point équinoxial de son orbite, il n'y parviendra que le lendemain, le 22. Dans huit ans, il y parviendra le 23 mars ; dans douze, le 24 ; dans seize, le 25, etc. De la sorte, de quatre ans en quatre ans, le commencement réel du printemps sera transporté un jour plus en avant dans le calendrier. Cette avance, croissant avec les années, on voit que le printemps réel commencera, à tour de rôle, en mars, en avril, en mai, en juin, etc., et que les saisons parcourront peu à peu les douze mois de l'année. Il arrivera un moment où les froids de l'hiver correspondront aux mois de juillet et d'août ; les chaleurs de l'été, aux mois de décembre et janvier. On ne verra plus la moisson se faire en tel mois précis ; la vendange en tel autre ; à telle époque, la terre se couvrir de frimas, à telle autre, acquérir son tapis de verdure. Une discordance complète s'établira entre la date du calendrier et la date réelle du soleil. On donne, à cette année égyptienne de 365 jours, le nom d'*année vague*, parce qu'elle fait di_vagu_er les saisons d'un mois à l'autre.

4. Période sothiaque. — Au bout de quatre fois 365, ou quatorze cent soixante années vagues, chaque jour du calendrier a passé par toutes les saisons, et l'accord se rétablit entre la supputation du temps et la marche du soleil sur son orbite. Mais les mêmes errements aussitôt recommencent. L'antiquité donnait, à cette période de quatorze cent soixante années vagues, le nom de *période sothiaque,*

5. Réformation julienne. — L'ignorance et la superstition, inséparables compagnes, avaient mis un tel désordre dans le calendrier, qu'à Rome on célébrait au printemps réel les fêtes de l'automne, et celles de la moisson au milieu de l'hiver, lorsque, un demi-siècle avant notre ère, Jules César entreprit de mettre fin à cette fâcheuse discordance. Il restitua à l'année sa véritable valeur, 365 jours et 1/4, à peu près.

Ce quart de jour était embarrassant. Fallait-il l'adjoindre à l'année du calendrier, à l'année civile? Mais, alors, si une certaine année de ce calendrier avait commencé le 1er janvier, à minuit, l'année suivante commencerait à six heures du matin; la troisième, à midi; la quatrième, à six heures du soir. La cinquième, en reprenant la période, aurait ramené l'origine à minuit. Avec son esprit judicieux, Jules César ne pouvait admettre cette variabilité dans le point de départ. Il laissa donc à l'année un nombre entier de jours, 365; seulement, il régla que, de quatre ans en quatre ans, un jour complémentaire serait adjoint pour rattraper les fractions de jour négligées et remettre la date en harmonie avec le soleil. C'est ce qu'on appelle *Réformation julienne*, du nom de son auteur, *Julius*, Jules.

6. Années communes et années bissextiles. — D'après la réformation julienne, trois années *communes*, c'est-à-dire de 365 jours, se succèdent; puis vient une année de 366 jours, nommée année *bissextile*. Une autre période commence alors, pareillement composée de trois années de 365 jours et d'une quatrième de 366, et ainsi de suite. Or, sur quatre nombres consécutifs, trois ne sont pas divisibles par quatre, et le quatrième l'est. De là, cette règle très-simple pour trouver les années qui doivent être bissextiles, c'est-à-dire compter 366 jours. — *Si le millésime de l'année est divisible par quatre, ou, ce qui revient au même, si les deux derniers chiffres du millésime forment un nombre divisible par quatre, l'année est bissextile ; dans le cas contraire, non.*

Ainsi, les années 1880, 1884, 1888, etc., seront bissextiles, tandis que les années 1881, 1882, 1883 seront des années communes. Les années séculaires, 1800, 1900, 2000, etc., devraient être toutes de 366 jours d'après cette règle, car leur millésime est divisible par quatre. Mais depuis Jules César on a fait, pour certaines d'entre elles, une exception, ainsi qu'on va le voir.

7. **Année de confusion.** — En instituant son calendrier, Jules César avait à tenir compte des erreurs du passé comme de celles de l'avenir. Pour réparer le désordre déjà amené, il ordonna que l'année où ses réformes furent mises en vigueur, aurait 14 mois et compterait 445 jours. Cette année, qui, par sa longueur exceptionnelle, devait combler la lacune du temps écoulé et remettre les dates à leur place véritable, porta le nom d'*année de confusion*. Elle correspond à l'an 708 de la fondation de Rome, ou bien à l'an 46 avant notre ère.

8. **Intercalation.** — Enfin pour l'avenir, il institua l'*intercalation* d'un jour complémentaire de quatre ans en quatre ans, ainsi qu'il vient d'être dit. Pour des motifs dont l'inanité nous ferait aujourd'hui sourire, les Romains avaient dans leur calendrier un mois néfaste, dépareillé, le plus court des douze, février. Sa valeur était fixée à 28 jours. Jules César, qui n'avait pas hésité à rétablir l'ordre chronologique en allongeant de deux mois l'année de confusion, n'osa heurter de front les préjugés populaires et toucher aux 28 jours de l'antique février. Et pourtant c'est au mois de février qu'il adjoignit le jour complémentaire des années bissextiles. De quatre ans

en quatre ans, le mois néfaste eut un jour de plus, 29, tout en conservant en apparence ses 28 jours traditionnels. Voici par quelle singulière combinaison.

9. Origine du mot bissextile. — Les Romains donnaient au commencement de chaque mois le nom de *jour des Calendes*. De cette expression nous vient le mot de calendrier. Or, pour la fin d'un mois, ils dénombraient les jours par rapport aux calendes du mois suivant. Ils nommaient, par exemple, les derniers de février, le sixième, le cinquième, le quatrième, etc., avant les calendes de mars. Eh bien, dans les années bissextiles, pour allonger février d'un jour sans mécontenter la tradition, qui exigeait impérieusement l'antique valeur du mois, on doublait le sixième jour avant les calendes ; de sorte qu'il y avait un premier sixième jour avant les calendes de mars, et un second sixième jour (*bis sextus*). Après ce redoublement, février reprenait son cours habituel et se terminait à son vingt-huitième jour, suivant l'usage établi. De l'expression *bis sextus*, nous avons fait le mot de bissextile pour désigner l'année de 366 jours. Aujourd'hui, toujours dépareillé comme au temps de César, février compte du moins son jour complémentaire : pendant trois ans de file, il a 28 jours ; au quatrième, il en a 29.

10. Réformation grégorienne. — La valeur adoptée par Jules César pour la durée de l'année était un peu trop longue. Le soleil n'emploie pas 365 jours et 6 heures pour revenir au même point de son orbite ; il met 365 jours, 5 heures 48 minutes et 50 secondes. La différence, 11 minutes environ, faisait compter au calendrier julien, en 128 ans, un jour de moins que la date réelle. Le premier jour de la cent vingt-neuvième année était en réalité écoulé quand finissait, dans le calendrier, le dernier de la cent vingt-huitième année. C'est au pape Grégoire XIII que revient le mérite d'avoir rétabli l'ordre dans la supputation du temps.

A l'époque où fut publiée la bulle pontificale corrigeant le côté défectueux du calendrier de César, le désaccord était de dix jours. Comme les dates n'avaient pas progressé dans une mesure convenable à cause de la valeur trop longue attribuée à l'année, Grégoire XIII décida que le 5 octobre 1582 s'appellerait le 15 octobre, et que l'on continuerait à compter jusqu'à la fin de l'année avec cette augmentation de dix unités. Puis, pour prévenir désormais ces discordances, amenées par un retour trop fréquent des années de 366 jours, il décréta que les années séculaires, toutes bissextiles dans le calendrier de César, ne le seraient qu'une seule fois sur quatre. Cela revient à supprimer trois jours tous les quatre cents ans à l'ancien calendrier julien.

12. Règle des années séculaires. — Pour opérer la suppression de trois jours en quatre cents ans, on suit la règle que voici : *On néglige les deux zéros de l'année séculaire, et si le restant est un nombre divisible par 4, l'année compte 366 jours ; dans le cas contraire, elle en compte 365.* — Ainsi l'an 1600 a été bissextile ; 1700, 1800 ne l'ont pas été ; 1900 ne le sera pas non plus ; mais 2000 le sera.

Quant aux années non séculaires, la règle reste la même que dans la réformation julienne. Elles sont bissextiles lorsque leur millésime est divisible par 4 ; dans le cas contraire, elles ne comptent que 365 jours.

La réformation grégorienne ne met pas rigoureusement d'accord l'année civile avec l'année réelle, trop complexe ; mais elle se rapproche assez du vrai pour n'exiger qu'une correction de deux à trois jours en dix mille ans. De très-longtemps la chronologie n'aura donc pas à retoucher l'œuvre savante de Grégoire XIII et de son collaborateur le Calabrais Lilio.

12. Calendrier des Russes et des Grecs. — Le calendrier grégorien est en usage dans toute la chrétienté, excepté en Grèce et en Russie, où le calendrier de César s'est conservé avec ses erreurs. La différence entre les deux modes de supputation est aujourd'hui de 12 jours.

Quand nous comptons le 20 mai, par exemple, les Russes et les Grecs ne comptent que le 8. Dans leurs relations avec le reste de la chétienté, il écrivent d'ailleurs la date suivant les deux calendriers, comme il suit : $\frac{8}{20}$ mai ; ce qui signifie : 8 mai, date julienne, et 20 mai, date grégorienne.

13. Les Mois. — L'année civile se partage en douze périodes ou *mois*, qui paraissent avoir pour origine la durée approximative des lunaisons. Leurs valeurs inégales, leurs noms bizarres, dégénérant parfois en nonsens, nous viennent de l'antiquité romaine.

Janvier commence la série. Son nom vient de Janus, divinité à deux faces qui préside à ce mois, et d'un côté regarde l'année écoulée, et de l'autre l'année nouvelle. — *Février*, dit-on, dérive de Februalia, fêtes expiatoires célébrées en ce mois. — *Mars* nous rappelle le fondateur de Rome, qui donna à sa bourgade de bandits un grossier calendrier de 304 jours, partagés en dix mois. Il était consacré à Mars, dieu de la guerre, dont Romulus prétendait descendre. — *Avril* paraît emprunter son nom au verbe latin *aperire*, ouvrir, parce que la terre s'ouvre dans ce mois pour laisser apparaître à l'air la végétation naissante. — *Mai* nous vient encore de la mythologie ; il était consacré a Maïa, mère de Mercure. — *Juin* apparemment est le nom défiguré d'une autre divinité de la fable, de Junon. — *Juillet* a une étymologie plus certaine. En mémoire de l'heureuse réforme apportée par Jules César dans le vieux calendrier romain, Marc Antoine, alors consul, fit décréter que le septième mois de l'année s'appellerait *Julius*, du nom du réformateur. — *Août*, en latin *Augustus*, porte le nom de l'empereur Auguste, qui répara une grossière erreur commise, au sujet des bissextiles, par les pontifes successeurs de César. Ces pontifes, chargés de veiller à la réforme chronologique, se trompèrent gauchement en faisant revenir les bissextiles tous les trois ans ; ces graves personnages, qui prédisaient les destinées de

l'empire d'après le vol des corneilles et l'appétit des
poulets sacrés, après avoir vu de graves difficultés dans
un mois de 29 jours, ne comprirent pas qu'il faut répéter quatre fois un quart pour avoir un. L'erreur dura
36 ans. Auguste y remédia en retranchant les bissextiles
introduites mal à propos. — Les successeurs d'Auguste,
Tibère, Claude, Néron, Domitien, firent de vaines tentatives pour inscrire à leur tour dans le calendrier leurs
noms ignominieux. Les quatre mois restants gardè-
rent, comme au temps de Romulus, leurs dénominations
de *septembre, octobre, novembre* et *décembre*, signifiant
septième, huitième, neuvième, dixième. Dans le calendrier de Romulus, ces dénominations étaient ration-
nelles, car l'année n'avait que dix mois ; mais dans le
calendrier de César, devenu depuis le nôtre, ce sont des
contre-sens. Pour conserver à un mois le nom de décembre ou dixième, quand la place occupée est vraiment la douzième, il faut toute l'autorité des siècles,
consacrant par l'usage une absurdité,

14. Valeur des divers mois. — L'inégale valeur des
mois est parfois embarrassante. Les uns comptent
31 jours, les autres 30 ; février en compte 28 dans les
années communes, 29 dans les années bissextiles. Pour
trouver la valeur d'un mois, on peut recourir au moyen
que voici : — On ferme le poing de la main gauche. A
leur origine, les quatre doigts autres que le pouce forment chacun une saillie ou bosse, séparée par un creux
de la bosse suivante. On place l'index de la main droite
à tour de rôle sur ces bosses et ces creux, à partir du
doigt voisin du pouce, et l'on dénomme en même temps
dans leur ordre les mois de l'année : janvier, février,
mars, etc.. Quand la série des quatre doigts est épuisée,
on revient au point de départ et l'on poursuit l'appel
des mois sur les bosses et les creux. Tous les mois qui,
dans cette énumération, correspondent à des bosses,
sont de 31 jours ; tous ceux qui correspondent à des
creux sont de 30. Il faut en excepter février, dont la

place est au premier creux. Deux mois de file, juillet et août, ont 31 jours. Les autres, février excepté, alternent les valeurs de 31 et de 30 jours.

15. Jours de la semaine. — Les mois se subdivisent en *semaines*, embrassant à peu près chacune le quart d'une lunaison. L'année commune est composée de 52 semaines et 1 jour. A cause de son ancienneté, le calendrier nous garde encore aujourd'hui, dans bien des détails, le souvenir des errements de la superstition. Le paganisme avait consacré chaque jour de la semaine à l'une des divinités adorées sous le nom des divers astres. Nous avons hérité des dénominations usitées dans l'astrolâtrie. Ainsi, lundi (*lun-di*) signifie *lunæ dies*, jour de la lune. Pareillement mardi signifie jour de Mars; mercredi, jour de Mercure; jeudi, jour de Jupiter; vendredi, jour de Vénus; samedi, jour de Saturne. Quant au dimanche (*dies Dominica*, jour du Seigneur), il portait dans l'antiquité, et il porte encore en certaines parties du monde, par exemple, en Angleterre, le nom de jour du soleil (en anglais, *sunday*).

16. Fêtes fixes et fêtes mobiles. — Nos fêtes religieuses ont leurs époques déterminées par le calendrier. Les unes sont *fixes*, les autres sont *mobiles*. Les premières sont célébrées à une date invariable. Telle est la Noël, qui arrive toutes les années le 25 décembre. Les secondes sont célébrées d'une année à l'autre à des époques variables, suivant les mouvements combinés de la lune et du soleil. La plus remarquable est celle de Pâques, qui règle d'ailleurs la date des autres fêtes mobiles. La résurrection de Notre-Seigneur ayant suivi de près l'équinoxe du printemps et une pleine lune, il parut convenable à l'Eglise de se guider sur ce double fait astronomique; et le *jour de Pâques* fut fixé au *premier dimanche qui suit la pleine lune arrivant après l'équinoxe du printemps*.

De ces conditions multiples, dimanche, pleine lune, équinoxe de printemps, qui entraînent une certaine ampleur de limites pour être toutes réalisées, il résuite que la fête pascale est célébrée à des époques pouvant varier depuis le 22 mars jusqu'au 25 avril. La fête de Pâques a de la sorte, dans la suite des ans, 35 dates différentes.

Une fois le jour de Pâques déterminé, les autres fêtes mobiles, telles que l'Ascension, la Pentecôte, le sont aussi ; car l'Ascension est fixée au quarantième jour après Pâques, et la Pentecôte au cinquantième. Il est visible que ces fêtes, distantes de Pâques d'un nombre déterminé de jours, doivent pareillement varier de date dans les limites de 35 jours.

17. Origine de l'année civile. — L'année civile aurait pour point de départ naturel une époque astronomique remarquable, comme un solstice ou un équinoxe. L'usage en a décidé autrement. Pour nous, l'année commune commence au 1er janvier, comme cela se passait dans le calendrier de Jules César. Cette pratique fut prescrite en 1563 par un édit de Charles IX. Au temps de Charlemagne, l'usage était de commencer l'année à la Noël ; dans le douzième et le treizième siècles, le premier de l'an était fixé à Pâques.

18. Ère. — On a nommé *ère* le point de départ de la supputation des années. — Dans leur chronologie, les Romains comptaient à partir de la fondation de Rome, remontant à 753 ans avant Jésus-Christ. Il suffit donc d'ajouter 753 au millésime de notre année pour rapporter la date à la fondation de Rome. Dans toute la chrétienté, la chronologie a pour origine la naissance de Jésus-Christ. C'est ce qu'on nomme l'*ère chrétienne*. L'ère des Musulmans s'appelle l'*hégire*. Elle correspond à l'an 622 de l'ère chrétienne. Le mot hégire signifie fuite ; il fait allusion à Mahomet s'enfuyant de la Mecque pour se réfugier à Médine. Le calendrier lunaire des Musulmans, composé de lunaisons alternativement de 29 jours et de 30 jours, ne permet pas, à moins de calculs compliqués, de traduire le millésime de notre année en un autre rapporté à l'hégire.

RÉSUMÉ

1. L'*année tropique* est le temps que le soleil met pour revenir au même point de son orbite apparente. Sa valeur embrasse 365 jours 5 heures 48 minutes 50 secondes en temps moyen.

2. On supputa d'abord le temps d'après les lunaisons. De là nous vient le mot d'*almanach*, qui signifie la lune chez les Orientaux.

3. L'*année vague* des Egyptiens avait une invariable durée de 365 jours.

4. Dans une période de 1460 années vagues, dite *période sothiaque*, l'accord se rétablissait entre le calendrier égyptien et la marche du soleil.

5. Jules César restitua à l'année sa véritable valeur de 365 jours 1/4 à peu près. Pour tenir compte du quart de jour, il institua que l'année aurait un jour de plus tous les quatre ans. C'est en cela que consiste la *réformation julienne*.

6. L'année *commune* est de 365 jours ; l'année *bissextile* est de 366 jours. Une année est bissextile quand son millésime est divisible par 4.

7. L'année où la réforme de Jules César fut mise en vigueur porta le nom d'*année de confusion*. Elle fut de 14 mois et compta 445 jours.

8. Le jour complémentaire des années bissextiles fut intercalé dans le mois de février.

9. Pour les années de 366 jours, on doublait le sixième jour avant les calendes de mars (*bis sextus*). Telle est l'origine du mot bissextile. Dans les années communes, février a 28 jours ; il en a 29 dans les années bissextiles.

10. L'année de Jules César est trop longue de 11 minutes environ. Le pape Grégoire XIII corrigea le côté défectueux du calendrier en supprimant trois jours tous les quatre cents ans. Cette retouche est dite *réformation grégorienne*.

11. La réformation grégorienne porte sur les années séculaires; pour être bissextile, une année séculaire doit avoir son millésime divisible par 4 après la suppression des deux zéros.

12. Les Russes et les Grecs ont conservé le calendrier Julien. Leurs dates sont aujourd'hui en retard de 12 jours sur les nôtres.

13. L'année se divise en 12 mois. Juillet porte le nom de Jules César; août, celui de l'empereur Auguste; septembre, octobre, novembre et décembre sont des contresens dont l'origine est dans l'ancien calendrier de Romulus, ne comprenant que dix mois. Les autres mois ont, pour la plupart, des noms mythologiques.

14. Les mois ont les uns 31 jours et les autres 30. Février seul en a 28 ou 29, suivant que l'année est commune ou bissextile.

15. Les mois se divisent en semaines. Les noms des jours de la semaine, sauf celui de dimanche, rappellent les antiques superstitions de l'astrolâtrie.

16. Les *fêtes fixes* sont célébrées à une date invariable, et les *fêtes mobiles* à une date variable. La principale fête mobile est celle de Pâques, fixée au premier dimanche qui suit la pleine lune arrivant après l'équinoxe du printemps.

17. Notre année civile commence le 1er janvier, comme dans le calendrier de Jules César. Elle commençait à la Noël sous Charlemagne, et à Pâques dans le douzième et le treizième siècles.

18. L'*ère* est le point de départ de la supputation des années. Les trois principales sont : l'*ère chrétienne*, l'*ère de la fondation de Rome*, et l'*ère des Musulmans ou hégire*.

CHAPITRE XII

DISTANCE, VOLUME ET MASSE DU SOLEIL. — TACHES. — ROTATION.

1. Mesure de la distance d'un astre. — Les moyens usités en astronomie pour obtenir la distance qui nous sépare d'un astre quelconque, ne diffèrent pas, en ce qu'ils ont d'essentiel, de ceux qu'emploie la géométrie pour mesurer la distance d'un point à un autre point inaccessible. A l'astronome, comme au géomètre, il suffit de connaître la longueur d'une base convenablement choisie et les valeurs angulaires qui achèvent de déterminer le triangle. Avec ces données, les calculs trigonométriques résolvent le problème. Mais si le géomètre, dans ses travaux d'arpentage, dispose toujours d'une base proportionnée avec la distance qu'il s'agit d'évaluer, il n'en est pas de même pour l'astronome, qui trouve bien rarement à la surface de la terre, une base en rapport avec l'énorme longueur qu'il se propose de mesurer. Trop à l'étroit sur le globe terrestre, à cause de l'immensité des cieux, il est dans le cas de l'arpenteur qui, pour obtenir les éléments de sa triangulation, serait réduit à déplacer à peine ses instruments. Aussi certaines valeurs angulaires relatives aux distances, sont elles si faibles, qu'il faut des appareils d'une précision extrême pour les évaluer, et que souvent même elles échappent à toute appréciation.

2. Parallaxe. — La parallaxe d'un astre est l'angle sous lequel de cet astre on verrait le rayon de la terre. — Soient S l'astre considéré (fig. 63) et O A le rayon terrestre. La parallaxe est l'angle A S O. Cet angle varie suivant l'obliquité plus ou moins grande du rayon O A par rapport à la direction de l'astre S. Nous aurons spécialement en vue le cas ou O A est vu de front,

8.

c'est-à-dire le cas ou la droite S A est tangente à la terre, et, par conséquent, perpendiculaire à l'extrémité du rayon.

Le mot parallaxe ($\Pi\alpha\rho\acute{\alpha}\lambda\lambda\alpha\xi\iota\varsigma$) signifie différence, changement; il fait allusion au changement de position

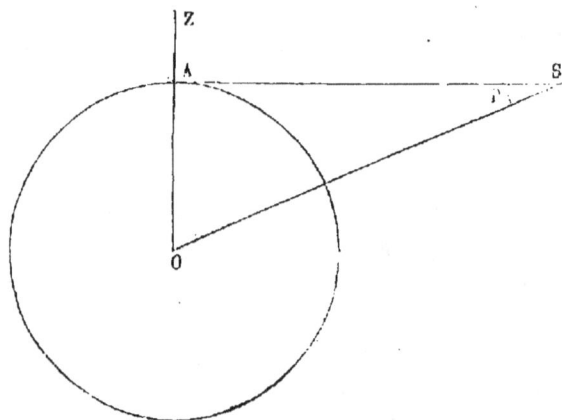

Fig. 63.

que l'astre semble éprouver sur la sphère céleste, suivant qu'il est vu de la surface de la terre ou du centre. Vu de A, en effet, le point S se projette sur la sphère céleste suivant le prolongement de AS; vu de 0, il se projette suivant le prolongement de O S. Son déplacement apparent pour les deux positions de l'observateur est la valeur même de la parallaxe.

Considérons maintenant le triangle OAS rectangle en A. Désignons O A rayon de la terre par r, et O S distance de l'astre au centre de la terre par D. Enfin, appelons p l'angle A S O, autrement dit la parallaxe. Nous aurons, d'après les propriétés du triangle rectangle :

$$r = D \sin p.$$

Si l'angle p est très-petit, ce qui est le cas des parallaxes, le sinus se confond avec son arc; et la formule ci-dessus devient:

$$r = D\,p\;;\;\text{d'où}\;p = \frac{r}{D}$$

Ainsi la parallaxe d'un astre est représentée par le rapport du rayon de la terre à la distance de l'astre.

3. — **Mesure de la parallaxe.** — Supposons deux observateurs situés sur le même méridien, l'un en A au nord de l'équateur, l'autre en A′ au sud de l'équateur (fig. 64). Le premier, en prenant la hauteur du pôle,

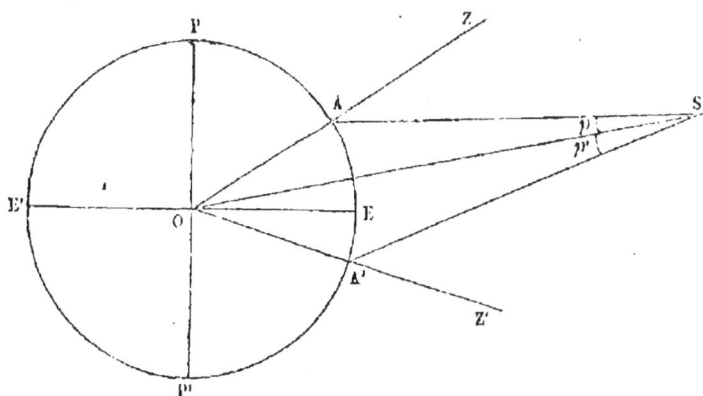

Fig. 64.

obtient sa latitude, qui est l'arc A E, mesure de l'angle A O E. Le second en fait autant pour connaître l'angle E O A′. Ensuite, au même instant, lorsque l'astre S passe au méridien qui leur est commun, l'observateur de l'hémisphère nord mesure la distance zénithale Z A S; et l'observateur de l'hémisphère sud, la distance zénithale Z′ A′ S. Les données ainsi obtenues suffisent pour obtenir la parallaxe de l'astre S.

Adoptons, en effet, la notation suivante : OS distance de l'astre $= D$; OA rayon terrestre $= r$; AOE latitude du point $A = l$; A'OE latitude du point $A' = l'$; ZAS distance zénithale au point $A = z$; Z'A'S distance zénithale au point $A' = z'$. Désignons enfin par p et p' les angles ASO et A'SO dont la somme vaut l'angle S ; et remarquons que les angles OAS et OA'S ont pour supplément le premier la distance zénithale z, le second la distance zénithale z'. Le triangle OAS donne :

$$\frac{r}{D} = \frac{\sin p}{\sin \text{OAS}}$$

Mais d'une part l'angle p est très-petit, ce qui permet de remplacer le sinus par son arc ; et d'autre part $\sin \text{OAS} = \sin z$, puisque les angles sont supplémentaires. La formule précédente devient donc :

$$\frac{r}{D} = \frac{p}{\sin z} \text{ ; d'où } p = \frac{r}{D} \sin z.$$

De même le triangle OA'S fournirait : $p' = \dfrac{r}{D} \sin z'$.

On a donc :

$$p + p' = \frac{r}{D} (\sin z + \sin z'). \quad (1)$$

Mais dans le triangle AOS, l'angle extérieur ZAS est égal à la somme AOS + ASO. Pareillement, dans le triangle OA'S, on a Z'A'S = A'OS + A'SO. En ajoutant, on obtient :

ZAS + Z'A'S = AOS + ASO + A'OS + A'SO
Mais AOS + A'SO = AOE + A'OE.

On a donc : $z + z' = l + l' + p + p'$.

D'où $p + p' = z + z' - l - l'$;

valeur qui portée dans (1) donne

$$\frac{r}{D} = \frac{z + z' - l - l'}{\sin z + \sin z'}.$$

D'après le paragraphe précédent, la parallaxe p est exprimée par $\dfrac{r}{D}$. On a donc finalement :

$$p = \frac{z + z' - l - l'}{\sin z + \sin z'}.$$

Telle est la formule qui permet de calculer la parallaxe quand on connaît les deux latitudes l, l' et les deux distances zénithales z, z'.

4. **Aperçu plus élémentaire.** — Sans recourir aux relations trigonométriques, on peut se former, comme il suit, une idée suffisante de la mesure de la parallaxe. — Concevons deux observateurs placés en R et en R' sur le même méridien terrestre (fig. 65), et de manière que l'arc RNR' soit de 60° ou le sixième de la circonférence. Cette condition sera remplie si, l'un des observateurs se trouvant au nord de l'équateur et l'autre au sud, la somme des latitudes est égale à 60°. La corde RR' de cet arc aura alors pour valeur le rayon même de la Terre, d'après le théorème de géométrie relatif à l'hexagone régulier inscrit. Quand l'astre passe au méridien qui leur est commun, les deux observateurs mesurent chacun la distance zénithale de l'astre, ou l'angle que forme d'une part RA avec le prolongement de TR, et d'autre part R'A avec le prolongement de TR'. Ainsi sont obtenus les deux angles ART et AR'T, supplément chacun de la distance zénithale correspondante.

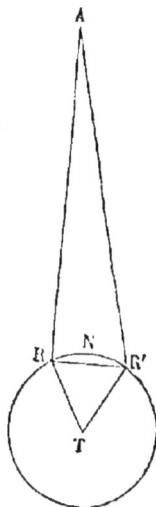

Fig. 65.

Alors dans le quadrilatère ARTR', sur quatre angles, on en connaît trois ; et le quatrième, l'angle A, se déduit de ces valeurs par la considération que la somme des quatre angles doit faire deux fois deux angles droits ou 360°, quel que soit le quadrilatère. Mais cet angle A est, à très-peu près, la parallaxe de l'astre, ou l'angle sous lequel de cet astre serait vu RR', longueur égale au rayon terrestre.

5. Parallaxe du soleil. — Le procédé que nous venons de décrire au paragraphe 3 pour la recherche de la parallaxe n'est guère applicable qu'aux astres les plus rapprochés de la terre, par exemple à la lune. Appliqué au soleil, il ne présente pas la précision voulue, les deux observateurs, se trouveraient-ils aux extrémités d'un même diamètre, n'étant pas assez éloignés l'un de l'autre par rapport à la distance qu'il faut mesurer. On a donc préféré un autre moyen, plus détourné, mais plus précis, et fondé sur l'observation de la planète Vénus quand elle passe devant le disque du soleil. Nous reviendrons, dans un autre chapitre, sur cette intéressante question.

Le résultat obtenu pour la parallaxe du soleil est 8″,57; c'est-à-dire que du centre du soleil nous verrions de front le rayon terrestre sous un angle de 8″,57. Cet angle, si petit, nous dit déjà que l'éloignement du soleil doit être énorme, puisque à cette distance, le rayon terrestre, qui vaut 1600 lieues en nombre rond, serait pour le regard une ligne sans dimension appréciable, un point.

6. Distance du soleil. — Du soleil comme centre, imaginons décrite une circonférence dont le rayon soit D, distance du soleil à la terre. La valeur de son périmètre sera $2\pi D$. Sur cette circonférence portons le rayon terrestre r, qui se confondra avec l'arc sous-tendu à cause de la très-faible valeur angulaire de cet arc. Cette valeur est 8″,57, angle sous lequel le rayon terrestre est vu du soleil. Raisonnons alors ainsi : un arc dont la longueur est r mesure 8″,57 ; un arc d'une seconde vaut alors $\dfrac{r}{8,57}$, et un arc de 360° ou la circonférence entière vaut

$$\frac{r \times 360 \times 60 \times 60}{8,57}$$

On a donc :

$$2 \pi D = \frac{r \times 360 \times 60 \times 60}{8,57}$$

d'où, $D = \dfrac{r \times 360 \times 60 \times 60}{2 \pi \times 8,57} = 24068.r.$

Si la parallaxe pouvait s'obtenir avec une précision absolue, le résultat que nous venons d'obtenir serait rigoureusement exact ; mais il reste sur la valeur de cette parallaxe une incertitude de $0'',04$; ce qui amène dans la distance D une incertitude de 113 rayons terrestres soit en plus soit en moins. Ainsi la distance du soleil à la terre est de 24068 rayons terrestres, à 113 unités près. Le rayon ici adopté est le rayon équatorial, qui vaut 6377398 mètres. Remplaçant r par cette valeur, on a :

D = 153493000 kilomètres = 38 millions de lieues métriques environ.

Des nombres trop considérables difficilement impressionnent l'esprit comme il conviendrait. Essayons donc quelques comparaisons pour nous rendre un peu mieux compte de la distance qui nous sépare du soleil. — Le train le plus rapide de nos chemins de fer, poursuivant sans repos sa course à raison de 50 kilomètres à l'heure, mettrait trois siècles et demi pour franchir pareille longueur. — Un boulet qui parcourt 400 mètres par seconde au sortir de la bouche à feu, ou bien 360 lieues par heure, mettrait douze ans et plus pour aller de la terre au soleil, s'il conservait toujours sa première impulsion.

7. **Rayon du soleil, surface, volume.** — La parallaxe qui vient de nous donner la distance du soleil, nous permet aussi de calculer le rayon de cet astre. Soit S le soleil vu de la terre T (fig. 66), et T la terre vue du soleil S (fig. 67). L'angle ATB est le diamètre apparent du soleil, que nous avons trouvé égal en moyenne à 32' 3″ ou

bien 1923″. L'angle Sab est l'angle sous lequel se verrait du soleil le diamètre de la terre, et vaut, par

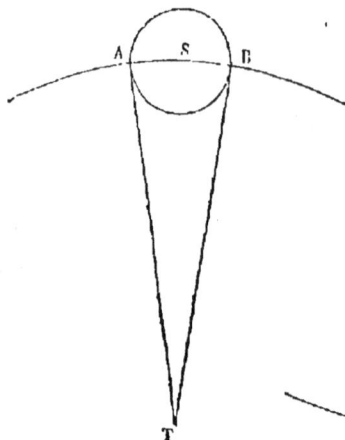

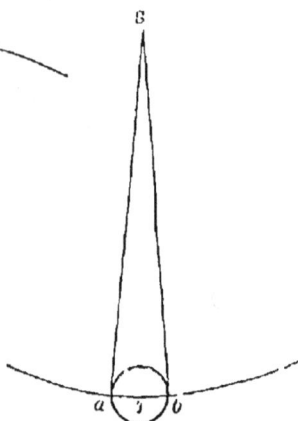

Fig. 66.　　　　　Fig. 67.

conséquent, le double de la parallaxe, c'est-à-dire 17″,14. D'autre part, les arcs AB et ab décrits avec le même rayon, savoir la distance du soleil à la terre, ont des longueurs proportionnelles à leurs valeurs angulaires :

$$\frac{AB}{ab} = \frac{1923″}{17″,14}.$$

De plus, ces mêmes arcs, à cause de leur faible valeur angulaire, peuvent être considérés comme deux lignes droites, dont la première est le diamètre du soleil ou le double du rayon, 2R ; et dont la seconde est le diamètre de la terre ou 2r. On obtient ainsi :

$$\frac{R}{r} = \frac{1923}{17,14} = 112.$$

Ou bien : $R = 112.r$.

Le rayon du soleil vaut donc 112 fois le rayon de la terre.

Les surfaces de deux sphères étant proportionnelles aux carrés des rayons, la surface du soleil vaut $\overline{112}^2$ ou bien 12544 fois celle de la terre.

Quant aux volumes, ils sont proportionnels aux cubes des rayons. Le volume du soleil vaut donc $\overline{112^3}$ ou bien 1404928 fois le volume de la terre, en nombre rond 1400000 fois.

D'après ces nombres, si le centre du soleil occupait le point de l'espace où la terre se trouve, l'astre colosse engloberait celle-ci, perdue dans l'immensité de ses flancs ; et sa surface dépassant la région où la lune se trouve, s'étendrait presque autant par delà. En effet, la distance de la lune à la terre est d'environ 60 rayons terrestres, ainsi qu'on le verra plus tard. Le double est 120, peu éloigné du rayon du soleil 112.

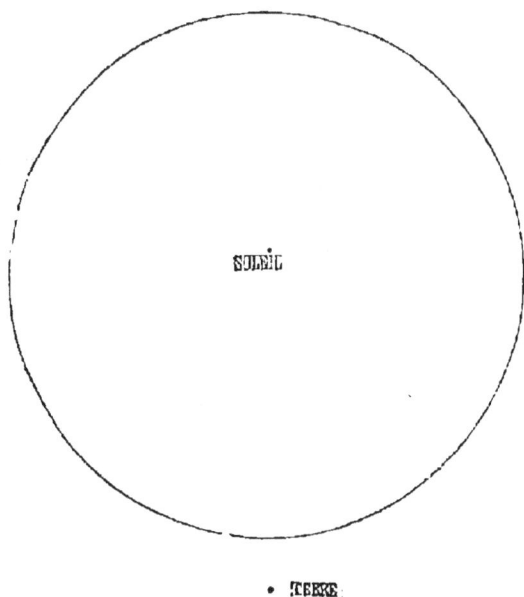

SOLEIL

• TERRE

Fig. 68. — Dimensions relatives du soleil et de la terre.

Des diverses comparaisons que l'on pourrait faire entre le volume du soleil et celui de la terre, la suivante est celle qui saisit le plus l'esprit. Pour remplir la mesure de capacité nommée le litre, il faut 10000 grains de froment environ. Il en faudrait donc 100000 pour

remplir un décalitre, 1400000 pour remplir 14 décalitres. Eh bien, supposons en un seul tas quatorze décali-
litres de blé, près de trois sacs ; et à côté, un seul grain
de blé. Ce grain isolé représente la terre ; le tas de
quatorze décalitres représente le soleil. Et cependant un
philosophe de l'antiquité suscita des huées générales,
tant son dire parut exagéré, en soutenant que le soleil
pouvait bien être aussi grand que le Péloponèse.

8. Attraction universelle. — Nous nous proposons
maintenant d'exposer par quelle méthode on est parvenu à déterminer la masse du soleil par rapport à celle
de la terre. Cette exposition suppose, chez le lecteur,
la connaissance d'un fait qui lui est familier depuis
longtemps sans doute, au moins par ouï-dire, mais
dont la démonstration ne trouvera place en ce cours
que plus loin, conformément au programme qui nous
est tracé. Ce n'est pas le soleil qui circule autour de la
terre, au besoin l'énormité de son volume par rapport à celui de notre globe le ferait assez pressentir ; ce
n'est pas l'astre colossal qui tourne autour de nous ;
c'est, au contraire, la terre qui tourne autour du soleil,
dans l'intervalle d'une année et suivant une ellipse très-
peu différente d'une circonférence.

En devançant le programme, nous dirons encore que
l'attraction de la matière sur la matière est une propriété générale, dont on constate les effets jusqu'aux
dernières limites de l'univers explorable avec nos télescopes. La force qui fait tomber les corps à la surface
de la terre, enfin la pesanteur, n'est autre que l'attraction du globe sur les corps terrestres ; elle est un cas
particulier de la gravitation ou attraction universelle.
De même qu'elle attire les corps placés à sa surface, la
terre attire les corps célestes plus ou moins distants, la
lune en particulier. Pareillement, le soleil attire à lui la
terre et les divers corps circulant autour de lui. On
donne à cette propriété générale le nom de *gravitation*,
ou bien encore d'*attraction universelle*, parce qu'elle

s'exerce dans l'univers entier. Or, l'interprétation des faits astronomiques a conduit Newton à l'énoncé de ces deux lois :

1° *L'attraction est proportionnelle à la masse ;*
2° *Elle est en raison inverse du carré de la distance.*

La première loi signifie que l'attraction exercée sur un corps acquiert une valeur double, triple, quadruple, etc., lorsque le corps attirant possède une masse double, triple, quadruple, ou en d'autres termes renferme deux, trois, quatre fois plus de matière. La seconde signifie que, pour une distance double, l'attraction est quatre fois plus faible ; que pour une distance triple, elle est neuf fois plus faible ; etc. Le corps attirant et le corps attiré étant sphériques, la distance se compte d'un centre à l'autre de ces deux sphères.

9. **Chute d'un corps animé d'un autre mouvement.** — Pour apporter ici toute la clarté que le lecteur peut désirer, reprenons les choses dans leurs principes les plus élémentaires. — Sur un monticule, supposons un canon pointé horizontalement, suivant la ligne C A (fig. 69) ; et, en face du canon, à une distance suffisamment grande, un mur. La ligne de visée étant C A, le boulet frapperait le mur au point A s'il n'était animé que de l'impulsion donnée par l'explosion de la poudre. Mais dès qu'il s'élance hors du canon, le boulet cesse d'être soutenu et il tombe, parce que, malgré son mouvement, il est attiré par la terre, tout aussi bien que s'il avait été abandonné à lui-même. Il descend donc de plus en plus, suivant une ligne courbe, au-dessous de la droite de visée et vient frapper le mur en D, situé sur la même verticale que le point A. Le boulet est ainsi dévié de la direction initiale de la quantité A D par l'action de la pesanteur ; il tombe de la hauteur AD pendant le temps qu'il met pour se rendre de la pièce au mur. Or cette hauteur est précisément la même que si le boulet était abandonné à lui-même et tombait pendant le même temps suivant la verticale.

La physique démontre qu'un corps tombant librement parcourt 4^m,9 pendant la première seconde de la chute ; et que, pour avoir la valeur de la chute pendant

Fig. 68.

un certain nombre de secondes, il faut multiplier 4^m,9 par le carré de ce nombre de secondes. Ce principe rappelé, supposons que pour aller du canon au mur, le boulet emploie 3 secondes. Pour 3 secondes de chute, un corps qui tombe librement parcourt 4^m,9 $\times$ 9 ou

$44^m,1$. Eh bien, si l'on mesure la distance du point A, où le boulet aurait dû frapper le mur si l'attraction de la terre ne l'avait pas fait tomber, au point D réellement atteint, on trouve $44^m,1$. On n'aurait trouvé entre A et D que $19^m,6$, c'est-à-dire 4 fois $4^m,9$, si le boulet n'avait mis que 2 secondes pour aller du canon au mur. Et ainsi de suite. L'attraction de la terre sur un corps animé d'un certain mouvement, s'exerce donc de la même manière que sur un corps simplement abandonné à lui-même. C'est là, du reste, un principe général de mécanique : une force agit sur un corps en mouvement comme elle agirait sur le même corps en repos.

10. **Translation de la lune autour de la terre.** — Le désir de mettre en tout son jour l'importante question qu'il nous faut traiter, nous impose ici une autre digression se rattachant à notre sujet de la manière la plus directe. Si l'exposition y perd en ordre logique, elle y gagne largement en clarté.

Il sera démontré que la lune circule autour de la terre dans l'intervalle d'un peu moins d'un mois et sur une orbite dont le rayon vaut en moyenne 60 rayons terrestres. Cela dit, supposons que dans la figure 70 **T** représente la terre, et LBD l'orbite de la lune. Quand elle arrive en un point quelconque de son orbite, en L, par exemple, la lune est animée d'une certaine impulsion qui la chasse en avant, comme le boulet à

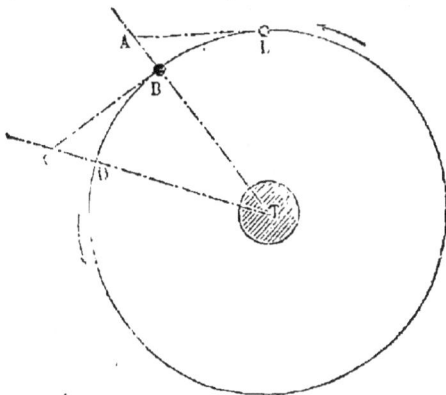

Fig. 70.

l'issue de la gueule du canon. D'après le principe de l'*inertie* de la matière, principe en vertu duquel tout corps, une fois lancé et n'éprouvant aucune résistance, doit se mouvoir avec une vitesse invariable suivant une ligne droite sans fin, elle irait donc tout droit devant elle, suivant la tangente LA, prolongement indéfini de la petite portion d'orbite qu'elle parcourt en ce moment-ci ; de même que le boulet, si l'attraction de la terre ne le faisait descendre, se transporterait au mur suivant la ligne de visée.

Or ce n'est pas la tangente L A que la lune parcourt, pas plus que le projectile ne suit la droite de visée ; elle parcourt la ligne courbe L B, et, au lieu d'atteindre au point A la verticale indéfinie T A, qui figure en quelque sorte le mur dans l'expérience du canon, elle l'atteint plus bas, en B, c'est-à-dire qu'elle tombe vers la terre de la quantité A B, absolument comme le boulet qui frappe au-dessous du point de visée. — De même, arrivée en B, la lune en vertu de son impulsion et de son inertie, quitterait son orbite si rien ne l'y maintenait, et irait en ligne droite frapper en C le mur imaginaire, la verticale C T ; mais en réalité, elle suit la courbe BD, et c'est en D qu'elle arrive par une chute égale à la longueur C D.

C'est ainsi que, par une suite non interrompue de chutes vers la terre, la lune, au lieu d'abandonner pour toujours notre globe et de plonger dans les immensités du ciel en suivant la tangente sur laquelle son impulsion seule la chasserait, tourne autour de nous sur une orbite indéfiniment recommencée.

11. **La force qui maintient la lune sur son orbite n'est autre que la pesanteur diminuée proportionnellement au carré de la distance.**— Quelle est la cause de la perpétuelle chute de la lune vers la terre ? L'astre, sorte de projectile céleste, obéit-il à l'action de la pesanteur comme le fait le projectile lancé par le canon ; est-il entraîné par l'attraction terrestre comme un vulgaire caillou lancé par notre main ? C'est indubitable devant la frappante démonstration qu'en a donné Newton.

Un corps, en tombant à la surface de la terre, parcourt 4^m,9 dans la première seconde de sa chute. S'il était transporté à une distance double, triple, quadruple, à partir du centre de la terre, il ne parcourrait dans le même temps que le quart, le neuvième, le seizième de 4^m,9, puisque l'attraction diminue proportionnellement au carré de la distance. A 60 rayons terrestres de distance, il parcourrait 4,9 divisé par le carré de 60, c'est-à-dire 0^m,0013. Si la lune tombe d'après les lois des corps terrestres, sa descente doit être aussi de 0^m,0013, car elle est éloignée de 60 rayons terrestres. Telle est la prévision logique qu'il s'agit de vérifier par l'expérience.

Supposons que la lune se transporte en une seconde de L en A (*fig.* 71). La valeur dont l'astre s'abaisse au-dessous de sa direction initiale, au-dessous de la tangente au point L, est LB ; en d'autres termes, sa chute vers la terre en une seconde de temps est LB. Calculons cette longueur par les procédés géométriques et nous trouverons précisément 0^m, 0013.

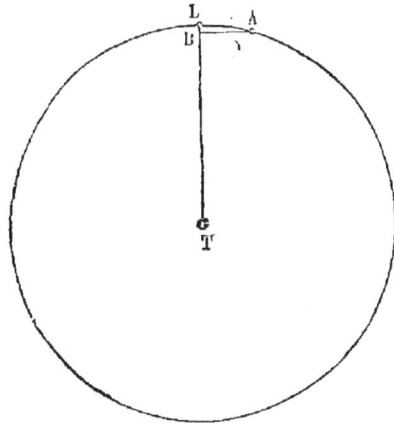

Fig. 71.

La durée de la révolution de la lune autour de la terre embrasse 2360580 secondes. L'arc LA parcouru en une seconde vaut donc $\dfrac{2\pi R}{2360580}$, en désignant par R le rayon de l'orbite lunaire. Mais ce rayon vaut 60 rayons terrestres ou 60 r, on a ainsi :

$$LA = \frac{2\pi 60 r}{2360580} ; \text{ ou bien } LA = \frac{2\pi r}{39343}, \text{ en supprimant}$$

le facteur commun 60.

Mais à cause de sa très-faible valeur angulaire, l'arc LA peut être confondu avec sa corde, qui est moyenne proportionnelle entre LB et le diamètre de l'orbite. Cette relation donne : $LB = \dfrac{LA^2}{2.60\,r}$; ou en remplaçant LA par sa valeur ;

$$LB = \frac{(2\,\pi\,r)^2}{39343^2} \times \frac{1}{2.60\,r} = \frac{\pi.\,2\,\pi\,r}{6039343^2}.$$

Le facteur $2\,\pi\,r$ n'est autre que la circonférence de la terre, dont la valeur est de 40000000^m. La valeur de LB devient ainsi :

$$LB = \frac{\pi.\,40000000}{6039343^2} = 0^m,0013.$$

Résultat admirable, établissant avec une pleine évidence que, pour infléchir vers nous le trajet de la lune, pour ramener sans cesse l'astre dans son orbite, que l'impulsion acquise et l'inertie lui feraient à chaque instant abandonner, la terre, par son attraction, fait sans cesse tomber le projectile céleste comme elle fait tomber le projectile du canon. La rotation de la lune autour de la terre a donc pour cause l'attraction terrestre combinant ses effets avec l'impulsion dont l'astre a été animé à l'origine des choses. De même, la terre et les autres planètes gravitent ou tombent vers le soleil ; les satellites gravitent vers leurs planètes respectives ; et de cette force universelle, combinée avec l'impulsion qui les anime, résultent leurs mouvements révolutifs autour de leurs centres d'attraction.

12. **Masse du soleil.** — Nous voici enfin en mesure de comprendre la marche suivie pour arriver à la connaissance de la masse du soleil comparativement à la marche de la terre. — La proportionnalité de l'attraction à la masse du corps attirant nous apprend qu'un globe renferme deux, trois, quatre fois plus de matière qu'un autre, quand, à la même distance, il fait tomber un

corps deux, trois, quatre fois plus vite. Pour déterminer combien de fois la masse du soleil équivaut à celle
de la terre, il suffit donc de connaître combien de fois
un corps tombe plus vite vers le soleil que vers la terre,
la chute ayant lieu de part et d'autre à la même distance et dans le même temps.

Un corps tombant à la surface de la terre parcourt,
en une seconde, une verticale de $4^m,9$. Si la chute, au
lieu de se faire à la surface de la terre, s'effectuait à la
distance de 24000 rayons terrestres, c'est-à-dire si le
corps tombant était éloigné de la terre autant que le
soleil, sa descente vers nous serait amoindrie dans la
proportion du carré de la distance et deviendrait égale
à $4^m,9$ divisé par le carré de 24000. Représentons par
m la valeur ainsi trouvée.

Il nous faut maintenant trouver par expérience la
chute vers le soleil. La translation de la terre nous permet cette recherche. Si dans la figure précédente T représente le soleil et L la terre, et que LA soit la quantité
dont la terre se déplace sur son orbite dans une seconde,
LB sera la valeur de la chute de notre globe vers le
soleil dans le même temps. Par un calcul en tout pareil
à celui que nous venons de faire au sujet de la lune,
on arriverait à la valeur de LB, sachant que la terre
parcourt son orbite en 365 jours, 5 heures, 48 minutes,
50 secondes ; sachant, en outre, que le rayon de l'orbite
parcourue équivaut à 24000 rayons terrestres. Ainsi,
en une seconde et à la même distance, la chute vers la
terre est égale à la quantité m dont il a été question
plus haut ; et la chute vers le soleil est égale à la quantité LB, calculée comme il vient d'être dit. Tous ces calculs faits, on trouve que la première quantité est conte-
nue 355500 fois dans la deuxième. Donc, la masse du
soleil équivaut à 355500 fois la masse de la terre,
puisque, à la même distance et dans le même laps de
temps d'une seconde, elle provoque une chute ce
nombre de fois plus forte.

13. Pesanteur à la surface du soleil. — De la masse et du rayon du soleil, on déduit l'intensité de la pesanteur à la surface de cet astre. Le calcul est très-simple. Si le soleil avait toute sa matière condensée dans un globe égal en volume à la terre, il attirerait les corps placés à sa surface avec une énergie 355500 fois plus grande que ne le fait la terre elle-même. Mais comme son rayon est 112 fois plus grand, il faut diminuer ce premier résultat proportionnellement au carré de la distance au centre, ou diviser 355500 par 12544 carré de 112. Le quotient est 28.

Alors, à la surface du soleil, la pesanteur est 28 fois plus forte qu'à la surface de la terre, c'est-à-dire qu'un corps tombant en liberté à la surface du soleil parcourt, dans la première seconde de sa chute, 28 fois $4^m,9$ ou $137^m,2$, et possède à la fin de cette première seconde une vitesse de 274 mètres, comparable à celle de la balle d'un fusil. La longueur du pendule qui bat la seconde est de 1 mètre à peu près sur la terre; sur le soleil, elle serait de 28 mètres. Enfin, un objet pesant ici 1 kilogramme en pèserait 28 sur le soleil, sans aucune augmentation de substance bien entendu. Il pèserait plus, tout en restant le même, parce qu'il serait plus fortement attiré.

Ce dernier nombre nous renseigne sur ce que deviendrait à la surface du soleil un être semblable à nous. Tels que nous sommes organisés, nous portons ici, sans en être embarrassés, le poids de notre corps, puisque nos forces sont en harmonie avec ce poids. Mais sur le soleil, nos forces n'augmenteraient pas et notre corps deviendrait 28 fois plus lourd. Nous serions dans le cas d'une personne qui, sur ses épaules, en porterait 27 autres. Accablés par la pesanteur, nous resterions cloués à la surface de l'astre; ou même serions-nous écrasés sous notre propre poids.

14. Densité moyenne du soleil. Tout énorme qu'elle est, la masse du soleil n'est pas en rapport avec le vo-

lume. Si nous prenons, en effet, pour unité, la densité
moyenne de la terre, il nous suffira de diviser la masse
du soleil par son volume pour obtenir la densité
moyenne de cet astre. On trouve ainsi 0,25; c'est-à-
dire qu'à volume égal, le soleil pèse quatre fois moins
que la terre. Mais d'après les recherches de Cavendish,
la densité moyenne de la terre est de 5,44; c'est-à-
dire que chaque décimètre cube de la Terre, considérée
dans son ensemble et supposée homogène, pèse 5^{kg} 44.
Si donc la matière du soleil était uniformement répartie,
chaque décimètre cube pèserait 1^{kg} 36 ; ce qui est à
peine supérieur au poids de l'eau.

On explique cette faible densité de le matière solaire,
envisagée dans son ensemble, en supposant que l'astre
est formé, au dehors, d'une grande enveloppe gazeuse,
rendue très-probable par une excessive température, et
au centre de matériaux plus denses. Cette enveloppe,
en exagérant le volume du soleil, n'augmenterait pas le
poids dans le même rapport; et de là résulterait la faiblesse relative de la masse.

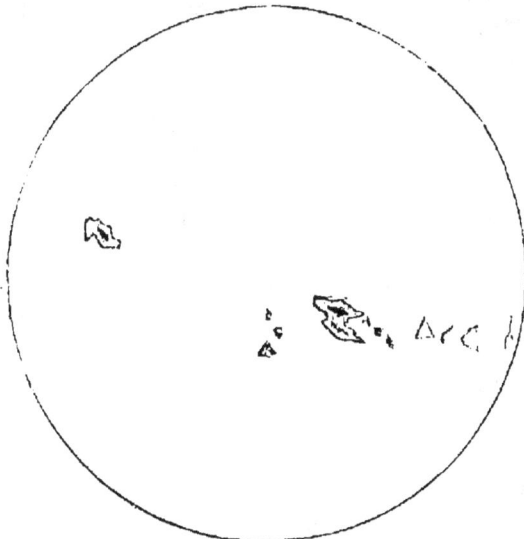

Fig. 72. Taches du soleil.

15. Les taches du soleil. Si l'on observe le soleil avec une lunette munie d'un verre noir pour modérer l'éclat et la chaleur de ses rayons, on le voit parsemé de *taches* plus ou moins nombreuses, mais uniquement dans une large zone équatoriale, jamais au voisinage des pôles. Avec un grossissement convenable, ces taches se résolvent en noyaux sombres, qui semblent noirs par contraste avec les parties lumineuses du disque. Elles sont entourées d'une bordure grise, rayée de filaments noirâtres, et qu'on nomme *pénombre* (fig. 73). Par delà la pénombre, apparaissent des parties d'un éclat plus vif que le reste de la surface, et nommées *facules*. Enfin le disque est en outre sillonné de rides lumineuses et de rides sombres, qui lui donnent une

Fig. 73.

vague ressemblance avec le fond pointillé d'une gravure. On les nomme *lucules*.

16. Rotation du soleil autour de son axe. Les taches du soleil sont mobiles. On les voit s'avancer peu à peu sur le disque d'occident en orient, en changeant d'aspect suivant leur perspective, atteindre le bord et disparaître pour se montrer de nouveau sur le bord opposé. Il s'écoule 27 jours 1/3 entre deux retours consécutifs de la même tache (fig. 74).

Ces faits nous démontrent d'abord que le soleil tourne sur lui-même d'occident en orient, puisque les

accidents de sa surface se déplacent tous et d'une manière égale dans cette direction. En second lieu, le

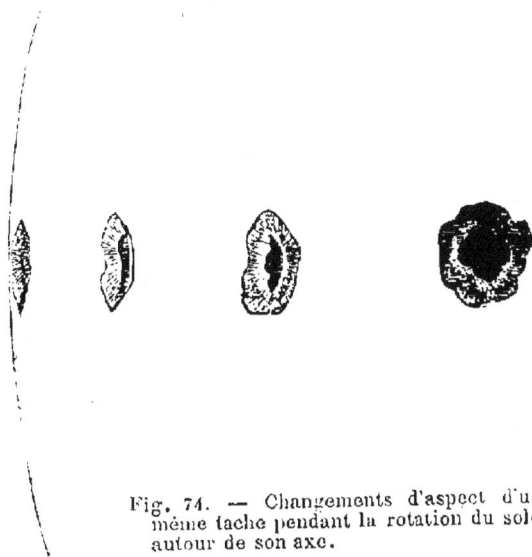

Fig. 74. — Changements d'aspect d'une
même tache pendant la rotation du soleil
autour de son axe.

retour de la même tache devant l'observateur dans une
période de 27 jours et 1/3 semblerait indiquer que la
rotation du soleil autour de son axe s'effectue dans ce
même laps de temps ; mais en réalité cette rotation se
fait dans une durée
moindre. Soit S le so-
leil, qui tourne sur lui-
même et se meut en
apparence autour de la
terre dans le sens in-
diqué par les flèches
(fig. 75). Considérons
une tache a se proje-
tant au centre du so-
leil par rapport à l'ob-
servateur placé en T.
L'astre aura fait un

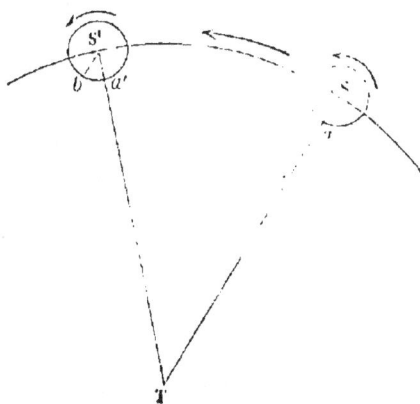

Fig. 75.

tour complet sur lui-même quand il sera parvenu sur

son orbite dans une position S', telle que la tache se
trouve en b, à l'extrémité de S'b parallèle à Sa. Mais à
ce moment, la tache ne sera pas encore revenue en
face de l'observateur ; il lui restera à parcourir l'arc ba'.
On voit donc que le retour d'une même tache au point
central du disque par rapport à l'observateur, embrasse
une durée plus longue que celle de la rotation du soleil.
En tenant compte de cette différence, on trouve que le
soleil tourne sur lui-même d'occident en orient en
25 jours 1/2.

17. **Non permanence des taches.** A telle époque, on
compte un grand nombre de taches, à telle autre, peu
ou point. Il en est qui se forment sous les regards de
l'observateur, comme les nuées orageuses de notre
atmosphère ; d'autres se déchirent en lambeaux, qui se
groupent sous des configurations nouvelles, ou se **dissolvent** et disparaissent dans le fond lumineux ; d'autres
présentent l'aspect de spirales tourbillonnantes ; d'autres enfin, plus stables, sont ramenées sous nos yeux
avec le même aspect par la rotation du soleil, mais il
est rare que leur permanence se maintienne pendant
plusieurs rotations successives.

Des mesures géométriques nous renseignent sur
leurs gigantesques dimensions. On en voit assez souvent dont la superficie dépasse celle de la terre entière.
Herschell en a observé de 19000 lieues de diamètre.
Ces taches énormes, qui, en quelques jours, quelques
heures, se forment et se déforment, s'amassent et se
dissolvent, ont nécessairement pour milieu une matière
qui se prête, par son peu de résistance, à des bouleverse-
ments aussi prodigieux. La surface de l'astre est ainsi
le siége de profondes convulsions, ouragans, tourbillons,
tempêtes, qui déchirent la surface solaire, la chassent
en trombes immenses, comme le démontrent les taches
spirales tourbillonnantes, et la maintiennent dans une
agitation formidable, dont les orages de la terre ne
peuvent nous donner une idée.

18. Protubérances. En outre, sur divers points du disque solaire, se montrent, variables de forme, de nombre, de position, de grandes masses vaporeuses, faiblement teintées de rose ou de violacé. On leur leur donne le nom de *protubérances* (fig. 76). Ce sont des gerbes, des nuées, des montagnes de flammes, dont la hauteur atteint parfois 30000 lieues, et qui, dans l'intervalle de quelques minutes, se déplacent et changent de configuration. Le moment le plus favorable pour les observer est celui d'une éclipse solaire, alors que la lune venant

Fig. 76. — Protubérances solaires pendant une éclipse.

s'interposer entre le soleil et la terre, intercepte l'éclat de l'astre lumineux et permet au regard d'être impressionné par la faible lueur des flammes roses. Par une autre voie, nous sommes ainsi amenés à la même conclusion : Le soleil se compose à l'extérieur d'une immense enveloppe gazeuses à l'état d'incandescence.

19. Photosphère. Cette enveloppe gazeuse incandescente porte le nom de *photosphère*. Que recouvre-t-elle ? un globe soit solide soit liquide et pareillement incandescent; ou bien un noyau de vapeurs d'autant plus condensées qu'elles sont plus voisines du centre, cahos d'éléments où la combinaisons chimique est rendue impossible par l'excès de température? Sur cette question, on ne possède pas encore de réponse satisfaisante. Néanmoins l'analyse spectrale de la lumière permet de déterminer quelques-unes des substances qui brûlent dans la photosphère. On sait par exemple, qu'il y a dans l'atmosphère ardente du soleil des vapeurs de calcium, de sodium, de baryum, de magnésium, de fer, de chrome, de cuivre, de zinc. En résumé, le soleil se compose d'un globe central de nature inconnue et d'une immense enveloppe gazeuse, où se retrouvent à l'état de vapeurs incandescentes, la plupart des éléments chimiques de la terre.

20. Puissance calorifique du soleil. — D'après les recherches de la physique, chaque mètre carré de la surface du soleil émet par minute 848000 calories environ. Traduite en combustible, cette quantité de chaleur représente ce que donnerait la combustion de 130 kilogrammes de houille brûlant en une minute. A parité de surface, c'est plus de sept fois la chaleur de nos meilleures forges. Si l'on suppose le soleil recouvert d'une couche indéfinie de glace, l'épaisseur fondue serait de près de 12 mètres en une minute, de 4 lieues et 1/4 en un jour, de 1547 lieues en un an. — La terre, si petite et comme perdue dans les immenses régions où pénètrent les rayons dardés par le soleil, ne reçoit, pour sa part, qu'une bien faible partie de cette chaleur totale. L'ensemble de la chaleur qu'elle reçoit en un an pourrait fondre une couche de glace de 30 mètres environ d'épaisseur qui l'envelopperait en entier.

RÉSUMÉ

1. Les moyens usités en astronomie pour obtenir la distance d'un astre, ne diffèrent pas, en ce qu'ils ont d'essentiel, de ceux qu'emploie la géométrie pour mesurer la distance d'un point à un autre point inaccessible.

2. La *parallaxe* d'un astre est l'angle sous lequel de cet astre on verrait le rayon de la terre.

3. La parallaxe s'obtient au moyen des latitudes de deux points d'observation situés sur le même méridien et des distance zénithales de l'astre observé.

4. Si l'on prend sur le méridien un arc de 60°, la corde qui le sous-tend vaut le rayon terrestre ; ce qui fournit un moyen plus élémentaire pour se faire une idée de la mesure de la parallaxe.

5. La parallaxe du soleil est donnée plus exactement par l'observation des *passages de Vénus*. Elle est égale à 8″, 57.

6. De la parallaxe se déduit la distance du soleil, égale en nombres ronds à 24000 rayons terrestres, ou bien à 38 millions de lieues.

7. Le diamètre angulaire du soleil, sa parallaxe et sa distance fournissent les éléments nécessaires pour calculer le rayon du soleil. Ce rayon vaut 112 rayons terrestres. Le rayon étant connu, on obtient la surface et le volume. Le volume du soleil équivaut à 1400000 fois celui de la terre.

8. L'interprétation des faits astronomiques a conduit Newton à ces deux lois : 1° L'attraction est proportionnelle à la masse; 2° elle est en raison inverse du carré de la distance.

9. L'attraction de la terre sur un corps animé d'un certain mouvement s'exerce de la même manière que sur un corps simplement abandonné à lui-même.

10. C'est par une suite non interrompue de chutes vers la terre que la lune est maintenue sur son orbite.

11. La force qui maintient la lune sur son orbite n'est autre que la pesanteur diminuée proportionnellement au carré de la distance.

12. Pour déterminer la masse du soleil par rapport à celle de la terre, il suffit de connaître de combien tombe en une seconde un corps attiré, à la même distance, par la terre d'abord et puis par le soleil. La masse du soleil équivaut à 355500 fois celle de la terre.

13. A la surface du soleil, la pesanteur est environ 28 fois plus forte qu'à la surface de la terre.

14. La densité moyenne du soleil comparée à celle de la terre est 0,25. Comme la densité moyenne de la

terre par rapport à l'eau est 5,44, celle du soleil dans les mêmes conditions est 1,36.

15. Les régions équatoriales du soleil présentent fréquemment des *taches* entourées d'une *pénombre*.

16. Du déplacement de ces taches, on a déduit que le soleil tourne sur lui-même en 25 jours et demi.

17. Ces taches ne sont pas permanentes et changent de configuration. Leurs dimensions sont parfois énormes.

18. Les *protubérances* sont de grandes masses vaporeuses, faiblement teintées de rose ou de violacé, qui se montrent sur les bords du disque solaire et sont visibles surtout au moment d'une éclipse.

19. La *photosphère* est l'enveloppe gazeuse et incandescente du soleil. L'analyse spectrale y constate divers éléments chimiques pareils à ceux de la terre.

20. Chaque mètre carré de la surface du soleil émet par minute environ 848000 calories.

CHAPITRE XIII

INÉGALITÉ DES JOURS ET DES NUITS

1. Le jour et la nuit. — La présence du soleil dans la partie du ciel pour nous visible, nous donne la clarté; son absence nous amène l'obscurité, négation de la lumière. Il fait *jour* pour un point de la terre tant que le soleil est situé au-dessus de l'horizon de ce point; il fait *nuit* tant que le soleil est au-dessous de ce même horizon. Le mot de jour, opposé à celui de nuit, n'a donc pas la même signification que celui de jour solaire. La durée d'une révolution du soleil autour de l'axe du monde, ou le temps écoulé entre deux passages consécutifs au même méridien, mesure le jour solaire, qui comprend toujours 24 heures et se compose en général d'une période de clarté et d'une autre d'obscurité.

mais peut appartenir en entier, suivant la région de la terre, ainsi que nous allons le voir, tantôt à la période éclairée, tantôt à la période obscure. Le jour proprement dit, ou mieux la *journée*, pour éviter une expression à double sens, a pour durée le temps que le soleil reste au-dessus de l'horizon du point terrestre considéré, et varie depuis 12 heures à l'équateur jusqu'à 6 mois aux pôles. De semblables variations se retrouvent dans la durée de la nuit. Dans tout ce qui va suivre, le mot jour sera pris avec sa signification de journée.

2. **Le soleil change continuellement de parallèle.** — A l'équinoxe du printemps, vers le 21 mars, le soleil est sur l'équateur. A partir de cette époque, il remonte peu à peu dans l'hémisphère nord, et atteint sa plus grande déclinaison boréale au solstice d'été, vers le 22 juin. Puis il revient vers l'équateur, qu'il traverse à l'équinoxe d'automne, vers le 21 septembre; il arrive dans l'hémisphère sud, où sa déclinaison s'accroît jusqu'à la limite du 22 décembre ou solstice d'hiver. Enfin il remonte vers l'équateur et l'atteint à l'équinoxe du printemps. Il reste ainsi pendant six mois dans l'hémisphère nord, et pendant les autres six mois dans l'hémisphère sud, ayant pour limites extrêmes de sa déclinaison d'une part le tropique du Cancer, d'autre part le tropique du Capricorne, distants l'un et l'autre de l'équateur de 23° 1/2 environ. Tels sont les faits fondamentaux qui résultent de l'inclinaison du plan de l'écliptique sur celui de l'équateur.

Ce mouvement continuel en déclinaison, tantôt dans un hémisphère et tantôt dans l'autre, combiné avec la rotation diurne, fait que le soleil semble décrire sur la sphère céleste une spirale à tours serrés, divisée au milieu par l'équateur et limitée aux extrémités par les deux tropiques. Or, chaque tour de spire, correspondant à une révolution autour de l'axe du monde, diffère très-peu d'un parallèle, parce que la variation quotidienne de la déclinaison est très-petite. Nous pouvons donc admettre, sans erreur appréciable, que le soleil, à chacune de ses révolutions, autour de l'axe, change de parallèle et en décrit un autre, tantôt plus éloigné, tantôt plus rapproché de l'équateur, suivant l'époque de l'année.

3. Inégalité des jours et des nuits. — Pour un point quelconque de la surface terrestre, l'horizon est en réalité le plan tangent ; mais à cause de l'immense éloignement du soleil, rien n'empêche de considérer la terre comme un point situé au centre de la sphère céleste. L'horizon d'un lieu est alors le plan mené par ce point central perpendiculairement à la verticale de ce lieu. — Soient donc (fig. 77) O la terre réduite à un point, HH' l'horizon d'un lieu dont le zénith est en Z, EE' l'équateur, TT, T'T' les deux tropiques. Les parallèles que le soleil décrit journellement en six mois du tropique T au tropique T', puis en six mois encore du tropique T' au tropique T, ont pour projection des droites telles que TT, aa″, bb″, EE', etc. Or, la seule inspection de la figure établit que ces droites, et par conséquent les parallèles qui leur correspondent, sont coupées par l'horizon en parties inégales.

Considérons en particulier le parallèle aa″. La partie que le soleil décrit pendant le jour a pour projection aa′ ; la partie qu'il décrit pendant la nuit a pour projection a′a″, moindre que aa′. A l'époque donc où le soleil décrit ce parallèle, le jour est plus long que la nuit pour le lieu que nous considérons et dont le zénith est en Z. On voit encore que, pour ce même point, le jour croît en longueur, tandis que la nuit décroît à mesure que le soleil se meut suivant un parallèle plus voisin du tro-

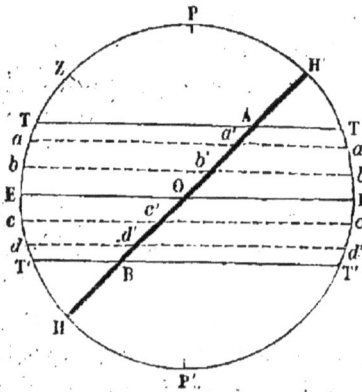

Fig. 77.

pique T; et qu'enfin arrivent le plus long jour et la plus courte nuit, quand le soleil décrit le tropique T lui-même.

A partir de cette époque, le soleil parcourt des parallèles plus voisins de l'équateur, ce qui amène une diminution dans la durée du jour et une augmentation dans celle de la nuit. Le soleil étant à l'équateur, l'arc diurne EO est égal à l'arc nocturne OE'; et il y a parité entre la durée du jour et celle de la nuit. Par delà l'équateur, le soleil décrit pendant le jour cc', dd', etc., qui vont en diminuant; et pendant la nuit, $c''c'$, $d''d'$, etc., qui vont en augmentant. De plus, l'arc diurne est maintenant toujours plus court que l'arc nocturne. Donc, pendant les six mois que le soleil reste de l'autre côté de l'équateur, le jour est plus court que la nuit; et c'est lorsque le soleil atteint le tropique T' que le jour est le plus court et la nuit la plus longue.

4. Les jours et les nuits dans les deux hémisphères. — Un raisonnement pareil à celui que nous venons de faire pour un point déterminé de la surface terrestre, établirait que, pour un point quelconque de l'hémisphère nord, le jour est plus long que la nuit tant que le soleil reste au nord de l'équateur, c'est-à-dire de l'équinoxe du printemps à l'équinoxe d'automne, et qu'il est plus court que la nuit tant que le soleil reste au sud de l'équateur, c'est-à-dire de l'équinoxe d'automne à l'équinoxe du printemps. Le même raisonnement démontrerait que le solstice d'été est l'époque des plus longs jours et des plus courtes nuits pour tout l'hémisphère boréal, tandis que le solstice d'hiver est l'époque des jours les plus courts et des nuits les plus longues.

Dans l'hémisphère austral les mêmes faits se répètent, mais dans un ordre inverse. Le jour y est plus long que la nuit tant que le soleil se maintient au sud de l'équateur, et par conséquent de l'équinoxe d'automne à l'équinoxe du printemps; il y est plus court que la nuit lorsque le soleil est au nord de l'équateur, de l'équinoxe du printemps à l'équinoxe d'automne. L'époque des plus longs jours et des plus courtes nuits est, pour cet hémisphère, le solstice d'hiver; l'époque des jours les plus courts et des nuits les plus longues est le solstice d'été.

Enfin pour tous les points de la surface terrestre le jour est égal à la nuit quand le soleil atteint l'équateur, c'est-à-dire aux deux équinoxes.

5. Le jour et la nuit aux différentes latitudes. — Si le zénith Z (fig 74) se trouvait en E, sur l'équateur céleste, le point qui lui correspondrait sur la terre ferait partie de l'équateur terrestre; et l'horizon passerait alors par la ligne des pôles, c'est-à-dire deviendrait un méridien, divisant tous les parallèles en deux arcs égaux, l'un diurne, l'autre nocturne. Donc pour les points de l'équateur, le jour est égal à la nuit pendant tout le cours de l'année, ; le jour y est de 12 heures et la nuit de 12 heures à toutes les époques. Pour ce motif on désigne quelquefois l'équateur par le nom de *ligne équinoxiale.*

A mesure que le zénith Z remonte de l'équateur E vers le pôle P, l'horizon HH' s'incline de P vers E', et divise les divers parallèles en parties d'autant plus inégales que le point Z est plus rapproché de P. On voit donc que la différence de durée entre le jour et la nuit, et réciproquement, augmente avec la latitude du point considéré.

Si le zénith est au pôle, l'horizon devient EE', ou se confond avec l'équateur. Alors les parallèles décrits pendant six mois, d'un équinoxe à l'autre, sont en entier au-dessus de l'horizon; tandis que les parallèles décrits pendant les autres six mois sont en entier au-dessous. Pour chaque pôle de la terre, le soleil est donc visible pendant six mois sans discontinuer, et pendant six mois invisible. L'année s'y compose d'un seul jour et d'une seule nuit.

Entre ces deux extrêmes, l'équateur, où le jour et la nuit conservent l'invariable durée de 12 heures, et les pôles, où un jour de six mois et une nuit de six mois se partagent l'année, se produisent tous les degrés intermédiaires d'inégalité.

6. **Tropiques et cercles polaires.** — Imaginons le zénith en T, sur le tropique céleste (fig. 77). L'intersection du globe terrestre avec le cône dont le sommet est en O et dont la base est le tropique TT, déterminera à la surface de la terre un parallèle distant de l'équateur de 23° 1/2 et nommé *tropique du Cancer*, comme le tropique céleste correspondant. Tous les points situés sur ce parallèle terrestre ont le soleil à leur zénith au moment de midi, à l'époque du solstice d'été. Pareillement, l'hémisphère sud a le *tropique du Capricorne*, dont les points ont le soleil au zénith à l'heure de midi à l'époque du solstice d'hiver. Les tropiques terrestres sont donc deux parallèles distants de l'équateur de 23° 1|2, et dont les points voient le soleil à leur zénith à midi, d'une part à l'époque du solstice d'été, d'autre part à l'époque du solstice d'hiver.

Supposons enfin que le zénith Z soit distant du pôle P de 23° 1|2. Le parallèle céleste qui lui correspond prend le nom de cercle polaire. L'hémisphère nord a le *cercle polaire boréal* ou *arctique*; l'hémisphère sud a le *cercle polaire austral* ou *antarctique*. Or l'intersection du globe terrestre et du cône ayant pour sommet O et pour base le cercle polaire céleste, détermine à la surface de la terre un parallèle distant du pôle de 23° 1|2 et nommé à son tour *cercle polaire arctique* ou *cercle polaire antarctique*, suivant l'hémisphère. Pour un point du cercle polaire arctique, l'horizon est tangent aux deux tropiques, et passe par les points TT' dans la supposition où ce point serait dans le plan de la figure; il laisse donc en entier visible le tropique T T, décrit par le soleil au solstice d'été. Donc, à l'époque du solstice d'été, les points du cercle polaire arctique ont un jour de 24 heures. Pareille chose arrive pour le cercle polaire antarctique, à l'époque du solstice d'hiver. En résumé, les cercles polaires sont deux parallèles distants des pôles de 23° 1|2. Ils ont un jour de 24 heures l'un au solstice d'été, l'autre au solstice d'hiver.

7. Durée des plus longs jours. — La durée des plus longs jours varie, suivant la latitude, depuis 12 heures jusqu'à six mois. Le tableau suivant nous renseigne à cet égard.

Latitude.	Durée des plus longs jours.
0° (Équateur)	12 heures.
16° 44′	13 —
30° 48′	14 —
41° 24′	15 —
49° 2′	16 —
54° 31′	17 —
58° 27′	18 —
61° 19′	19 —
63° 23′	20 —
64° 50′	21 —
65° 48′	22 —
66° 21′	23 —
66° 32′ (cercle polaire)	24 —

On aurait la valeur de la nuit correspondante en retranchant de 24 heures la durée de la journée. A partir du cercle polaire, le soleil reste au moins vingt-quatre heures consécutives au-dessus de l'horizon, et l'on a pour la valeur de la plus longue journée :

66° 32′ (cercle polaire	1 jour.
67° 23′	1 mois.
69° 51′	2 —
73° 40′	3 —
78° 11′	4 —
84° 5′	5 —
90° (le pôle)	6 —

Ces nombres s'appliquent aux deux hémisphères : à l'hémisphère boréal au solstice d'été, à l'hémisphère austral au solstice d'hiver. Les saisons étant renversées, le même tableau donne la durée de la plus longue nuit.

8. Illumination de l'atmosphère. — Pour devenir le jour, l'éclat du soleil nécessite un intermédiaire. L'astre sans doute, est le foyer de la lumière ; mais, à lui seul, il ne nous donnerait pas le jour proprement dit. Autour de la terre s'enroule l'océan aérien, l'atmosphère, dont la faible coloration produit l'apparence d'une voûte bleue. Chaque point de cette masse gazeuse s'illumine au soleil, dissémine la lumière qui le frappe et nous la transmet par réflexion ; si bien que l'illumination, au lieu de nous arriver uniquement de son foyer primitif, le soleil, nous descend adoucie, uniforme, de la voûte entière du ciel. On donne le nom de *lumière diffuse* à à cette clarté atmosphérique ; et celui de *lumière directe* à celle du soleil arrivant directement à nous sans réflexions intermédiaires. Dans nos habitations, à l'ombre, sous un ciel voilé de nuages, nous sommes éclairés par les clartés aériennes, par la lumière diffuse ; en plein soleil, sous les rayons de l'astre, nous recevons de la lumière directe. L'air est donc, par excellence, le disséminateur du jour ; partout où il pénètre, il amène avec lui, sous forme de lumière diffuse, un reflet des rayons solaires qui, de proche en proche, dans la masse atmosphérique, l'ont illuminé par des réflexions multiples. En l'absence de l'atmosphère, le jour n'existerait que sous les rayons directs du soleil ; il n'y aurait pas de lumière diffuse, et tout ce qui ne pourrait recevoir les rayons de l'astre, directs ou réfléchis par le sol, se trouverait dans une obscurité complète. La ligne de démarcation entre la lumière et les ténèbres serait d'une brusque netteté. Le matin, sans préparation aucune, l'illumination du jour succéderait à l'obscurité de la nuit ; les premières clartés jailliraient à l'orient avec une soudaineté imprévue. Le soir, à peine l'extrême bord du soleil aurait disparu sous l'horizon que l'obscurité se ferait aussi brusque que celle d'un appartement fermé dont on souffle la lampe.

9. Aurore et crépuscule. — L'atmosphère remplace

par une transition graduelle le passage soudain de
la nuit au jour et du jour à la nuit, qui aurait lieu
en l'absence de l'air. Bien avant de se montrer au-dessus de l'horizon, le soleil atteint de ses rayons les
hautes couches de l'atmosphère, qui s'illuminent et
nous donnent par réflexion la clarté matinale, précur-
seur du jour, qu'on nomme *aurore* ou *crépuscule du matin*. Pareillement encore, après le coucher du soleil,
l'atmosphère reste quelque temps éclairée et réfléchit
vers le sol ce demi-jour qui, par gradation, nous amène
à la nuit, et qu'on nomme *crépuscule du soir*.

Soit, en effet, le globe terrestre enveloppé de son
atmosphère (fig. 78). Si le soleil se trouve dans la direc-

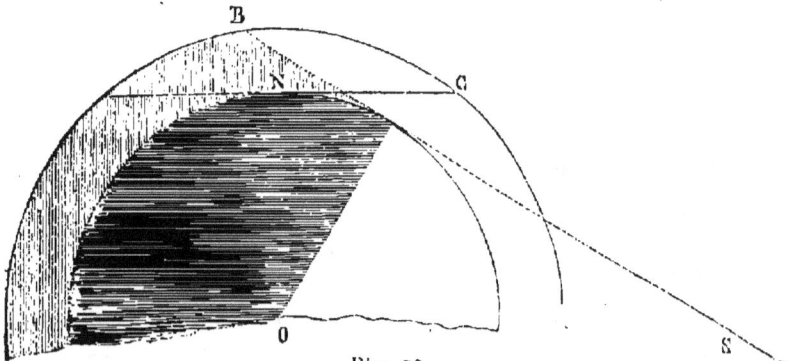

Fig. 78.

tion S, le premier rayon lumineux rasant le sol est BS ;
et alors, un observateur placé en N ne reçoit aucun
rayon solaire, et devrait ainsi, en l'absence de l'air, se
trouver dans une obscurité totale. Mais les rayons plon-
gent dans l'épaisseur atmosphérique de la région BC,
illuminent cette région ; et l'observateur se trouve sous
les clartés réfléchies de cette partie du ciel. Il fait jour
pour lui bien que le soleil soit invisible encore. A mesure
que l'astre monte et se rapproche de l'horizon, l'étendue
atmosphérique éclairée s'agrandit, l'illumination progresse de l'orient à l'occident dans le ciel du spectateur.
Enfin le crépuscule cesse et le jour véritable commence

quand le soleil se trouve à l'horizon NC. Le soir, mêmes résultats, mais en sens inverse, après le coucher du soleil. La lumière qui n'atteint plus alors le sol, atteint encore les hauteurs de l'air et prolonge le jour jusqu'au moment où l'astre est descendu assez bas au-dessous de l'horizon, ce qui arrive plus d'une heure après son coucher.

10. **Durée du crépuscule.** — Il n'est guère possible de dire l'instant précis où le crépuscule finit et où la nuit commence, parce que le passage de l'un à l'autre se fait par une insensible gradation; on convient néanmoins de regarder le crépuscule comme fini lorsque les étoiles les plus petites, celles de cinquième et de sixième grandeur, deviennent visibles à la vue simple, par un ciel pur. D'après le temps évalué depuis son coucher, on estime que le soleil est alors à 18° au-dessous de l'horizon.

Soient maintenant Z le zénith d'un lieu, et HH' son horizon (fig. 79) Menons au-dessous de cet horizon un plan hh' qui lui soit parallèle à une distance de 18°. C'est ce plan que le soleil atteint le matin, lorsque la nuit cesse et que l'aurore commence, le soir lorsque le crépuscule finit et que la nuit le remplace. Si le soleil décrit le parallèle e'e, le crépuscule a pour durée le temps que le soleil met à parcourir l'arc O'O, dont la longueur est

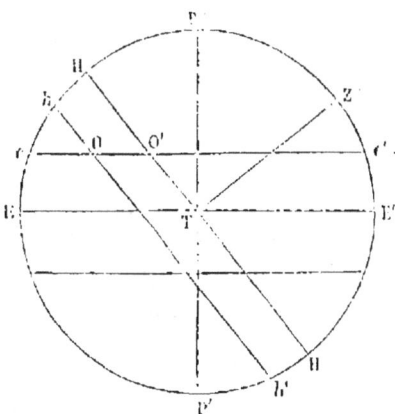

Fig. 79.

d'autant plus grande que le parallèle rencontre plus obliquement l'horizon. La durée du crépuscule augmente donc avec la latitude, qui fait couper l'horizon par les parallèles sous une incidence plus oblique.

On voit, en effet, que le point Z se rapprochant du pôle P, les points H et h se rapprochent de E, ce qui amène une obliquité plus grande de O'O et par suite une plus grande longueur de l'arc crépusculaire. Si, au contraire, Z se rapproche de E', H et h se rapprochent de P, et O'O devient moindre parce qu'il tend à devenir perpendiculaire à l'horizon. Pour un point de l'équateur, le soleil coupe perpendiculairement l'horizon; et le crépuscule a sa moindre valeur, savoir $1^h 12^m$, temps que le soleil emploie pour parcourir un arc de 18°.

Enfin, pour un même lieu, le crépuscule varie avec la déclinaison du soleil; car, si la projection O'O reste constante, il n'en est pas de même de l'arc de parallèle qui lui correspond. Considérons cette projection plus au nord. L'arc correspondant appartient à un parallèle de moindre rayon, et vaut ainsi, pour une projection toujours la même, un plus grand nombre de degrés. Le crépuscule a donc pour nous sa durée maximum à l'époque de la plus grande déclinaison boréale, c'est-à-dire au solstice d'été.

11. Le crépuscule à Paris au solstice d'été. Si à un moment de l'année le parallèle $e'e$ passe par le point h ou s'élève au-dessus, le soleil ne sort pas de la zone HhH'h', les dernières clartés du soir rejoignent les premières clartés du matin, et il n'y a pas de nuit proprement dite. C'est ce qui a lieu à Paris au solstice d'été. En effet la latitude de Paris, où la hauteur du pôle HP est de 48° 50' 11''; ce qui donne pour EH, inclinaison de l'horizon sur l'équateur, 41° 9' 49''. De cet arc retranchons la déclinaison du soleil à l'époque du solstice d'été, savoir 23° 27' 15''. Nous obtiendrons 17° 42' 34'', quantité moindre que 18°. Pour Paris, le soleil ne descend donc pas au-dessous du plan hh', vers le 20 juin, et le crépuscule du soir n'y est pas fini lorsque commence le crépuscule du matin.

RÉSUMÉ.

1. Pour un point déterminé de la terre, le jour, ou plutôt la *journée* est le temps que le soleil reste au-dessus de l'horizon de ce point. La *nuit* est le temps que le soleil reste au-dessous de cet horizon.

2. Le soleil semble décrire autour de l'axe du monde une spirale à tours serrés comprise entre les tropiques. Chaque tour de spire, correspondant à une révolution diurne, peut être, sans erreur sensible, considéré comme un parallèle. Le soleil change donc journellement de parallèle.

3. L'inégalité des jours et des nuits provient de ce que les parallèles sont coupés plus ou moins obliquement par l'horizon du lieu considéré.

4. Pendant six mois, de l'équinoxe du printemps à l'équinoxe d'automne, les jours sont plus longs que les nuits dans l'hémisphère nord de la terre; pendant les six autres mois, de l'équinoxe d'automne à l'équinoxe du printemps, les jours sont plus courts que les nuits. Dans l'hémisphère austral, les mêmes faits se passent dans un ordre inverse.

5. A l'équateur les jours sont égaux aux nuits pendant tout le cours de l'année. A mesure que la latitude augmente, le jour et la nuit diffèrent davantage de durée. Aux pôles, l'année se compose d'un jour de six mois et d'une nuit de six mois.

6. Les *tropiques* terrestres sont deux parallèles distants de l'équateur de 23° et demi. Ils ont le soleil au zénith à midi, celui de l'hémisphère nord à l'époque du solstice d'été, celui de l'hémisphère sud à l'époque du solstice d'hiver. Les *cercles polaires* terrestres sont deux parallèles distants des pôles de 23° et demi. Ils ont un jour de 24 heures, l'un au solstice d'été, l'autre au solstice d'hiver.

7. Les plus longs jours et les plus courtes nuits ont lieu, pour l'hémisphère nord, à l'époque du solstice

10.

d'été ; et pour l'hémisphère sud à l'époque du solstice 'hiver.

8. L'illumination de l'atmosphère par les rayons du soleil nous donne la lumière diffuse. Sans l'atmosphère, le passage du jour à la nuit et de la nuit au jour, se ferait brusquement.

9. L'illumination de l'atmosphère est cause de l'*aurore* ou *crépuscule du matin*, c'est-à-dire de la clarté qui précède le lever du soleil, ainsi que du *crépuscule du soir* ou clarté qui suit le coucher du soleil.

10. Le jour arrive, la nuit commence quand le soleil est à 18° au-dessous de l'horizon. La durée du crépuscule est d'autant plus grande que l'horizon du lieu considéré coupe plus obliquement les parallèles.

11 A l'époque du solstice d'été, pour la latitude de Paris, le crépuscule du soir n'est pas fini lorsque commence le crépuscule du matin.

CHAPITRE XIV

SAISONS. — PRÉCESSION DES ÉQUINOXES

1. Saisons. — Quatre points remarquables sont à considérer sur l'écliptique : les deux équinoxes, où le soleil traverse l'équateur céleste, et les deux solstices, où le soleil atteint sa plus grande déclinaison, soit boréale soit australe. Ces quatre points, distants l'un de l'autre de 90°, déterminent le commencement de chacune des quatre saisons, le *printemps, l'été, l'automne* et *l'hiver*.

Le printemps commence vers le 21 mars, au moment où le soleil traverse le plan de l'équateur pour passer de l'hémisphère sud dans l'hémisphère nord. L'été commence vers le 22 juin, à l'époque du solstice d'été, c'est-à-dire lorsque le soleil atteint sa plus grande déclinaison boréale. L'automne commence au second

équinoxe, vers le 21 septembre, lorsque le soleil traverse
de nouveau l'équateur, en revenant de l'hémisphère
nord dans l'hémisphère sud. Enfin l'hiver commence
vers le 22 décembre, lorsque le soleil parvient au solstice d'hiver, où il atteint sa plus grande déclinaison
australe. La durée des saisons est donc à peu près du
21 mars au 22 juin pour le printemps, du 22 juin au
21 septembre pour l'été, du 21 septembre au 22 décembre pour l'automne, et du 22 décembre au 21 mars
pour l'hiver.

2. **Inégalité des saisons.** — Bien que les deux équinoxes
et les deux solstices soient éloignés l'un de l'autre de
même valeur angulaire, 90°, ces quatre points ne divisent pas l'année en saisons de durée égale. Si, en effet,
on détermine, par les moyens que nous avons déjà dé-
veloppés, les instants précis où le soleil passe soit aux
points solsticiaux soit aux points équinoxiaux, on trouve
que les intervalles de temps diffèrent entre eux, et l'on
obtient ainsi pour la durée des saisons :

	Jours.	Heures.	Minutes.
Printemps	92	20	59
Été	93	14	13
Automne	89	17	35
Hiver	89	1	2

L'automne et l'hiver sont donc plus courts que le
printemps et l'été ; et la différence entre l'hiver, saison
la plus courte, et l'été, saison la plus longue, dépasse
4 jours et demi.

3. **Causes de cette inégalité. Influence de la forme elliptique de l'orbite solaire.** — L'inégalité de durée entre les
saisons tient à deux causes : 1° la forme elliptique de
l'orbite solaire, 2° la position du grand axe de l'ellipse
par rapport à la ligne des solstices.

— Le soleil, avons-nous vu, paraît décrire annuellement une ellipse dont la terre occupe un foyer ; et il
la parcourt avec une vitesse variable, de telle manière
que le rayon vecteur décrit des aires égales en des

temps égaux. — Soient donc T la terre, occupant un foyer de l'orbite elliptique du soleil et PA le grand axe (fig. 80). Le point A est l'apogée, que le soleil atteint en été; le point P est le péri-

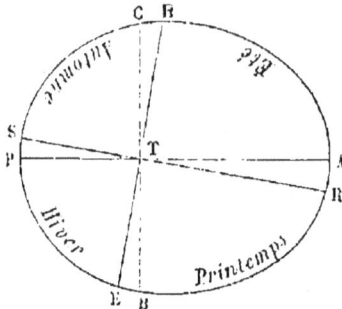

Fig. 80.

gée, que le soleil atteint en hiver. Si T était le centre de l'ellipse, toute droite menée par ce point divise-rait la surface elliptique en deux segments égaux; mais comme T est un foyer, si-tué par delà du centre, la ligne des équinoxes, pas-sant par ce foyer, divise l'ellipse en deux segments inégaux, l'un plus grand, à droite, correspondant au printemps et à l'été, l'autre plus petit, à gauche, correspondant à l'automne et à l'hiver. Au segment de plus grande surface doit corres-pondre un temps plus long, d'après le principe des aires. On voit donc que l'ensemble du printemps et de l'été forme une durée plus longue que l'ensemble de l'automne et de l'hiver, par cela seul que le soleil dé-crit une ellipse dont la terre occupe un foyer.

4. **Influence de l'inclinaison de la ligne des solstices sur la ligne des absides.** — D'autre part, le grand axe de l'ellipse, ou comme on dit encore la ligne des *absides*, ne coïncide pas avec la ligne des solstices. L'écart, variable avec le temps, mais d'une manière très-lente comme nous le verrons ci-après, est aujourd'hui de 10°. Menons (*fig.* 80) SR, qui fasse avec le grand axe un angle de 10°; SR sera la ligne des solstices, R le solstice d'été et S le solstice d'hiver. Quant à la ligne des équinoxes, elle est EH, différente de BC perpendiculaire sur le grand axe. ER correspond ainsi au printemps, RH à l'été, HS à l'automne, et SE à l'hiver.

Considérons maintenant les quatre secteurs dont le sommet est en T et dont les arcs sont RA, HC, SP, EB.

Comme pour tous les quatre l'angle est le même, le plus grand est le secteur RA, qui correspond à l'apogée A, c'est-à-dire au plus grand rayon vecteur; et le plus petit est PS, qui correspond au moindre rayon vecteur ou au périgée P. Les deux autres ont des valeurs intermédiaires. En second lieu, la ligne des absides PA, et CB qui lui est perpendiculaire déterminent à droite deux secteurs égaux, CTA et BTA, que nous désignerons par ω; et à gauche deux autres secteurs égaux, CTP et BTP, que nous désignerons par ω'.

D'après cela, on a pour RTH, secteur de l'été :

$$RTH = RTA + \omega - HTC = \omega + (RTA - HTC);$$

et pour ETR, secteur du printemps :

$$ETR = ETB + \omega - RTA = \omega - (RTA - ETB).$$

Mais dans les deux cas, la quantité entre parenthèses est positive puisque RTA est plus grand que ETB et que HTC ; et comme il faut l'ajouter à ω pour l'été tandis qu'il faut la retrancher pour le printemps, on voit que l'été est plus long que le printemps puisque le secteur décrit a surface plus grande.

D'autre part, on a pour STE secteur de l'hiver :

$$STE = STP + \omega' - ETB = \omega' - (ETB - STP);$$

et pour HTS, secteur de l'automne :

$$HTS = HTC + \omega' - STP = \omega' + (HTC - STP).$$

Dans les deux cas, la quantité entre parenthèses est positive puisque le secteur STP est moindre que ETB et que HTC. Mais cette quantité se retranche de ω' pour l'hiver, et s'y ajoute pour l'automne. L'hiver est donc plus court que l'automne puisque le secteur décrit est de surface moindre.

5. Modifications de température. — Les rayons du soleil n'ont pas la même efficacité suivant qu'ils nous arrivent avec telle ou telle autre incidence. Leur effet calorifique et lumineux est plus grand à mesure que leur direction

se rapproche de la verticale. Aussi la terre ne reçoit pas sur toute sa surface la même somme de lumière et de chaleur, parce que, pour certaines régions, les rayons solaires arrivent d'aplomb, et pour les autres plus ou moins obliquement. En outre, au gain de chaleur pendant le jour sous l'irradiation solaire, succède la déperdition de la nuit, le refroidissement nocturne. Plus la journée sera longue et la nuit courte, plus la température s'élèvera, parce que le gain excédera davantage la perte. Pour ces deux causes réunies, à une même époque de l'année, la température est loin d'être la même partout. Il fait chaud en certaines régions, à insolation plus ou moins verticale, à journées longues et à nuits courtes; il fait froid en d'autres, à insolation oblique, à journées courtes et à nuits longues. Comme les journées les plus longues et l'insolation la plus rapprochée de la verticale dans l'hémisphère nord de la terre, correspondent aux journées les plus courtes et à l'insolation la plus oblique dans l'hémisphère sud, et réciproquement, on voit que les époques des grandes chaleurs et des grands froids sont inverses dans les deux moitiés de la terre. L'époque des chaleurs pour l'hémisphère nord, juin, juillet, août, est l'époque de froids pour l'hémisphère sud; et l'époque des froids, décembre, janvier, février, pour l'hémisphère nord, est l'époque des chaleurs pour l'hémisphère sud. Au point de vue astronomique, la saison est la même pour toute la terre à une époque déterminée; mais il n'en est pas ainsi au point de vue climatologique. Si nous appelons été la saison des chaleurs et hiver la saison des froids, nous pourrons dire, par exemple, que lorsque Paris a l'été, le Cap à l'hiver; et que lorsque Paris a l'hiver, le Cap a l'été.

6. Epoque la plus chaude de l'année et époque la plus froide. — Le soleil atteint l'apogée en été, et le périgée en hiver. La différence des distances est d'environ onze cent mille lieues. Cet éloignement du soleil, plus grand en été qu'en hiver, se traduit, c'est évident, par une diminution dans l'intensité calorifique ; mais deux autres causes inverses dominent, et de beaucoup, l'influence, assez faible d'ailleurs, de l'accroissement en distance, savoir : les journées plus longues que les nuits, et l'insolation plus rapprochée de la verticale.

C'est au solstice d'été, le 22 juin, que les journées sont pour nous les plus longues et que le soleil se rapproche le plus de notre zénith. C'est aussi à cette époque que le gain quotidien en chaleur est le plus considérable, mais ce n'est pas encore le moment des plus fortes chaleurs. Il y a ici en jeu, en effet, deux facteurs antagonistes : le réchauffement pendant le jour ou le gain en chaleur, et le refroidissement pendant la nuit ou la perte en chaleur. Tant que le gain surpasse la perte, la chaleur s'accumule, s'emmagasine en quelque sorte, et donne lieu à une température croissante, jusqu'à l'époque où la parité s'établit. Puis la perte l'emporte à son tour sur le gain quotidien, et la température décroît. Les jours les plus chauds arrivent de la sorte vers la fin du mois de juillet, plus d'un mois après le solstice. Un fait semblable se reproduit quotidiennement. Le matin, le gain en chaleur dépasse la perte, il y a accumulation, jusque vers deux heures de l'après-midi ; plus tard, c'est la perte qui dépasse le gain. Le moment le plus chaud de la journée arrive ainsi après le passage du soleil au méridien.

On verrait de même que, pour nous, l'époque des plus grands froids de l'année n'est pas le solstice d'hiver, le 22 décembre. Pendant quelque temps encore, le refroidissement de la nuit l'emporte sur le réchauffement du jour, et la température moyenne va décroissant jusque vers la fin de janvier.

7. Zones terrestres. — Relativement à la distribution de la chaleur, la surface de la terre se partage en cinq régions appelées *zones*. La première région, nommée *zone torride* T (fig. 81), est traversée en son milieu par l'équateur. Elle est terminée au nord par le tropique du Cancer, au sud, par le tropique du Capricorne. Dans la zone torride, le soleil, à l'heure de midi, s'éloigne peu

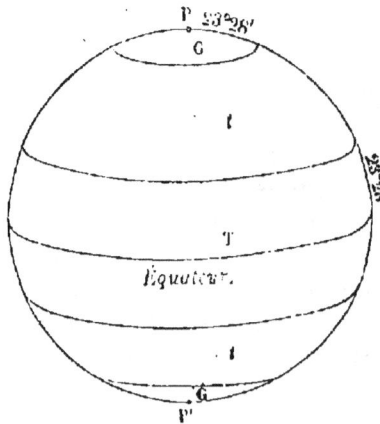

Fig. 81.

du zénith, condition d'une haute température. Comme d'autre part, les nuits et les jours conservent toute l'année sous l'équateur une valeur égale de douze heures, et s'écartent peu de cette égalité pour le reste de la zone, le refroidissement nocturne est compensé par le réchauffement diurne, et la température ne varie pas beaucoup d'une saison à l'autre. — De chaque côté de la zone torride s'étendent, l'une dans l'hémisphère nord, l'autre dans l'hémisphère sud, deux zones appelées *zones tempérées t* et *t* (fig 81.). Elles ont pour limites, d'un côté les tropiques, de l'autre, les cercles polaires. Les zones tempérées n'ont jamais le soleil au zénith. Les rayons solaires n'y arrivent au sol que sous une incidence oblique en toute saison, mais beaucoup plus en hiver qu'en été dans notre hémisphère. De là résulte une température moindre que dans la zone torride. — Au delà des cercles polaires s'étendent, jusqu'au pôle correspondant, les zones glaciales G et G (fig. 81). Ici l'obliquité

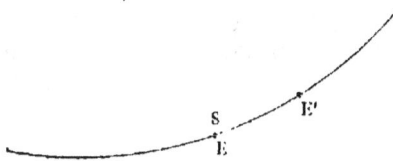

Fig. 82.

des rayons solaires et l'inégalité des jours et des nuits sont plus grandes que partout ailleurs. Dans la saison d'été, la température s'y élève très-peu ; et dans la saison d'hiver, les froids y sont excessifs.

8. Précession des équinoxes. — A une époque déterminée de l'année, supposons que le soleil se trouve, dans son mouvement sur l'écliptique, en un certain point du ciel, par exemple, en face de l'étoile E (fig. 82). Une année tropique sera écoulée lorsque le soleil reviendra au même point de l'écliptique. Mais il n'y trouvera plus alors l'étoile : celle-ci, sans quitter l'écliptique, sera alors à l'est, en E', à une distance de 50″ de sa primitive position. Le même fait se reproduira d'une année à la suivante, de façon qu'au bout d'un certain temps, l'étoile, qui d'abord coïncidait avec le soleil, sera plus à l'est sur l'écliptique d'autant de fois 50″ qu'il se sera écoulé d'années tropiques. Semblable fait se reproduit pour une étoile quelconque, non située sur l'écliptique. Toutes, dans l'intervalle d'une année, semblent progresser vers l'est de 50″, et parallèlement au plan de l'écliptique. Les choses se passent comme si la sphère céleste se mouvait tout d'une pièce, d'occident en orient autour de l'axe de l'écliptique, à raison de 50″ par année ; ce qui donne environ 26000 ans pour 360° ou une révolution complète.

Le point E n'a pas été précisé de position sur l'écliptique, nous l'avons pris arbitrairement ; rien n'empêche donc de le considérer comme l'un des quatre points qui déterminent les saisons, par exemple, comme le point équinoxial du printemps. Si donc une année le soleil, arrivant à l'équinoxe du printemps, y rencontre une certaine étoile, c'est-à-dire se trouve dans sa direction, l'année d'après, il ne l'y rencontrera plus ; et l'étoile se trouvera 50″ plus à l'orient. Pour la rejoindre, sur l'écliptique, le soleil mettra, outre l'année tropique qui vient de s'écouler, le temps qu'il lui faut pour parcourir les 50″ qui l'en séparent encore. Le retour du soleil au point équinoxial du printemps *précédera* donc son retour au même point du ciel. A ce point de vue, le fait qui nous occupe prend le nom de *précession des équinoxes.*

9. **Interprétation de la précession des équinoxes.** — Nous venons d'exposer les faits d'observation établissant que d'une année à l'autre, le soleil atteint le même point de

l'écliptique, en particulier l'équinoxe du printemps, avant d'atteindre l'étoile qui lui correspondait d'abord, l'avance étant de 50″ par année. L'interprétation qui la première se présente à l'esprit, c'est de supposer, comme le disent les apparences, que le ciel se meut tout d'une pièce autour de l'axe de l'écliptique d'occident en orient, de manière à effectuer une révolution complète dans une période d'environ 26000 ans. Mais il est infiniment peu probable que l'étendue étoilée, avec ses astres dont le nombre est au-dessus de toute supputation, avec ses dimensions prodigieuses par rapport auxquelles la distance qui nous sépare du soleil n'est presque plus rien, se meuve ainsi, pareille à une voûte sphérique où les étoiles seraient enchâssées. C'est plus près de nous, et non dans les immensités de l'univers, qu'il faut chercher la cause de la précession des équinoxes.

Revenons à la figure 82. Quand le soleil arrive en E, il n'y rencontre plus l'étoile qui s'y trouvait d'abord; celle-ci est alors en E′. Si le point E est considéré comme fixe, l'étoile sera regardée comme ayant progressé vers l'est, en E′. Mais cette supposition ne peut être admise, nous venons de le voir. C'est donc l'étoile E′ qui réellement est fixe; et le point E a lui-même rétrogradé vers l'ouest, à raison de 50″ par an. Sous cet aspect, le seul admissible, le point équinoxial du printemps rétrograde lentement vers l'ouest par rapport à un même point fixe du ciel, par rapport à la même étoile; et la précession des équinoxes devient une *rétrogradation des points équinoxiaux*.

Si le point E se déplace de 50″ par an, il en est de même du second point équinoxial, qui se trouve à l'autre extrémité de l'intersection du plan de l'écliptique avec celui de l'équateur. Cette intersection se meut donc, et par conséquent, l'équateur se déplace; ce qui entraîne le changement de position de l'axe du monde, toujours perpendiculaire au plan de l'équateur. Ainsi l'axe du monde, que nous avons considéré jusqu'ici comme invariablement dirigé vers le même point du ciel, en réalité se meut : en 26000 ans, il décrit autour de l'axe de l'écliptique un cône droit, de manière à faire toujours avec lui un angle de 23° 28', inclinaison du plan de l'équateur sur celui de l'écliptique.

10. Déplacement du pôle. — Parmi les conséquences qu'amène la précession des équinoxes, considérons d'abord la suivante. — Nous avons appelé pôles les points où l'axe du monde rencontre la sphère céleste. Si cet axe est mobile, s'il décrit un cône autour de l'axe de l'écliptique, il rencontre dans sa lente révolution des points du ciel différents ; en d'autres termes les pôles changent. Décrivons parallèlement à l'écliptique un petit cercle distant de 23° 28' du point où l'axe de l'écliptique atteint la sphère étoilée dans notre hémisphère, nous aurons la base du cône et la série des points qui se succèdent l'un à l'autre comme pôles à raison de 50″ d'intervalle par an.

Nous nommons Polaire l'étoile la plus voisine du pôle; c'est aujourd'hui l'étoile qui termine la queue de la Petite Ourse. Mais d'après la révolution conique de l'axe du monde, on voit que la Polaire change avec le temps, et que la Polaire actuelle n'a pas toujours été et ne sera pas toujours à la même distance du pôle. Lorsque furent dressés les plus anciens catalogues d'étoiles, le pôle était distant de notre Polaire de 12° ; il n'en est plus éloigné aujourd'hui que de 1°, 28' ; il s'en rapprochera encore pendant 250 ans jusqu'à la distance d'un demi-degré, puis s'en éloignera de plus en plus pour gagner d'autres constellations. A l'époque reculée où l'Egypte édifiait ses pyramides, la Polaire était Alpha du Dragon ; dans 9000 ans ce sera Alpha du Cygne ; et dans 12000 ans ce sera la plus belle étoile de notre ciel d'été, Wéga de la Lyre.

11. Changement de l'aspect du ciel. — Le déplacement des pôles renouvellera le spectacle des cieux. Des constellations maintenant circompolaires cesseront de l'être et auront un lever, un coucher ; d'autres, aujourd'hui non circompolaires, le deviendront. Des étoiles, pour nous visibles, disparaîtront de notre horizon, et y seront remplacées par d'autres jusqu'alors invisibles.

12. Variation de la durée des saisons. — Reportons-nous à ce qui a été dit au sujet de l'inégalité des saisons, à la figure 80 page 176. Le plan de la figure étant le plan de l'écliptique ou de l'orbite solaire, la ligne d'intersection de l'équateur ou ligne des équinoxes est EH. Or, comme nous venons de le voir, cette ligne se déplace en tournant autour de T, et le point E rétrograde vers l'ouest et se rapproche lentement du périgée P à raison de 50″ par an. Il y a donc eu une époque peu éloignée de nous où le point équinoxial E coïncidait avec B. Ce fait astronomique s'est produit vers l'an 1260 de notre ère. Alors le printemps et l'été avaient exactement même valeur, ainsi que l'hiver et l'automne ; et ces deux dernières saisons étaient les plus courtes. — Dans un avenir reculé, il arrivera que E atteindra le périgée. Alors l'été et l'automne auront même valeur et seront les saisons les plus longues ; l'hiver et le printemps auront même valeur et seront les saisons les plus courtes. — On voit ainsi que les saisons modifient peu à peu leur durée ; on voit encore que lorsque EH aura accompli une révolution complète, lorsque se sera écoulée la période de 26000 ans, les quatre saisons auront permuté entre elles de valeur, chacune ayant passé à son tour par la durée la plus longue et la durée la plus courte.

13. Désaccord entre les signes et les constellations zodiacales. — Lorsque les astronomes de l'antiquité imaginèrent de diviser en 12 parties de 30°, la zone dite zodiaque, traversée en son milieu par l'écliptique, chacune des divisions correspondait exactement à une constellation dont elle portait le nom. Ainsi le soleil, à l'équinoxe du printemps, entrait réellement dans la cons-

tellation du Bélier. Mais depuis lors le point équinoxial
a rétrogradé, et le printemps commence à une époque
où le soleil est encore dans la constellation précédente,
dans celle des Poissons. Néanmoins on a conservé aux
douze divisions à partir de l'équinoxe du printemps,
enfin aux douze *signes*, les noms portés dans le principe.
De là complet désaccord entre les signes et les constellations qui ont servi à les dénommer. Au printemps, le
soleil entre bien toujours dans le signe du Bélier, c'est-
à-dire dans la première division zodiacale, mais il n'y
trouve plus la constellation du Bélier; il y trouve celle
des Poissons. Ainsi que nous l'avons déjà fait observer,
il faut donc se garder de confondre les signes avec les
constellations du zodiaque.

14. Année sidérale. — L'année *sidérale* est le temps que
le soleil met à revenir au même point du ciel, à la même
étoile. Sa durée est invariable, comme celle du jour sidéral, et dépasse un peu la durée de l'année tropique.
L'excès est représenté par le temps qu'il faut au soleil
pour parcourir les 50″ mesure annuelle de la rétrogradation des points équinoxiaux.

RÉSUMÉ

1. Les deux équinoxes et les deux solstices déterminent le commencement des quatre saisons de l'année.

2. Les saisons sont inégales en durée. La plus longue
est maintenant l'été, et la plus courte l'hiver.

3. Cette inégalité a pour cause d'abord : la forme elliptique de l'orbite solaire ;

4. Et en second lieu l'inclinaison de la ligne des solstices sur le grand axe de l'ellipse.

5. Les époques des grandes chaleurs et les époques
des grands froids sont inverses au nord et au sud de l'é-
quateur.

6. Pour nous, les plus fortes chaleurs arrivent vers la
fin de juillet; et les plus grands froids vers la fin de janvier.

7. Relativement à la distribution de la chaleur solaire, la surface de la terre se divise en cinq zones : une
zone torride, deux zones tempérées, et deux zones glaciales.

8. Le retour du soleil au point équinoxial du printemps précède son retour au même point du ciel. C'est
ce qu'on nomme la *précession des équinoxes*.

9. La précession des équinoxes provient d'un mouvement conique de l'axe du monde autour de l'axe de l'é-
cliptique. La durée de l'une de ces révolutions embrasse
une période d'environ 26000 ans.

10. Par suite de ce mouvement conique de l'axe du
monde, les pôles se déplacent. Dans 12000 ans d'ici la
Polaire sera Wéga de la Lyre.

11. Le même mouvement de l'axe change peu à peu,
pour un lieu donné, le spectacle du ciel.

12. Par suite encore de ce mouvement, les saisons
varient de durée. Dans une période de 26000 ans, les
quatre saisons permutent entre elles de valeur, et chacune passe à son tour par la durée la plus longue et la
plus courte.

13. La précession des équinoxes est enfin cause du
désaccord entre les signes du zodiaque et les constellations qui leur correspondaient d'abord et leur ont donné
leur nom.

14. L'année *sidérale* est le temps que le soleil met
pour revenir au même point du ciel. Elle est un peu plus
longue que l'année tropique.

CHAPITRE XV

MOUVEMENTS RÉELS DE LA TERRE. — ROTATION AUTOUR DE L'AXE

1. **Conséquences où mènerait l'immobilité de la terre.**
— Pour nous conformer aux apparences, nous avons

raisonné jusqu'ici comme si le soleil, les étoiles, tous les astres enfin tournaient autour de la terre immobile. Faute de méthodes et d'instruments assez précis, toute l'antiquité, à de rares exceptions près, partagea cette croyance. La terre fut pour elle le centre du monde, comme semble l'affirmer aux regards une superficielle observation. Mais des connaissances astronomiques plus exactes ont à jamais banni de la science la vieille erreur de l'immobilité de la terre ; et si l'on continue encore à se servir du langage des apparences, c'est que parfois il se prête plus facilement à l'exposition.

Pour expliquer le fait le plus simple de l'astronomie, l'aspect changeant du ciel dans l'intervalle de vingt-quatre heures, deux interprétations se présentent : ou bien les astres tournent d'orient en occident autour de la terre immobile, ou bien le ciel lui-même reste immuable, et c'est la terre qui tourne sur elle-même en sens inverse, d'occident en orient. Avec la première interprétation, on arrive aux conclusions les plus étranges. Si la terre est en repos, ce sont les astres qui tournent, tous exactement en vingt-quatre heures. Le soleil, le globe énorme qui vaut en volume 1400000 la terre, doit franchir, vu sa distance, 2300 lieues par seconde, pour accomplir sa révolution quotidienne autour de nous. Il est déjà bien singulier que le corps de plus grande masse et de plus grand volume se meuve autour de l'autre, si petit en comparaison. Ce n'est pas ce qu'exigent les lois de la mécanique.

Avec les étoiles, la difficulté s'aggrave encore. Comparables en volume au soleil, elles sont immensément plus éloignées, ainsi qu'il sera démontré quand nous traiterons de l'astronomie stellaire. La plus rapprochée de nous, si elle tournait autour de la terre, ne parcourrait pas moins de 520 millions de lieues par seconde. D'autres cent fois, mille fois plus éloignées, auraient à franchir une étendue cent fois, mille fois plus grande encore. Il faut que tout cela arrive si la terre ne tourne

pas ; il faut que des corps innombrables, immensément
supérieurs à notre globe pour la masse et le volume,
tournent avec la vitesse de plusieurs mille, de plusieurs
millions, de plusieurs milliards de lieues par seconde.
Pareil mécanisme, qui accorderait à la matière pondé-
rable des vitesses comme n'en possèdent pas la lumière
et l'électricité, et ferait accomplir dans le même temps
une révolution entière aussi bien à l'astre le plus reculé
dans les profondeurs de l'espace, qu'à l'astre le plus
rapproché ; pareil mécanisme, disons-nous, révolte la
raison.

Que la terre tourne au contraire sur elle-même, d'occident en orient, et les apparences restent les mêmes,
et tout s'explique avec une seule vitesse de rotation, une
vitesse de 462 mètres par seconde pour les points de
notre équateur.

**2. Preuve de la rotation de la terre déduite de la dé-
viation des corps dans leur chute.** — Malgré sa rapidité,
le mouvement de rotation de la terre ne fait pas sur
nous d'impression qui permette de le constater, de le
soupçonner même. Nous sommes entraînés avec les
objets qui nous environnent, nous retrouvons toujours
ces objets dans la même situation par rapport les uns

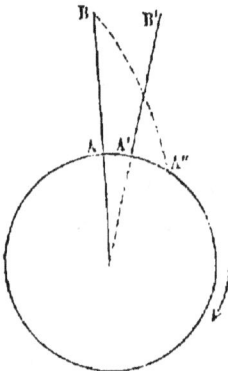

Fig. 83.

aux autres ; et de cette permanence
des positions relatives, résulte pour
nous une apparente immobilité. Cependant, à l'aide de quelques moyens
ingénieux, il est possible de démontrer expérimentalement la rotation
de la terre.

Un corps B (*fig.* 83), situé à une
hauteur assez considérable, est abandonné à lui-même. Si la terre est immobile, il doit suivre la verticale BA
et atteindre le sol exactement en A.
Mais ce n'est pas ainsi que les choses
se passent. Si la hauteur d'où le corps tombe mesure

seulement une centaine de mètres, on reconnaît constamment une déviation très-sensible de la chute vers l'est. Ainsi, dans un puits des mines de Freyberg, on a trouvé une déviation de 28^{mm},3 pour une hauteur de 158^m,5.

La rotation de la terre rend parfaitement compte de ces faits, inexplicables avec l'immobilité de notre globe. Pendant que le corps tombe, la terre tourne d'une certaine quantité AA'; et la verticale BA vient occuper la position B'A'. C'est en A' qu'aurait lieu la chute si la vitesse de rotation était la même aux points B et A. Mais B, situé à l'extrémité d'un rayon plus grand, décrit un arc plus long que ne le fait A, situé à l'extrémité d'un rayon moindre; en d'autres termes sa vitesse est plus grande. Cette vitesse, le corps la conserve pendant toute sa chute, de manière qu'en arrivant à terre, en A", il est en avance sur A'. Cette avance, cette déviation, étant toujours dirigée vers l'est, il en résulte que la terre se meut aussi vers l'est, enfin tourne sur elle-même d'occident en orient.

3. Preuve de la rotation de la terre au moyen du pendule. — Un fil fixé en C porte à son extrémité un corps pesant A (*fig.* 84). Tel est l'appareil que la physique nomme pendule. Le corps transporté en A', puis abandonné à lui-même, exécute une série indéfinie d'oscillations de A' en A", et de A" en A'. Menons par le point A une tangente à l'arc parcouru. Cette tangente et le point de suspension C déterminent le plan dit *plan d'oscillation*. Or, par le fait de l'inertie de la matière, le pendule tend à se maintenir constamment dans un même

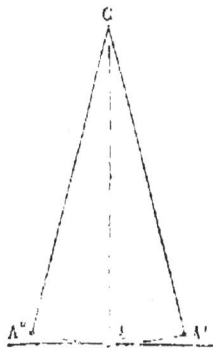

Fig. 84.

plan d'oscillation, car il n'y a en lui aucune cause qui puisse l'en faire dévier dans un sens plutôt que dans l'autre. Vainement les oscillations se prolongeraient, si

11.

aucune cause indépendante du pendule ne vient modifier l'état des choses, le mouvement de va-et-vient s'ac-
complira dans un plan invariable. Et si des forces extérieures agissent sur lui, du moins le pendule conservera,
dans la permanence de son plan d'oscillation, ce qui
est compatible avec les nouvelles conditions du mouvement. Si par exemple, le point de suspension C se
déplace, le pendule se mouvra dans des plans parallèles ; ou du moins, si ce parallélisme est impossible,
la droite qui entre dans la détermination de ces plans,
la tangente à l'arc, se maintiendra parallèle à elle-
même.

Imaginons maintenant un pendule qui oscillerait au
pôle même de la terre, son point de suspension faisant
partie de l'axe terrestre. Ce point ne change pas, aussi
bien dans le cas de la terre tournant autour de son axe
que de la terre immobile. Le plan d'oscillation est alors
invariable. Si donc la terre était en repos, nous verrions
le pendule, dans son mouvement de va-et-vient, correspondre toujours aux mêmes points et décrire un arc qui
se projetterait sur le sol suivant une même trace horizontale. Si, au contraire, la terre se meut d'occident en
orient, la trace de l'arc pendulaire rétrogradera sans
cesse de l'est à l'ouest par rapport à la trace de l'oscillation précédente, qui aura progressé vers l'est ; et le
spectateur, qui se jugerait immobile, verra le plan du
pendule faire, en apparence, dans les vingt-quatre
heures, un tour d'orient en occident, tandis que, en
réalité, ce sera la terre qui aura tourné d'occident en
orient.

Faisons maintenant osciller le pendule à l'équateur,
dans le plan du méridien. Ici le point de suspension est
mobile, il se déplace suivant un grand cercle, l'équateur.
Le plan d'oscillation ne peut donc se maintenir le même ;
il ne peut davantage rester parallèle à sa première position, car la pesanteur ramène sans cesse le pendule dans
le plan vertical. Les tangentes à l'arc se conserveront donc

seules parallèles à elles-mêmes ; et comme ces tangentes se confondent avec les tangentes aux méridiens, qui pour tous les points de l'équateur restent parallèles entre elles, nous verrons le pendule correspondre constamment à la même trace sur le sol, sans déviation aucune dans un sens ou dans l'autre.

Supposons-nous enfin en un lieu compris entre l'équateur et le pôle, et mettons le pendule en oscillation dans le plan du méridien. Ici la verticale décrit un cône autour de l'axe, et le point de suspension un parallèle à l'équateur. Les tangentes aux méridiens ne sont plus parallèles entre elles, elles concourent en un point de l'axe. Le pendule, qui conserve toujours parallèle à elle-même la tangente à son arc, est donc peu à peu dévié du méridien, et correspond à une trace changeante. Si, par exemple, la tangente Ab au méridien se transporte en Ac, le pendule qui oscillait d'abord suivant Ab, oscillera suivant dc parallèle à Ab, et par conséquent, paraîtra avoir dévié vers l'est de la quantité angulaire Acd du côté du nord, ou bien de la même quantité vers l'ouest du côté du sud (fig. 85).

On voit ainsi que pour reconnaître expérimentalement la rotation de la terre, il suffit de constater si le plan des oscillations pendulaires est dévié de sa position initiale. Cette mémorable expérience, instituée par M. L. Foucault, fut faite pour la première fois à Paris, en 1851. Un pendule de

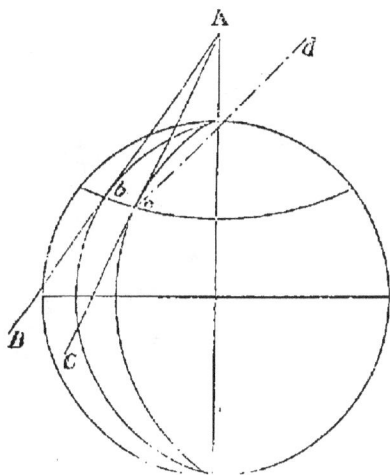

Fig. 85.

64 mètres de longueur et du poids de 28 kilogrammes, était suspendu à la voûte du Panthéon. Il oscillait au-dessus d'un cercle sur lequel étaient disposés, en sens inverse, deux tas de sable humide, que le pendule en-tamait de sa pointe verticale, à mesure que se déplaçait son plan d'oscillation, ou pour mieux dire, à mesure que se déplaçait le cercle par suite de la rotation de la terre (fig. 86).

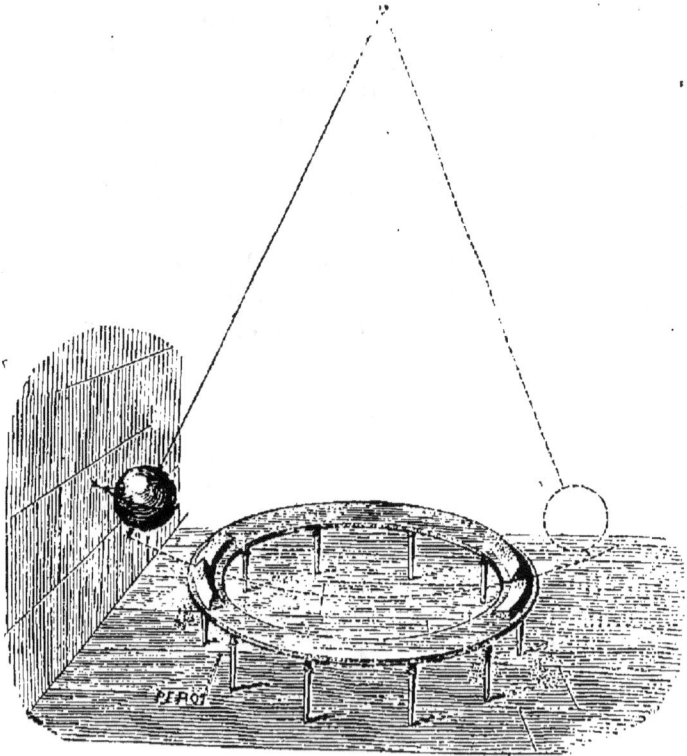

Fig. 86.

4. Axe et pôles de la terre. — La terre tourne sur elle-même : c'est là un fait mis hors de doute, non-seulement par des considérations théoriques, mais encore par des preuves expérimentales. La ligne idéale autour de laquelle elle accomplit sa révolution est l'*axe*, et les deux points où cette ligne perce la surface terrestre sont les deux *pôles*. Nous jugeant immobiles, nous voyons en apparence le ciel tourner autour de nous en sens inverse de notre propre mouvement. Ce que nous avons appelé axe du monde, n'est donc en réalité que l'axe de rotation de la terre, indéfiniment prolongé de part et d'autre dans l'étendue environnante.

5. Force centrifuge. — A l'extrémité d'un cordon, lions un verre à demi plein d'eau, et faisons-le tourner autour de la main à la manière d'une fronde. Pendant sa rotation, le verre se trouve tantôt renversé, tantôt plus ou moins incliné ; et cependant, s'il tourne assez vite, malgré sa position renversée ou inclinée, il ne perd pas une goutte d'eau. Au contraire, l'eau est retenue contre le fond, et comme refoulée avec force. Si le verre restait immobile dans la position renversée qu'il prend en tournant, il est clair que son contenu s'écoulerait aussitôt. C'est donc le mouvement de rotation qui empêche l'eau de tomber et la refoule contre le fond du verre renversé.

Si l'on fait tourner rapidement une pierre nouée avec un fil, on sent le fil se tendre de plus en plus à mesure que le mouvement est plus rapide. Si la vitesse est suffisante, le fil peut même se rompre. En tournant, la pierre fait donc effort pour s'**éloigner** de la main, centre du mouvement rotatoire.

Ces deux exemples, auxquels on pourrait en adjoindre une foule d'autres dont parlent les traités de physique, nous montrent que tout corps animé d'un mouvement de rotation est, par le fait même de ce mouvement, soumis à une poussée spéciale qui tend à l'éloigner du point autour duquel il tourne. On donne à cette poussée le nom de *force centrifuge*. C'est à la force centrifuge que l'eau doit d'être refoulée contre le fond du verre tournant avec rapidité, et de ne pouvoir s'écouler malgré l'inclinaison et même le renversement complet du vase ;

c'est par la force centrifuge qu'est tendu le fil armé d'une pierre qui tourne, et enfin rompu si la vitesse est assez grande. Si plusieurs corps de même masse décrivent dans un même temps des circonférences inégales, les forces centrifuges sont proportionnelles aux circonférences décrites, ou bien à leurs rayons.

6. Configuration d'une masse liquide uniquement soumise à l'attraction mutuelle de ses molécules. — Une masse liquide, jouissant dans toutes ses parties d'une complète mobilité, prend d'elle-même la forme compatible avec les forces qui la sollicitent. Si ces forces se réduisent aux attractions mutuelles entre les molécules dont la masse se compose, celle-ci doit prendre la forme sphérique, la seule qui par sa symétrie, sa régularité, son identité dans tous les sens, puisse également résister de toutes parts et maintenir en repos, par un antagonisme parfait, les attractions en jeu dans la masse fluide.

L'expérience confirme pleinement ces déductions. Une goutte d'eau suspendue à l'extrémité d'une paille est à peu près ronde. Elle ne l'est qu'à peu près pour deux motifs : d'abord l'adhérence du liquide contre la paille gêne et déforme la sphère à la partie supérieure ; en second lieu, la pesanteur, qui tend à entraîner la gouttelette à terre, la tiraille et l'allonge à la partie inférieure. On évite, mais non entièrement, ces causes de déformation en déposant la goutte d'eau sur une surface horizontale enduite d'un corps gras. L'appui horizontal la soustrait au tiraillement de la pesanteur, et l'enduit gras, qu'elle ne peut mouiller, la préserve de l'adhérence. En ces conditions, elle est ronde si l'on a soin de la prendre assez petite ; mais trop grosse, elle se déforme encore en s'écrasant sous son propre poids. L'attraction terrestre, la pesanteur empêche donc les liquides de prendre, en masse un peu considérable, la configuration sphérique, parce que tantôt elle les tiraille en les allongeant quand ils sont suspendus, et tantôt elle les écrase sous leur poids quand ils sont soutenus.

En employant le détour suivant, on parvient toutefois à obtenir des sphères liquides assez volumineuses.

Fig. 87.

Versée dans de l'eau, l'huile vient surnager ; dans de l'alcool, elle gagne le fond. Elle est plus légère que l'eau, plus lourde que l'alcool. Mais dans un mélange convenable d'alcool et d'eau, l'huile reste suspendue au sein du liquide, et se conglobe en une sphère de la grosseur d'une orange (fig. 87). Mollement suspendue au milieu du liquide qui, de partout lui prête son appui, la bulle d'huile est comme soustraite à l'action de la pesanteur et prend en conséquence la forme sphérique.

Ainsi, par le seul jeu de ses attractions moléculaires, une masse fluide sur laquelle rien d'extérieur n'agit, se configure en sphère, et persiste dans cette forme tant qu'elle est en repos ; mais animée d'un mouvement de rotation, elle se déforme suivant certaines lois que nous allons examiner.

7. Déformation d'une sphère liquide tournant autour d'un axe. — Supposons le globe d'huile, suspendu dans de l'eau alcoolisée, traversé en son milieu par une aiguille verticale ou axe, qu'un mécanisme d'horlogerie fait tourner rapidement sur elle-même sans secousse. Par l'effet du frottement, l'axe entraîne peu à peu la sphère huileuse, et lui communique son mouvement révolutif. Or dès que la sphère liquide tourne, on la voit s'aplatir aux points où l'axe la traverse, c'est-à-dire à ses deux pôles de révolution, et se renfler tout autour de sa région moyenne, c'est-à-dire de son équateur (fig. 88). D'ailleurs, l'aplatissement polaire et le renflement équatorial sont d'autant plus prononcés que la rotation est plus rapide.

Fig. 88.

La difficulté n'est pas grande à se rendre compte de
ces déformations. Lorsque la sphère liquide tourne autour de son axe, les points de son équateur décrivent le
cercle le plus grand ; les points situés aux pôles sont
immobiles. Pour les premiers, la force centrifuge atteint sa plus grande valeur ; pour les seconds, elle est
nulle. Alors les points matériels de l'équateur, sollicités
par la force centrifuge, doivent s'éloigner de l'axe ; et
le vide produit dans la masse totale par cet écartement
plus grand des particules équatoriales, est comblé par
la matière voisine ; ce qui amène de proche en proche un
affaissement là où la force centrifuge ne se fait pas
sentir, c'est-à-dire aux deux pôles.

8. Déformation d'un corps flexible. — Les mêmes déformations se manifestent dans les corps flexibles soumis au mouvement rotatoire. Des cercles d'acier (fig. 89)

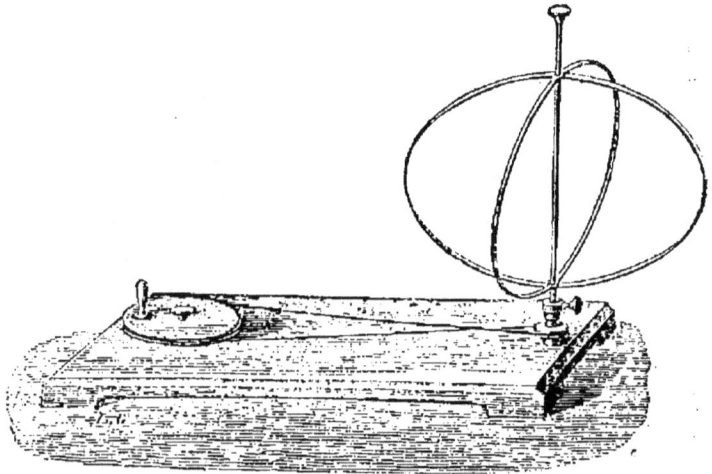

Fig. 89.

fixés inférieurement à un axe, et pouvant glisser supé-
rieurement le long du même axe, tournent rapidement
au moyen d'un jeu de poulies. A mesure que la rotation
devient plus rapide, ces cercles s'aplatissent aux pôles
de révolution et se renflent suivant l'équateur.

9. **Aplatissement polaire et renflement équatorial de la terre.** — Les mesures géométriques entreprises pour obtenir la longueur d'un arc d'un degré, nous ont montré que la terre est aplatie aux pôles et renflée à l'équateur. La différence entre le rayon équatorial et le rayon polaire est d'environ 5 lieues en faveur du premier. La cause de ces déformations ne peut être que la force centrifuge, résultant de la rotation de la terre autour de son axe.

Les eaux de la mer couvrent environ les trois quarts de la surface du globe, et l'on doit appliquer à cette portion liquide ce que nous venons d'apprendre sur les effets de la force centrifuge. Alors, par suite de la rotation de la terre autour de son axe, les eaux océaniques ont perdu la forme exactement sphérique que prend un liquide en repos, pour se déprimer aux pôles et se renfler à l'équateur en un bourrelet de 5 lieues de hauteur, que soutient la force centrifuge. En outre, les mesures géométriques démontrent les mêmes déformations dans les continents. Il faut donc que la terre, à son origine, se soit trouvée fluide dans toute sa masse, ou du moins assez plastique, assez flexible, pour obéir à la force centrifuge et prendre la configuration qu'elle a maintenant.

10. **Généralisation des effets de la force centrifuge.** — L'aplatissement polaire et le renflement équatorial de la terre ne sont pas des faits isolés; s'ils résultent d'une loi mécanique, ils doivent se retrouver sur les autres planètes puisqu'elles tournent toutes sur elles-mêmes à la manière de la terre; et la déformation doit être d'autant plus grande que la rotation est plus rapide. Sur Jupiter et Saturne, globes énormes dont la rotation diurne s'opère en une dizaine d'heures, la vitesse des points de l'équateur est de 150 à 200 lieues par minute; sur la terre, elle n'est que de 7 lieues. Avec pareille vitesse, la force centrifuge doit y être très-grande, et si jamais ces planètes se sont trouvées dans un état de flexibilité convenable, les déformations équatoriales et polaires ont

dû s'y accentuer démesurément. Et en effet, à l'aide des
lunettes télescopiques, les disques de Saturne et de Jupiter se montrent tellement aplatis, que l'observateur le
plus superficiel en est tout de suite frappé. Ces disques
ne sont pas arrondis, ils sont ovalaires; la force centrifuge les a en quelque sorte écrasés. L'affaissement polaire est de 1/16 du rayon pour Jupiter, de 1/10 pour
Saturne; il est plus grand encore pour Uranus et s'élève
à 1/9. Quant à la déformation des autres planètes, Vénus, Mars, Mercure, elle est très-faible, comme celle de
la terre, à cause du peu de rapidité de rotation de ces
astres; et la distance la rend presque insensible pour
nous. Enfin la lune et le soleil, tournant autour de leur
axe en un temps considérable, 25 jours environ pour le
soleil, n'ont pas d'affaissement polaire appréciable.

11. Périodicité du jour et de la nuit. — La rotation de la
terre sur elle-même vient de nous rendre compte, avec
une extrême clarté, de la forme ellipsoïdale, que rien n'ex-
pliquerait dans la supposition de notre globe immobile;
et le résultat théorique est d'autant plus remarquable,
qu'il s'applique, avec le même succès, aux autres corps
du système du monde. Ce premier pas nous fait prévoir
déjà quelle moisson de vérités et d'interprétations lu-
cides nous a values le mouvement réel de la terre succédant à l'antique erreur de l'immobilité. Veut-on, par
exemple, se rendre compte de la périodicité du jour et de
la nuit? Ce n'est plus le soleil qui tourne autour de nous
d'orient en occident; c'est la terre qui tourne autour de
son axe en vingt-quatre heures, d'occident en orient, et
présente ainsi tour à tour aux rayons solaires les divers
points de sa surface. L'hémisphère qui voit le soleil a le
jour, l'hémisphère opposé a la nuit.

Concevons un cône tangent extérieurement au soleil et
à la terre; il comprendra tous les rayons qui peuvent atteindre notre globe. La ligne de contact de ce cône avec
la terre marquera donc la délimitation entre la partie
éclairée et la partie obscure. A ne considérer que l'abso-

lue rigueur mathématique, cette ligne appartient à un
petit cercle, son plan ne passe pas au centre de la terre ;
mais à cause de l'extrême éloignement du soleil, l'écart
est tout à fait négligeable. Joignons donc le centre du
soleil au centre de la terre, et par ce dernier point menons
un plan perpendiculaire à la ligne des centres. Ce plan
divisera la terre, à un instant donné, en hémisphère
éclairé et en hémisphère obscur ; son intersection sera
le *cercle d'illumination*.

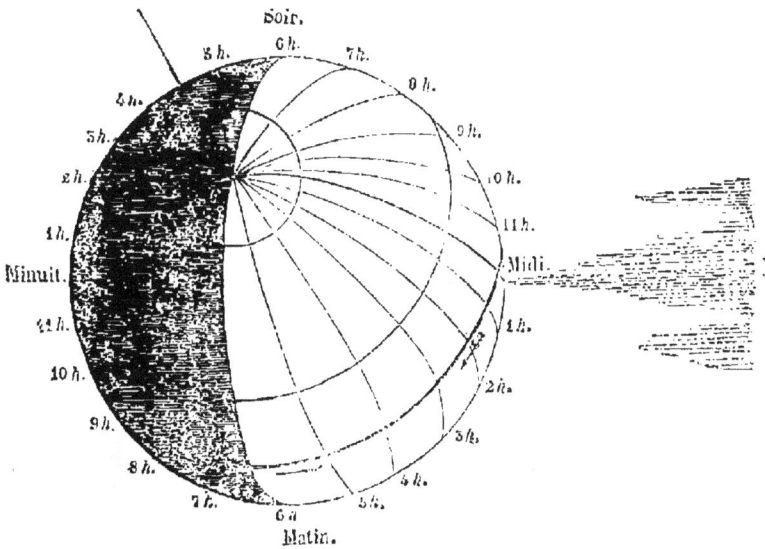

Fig. 90.

Jetons maintenant les regards sur la figure 90. Le
soleil est dans la direction S, à une distance de
24000 rayons terrestres. Le plan d'illumination passe
par les deux pôles, ce qui arrive à l'époque des équinoxes. A la surface du globe sont tracés 24 demi-méridiens équidistants. Faisons maintenant tourner la figure
autour de l'axe, dans le sens indiqué par les flèches, et
nous verrons comment chaque demi-méridien vient à
tour de rôle se placer dans la direction du soleil ; ce qui
amène l'heure de midi pour tous les points situés sur

ce demi-méridien, et minuit pour tous les points situés sur le demi-méridien opposé. Quant à la distribution des heures, à un même instant, elle se déduit de la seule inspection de la figure.

RÉSUMÉ

1. La supposition de la terre immobile conduit à des conséquences complétement inadmissibles, en particulier à la révolution dans un même temps de tous les corps célestes autour de l'axe du monde, quels que soient leur volume, leur masse, leur distance. Elle est en contradiction avec les lois de la mécanique les plus élémentaires.

2. La rotation de la terre autour de son axe est prouvée par la déviation vers l'est que les corps éprouvent dans leur chute.

3. Elle est encore prouvée par la déviation apparente que subit le plan d'oscillation d'un pendule. Cette expérience remarquable est due à Foucault.

4. L'axe terrestre est la ligne idéale autour de laquelle la terre tourne. Cette ligne se confond avec l'axe du monde.

5. La force centrifuge est la tendance qu'ont les corps en mouvement à s'écarter de leur centre de rotation. Si plusieurs corps de même masse décrivent dans un même temps des circonférences inégales, les forces centrifuges sont proportionnelles aux rayons des circonférences décrites.

6. Une masse liquide uniquement soumise à l'attraction mutuelle de ses molécules, prend la configuration sphérique.

7. Si elle tourne autour d'un axe, une sphère liquide s'aplatit aux pôles de rotation et se renfle à l'équateur.

8. Pareil résultat s'obtient encore avec des cercles d'acier flexibles.

9. L'aplatissement polaire et le renflement équatorial

de la terre ont pour cause la force centrifuge développée par la rotation.

10. On retrouve l'aplatissement polaire et le renflement équatorial dans les divers corps célestes qui tournent sur eux-mêmes avec assez de rapidité. Le soleil ne présente rien de pareil à cause de sa rotation lente, embrassant une période de 25 jours environ.

11. La périodicité du jour et de la nuit s'explique de la manière la plus simple par la rotation de la terre autour de son axe.

CHAPITRE XVI

MOUVEMENTS RÉELS DE LA TERRE, TRANSLATION AUTOUR DU SOLEIL.

1 **Orbite terrestre.** — Les apparences nous ont montré le soleil comme décrivant, de l'ouest à l'est, dans l'intervalle d'une année, une ellipse dont la terre occupe un foyer. Mais ces apparences peuvent être une illusion analogue à celle du ciel étoilé tournant en vingt-quatre heures autour de l'axe du monde, tandis que c'est la terre qui tourne en réalité sur elle-même. Puisque l'un des deux, le soleil ou la terre, doit faire dans un an une révolution autour de l'autre, les seules considérations mécaniques affirment déjà que c'est la terre, de masse incomparablement moindre, qui doit circuler autour du soleil. D'ailleurs l'observation apprend que d'autres globes, plus ou moins semblables à la terre, les planètes, se meuvent autour du soleil. La terre, en admettant pour elle pareil mouvement, devient une planète, qui obéit à une loi générale ; et le système du monde est ramené à la simplicité, caractère du vrai. Examinons donc si les résultats que nous avons acquis déjà, s'accordent avec cette nouvelle manière de voir.

Soient S A' le grand axe de l'ellipse que le soleil paraît décrire annuellement, S la position du soleil sur cet axe, et T la terre occupant un foyer de l'ellipse (fig. 91).

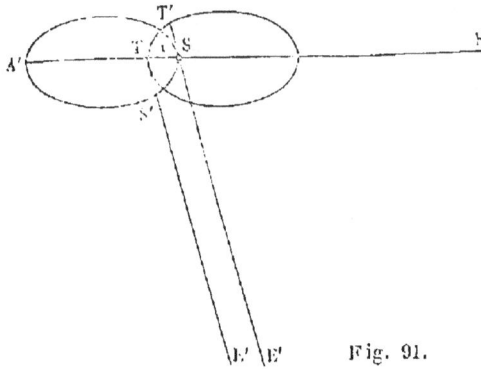

Fig. 91.

Construisons une ellipse égale dont S soit le foyer, et T le sommet de l'axe. Il s'agit de démontrer que les apparences restent absolument les mêmes soit que S circule autour de T, soit que T circule autour de S, chacun sur son ellipse. — Nous jugeons des déplacements apparents du soleil d'après les étoiles auxquelles cet astre correspond à un moment donné. Or que le soleil S soit immobile au foyer de son ellipse, ou qu'il circule sur l'ellipse dont T est le foyer, il correspond dans les deux cas à l'étoile E. — Maintenant supposons soit que le soleil se déplace et vienne de S en S', soit que la terre se déplace elle-même et vienne de T en T', de manière que les deux arcs d'ellipse S S' et T T' soient égaux. Vu de T, le soleil S' supposé mobile, sera vu dans la direction de l'étoile E'; vu de T', le soleil S, supposé immobile, sera encore dans la direction de la même étoile E', car les deux arcs SS' et T T' étant égaux, les deux droites T S' et T' S sont parallèles, et par conséquent correspondent au même point du ciel, à cause de l'immense éloignement des étoiles par rapport aux déplacements soit de la terre, soit du soleil. Le même parallélisme se maintiendrait pour tout autre couple de positions. Donc la terre se déplaçant sur son ellipse dans la direction T T' fait correspondre le soleil aux mêmes points du ciel où le verrait l'observateur immobile en T si le soleil décrivait son ellipse dans la direction S S'.

Remarquons en outre que ces deux mouvements s'effectuent l'un et l'autre dans le même sens, de gauche à droite pour la partie supérieure de la figure. Remarquons encore que si la terre se meut autour du foyer S, sa distance au soleil est variable, ce qui amène des variations correspondantes dans le diamètre angulaire de celui-ci. Sous ce rapport, les choses se passent absolument comme si S se mouvait autour de T. Enfin les arcs parcourus en même temps sur des ellipses pareilles, les arcs TT' et SS', par exemple, étant toujours égaux, on voit que les aires décrites par le rayon vecteur de la terre autour du soleil comme foyer, ont même valeur que les aires décrites par le rayon vecteur du soleil autour de la terre comme foyer. La conclusion générale est donc que la translation de la terre autour du soleil ne change rien aux résultats fournis par la translation supposée du soleil autour de la terre. Et comme il est beaucoup plus simple, beaucoup plus naturel, d'admettre le mouvement de la terre et la fixité du soleil, nous dirons donc : en un an la terre décrit d'occident en orient une orbite elliptique dont le soleil occupe un foyer. Les aires décrites par le rayon vecteur de la terre sont proportionnelles aux temps employés à les décrire.

2. Inégalité du jour solaire et du jour sidéral. — Nous allons voir maintenant avec quelle lucide simplicité, la translation de la terre autour du soleil, combinée avec sa rotation sur elle-même, rend compte de divers faits astronomiques discutés jusqu'ici dans la supposition de la terre immobile. Et d'abord occupons-nous de l'inégalité entre le jour solaire et le jour sidéral.

Considérons la terre dans la position 1 sur son orbite (fig. 92). En ce moment le méridien A B passe par le soleil S et une certaine étoile dont la direction est E A. Le lendemain, la terre s'est transportée plus loin sur son orbite, fort loin même, car pour accomplir en un an sa révolution autour du soleil, elle doit parcourir environ

27000 lieues à l'heure. Elle occupe alors la position 2 par exemple ; et le même méridien A′ B′ est ramené, par la rotation de la terre autour de son axe, en face de

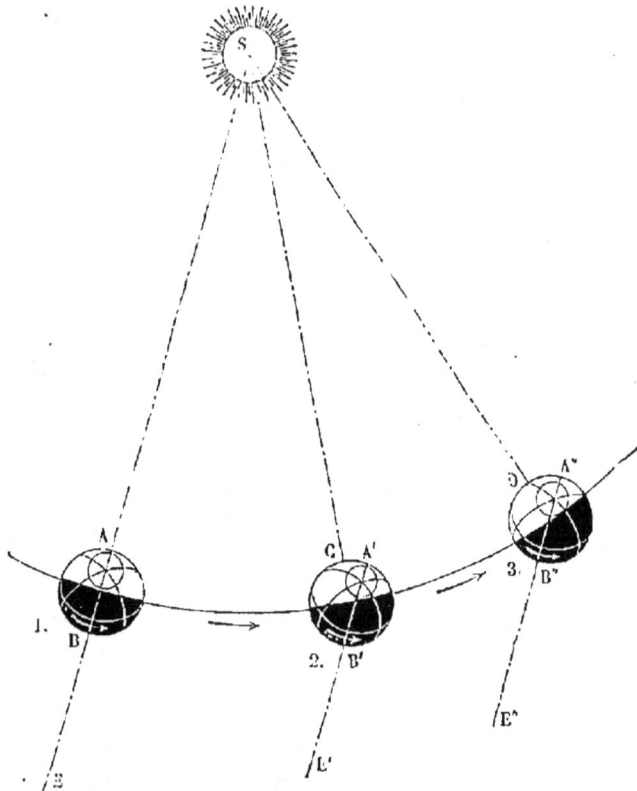

Fig. 92.

l'étoile point de départ, étoile qui se trouve dans la direction E′A′ parallèle à la direction EA de la veille. Les étoiles, en effet, sont tellement éloignées, que le déplacement de la terre en un jour, en des mois entiers, est comme nul par rapport à leur distance. Qu'elle soit dans la position 1 ou dans la position 2, la terre voit l'étoile suivant la même perspective, suivant les directions parallèles E A, E′ A′. Mais elle voit le soleil, beaucoup plus rapproché, suivant une perspective changeante. Aussi le méridien A'B', pour lequel le jour sidéral est écoulé, puisqu'il se retrouve en face de la même étoile, doit tourner encore un peu, de la quantité A'C, pour se retrouver dans la direction du soleil, ce qui achève la durée du jour solaire. Par conséquent le jour solaire est toujours plus long que le jour sidéral.

L'arc A'C de la position 2 devient l'arc A"D dans la position 3 ; il augmente à mesure que la terre avance sur son orbite, et vaut la circonférence entière quand la terre, ayant accompli sa révolution autour du soleil, est revenue au point de départ, dans la position 1. Donc le temps que la terre met à parcourir son orbite, c'est-à-dire l'année, compte un jour solaire de moins qu'elle ne compte de jours sidéraux.

3. Variabilité du jour solaire. — Le jour solaire ne diffère pas seulement du jour sidéral par un excès de durée, il en diffère aussi par un autre caractère fort remarquable. Le jour sidéral est invariable de valeur, le jour solaire varie, tantôt plus long, tantôt plus court, suivant l'époque de l'année, mais toujours plus grand que le jour sidéral. L'une des causes de sa variabilité est la suivante.

Nous avons supposé que, dans l'intervalle d'une révolution autour de son axe, la terre se transportait de la position 1 à la position 2 sur son orbite ; et l'excès du jour solaire sur le jour sidéral a été attribué au déplacement que le méridien A'B' revenu en face de la même étoile dans la direction E'A' doit subir pour arriver de A' en C et se replacer en face du soleil. Admettons que la terre circule plus rapidement sur son orbite, et se transporte, pendant une de ses révolutions, non plus de 1 en 2, mais de 1 en 3. Dans ce cas, lorsque le jour sidéral sera écoulé, c'est-à-dire lorsque le méridien aura pris la direction E"A" parallèle à EA, ce qui le ramènera devant la même étoile, il restera encore au point A" l'arc A"D à parcourir pour se placer en face du soleil,

Mais il est visible que l'arc A″ D est plus grand que l'arc A′ C. Le jour solaire est donc plus long quand la terre, dans l'intervalle d'une révolution, se transporte de 1 en 3 que lorsqu'elle se transporte de 1 en 2. D'une manière générale, à mesure que la terre se meut plus vite sur son orbite, le jour solaire s'allonge. Quant à la variabilité de la vitesse de translation, elle provient de la forme elliptique de l'orbite et de la loi des aires. L'arc décrit doit être d'autant plus long que le rayon vecteur est plus court, afin que les aires des secteurs se conservent égales pour des temps égaux.

4. **Parallélisme de l'axe terrestre.** — A toute époque de l'année, l'axe de rotation de la terre est dirigé vers le même point du ciel (1), à très-peu près vers l'étoile polaire, comme le prouve l'immobilité de ce point, tandis que tous les autres tournent autour de nous en apparence. Quel que soit le lieu que la terre occupe sur son orbite, dans sa translation annuelle autour du soleil, son axe se maintient donc parallèle à lui-même. La mécanique, d'ailleurs, démontre ce principe : à moins d'une cause extérieure, d'un choc, par exemple, un corps ne peut modifier la direction de l'axe autour duquel il tourne.

5. **Ecliptique.** — **Orbite.** — **Périhélie.** — **Aphélie.** — Le plan dans lequel la terre se meut n'est autre que le plan que nous avons déjà nommé *écliptique*. Les apparences nous montraient le soleil se mouvant dans l'écliptique de l'occident vers l'orient; la réalité nous montre la terre décrivant son orbite dans ce même plan et dans ce même sens. L'équateur terrestre est incliné sur le plan de l'orbite de 23° 28′; par conséquent l'axe, perpendiculaire à l'équateur, est incliné sur le plan de l'orbite d'un angle complément du premier, ou de 66° 32′.

(1) On fait abstraction ici des modifications amenées par la précession des équinoxes, modifications que leur extrême lenteur permet de négliger pour une période aussi courte que celle d'une année.

Le soleil étant au foyer S (fig. 93), et le grand axe de l'orbite terrestre étant PA, le point P, le plus rapproché du soleil se nomme *périhélie* (Περί, près ; Ηλιος, soleil) ; et le point A, le plus éloigné du soleil, se nomme *aphélie* (απο, loin ; Ηλιος, soleil). Ces deux expressions remplacent les termes de périgée et d'apogée dont nous nous sommes servi dans la supposition de la terre immobile.

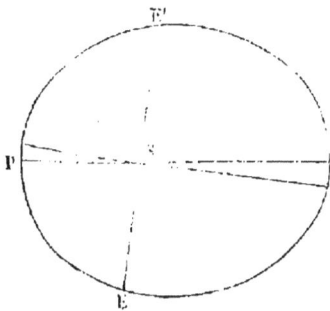

Fig. 93.

La terre passe au périhélie vers le 30 décembre ; sa vitesse de translation est alors la plus grande parce que le rayon vecteur a sa moindre valeur. Elle passe à l'aphélie vers le 2 juillet, et possède alors sa moindre vitesse de translation parce que le rayon vecteur est le plus grand.

6. — **Ligne des équinoxes et ligne des solstices. — Année tropique.** — Puisque l'axe de la terre se maintient parallèle à lui-même, l'équateur terrestre, qui lui est perpendiculaire, est emporté parallèlement de manière à couper le plan de l'orbite suivant une série de droites parallèles, situées tantôt d'un côté tantôt de l'autre, par rapport au soleil. Deux fois par an, cette intersection se confond avec ce que nous avons appelé *ligne des équinoxes*. Quant à la *ligne des solstices*, c'est la droite perpendiculaire à la ligne des équinoxes, menée dans le plan de l'écliptique et par le centre du soleil (fig. 92). — Enfin, l'année tropique est le temps que la terre met pour revenir au même point de son orbite, par exemple au même équinoxe, celui du printemps.

7. **Cause des saisons.** — La translation annuelle de la terre autour du soleil combinée avec le parallélisme constant et l'inclinaison de l'axe, est cause des saisons. La figure 94 représente les quatre positions principales que la terre occupe sur son orbite dans le cours d'une

année. Elle est en T au commencement du printemps
vers le 21 mars. L'intersection de l'équateur avec le
plan de l'orbite se fait alors suivant TS, qui passe par le

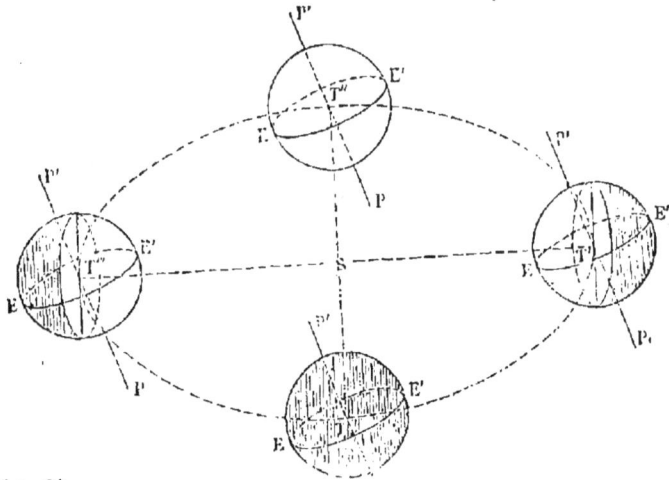

Fig. 94.

centre du soleil. Elle est en T', voisinage de l'aphélie,
au commencement de l'été, vers le 22 juin. La ligne qui
joint le centre du soleil au centre de la terre, passe
alors au nord de l'équateur. Elle est en T'' au commencement de l'automne, vers le 21 septembre; pour la seconde fois, l'intersection de l'équateur avec le plan de
l'orbite passe par le centre du soleil. Enfin, elle est en
T''', voisinage du périhélie, au commencement de
l'hiver, le 21 décembre. En ce moment la ligne qui
joint le centre du soleil au centre de la terre, passe
au sud de l'équateur.

8. **La Terre au solstice d'été.** — La fig. 95 représente
la terre telle qu'elle se présente au soleil quand elle
occupe T de la figure précédente, c'est-à-dire à l'é-
poque du solstice d'été. Les rayons solaires sont figurés par des lignes ponctuées. De l'inclinaison de l'axe
sur l'orbite, il résulte que le cercle d'illumination, ou
bien la ligne qui sépare la lumière de l'obscurité, le jour

de la nuit, ne passe pas par les deux pôles, mais se trouve rejetée au delà du pôle boréal, et reste en deçà du pôle austral.

Maintenant faisons tourner, en pensée, le globe terrestre autour de son axe. Il est visible que les contrées comprises entre le pôle boréal et le cercle P, passant par la ligne de démarcation entre la lumière et

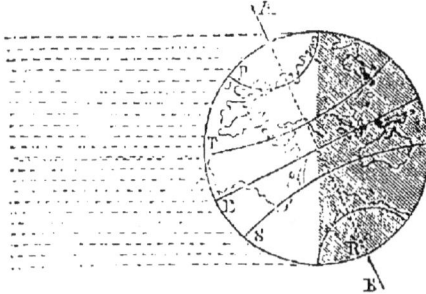

Fig. 95. La terre au solstice d'été.

l'obscurité, ne sortent pas un moment de la région éclairée pendant que le globe accomplit sa rotation. Donc, pour ces contrées voisines du pôle, il n'y a pas de nuit; le soleil y est constamment visible, à minuit comme à midi. On nomme *cercle polaire arctique*, le cercle P, qui délimite la région où, le 22 juin, il n'y a plus de nuit. Vingt-trois degrés et demi le séparent du pôle. C'est exactement la valeur dont l'axe de la terre s'écarte de la position perpendiculaire au plan de l'orbite, c'est enfin l'inclinaison de l'équateur sur le plan de l'orbite.

Maintenant descendons un peu plus bas; transportons-nous, par exemple, aux points qui, dans leur rotation, suivent le cercle T. Chacun de ces points, d'abord dans la région illuminée, passe en tournant, dans la région obscure. Il y a donc ici un jour et une nuit alternativement. Mais, d'après la figure, on reconnaît sans peine que le passage d'un point dans la région obscure, est de moindre durée que son passage dans la région éclairée. Alors pour ce point la nuit est plus courte que le jour. Pour d'autres points décrivant des parallèles quelconques, non tracés sur la figure mais faciles à imaginer, le jour augmente en durée et la nuit diminue à mesure que ces points sont plus avancés vers le nord; au contraire, il y a augmentation dans la durée de la nuit et diminution pour celle du jour, à mesure que ces points sont plus voisins de l'équateur E. Les points situés sur l'équateur même ont des jours et des nuits d'égale durée, des jours et des nuits de douze ans, car la partie de l'équateur comprise dans la lumière est égale à la partie comprise dans l'obscurité.

Pendant que l'hémisphère nord a des jours plus longs que les nuits, que se passe-t-il dans l'hémisphère sud ? La figure précédente nous dit que les jours vont en diminuant et les nuits en augmentant de durée ; car d'un côté la région éclairée se rétrécit, et de l'autre la région obscure devient plus large. Elle nous dit encore que, autour du pôle austral, se trouve une étendue que la rotation n'amène pas dans la région de la lumière, et pour laquelle le soleil reste toujours caché. On donne le nom de *cercle polaire antarctique* au cercle R. qui délimite la partie de la terre où, les rayons solaires ne pénètrent pas à l'époque du solstice d'été. Ce cercle est encore éloigné du pôle voisin de vingt-trois degrés et demi.

Informons-nous enfin des points qui le 22 juin reçoivent, à l'heure de midi, les rayons solaires suivant la verticale. Ces points sont situés sur le cercle T, distant de l'équateur de 23° 1/2 et nommé *tropique du Cancer*.

9. **La Terre au solstice d'hiver.** Portons actuellement notre attention sur la figure 96 représentant la terre dans la position qu'elle occupe au solstice d'hiver, c'est-à-dire lorsqu'elle est au point T″ de son orbite (fig. 94). L'axe est toujours incliné, exactement du même côté,

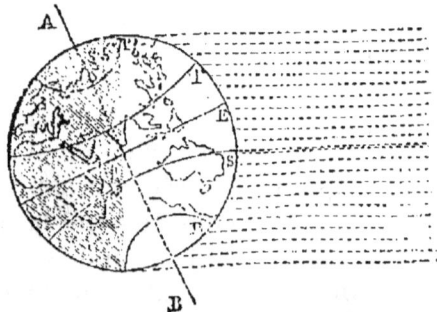

Fig. 96. La terre au solstice d'hiver.

exactement de la même quantité ; mais la lumière so-

laire arrive maintenant en sens inverse de la première
fois, parce que la terre se trouve à l'autre extrémité de
son orbite, de l'autre côté du soleil.

On voit immédiatement que du pôle boréal au cercle
polaire arctique, règne une nuit continuelle ; que
dans l'hémisphère nord, les jours sont de moindre
durée que les nuits, et d'autant plus que les contrées
considérées sont plus avancées vers le nord. On reconnaît aussi qu'à l'équateur, le jour et la nuit ont conservé
leur valeur égale ; que, dans l'hémisphère austral, les
jours sont plus longs que les nuits, et qu'enfin depuis le
cercle polaire antarctique jusqu'au pôle correspondant, il
n'y a plus de nuit. Quant aux points qui, à l'heure de
midi, reçoivent les rayons du soleil suivant la verticale,
ils sont maintenant situés sur le cercle S, distant de
l'équateur de 23° 1/2 et nommé *tropique du Capricorne*.

En comparant cet état des choses avec celui du
22 juin, on voit que les hémisphères nord et sud de la
terre ont leurs saisons climatologiques dans un ordre
inverse. Lorsque l'hémisphère nord a les jours les plus
longs et les plus chauds, l'hémisphère sud a les jours
les plus courts et les plus froids ; et réciproquement.
Dans nos régions, les mois les plus chauds sont juin
juillet et août ; dans l'hémisphère opposé, les mois les
plus chauds sont décembre janvier et février, qui pour
nous sont les plus froids.

10. **La Terre aux équinoxes.** — Aux époques des équinoxes, la terre occupe, sur son orbite, soit la position
T, soit la position T″ (fig. 94). La ligne qui joint le
centre du soleil au centre de la terre se trouve alors
dans le plan de l'équateur, et par conséquent le cercle
d'illumination passe par les deux pôles, ainsi que le
représentent la figure 90 de la page 199. Cela étant,
chaque parallèle est divisé en parties égales, par ce
cercle d'illumination, et un point quelconque de la
surface terrestre se trouve 12 heures dans la partie
éclairée et 12 heures dans la partie obscure. Aux équi-

noxes, les jours et les nuits ont donc même durée d'un pôle à l'autre de la terre. — C'est ainsi que la translation de la terre autour du soleil et le parallélisme de son axe incliné, rendent aisément compte des saisons, de l'inégalité des jours et des nuits, de l'état inverse des deux hémisphères, et remplacent par une exposition lucide l'exposition si lente et si pénible basée sur l'apparente immobilité de notre globe.

11. Précession des équinoxes.—Nous venons d'admettre que l'axe de la terre se maintient invariablement parallèle à lui même. Ce n'est pas tout à fait exact. Il éprouve un balancement conique d'une extrême lenteur, qui provient de l'imparfaite sphéricité de la terre, et du renflement équatorial sur lequel agit plus qu'ailleurs l'attraction du soleil et de la lune. Son déplacement angulaire est de 50″ par an; ou d'une circonférence entière dans une période de 26000 ans en nombre rond.

La toupie nous offre une familière image de cette oscillation conique de l'axe. Lancée d'une manière convenable, elle court sur le sol et décrit une sorte d'orbite. Ce mouvement rappelle la translation de la terre autour du soleil. En même temps, elle pirouette sur sa pointe, ce qui correspond à la rotation de la terre autour de son axe. Enfin, surtout quand le mouvement se ralentit, elle tourne penchée; elle se balance de manière que son axe décrit un cône plus ou moins ouvert (fig. 97). De même l'axe de la terre éprouve une oscillation conique; son extrémité se déplace dans le ciel en y décrivant une circonférence en 26000 ans.

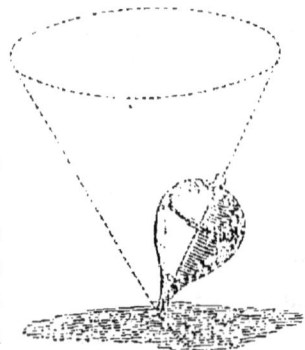

Fig. 97.

L'équateur toujours perpendiculaire à l'axe terrestre, ne se transporte donc pas parallèlement à lui-même;

et si on le considère à deux époques éloignées, ses intersections avec le plan de l'orbite ne sont pas parallèles. Par conséquent la ligne des équinoxes ne reprend pas d'une année à l'autre l'exacte position qu'elle occupait d'abord, elle s'en écarte de 50″ par an, comme l'axe s'écarte de sa direction de l'année précédente. Le point équinoxial du printemps rétrograde ainsi sur l'orbite de 50″ par rapport à la position qu'il avait une année avant ; et la terre y revient un peu plus tôt qu'elle n'y serait revenue si ce point fût resté fixe. Telle est la *précession des équinoxes*.

RÉSUMÉ

1. La terre décrit en un an une orbite elliptique autour du soleil comme foyer. Avec ce mouvement de translation de la terre, les apparences restent les mêmes que si le soleil circulait autour de la terre immobile.

2. La translation de la terre autour du soleil rend compte, de la manière la plus simple, de l'inégalité entre le jour solaire et le jour sidéral.

3. La variabilité du jour solaire provient de l'inégale rapidité de translation de la terre sur son orbite, plus grande quand le rayon vecteur est plus court, moindre quand le rayon vecteur est plus long.

4. Abstraction faite de très-lentes modifications, l'axe de la terre se maintient parallèle à lui-même sur tous les points de l'orbite.

5. Le plan de l'écliptique n'est autre chose que le plan de l'orbite terrestre. Le point de l'orbite le plus rapproché du soleil se nomme *périhélie*, et le point le plus éloigné se nomme *aphélie*.

6. Les intersections de l'équateur avec le plan de l'orbite sont des droites parallèles. La ligne des équinoxes est celle de ces parallèles qui passe par le centre du soleil. La ligne des solstices lui est perpendiculaire.

7. Les saisons ont pour cause la translation de la terre

autour du soleil et l'inclinaison de l'axe sur le plan de l'orbite.

8. A l'époque du solstice d'été, le cercle d'illumination passe au delà du pôle boréal de la terre, et en deçà du pôle austral. L'inégalité des jours et des nuits s'explique ainsi de la manière la plus simple.

9. A l'époque du solstice d'hiver, c'est l'inverse. Le pôle austral voit le soleil et le pôle boréal ne le voit pas.

10. A l'époque des équinoxes, le cercle d'illumination passe par les deux pôles, ce qui rend les jours égaux aux nuits sur toute la terre.

11. L'axe de la terre éprouve une oscillation conique dont la durée est de 26000 ans environ. Telle est la cause de la précession des équinoxes.

CHAPITRE XVII

LA LUNE

PHASES. — RÉVOLUTION SIDÉRALE ET RÉVOLUTION SYNODIQUE. — ORBITE — DISTANCE. — VOLUME

1. **Phases.** — Après le soleil, dont elle a presque le diamètre apparent, la lune est pour nous l'astre le plus remarquable. Sa lumière blanche, douce au regard et propice à l'observation, ses changements d'aspect, qui reviennent dans le même ordre dans l'intervalle d'un mois environ, n'ont pu manquer d'attirer l'attention dès les temps les plus reculés ; et l'homme, tout paraît l'affirmer, a dû supputer d'abord le temps d'après les retours périodiques de la lune aux mêmes aspects, comme en témoigne encore la division en mois de notre année. Ces changements d'aspect prennent le nom de *phases*. Suivons-les dans leur ordre d'apparition.

A un certain jour, qui se renouvelle environ 12 fois par année, la lune atteint le bord occidental de l'horizon très-peu après le coucher du soleil. Sa forme est alors celle d'un croissant très-délié qui tourne sa convexité du côté du soleil. Son bord convexe est une demi-circonférence, son bord concave est une demi-ellipse; et les deux courbes se rejoignent, sous un angle très-aigu, en deux points nommés *cornes* (fig. 98) — Un petit

Fig. 98.

Fig. 99.

nombre de jours se passe, et la lune chaque soir se montre de plus en plus élevée au-dessus de l'horizon, tandis que le soleil se couche. En même temps, son croissant acquiert une forme plus large. — Au bout d'une semaine; elle traverse notre méridien lorsque le soleil disparaît, et nous éclaire ainsi pendant la première moitié de la nuit. Le croissant est alors devenu un demi-cercle (fig. 99) C'est l'époque du *premier quartier*. — Puis, le bord opposé au soleil, qui d'abord était concave et ensuite droit, devient une demi-ellipse convexe, l'autre restant toujours une demi-circonférence (fig. 100). De jour en jour, cette convexité s'accroît, et

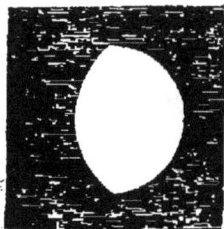

Fig. 100,

Fig. 101.

finalement la lune est un cercle complet (fig. 101). C'est

l'époque de la *pleine lune*. L'astre se lève alors quand le soleil se couche, et nous éclaire ainsi pendant toute la nuit.

À partir de la pleine lune, des faits semblables se reproduisent, mais dans un ordre inverse. Le lever de la lune se fait à une heure de plus en plus tardive par rapport au coucher du soleil. Son bord oriental reste une demi-circonférence, mais son bord occidental se déforme et passe à une demi-ellipse convexe, qui tend peu à peu vers la ligne droite. Vers la fin de la troisième semaine, ce bord occidental est devenu rectiligne, et la lune apparaît pour la seconde fois sous forme d'un demi-cercle. Elle se lève alors à minuit et ne nous éclaire que pendant la seconde moitié de la nuit. C'est l'époque du *dernier quartier*. — Puis le demi-cercle s'échancre, et bientôt se réduit à un croissant qui se montre à l'est, au point du jour, et dont les cornes sont dirigées vers l'ouest, à l'opposé du soleil. Ce croissant, chaque matin plus mince, disparaît entre le vingt-neuvième et le trentième jour. La lune alors se lève en même temps que le soleil et reste invisible. C'est l'époque de la *nouvelle lune*. — Deux ou trois jours se passent ainsi; enfin on recommence à l'apercevoir à l'ouest, peu à près le coucher du soleil, sous la forme du mince croissant qui nous a servi de départ; et les mêmes faits se reproduisent exactement dans le même ordre. — La durée d'une période entière des phases se nomme *lunaison*; elle embrasse une trentaine de jours.

Remarquons, pour en finir, que le bord de la lune regardant le soleil est toujours une demi-circonférence tournant vers lui sa convexité. Le bord opposé est tantôt une demi-ellipse, tantôt une droite, et tantôt une demi-circonférence, suivant l'instant considéré dans la période des phases. Enfin, à l'état de croissant, la lune a toujours la concavité et les cornes tournées à l'opposite du soleil.

2. Cercle d'illumination et cercle de contour apparent. — Admettons que la lune soit un corps sphérique et opa-

que comme la terre : elle n'émet pas de lumière par
elle-même, elle réfléchit seulement la lumière qui lui
vient du soleil. Admettons en outre qu'elle circule autour de nous, en une trentaine de jours, à peu près dans
le plan de l'écliptique, à une distance très-inférieure à
celle du soleil. A l'aide de ses suppositions, dont la légitimité sera établie en temps opportun, il devient très-
facile de se rendre compte des phases.

En T est la terre (fig. 102) L, L', L" etc., sont les positions

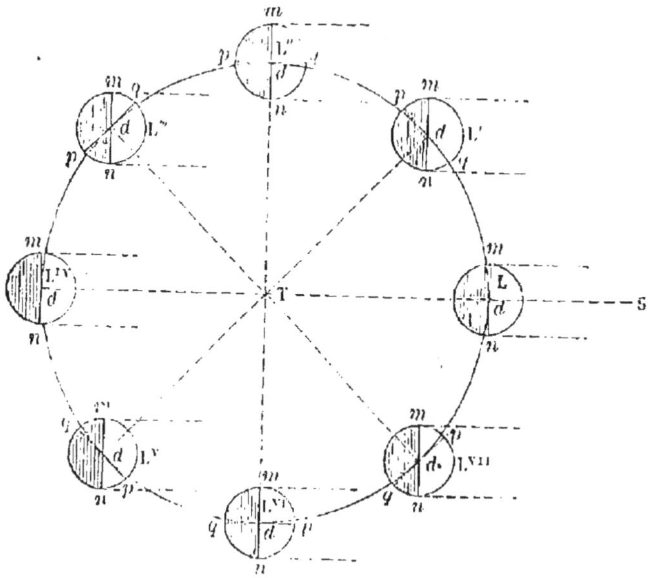

Fig. 102.

successives que la lune occupe en décrivant autour de
nous une orbite peu éloignée de la forme circulaire et
comprise à peu près dans le plan de l'écliptique. Le soleil est dans la direction S, à une distance très-grande
qui permet de regarder comme parallèles les rayons solaires reçus par la lune, quel que soit le point de l'orbite occupé. Le plan qui sépare l'hémisphère éclairé de
l'hémisphère non éclairé, en d'autres termes le *cercle
d'illumination*, est perpendiculaire à la direction des

rayons du soleil et devient dans la figure le diamètre
m n perpendiculaire à L S. Mais comme ces rayons sont
parallèles à cause de l'éloignement du soleil, le cercle
d'illumination reste parallèle à lui-même pour toute autre
position de la lune, en L', L", L''', etc. — D'autre part,
menons perpendiculairement à T L, T L', T L", etc., des
plans passant par le centre de la lune. Ils diviseront l'astre
en deux hémisphères, l'un tourné vers nous, l'autre tourné
en sens opposé. Or dans l'hémisphère tourné vers nous,
quelle partie nous est-il possible de voir ? Évidemment la
partie seule où donne le soleil ; le reste, n'étant pas
éclairé, demeure inaperçu. Examinons donc comment
sont disposés, l'un par rapport à l'autre, aux divers
instants d'une lunaison, le cercle d'illumination et le
cercle de contour apparent ; et nous trouverons là l'explication des phases.

   3. **Explication des phases.** — Quand elle est en L
(fig. 102) entre la terre et le soleil, la lune tourne vers
nous uniquement son hémisphère obscur ; elle est donc
alors en entier invisible. Cette époque est celle de la
nouvelle lune. — Considérons-la maintenant dans la position L'. Le cercle d'illumination m n, et le cercle de
contour apparent p q, comprennent entre eux un fuseau
sphérique éclairé d n q, seule partie visible de la terre.
Ce fuseau est délimité par deux demi-circonférences,
dont les projections sur le plan de la figure sont d q et
d n. Or comment se présentent ces deux demi-circonférences aux regards de l'observateur placé en T. La
demi-circonférence d q dont le plan est perpendiculaire
à T d, est vue avec sa forme réelle, la forme circulaire ;
mais la demi-circonférence d n, dont le plan est oblique
sur T d, est vue sous la forme d'une demi-ellipse. De
plus, comme l'angle des deux plans est aigu, la figure
qui résulte de l'ensemble des deux courbes est un croissant convexe du côté du soleil, concave de l'autre. C'est
bien là, dans tous ses détails, la forme reconnue par
l'observation.

En L″, le cercle d'illumination et le cercle de contour apparent sont perpendiculaires l'un à l'autre. Le fuseau éclairé, visible pour nous, embrasse le quart de la sphère. Il est limité d'un côté par la demi-circonférence *d q*, qui se présentant à nous sous une incidence perpendiculaire, est vue avec sa réelle forme. Il est limité de l'autre côté par la demi-circonférence *d n*, dont le plan passe par T *d*, ce qui donne une ligne droite pour perspective de ce côté du fuseau : résultat encore conforme aux observations. Dans la position L″, la lune est à son *premier quartier*.

En L‴, le fuseau éclairé, visible de la terre, est *q d n*, dont le côté *d q* est toujours vu avec sa forme réelle de demi-circonférence, et dont l'autre côté *d n* se présentant sous une incidence oblique, a pour perspective une demi-ellipse. Seulement, dans le cas actuel, l'angle *q d n* est obtus : et cela se traduit par une perspective convexe.

Parvenue en L^IV, en sens opposé du soleil, la lune tourne en plein vers la terre son hémisphère éclairé. Elle est donc vue sous la forme d'un cercle lumineux complet. C'est l'époque de la *pleine lune*.

On verrait pareillement qu'en L^V le fuseau visible devient, par la perspective, une figure limitée du côté du soleil par une demi-circonférence, et de l'autre par une demi-ellipse convexe; qu'en L^VI, *dernier quartier*, la moitié de l'hémisphère tourné vers nous est visible; et qu'en L^VI reparaît un croissant dont la concavité et les cornes sont à l'opposé du soleil. Ainsi s'expliquent, avec toutes leurs modifications, les aspects de la lune dans le cours d'une lunaison.

Concevons maintenant que la terre tourne sur elle-même à peu près dans le plan de la figure. Étant en L, la lune, par le fait de cette rotation, se lèvera et se couchera en même temps que le soleil. C'est le cas de la nouvelle lune. Étant en L^IV, elle se lèvera au coucher du soleil, conformément à ce qui se passe à l'époque de la pleine lune. Étant en L″ puis en L^VI, elle se trouvera dans le demi-méridien supérieur ou dans le demi-méridien inférieur, au moment du coucher du soleil, ainsi qu'il arrive à l'époque du premier quartier et à celle du dernier quartier.

4. Syzygies et quadratures. — On dit que la lune est en *conjonction avec* le soleil quand elle se trouve en L, entre cet astre et la terre. Elle est en *opposition* quand elle se trouve en L^IV, de l'autre côté de la terre par rapport au soleil. Ces deux positions sont encore nommées *Syzygies* (Σύν, avec ; ζεύγνυμι, je réunis) parce que les trois astres, soleil, terre et lune, sont alors rangés sur la même droite. Enfin les positions L″ et L^II sont dites. *Quadratures*, parce la lune se trouve distante du soleil d'un quart de circonférence.

5. Lumière cendrée. — La lune éclaire la terre en tournant vers nous en tout ou en partie son hémisphère illuminé par le soleil ; pareillement, la terre doit éclairer la lune en réfléchissant vers elle la lumière qui lui vient du soleil. Il fait *clair de terre* sur la lune, de même qu'il fait *clair de lune* sur la terre. Vue d'ici, cette illumination de l'hémisphère nocturne de la lune, éclairé par les clartés que lui réfléchit l'hémisphère diurne de la terre, prend le nom de *lumière cendrée*.

A l'époque de la conjonction A (fig. 103), la moitié de la lune située à l'opposite du soleil est en face de l'hémisphère éclairé de notre globe. Il y a donc *pleine terre* pour la lune au moment même où la lune est nouvelle et invisible pour nous ; mais le voisinage trop rapproché du soleil nous empêche d'apercevoir les rayons lumineux qui, réfléchis une première fois sur notre hémisphère éclairé, vont illuminer la lune et reviennent vers nous par une seconde réflexion. Pour voir la lumière cendrée, l'époque la plus favorable est celle où la lune se montre à nous sous la forme d'un mince croissant. Comme l'astre ne tourne alors vers nous qu'une faible partie de son hémisphère éclairé, son disque ne devrait

pas être en entier visible. Cependant si l'on observe la
lune un peu après le coucher du soleil, outre le croissant illuminé par les rayons solaires directs, on voit le
reste du disque éclairé d'une vague lueur, reflet très-

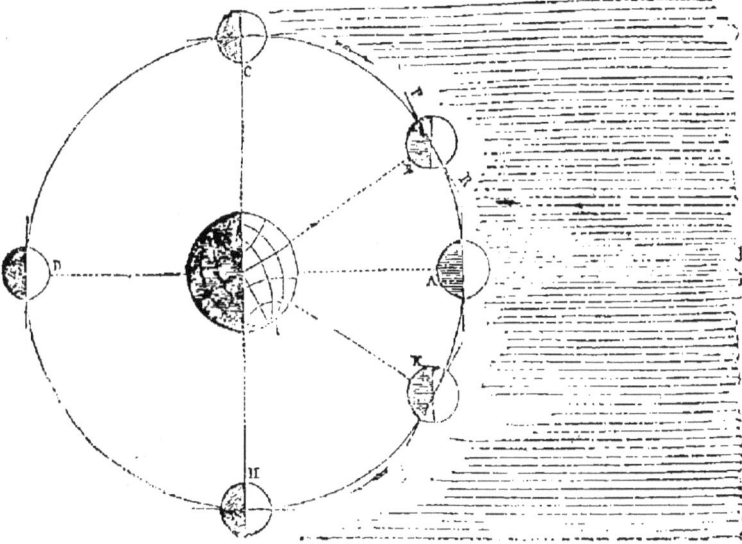

Fig. 103.

affaibli de l'illumination produite par le clair de terre
sur l'hémisphère nocturne de la lune.

A l'époque du premier quartier, dans la position C,
la lumière cendrée cesse d'être visible parce que la lune
ne voit alors que la moitié de l'hémisphère éclairé de la
terre. Le clair de terre étant affaibli de moitié, les nuits
lunaires n'ont plus une illumination assez vive pour
réfléchir vers nous des lueurs sensibles. Quand elle est
en opposition, (en D, la lune nous présente en entier
son hémisphère éclairé ; par contre, la terre lui tourne
son hémisphère obscur. C'est pour nous l'époque de
la *pleine lune;* c'est pour la lune l'époque de la terre
invisible ou *nouvelle.* — A partir du dernier quartier H,
la lumière cendrée redevient visible parce que la région
obscure du disque lunaire commence à se trouver en

face de l'hémisphère terrestre éclairé. En somme vue de la lune, la terre doit présenter les mêmes phases que la lune vue d'ici ; il y a nouvelle terre, croissant, quartier, pleine terre, etc.; seulement ces phases sont complémentaires de celles de la lune. A la nouvelle lune, par exemple, correspond la pleine terre ; et à la pleine lune correspond la nouvelle terre, comme l'établit suffisamment la figure 103.

6. **Effet de l'irradiation.** — Le croissant éclairé par les rayons directs du soleil, et la partie où simplement arrivent les clartés réfléchies par la terre, devraient former ensemble un cercle exact, perspective de l'hémisphère de la lune tourné vers nous : néanmoins, on voit le croissant déborder d'une manière très-sensible la portion du disque occupée par la lumière cendrée. Cette illusion provient de ce qu'un même objet nous apparaît avec un diamètre plus grand à mesure qu'il est éclairé d'une manière plus vive.

Traçons sur le papier à côté l'un de l'autre, deux cercles exactement de même diamètre, dont l'un sera laissé blanc avec le fond noir, et dont l'autre sera peint en noir, le fond restant blanc. Le cercle blanc sur fond noir, quoique d'égal rayon, nous paraîtra plus grand que le cercle noir sur fond blanc. Cet excès apparent d'ampleur que donne aux objets une lumière plus vive se nomme *irradiation*. C'est par l'effet de l'irradiation que le croissant, à lumière vive, nous semble déborder la région de la lumière cendrée, à clarté très-faible.

7. **Translation de la lune autour de la terre.** — Il est très-facile de reconnaître que la lune se déplace dans le ciel en vertu d'un mouvement propre, indépendant de l'illusion occasionnée par la rotation de la terre autour de son axe. L'effet de cette rotation est de montrer le ciel comme tournant autour de nous, de l'est à l'ouest dans l'intervalle de 24 heures, et entraînant avec lui les astres fixés à sa voûte imaginaire, la lune ainsi que

le soleil, ainsi que les étoiles. Il n'est pas question ici
de ce déplacement général, trompeuse apparence, mais
d'un mouvement spécial, que l'on constate comme il
suit :

Observons, un soir, la lune quand elle traverse notre
méridien. Elle s'y trouve avec telle ou telle autre étoile
dont nous prenons note. Le lendemain, à la même
heure, l'observation est reprise. Les étoiles sont exactement revenues au méridien de la veille ; une durée de
24 heures sidérales les a ramenées aux mêmes points de
la voûte céleste, ou plutôt la terre, ayant accompli une
révolution autour de son axe, nous a remis en face des
mêmes étoiles. Mais la lune fait défaut : elle est en arrière de plus de 13 degrés à l'est du méridien, exactement 13° 10′ 34″. C'est ce qu'on nomme la *vitesse angulaire diurne* de la lune, c'est-à-dire la quantité dont cet
astre se déplace journellement vers l'est.

Le surlendemain, nouveau retard qui s'ajoute au premier ; et ainsi de suite jusqu'à ce que, par l'ensemble
de ces rétrogradations accumulées, la lune ait fait le
tour complet du ciel, de l'occident à l'orient, et se
retrouve au méridien point de départ, en compagnie
des mêmes étoiles. La lune est donc animée d'un mouvement propre ; elle tourne autour de la terre, d'occident
en orient, en sens inverse de la rotation apparente du
ciel.

Peu de temps suffit pour rendre sensible ce déplacement de la lune. Si l'on remarque sa position dans le
ciel par rapport aux étoiles voisines, au bout d'une
paire d'heures on reconnaît qu'elle s'est rapprochée des
étoiles situées plus à l'est.

8. **Révolution sidérale.**—Le retour de la lune au méridien avec les mêmes étoiles a lieu en 27 jours, 7 heures
et 43 minutes, durée qu'on nomme *révolution sidérale* de
la lune. Celle-ci tourne, par conséquent, autour de la
terre d'occident en orient dans l'intervalle de 27 jours
et un quart environ. D'autre part, nous avons vu qu'une

lunaison, c'est-à-dire la durée comprise entre deux passages consécutifs de la lune par la même phase, entre deux pleines lunes, par exemple, ou deux nouvelles lunes, embrasse une trentaine de jours. Comme les phases résultent de la translation de la lune autour de la terre, la période complète de ces phases devrait égaler, ce semble, la durée de la translation. Or, nous venons de reconnaître que, pour accomplir sa révolution, revenir au même point du ciel et se retrouver au méridien avec les mêmes étoiles, la lune met 27 jours et un quart à peu près. Pourquoi donc la pleine lune ne revient-elle pas tous les 27 jours et un quart, puisque dans ce temps l'astre fait une révolution autour de nous? La cause en est la translation de la terre autour du soleil. Dans le cours d'une lunaison, la terre se transporte ailleurs sur son orbite, et, pour la rattraper et se mettre avec elle dans un point de vue identique au premier, la lune doit, encore un certain temps, continuer sa translation autour de nous.

9. Révolution synodique. — Portons maintenant notre attention sur la fig. 104, où S est le point que le soleil occupe ; T, la terre, décrivant son orbite autour de cet astre central ; et L, la lune, tournant autour de la terre, tout en l'accompagnant dans sa translation. Quand la terre est en T et la lune en L, celle-ci est pleine, car elle se trouve en opposition, de l'autre côté de la terre, par rapport au soleil. En ce moment, vue de notre globe, la lune

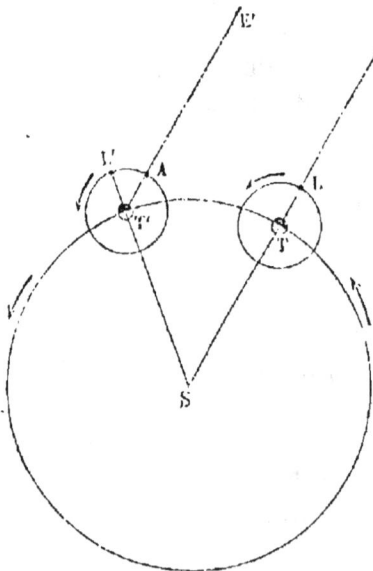

Fig. 104.

correspond à une certaine étoile située dans la direction T E, à une distance infiniment grande. Vingt-sept
jours et un quart s'écoulent, la terre se transporte sur
son orbite de T en T', et la lune, achevant son circuit,
autour de nous, vient se mettre en A, en face du même
repère céleste, en face de la même étoile, située maintenant, à cause de son excessive distance, dans la direction T' E' parallèle à T E.

Ainsi, la lune est en A quand elle est revenue à la
même étoile, en d'autres termes, quand sa révolution
sidérale est achevée ; mais la lunaison n'est pas encore
complète, pour la seconde fois la lune n'est pas pleine.
Pour devenir pleine, la lune doit encore se transporter
de A en L', à l'opposé du soleil. Eh bien, pour aller de
A en L' et rattraper le chemin que le déplacement de
la terre lui a fait perdre, la lune met un peu plus de
deux jours.

On nomme *révolution synodique* l'intervalle compris entre deux pleines lunes consécutives, ou, en général, entre deux phases pareilles. La révolution synodique est
de 29 jours, 12 heures, 44 minutes, tandis que la révolution sidérale est de 27 jours, 7 heures, 43 minutes.
L'inégalité de ces deux périodes est une preuve frappante de la translation de la terre autour du soleil.

**10. Mesure de l'ascension droite et de la déclinaison de la
lune.** — Pour déterminer le trajet de la lune sur la sphère
céleste, il nous faudrait jour par jour observer son ascension droite et sa déclinaison, comme nous l'avons fait au
sujet du soleil. Mais ici une difficulté se présente. Rappelons d'abord que pour avoir l'ascension droite du centre
du soleil, on dirige le fil vertical de la lunette méridienne
tangentiellement au bord oriental de l'astre, puis tangentiellement au bord occidental, et qu'on prend note
de l'heure sidérale à l'instant de l'un et de l'autre contacts. La demi-somme des deux résultats est l'heure sidérale du passage du centre. Pareillement, pour obtenir
la déclinaison, on dirige le fil horizontal tangentielle-

ment au bord supérieur, puis tangentiellement au bord
inférieur. La demi-somme donne la déclinaison du
centre.

Ces deux opérations, toujours applicables au soleil,
dont le disque se montre à nous constamment au complet, ne sont applicables à la lune qu'à l'époque où celle-ci
est pleine. Hors de cette époque, le disque lunaire est
plus ou moins incomplet, et l'observation ne peut se
faire sur celui des deux bords qui est invisible. La difficulté est tournée comme il suit. Reportons-nous à l'explication des phases et nous nous rappellerons qu'à un
instant quelconque de la lunaison, le bord éclairé de la
lune, tourné vers le soleil, est constamment une
demi-circonférence. Cette remarque nous permet de
prendre le diamètre apparent de la lune au moment de
l'observation, diamètre qui varie d'une manière sensible même dans l'intervalle d'un jour. Puis, s'il s'agit de
l'ascension droite, nous observerons le passage du bord
qui se présentera devant le fil vertical du réticule, bord
oriental ou bord occidental indifféremment, suivant la
phase ; et au résultat obtenu nous ajouterons ou nous
retrancherons, suivant les circonstances, le demi-dia-
mètre apparent dont nous venons d'obtenir la valeur.
On agira de même pour la déclinaison. La connaissance
préalable du diamètre apparent nous permet ainsi de ré-
duire à une seule les deux observations dont l'une est
rendue impraticable par suite de l'état plus ou moins incomplet du disque lunaire.

11. Orbite de la lune. — Les coordonnées ainsi obtenues
reportées sur une sphère, établissent que la lune se
meut autour de la terre, de l'ouest à l'est, dans un plan
incliné de $5° 8' 47''$ sur celui de l'écliptique ou de l'orbite terrestre.

En second lieu, le diamètre apparent, variable d'un
jour à l'autre, d'une heure même à la suivante, entre
les limites de $33' 34''$ et $29' 26''$, nous apprend que la
lune ne se trouve pas toujours à la même distance de la

terre. Enfin, la distance angulaire, c'est-à-dire l'angle dont l'astre se déplace sur son orbite en vingt-quatre heures sidérales, varie aussi.

Si nous répétons, avec le diamètre apparent et la vitesse angulaire, la construction déjà employée au sujet du soleil, nous reconnaîtrons que l'orbite de la lune est *une ellipse dont la terre occupe un foyer*, et que *les aires décrites par le rayon vecteur de la lune sont proportionnelles aux temps employés à les décrire*.

Aux deux extrémités du grand axe de cette ellipse sont d'une part le *périgée*, point où la lune se rapproche le plus de la terre, et d'autre part l'*apogée*, point où elle s'en éloigne le plus.

La forme exactement elliptique de l'orbite lunaire suppose que la terre est immobile; mais comme celle-ci se meut autour du soleil en entraînant la lune, il en résulte que l'orbite lunaire est en réalité une ligne sinueuse, composée d'éléments d'ellipse, dont le foyer change de position à chaque instant.

12. Nœuds. — Le plan dans lequel la lune se meut autour de la terre ne se confond pas avec celui de l'orbite terrestre; il est légèrement incliné sur celui-ci, de 5° environ comme nous venons de le voir. Une moitié de l'orbite lunaire se trouve ainsi d'un côté de l'écliptique; la seconde moitié est de l'autre côté. Par conséquent, dans une de ses révolutions autour de nous, la lune par deux fois traverse le plan de l'orbite terrestre. Les points de rencontre s'appellent les *nœuds*, et l'intersection des plans des deux orbites *ligne des nœuds*. Le *nœud ascendant* est celui où la lune traverse l'écliptique pour passer de l'hémisphère austral dans l'hémisphère boréal; le *nœud descendant* est celui du passage de l'hémisphère boréal dans l'hémisphère austral. On les détermine par une méthode analogue à celle qui nous a fait connaître les points équinoxiaux. Deux observations méridiennes consécutives sont faites en temps favorable, celle de la veille quand la lune est d'un côté de l'écliptique, celle du lendemain quand la lune a passé du côté opposé. Une simple proportion permet ensuite de calculer le point où la lune a traversé l'écliptique. Comme les points équinoxiaux, les nœuds ne sont pas fixes : ils se déplacent de l'est à l'ouest, ils rétrogradent mais d'une manière bien plus rapide. Ils font, en effet, une révolution entière en 18 ans et 3/5 environ, au lieu des 26000 qu'emploient les points des équinoxes.

13 Distance. — La méthode que nous avons développée au paragraphe 3 du chapitre XII pour obtenir la parallaxe, est parfaitement applicable à la lune. On trouve ainsi que la parallaxe de la lune est de 57′, c'est-à-dire que de cet astre on verrait le rayon terrestre sous un angle de 57′. En raisonnant sur cette parallaxe comme nous l'avons fait sur celle du soleil au paragraphe 6 du même chapitre, nous verrions que *la distance de la lune à la terre est*, en nombre rond, *de 60 rayons terrestres.*

D'ailleurs cette parallaxe est variable suivant que la lune est plus ou moins près de la terre. Son maximum, correspondant au périgée, est de 61′; son minimum, correspondant, à l'apogée est de 53′. Ce qui donne pour la distance apogée 63 rayons terrestres, et pour la distance périgée 57. La distance de 60 rayons terrestres est donc une moyenne.

14. Rayon. Surface. Volume. Masse. — Les mêmes raisonnements que nous avons faits au sujet du soleil, nous permettent de déduire le rayon de la lune de la valeur de la parallaxe. Ce rayon est les 3/11, ou à peu près le quart, de celui de la terre.

La surface est alors environ 14 fois moindre que celle de la terre ; et le volume environ 49 fois moindre.

Rappelons-nous maintenant que le problème de la détermination de la masse d'un corps céleste comparativement à celle de la terre, se réduit à savoir de combien, en une seconde et à la même distance, un corps tombe en premier lieu vers la terre, en second lieu vers l'astre considéré. Ainsi pour avoir la masse du soleil, nous avons calculé, d'après la loi du carré des distances, de combien en une seconde tomberait un corps vers la terre s'il se trouvait à la distance du soleil ; nous avons calculé ensuite, d'après l'arc dont la terre se déplace en une seconde sur son orbite, de combien elle tombe vers le soleil. Le quotient de ce dernier nombre par le premier est la masse du soleil par rapport à celle de la terre.

Cette marche n'est nullement applicable à la lune, par la raison que nul corps ne circulant autour de cet astre, le moyen manque pour obtenir la chute en une seconde vers la lune. On a recours alors à des moyens plus détournés, dans le détail desquels il est impossible d'entrer ici. Nous verrons plus tard que les mouvements périodiques des océans, les marées, ont pour cause principale l'attraction de la lune sur les eaux des mers. Cette attraction étant proportionnelle à la masse, il devient possible d'obtenir la masse de la lune d'après l'étude des marées. On trouve ainsi que cette masse est environ 88 fois moindre que celle de la terre.

D'après cela, la pesanteur à la surface de la lune est les 0,16 de ce qu'elle est à la surface de la terre ; et un corps, en tombant, y parcourt $0^m,82$ dans la première seconde de sa chute. Quant à la densité moyenne, elle est 3,44, celle de l'eau étant prise pour unité,

RÉSUMÉ.

1. Les changements d'aspect périodiques de la lune portent le nom de *phases*. On distingue principalement la *nouvelle lune*, le *premier quartier*, la *pleine lune* et le *dernier quartier*. La durée d'une période complète des phases se nomme *lunaison ;* elle embrasse une trentaine de jours. Quand le disque de la lune ne se montre pas au complet, le bord regardant le soleil est toujours une demi-circonférence ; le bord opposé est une demi-ellipse, concave ou convexe ; ou bien encore une droite à l'époque du premier et du dernier quartier.

2. Le *cercle d'illumination* est le cercle qui sépare l'hémisphère éclairé par le soleil de l'hémisphère non éclairé. Il reste parallèle à lui-même dans toutes les positions de la lune; car il est perpendiculaire aux rayons du soleil, eux-mêmes parallèles. Le *cercle de contour apparent* sépare l'hémisphère tourné vers nous de l'hémisphère tourné en sens opposé. Il est perpendiculaire à la droite joignant le centre de la terre au centre de la lune.

3. La disposition que prennent l'un par rapport à l'autre le cercle d'illumination et le cercle de contour apparent à mesure que la lune circule autour de la terre, rend compte des phases dans tous leurs détails. La nouvelle lune a lieu quand la lune se trouve du même côté que le soleil par rapport à la terre; et la pleine lune, quand elle se trouve du côté opposé.

4. La position de la nouvelle lune est dite *conjonction*, et celle de la pleine lune *opposition*. Les deux sont désignées par le nom de *syzygies*. Les *quadratures* sont les positions de la lune à état de premier ou de second quartier.

5. La *lumière cendrée* provient de l'illumination de l'hémisphère nocturne de la lune par les clartés que lui réfléchit l'hémisphère diurne de la terre. Vue de la lune, la terre doit présenter les mêmes phases que nous présente d'ici la lune.

6. Par l'effet de l'*irradiation*, un corps paraît plus grand s'il est plus vivement éclairé. C'est pour ce motif que le croissant de la lune semble déborder un peu le reste du disque éclairé par la seule lumière cendrée.

7. La lune a un mouvement propre qui lui fait occuper de jour en jour des constellations plus orientales.

8. Le retour de la lune au méridien avec les mêmes étoiles a lieu en 27 jours, 7 heures environ. C'est la durée de la *révolution sidérale*, ou le temps mis par la lune pour accomplir une révolution autour de la terre.

9. On nomme *révolution synodique* l'intervalle compris

entre deux phases consécutives pareilles, entre deux pleines lunes par exemple. Sa valeur est de 29 jours et 12 heures environ. L'inégalité entre la révolution synodique et la révolution sidérale a pour cause le mouvement de translation de la terre.

10. Pour obtenir l'ascension droite et la déclinaison de la lune, alors que le disque lunaire n'est pas en entier visible, il faut d'abord mesurer le diamètre apparent.

11. La lune décrit autour de la terre, comme foyer, une orbite elliptique dont le plan est incliné d'environ 5° sur celui de l'écliptique. Les extrémités du grand axe de cette ellipse portent les noms de *périgée* et *d'apogée*.

12. Les *nœuds* sont les deux points où la lune rencontre le plan de l'écliptique. Il y a un *nœud ascendant* et un *nœud descendant*. La *ligne des nœuds* est l'intersection du plan de l'orbite lunaire et du plan de l'orbite terrestre. Les nœuds rétrogradent comme le font les points équinoxiaux. Ils font une révolution entière dans le plan de l'écliptique en dix-huit ans environ.

13. La distance de la lune à la terre est en moyenne de 60 rayons terrestres.

14. Le rayon de la lune est les 3/11 de celui de la terre. Son volume est 49 fois moindre que celui de notre globe, et sa masse 88 fois moindre.

CHAPITRE XVIII

LA LUNE

ROTATION. — CONSTITUTION PHYSIQUE.

1. **Taches de la lune.** — Même pour le regard le moins versé dans les observations astronomiques, la surface de la lune présente un caractère fort remarquable, consistant en taches irrégulières, les unes plus

claires, les autres plus sombres, où, de tout temps,
l'imagination populaire s'est compluc, mais en vain, à
retrouver quelques vagues traits d'une figure humaine.
Contrairement aux taches du soleil, qui se forment et
se déforment en quelques jours, parfois sous le regard
même de l'observateur, les taches de la lune sont permanentes. Telles les voyait l'antiquité, telles nous les
voyons aujourd'hui, car les descriptions lunaires d'autrefois se rapportent, sans aucun changement, à ce que
nous voyons aujourd'hui : enfin, les taches du soleil se
meuvent, emportées d'occident en orient par la rotation de l'astre ; les taches de la lune conservent chacune
une invariable position sur le disque, celles du centre se
maintenant toujours au centre, celles des bords restant
toujours aux bords.

  2. **Rotation.** — Or, cette fixité des taches en des positions invariables démontre que la lune tourne sur elle-
même, et dans un temps exactement égal à celui qu'elle
met pour accomplir une révolution autour de la terre.
Car soient T la terre, l la lune, et a une tache située au
centre de l'hémisphère qui nous fait face (fig. 105). Si la

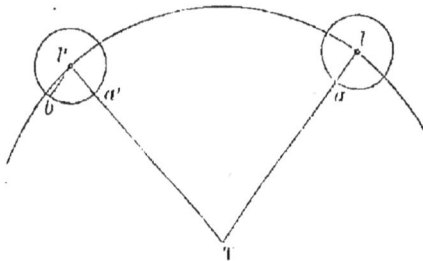

Fig. 105.

lune parvenait en l sans tourner sur elle-même, le rayon
lunaire la se transporterait parallèlement et prendrait la
position $l'b$, de manière que la tache a serait vue maintenant en b. Mais ce n'est pas du tout ainsi que les choses
se passent. La tache occupant au début le centre du

disque, occupe encore ce centre et se trouve en a'. Il faut donc que la lune ait tourné sur elle-même de l'angle $bl'a'$ égal à l'angle lTl. Ainsi la lune tourne autour de son axe d'une quantité angulaire égale à celle dont elle se déplace sur son orbite; et par conséquent la durée de sa rotation est de 27 jours 7 heures et 43 minutes, comme celle de sa translation autour de la terre ou de sa révolution sidérale. Remarquons en outre que cette rotation est dirigée d'occident en orient, dans le même sens que le mouvement de translation.

C'est ainsi que la lune nous présente toujours le même hémisphère, comme on le constate d'après la perpétuelle permanence des taches obscures et des parties lumineuses de son disque. La face que nous voyons aujourd'hui de la terre, les siècles les plus reculés l'ont vue exactement pareille, et les siècles à venir la verront comme nous. Pour toujours la face opposée nous restera cachée. Et cependant la lune tourne sur son axe dans une période de 27 jours environ; mais pendant ce même temps elle accomplit sa révolution autour de la terre, si bien que, en effectuant une partie de sa rotation sur elle-même, ce qui devrait nous cacher certaines régions et les remplacer par de nouvelles, elle décrit une égale partie de son orbite autour de nous, de manière à rester dans un invariable point de vue et à nous montrer les mêmes régions.

3. **Vérification expérimentale.** — Cette double rotation de la lune, sur elle-même et autour de la terre, double rotation dont les effets mutuellement s'annulent à cause de la parité de durée, peut être imitée comme il suit. — Plaçons-nous au milieu d'un appartement et faisons un tour, un seul, sur les talons. Les diverses parties de l'appartement, cloisons, portes, fenêtres, cheminées, etc., passeront l'une après l'autre sous nos yeux, et le tour sera fini lorsque le regard rencontrera de nouveau l'objet point de départ. — Maintenant, au centre de la chambre, mettons une table ronde, et

sur la table un globe géographique, ou le premier objet venu. Cet objet représente la terre. On tourne autour de la table en regardant toujours l'objet figurant la terre. La lune, dont l'expérimentateur tient lieu, présente ainsi à la terre constamment le même hémisphère, c'est-à-dire la figure de la personne ; et quand le tour de la table sera fini, l'expérimentateur aura fait une rotation sur lui-même, car les diverses parties de l'appartement, cloison de gauche, porte, fenêtre, cloison de droite, cheminée, etc., auront passé sous ses yeux, absolument comme si, au lieu de circuler autour de la table, il avait fait une simple pirouette sur les talons. En regardant toujours l'objet placé sur la table, il aura tourné une fois sur lui-même pendant qu'il tournait une fois autour de la table. Pareillement la lune fait une révolution autour de la terre dans le temps qu'elle met à tourner sur son axe ; et c'est ainsi qu'elle nous montre toujours le même hémisphère.

4. **Libration en longitude.** — Le mouvement de rotation de la lune autour de son axe est uniforme ; son mouvement de translation autour de la terre est variable, d'après la loi des aires ; il est plus rapide au périgée, plus lent à l'apogée. De là résulte entre les deux rotations un défaut de concordance qui nous permet de voir, tantôt au bord oriental, tantôt au bord occidental de la lune, une faible partie de l'hémisphère qui se-rait totalement invisible dans les conditions d'une concordance parfaite.

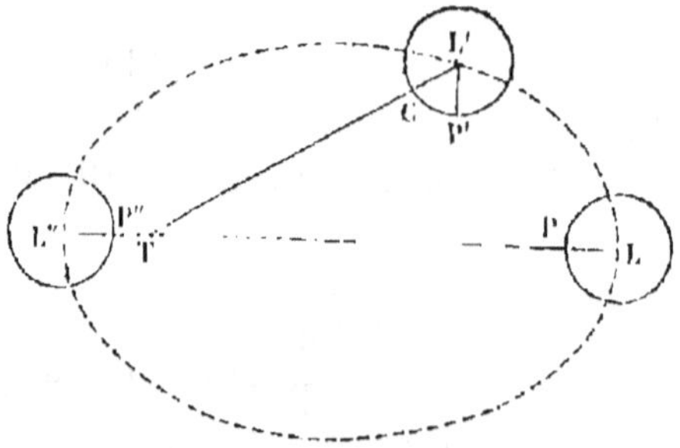

Une figure précisera mieux ces considérations (fig. 106). Soient T la terre au foyer de l'orbite elliptique, L la lune dans

Fig. 106

la position de l'apogée, et P une tache vue au centre

du disque. Soit encore L″ la position de la lune au périgée. Admettons que les deux secteurs LTL′ et L′TL″
aient même surface. D'après le principe des aires, la
lune mettra le même temps pour se transporter soit de
L en L′, soit de L′ en L″ ; et ce temps sera le quart de
la durée d'une révolution complète puisque le grand
axe LL″ divise l'orbite à deux parties égales. Comme
d'un autre côté la durée de la rotation est exactement
la même que celle de la translation, en arrivant en L′
la lune aura fait sur elle-même un quart de tour ; ce
qui transportera la tache P en P′, sur un rayon L′P′ perpendiculaire au rayon primitif PL. Vue de T, cette tache
n'occupera donc plus le centre C du disque, mais se
trouvera plus à l'ouest, d'une quantité égale à l'arc CP′ ;
ce qui mettra à découvert sur le bord oriental du disque
des régions d'abord non visibles et comprises dans un
fuseau ayant pour largeur le même arc CP′. Ainsi en
allant de l'apogée au périgée, la lune nous montre à
son bord oriental une petite portion de l'hémisphère
opposé.

Au périgée, en L″, la tache se trouvera de nouveau
au centre P″, car la lune aura fait une demi-rotation
sur son axe et une demi-révolution autour de la terre.
— Du périgée à l'apogée, semblable discordance se renouvellera ; mais ce sera le bord occidental qui cette
fois-ci nous montrera de nouvelles régions. De la sorte,
l'astre paraît soumis à un léger balancement tour à tour
de l'est à l'ouest, puis de l'ouest à l'est, balancement
qui prend le nom de *libration en longitude*. La valeur de
cette oscillation est de 8 degrés environ, tantôt à l'orient
tantôt à l'occident. Nous voyons donc, d'un côté, puis
de l'autre, un fuseau de 8 degrés appartenant à l'hémisphère opposé.

5. **Libration en latitude.** — L'axe de rotation de la
lune est à peu près perpendiculaire au plan de l'écliptique, car il fait avec lui un angle de 83° 1/2 environ.
De plus, il reste constamment parallèle à lui-même,

comme le fait l'axe de la terre, pendant la durée d'une révolution. A l'époque des nœuds, c'est-à-dire quand la lune traverse le plan de l'écliptique, nous voyons sur cet astre, sinon les deux pôles à la fois puisque la perpendicularité de l'axe n'est pas exacte, du moins l'un d'eux et les régions qui avoisinent l'autre. Mais après son passage au nœud ascendant, la lune s'élève au-dessus de l'écliptique *ee'* et prend par exemple la position *l* (fig. 107). Alors le pôle *p* n'est plus visible de la terre T,

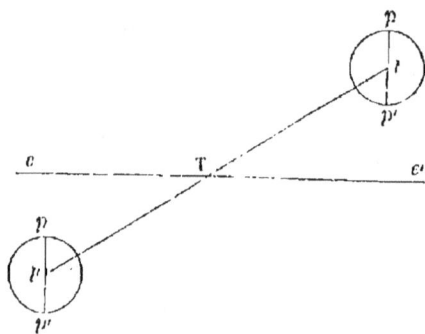

Fig. 107.

et se sont les régions entourant le pôle *p'* qui se présentent aux regards. Le contraire arrive après le passage au nœud descendant. La lune est de l'autre côté de l'écliptique, en *l'*, et nous montre le pôle *p'*. A tour de rôle, suivant qu'elle se trouve au-dessus ou au-dessous du plan de l'orbite terrestre, la lune nous laisse voir ainsi une petite portion de l'hémisphère opposé, vers l'un et l'autre pôle, comme si l'astre oscillait autour d'un axe horizontal contenu dans le plan de son orbite. Cette oscillation apparente se nomme *libration en latitude*. Elle nous montre alternativement, par delà le pôle nord et par delà le pôle sud, une région de 6° 1/2.

6. **Montagnes de la Lune.** — Examinée au télescope, la lune apparaît semée d'une multitude de taches rondes ou ovalaires, mi-partie éclairées, mi-partie obscures, et entourées d'un bourrelet ou rempart dont les crêtes brillent du plus vif éclat. A l'époque de la nouvelle lune ou du dernier quartier, alors que la partie visible de l'astre est réduite à un mince croissant, la netteté de ces détails est admirable, et l'on reconnaît,

sans la moindre hésitation, que ces taches rondes sont
des cavités, des cratères énormes. La pente intérieure
du gouffre en face du soleil est éclatante de lumière; la
pente opposée, à l'abri des rayons solaires, est d'une
obscurité profonde. Les pics du rempart circulaire
semblent flamboyer, et la montagne en bloc projette, en
arrière, dans les plaines, son ombre d'un noir intense.

Cela se répète partout à la surface de la lune; partout le trait dominant de l'astre est un aspect tourmenté, qui rappelle, mais avec des proportions énormes,
celui de certains cantons de l'Auvergne et du Vivarais,
couverts de vieux volcans en repos. Sauf quelques grands
espaces nivelés, mal à propos qualifiés de mers, la surface de la lune est hérissée de montagnes à configuration volcanique, c'est-à-dire excavées en cratère. La
forme la plus générale est celle de protubérances creu-
sées, au sommet, d'une vaste enceinte circulaire ou
cirque, dont le centre est fréquemment occupé par un
dôme, par un piton élevé (fig. 108).

Fig. 108. Forme générale des montagnes lunaires.

7. Hauteur des montagnes lunaires. Diamètre de leurs cratères. — Tous ces cratères sont-ils des bouches volcaniques comme nous l'entendons sur la terre? Leurs prodigieuses dimensions ne permettent pas de le croire. Le cratère de *Clavius* (1) mesure 55 lieues de diamètre ; celui de *Ptolémée*, 45 ; celui de *Copernic*, 22; celui de *Tycho*, 20. Que sont à côté les bouches volcaniques terrestres, les cratères du Vésuve et de Ténériffe, par exemple, dont le diamètre n'atteint que 200 et 150 mètres ! Leur hauteur n'est pas moins imposante. *Ptolémée* a 2643 mètres d'élévation ; *Copernic*, 3418 ; *Tycho*, 5216 ; *Clavius*, 7091 ; *Newton*, 7264 ; *Dœrfel* va jusqu'à 7603.

Si les petits cratères de la lune peuvent raisonnablement se comparer aux bouches volcaniques terrestres, ces immenses circonvallations rappellent plutôt certains effondrements circulaires, certaines vallées cratériformes qui, dans les Pyrénées, prennent le nom de cirques. Ce ne sont pas des bouches éruptives comme le Vésuve et l'Etna, mais des points où la surface de la lune s'est soulevée sous la pression de poussées intérieures, puis effondrée au centre de la boursouflure en laissant un amphithéâtre de remparts verticaux.

Mais encore quelle disproportion entre les cirques de la lune et ceux de la terre? Le cirque de Héas, dans les Pyrénées, est un gouffre de plus de deux lieues de circuit. Les remparts n'ont jamais moins de 800 à 900 mètres de haut. De nombreux troupeaux errent dans son enceinte, dont ils ont peine à trouver les limites. Trois millions d'hommes ne le rempliraient pas ; six millions auraient place sur les gradins de ses remparts. Et pourtant, le majestueux cirque pyrénéen n'est qu'une fossette, comparé aux cirques lunaires, qui mesurent 100,150 lieues de tour, et dont les murailles se dressent

_____

(1) On a donné aux montagnes de la lune le nom d'astronomes célèbres.

à 6 et 7 kilomètres. A l'intérieur de l'enceinte, l'amphi-théâtre a même plus de profondeur, car il est à remar-quer que le fond des cirques lunaires est en général au-dessous du niveau du sol extérieur, comme si la ma-tière de l'astre, fluide ou pâteuse à l'époque lointaine de ses convulsions, avait éprouvé un retrait vers le cen-tre au moment où la boursouflure crevée s'épanouissait en circonvallation.

8. **Rapport de la hauteur des montagees au rayon de la lune.** — Sur 1095 montagnes lunaires dont la hauteur est mesurée, 6 dépassent 6000 mètres, et 22 sont supé-rieures à la cime du Mont-Blanc, dont l'altitude est de 4810 mètres. Le pic lunaire *Dœrfel*, avec ses 7603 mè-tres d'élévation, peut presque entrer en parallèle avec le Gaurisankar et le Kunchinjunga, les plus hautes montagnes de la terre, qui s'élèvent à 8840 mètres. En tenant compte du petit volume de l'astre, l'exagération des montagnes lunaires devient plus frappante. Le Gau-risankar représente en relief la 740 millième partie du rayon terrestre ; *Dœrfel* représente la 227 millième par-tie du rayon lunaire. D'après cette comparaison des cimes extrêmes, on voit que, toute proportion gardée, les montagnes sont trois fois plus hautes sur la lune que sur la terre.

Une cause très-probable de cet excès du relief lunaire, c'est la pesanteur, qui représente les 0,16 de la pesan-teur à la surface de la terre, ou bien est environ 6 fois moindre. En effet, si les montagnes de la lune sont dues, comme celles de la terre, à des commotions centrales, à des poussées intérieures qui les auraient soulevées au-dessus du niveau général, on conçoit qu'une même force ait produit des effets plus considérables là où le poids des matériaux ébranlés présentait six fois moins de ré-sistance.

9. **Méthode pour mesurer la hauteur des montagnes lu-naires.** — Si la lune avait une surface entièrement exempte d'inégalités, la ligne de séparation de la partie

éclairée par le soleil et de la partie obscure serait d'une
parfaite régularité. Or, si l'on examine l'astre à l'état de
croissant, on voit, au contraire, en dehors de l'arc concave, une foule d'irrégularités lumineuses, en particulier des points brillants isolés et comme détachés du
croissant. Ces points sont les cimes des montagnes qui,
par suite de leur élévation, reçoivent le soleil avant les
plaines environnantes, et brillent lorsque, à leurs pieds,
tout est encore plongé dans l'obscurité de la nuit. De la
distance de ces points brillants à la ligne de lumière
continue, on peut déduire la hauteur des montagnes
correspondantes ; car, plus un pic est élevé, plus tôt
aussi les rayons du soleil en frappent la cime.

Considérons, par exemple, la lune à l'époque des
quadratures. Le cercle d'illumination est alors pour
nous en perspective le diamètre AE perpendiculaire aux
rayons du soleil AS (fig. 109). Soit B le sommet d'une

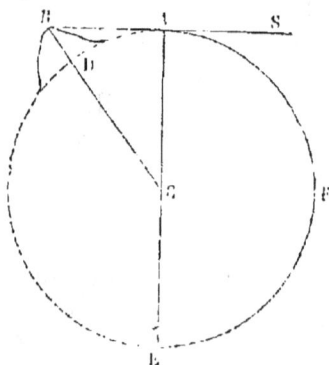

Fig. 109

montagne, sommet qui,
frappé par les rayons du soleil, se traduit par un point
brillant vu en dehors de la
ligne de séparation de la lumière et de l'obscurité. Mesurons le diamètre apparent
de AB, qui, comparé au diamètre apparent de la lune
AE, nous donnera la valeur
linéaire de AB, celle du rayon
AC étant déjà connue. Mais
le triangle ABC est rectangle. On peut donc calculer son
hypothénuse BC, qui diminuée de la longueur du rayon
lunaire, donne BD hauteur de la montagne. — Une autre méthode, d'un emploi plus général, consiste à déduire la hauteur d'une montagne de la longueur de son
ombre.

10. Cirque de Tycho. — Le diamètre de ce cirque lunaire est de 20 lieues et son contour de 63. La hauteur

des murailles est, en quelques points, de 5000 mètres et
plus. Pour combler ce gouffre, trois des grandes montagnes de la terre, le Chimborazo, le Mont-Blanc et le
pic de Ténériffe ne suffiraient pas. Une plaine rugueuse
constitue le fond du cirque. Elle brille, ainsi que les parois intérieures des remparts, d'un éclat particulier,
comme si quelque matière de nature cristalline était
remontée des entrailles de l'astre au moment où s'ou-
vrit le cratère, et avait laissé sur son trajet un enduit
vitreux. Enfin un piton de 5000 mètres d'élévation se
dresse au centre même de l'enceinte.

Les flancs extérieurs du cirque ont moins d'éclat, par
suite apparemment de leur nature différente ; mais, en
dehors, partent du pied des remparts et rayonnent en
tous sens, sur le sol grisâtre, de longues bandes brillantes douées du même éclat que le centre et les parois
internes du cratère. *Kepler*, *Copernic* et d'autres cratères, servent également de centre à de pareils rayons.
Ces bandes brillantes ne projettent pas d'ombre ; au lieu
d'être formées d'aspérités, elles se trouvent donc à fleur
du sol. Suivant toute apparence, à l'époque où de vio-
lentes convulsions donnaient ses cratères à la lune, le
sol s'est étoilé de cassures autour des centres de com-
motion, et la matière intérieure, vitreuse peut-être,
très-réfléchissante et pareille à celle dont les parois internes et le fond du cratère sont formés, est venue remplir ces crevasses en remontant au dehors.

11. **Rainures.** — Des cassures analogues, mais d'un
autre aspect, se montrent en différentes régions de la
lune. On leur donne le nom de *rainures*. Ce sont des sillons, des fossés rectilignes, compris entre deux talus
parallèles à pic. La plupart sont isolées ; quelques-unes
se rejoignent, ou même s'entre-croisent. Leur longueur
est comprise entre 4 et 50 lieues, et leur plus grande
largeur atteint 1600 mètres. Dans la pleine lune, elles
apparaissent comme des lignes blanches, parce que leur
cavité est éclairée en entier. Sur l'astre à l'état de crois-

sant, elles sont noires, à cause de l'ombre que projette dans leur cavité le talus non atteint par le soleil. Il est vraisemblable que ces cassures sont les dernières en date des nombreuses dislocations éprouvées par le sol lunaire. Du moins, elles sont postérieures à la formation des cirques, car quelques-unes ont pénétré dans certains cratères en faisant brèche à travers leurs remparts.

12. **Plaines lunaires.** — L'astronomie emploie les expressions de marais, de lacs, de mers, pour désigner certaines parties de la lune. On dit : la *mer de nectar*, la *mer des crises*, la *mer des nuées*, la *mer des vapeurs*, la *mer des tempêtes*, la *mer de la sérénité*, le *lac des songes*, le *marais du sommeil*, etc., au sujet des taches grisâtres que nous distinguons en grande partie à la vue simple. Ce sont là des expressions impropres, consacrées par l'usage, car il n'y a pas d'eau à la surface de la lune. En dirigeant un télescope vers ces prétendues mers, on y reconnaît de grands terrains plats, criblés de bouches volcaniques, fendillés de crevasses, et moins brillants que les régions montagneuses.

13. **Absence de lumière diffuse** — Après le relief tourmenté du sol lunaire, un fait entre tous frappe l'observateur : c'est l'étrange âpreté des lumières et des ombres, la crudité de l'illumination. Le moindre télescope nous montre les ombres lunaires aussi franchement noires, aussi nettement délimitées qu'un flot d'encre sur une feuille de papier. La lune n'a donc pas de lumière diffuse. Elle n'a pas davantage de crépuscule : au moment où le soleil se lève ou se couche, le jour, la nuit surviennent soudain, le premier avec tous les éblouissements de la lumière, la seconde avec toute la noirceur de son obscurité. A l'abri direct du soleil, ce n'est pas notre demi-jour, ce n'est pas l'ombre, mais quelque chose de plus nourri, de plus opaque Ce serait la nuit totale sans les reflets d'un sol accidenté.

14. **Absence d'atmosphère.** — Une observation très-

simple nous apprend que si une enveloppe aérienne existe autour de la lune, du moins elle n'est pas nuageuse comme notre atmosphère. Si les nuages y flottaient, en effet, de la terre nous les verrions errer sur le disque de l'astre, comme des taches de formes changeantes. Or, on n'aperçoit rien de pareil. Quand notre ciel est limpide, la lune est toujours d'une parfaite sérénité ; nul voile vaporeux ne vient, même de loin en loin, troubler un peu la netteté des accidents du sol.

Une atmosphère douée d'une perpétuelle limpidité n'est pas même admissible. De tous les effets qui résultent de notre propre enveloppe aérienne, l'un des plus frappants est la transition ménagée entre le jour et la nuit. Nous passons de l'illumination du jour aux ténèbres nocturnes, et de la nuit à l'illumination du jour, par les clartés crépusculaires, qui, le matin et le soir, sont réfléchies par les hauteurs de l'atmosphère, les premières et les dernières illuminées. Pour un observateur qui le verrait à distance, le globe terrestre n'apparaîtrait donc pas divisé en région obscure et en région éclairée par une ligne de brusque démarcation ; il y aurait, au contraire, entre la région de l'ombre et celle de la lumière, une zone à lueur indécise, la zone crépusculaire, établissant de l'une à l'autre un passage graduel.

Sur le disque de la lune, rien de tout cela ne se remarque. La partie obscure et la partie éclairée sont délimitées par une ligne brusque, nette, sans demi-jour intermédiaire. S'il n'y a pas, entre le jour et la nuit, à la surface de la lune, le terme moyen de l'illumination crépusculaire, la conclusion est évidente ; la lune n'a pas d'atmosphère.

On arrive au même résultat par les considérations suivantes. Par le fait de sa translation autour de la terre, la lune se déplace dans le ciel, et passe de temps à autre devant quelque étoile ; elle nous la cache, elle l'*occulte*, comme on dit. Si la lune était entourée d'une enveloppe aérienne, la durée de l'*occultation* serait un

peu abrégée, parce que l'étoile, à cause de la déviation
de ses rayons à travers cette atmosphère lunaire, serait
visible pour nous un peu après avoir disparu derrière le
disque de l'astre et un peu avant de surgir en réalité au
bord opposé.

Soient, en effet, L la lune supposée enveloppée d'une

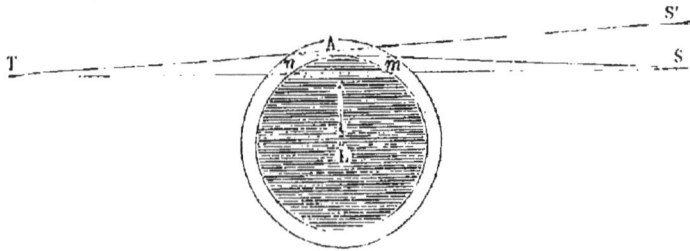

Fig. 110.

atmosphère n m, T la terre, et S une étoile. En l'état
l'étoile est réellement occultée et devrait être invisible
de le terre, car la droite T S rencontre le globe opaque
de la lune. Mais considérons le rayon Sm qui plonge
dans l'atmosphère lunaire. Ce rayon passant d'un milieu
moins dense, le vide des espaces célestes, dans un milieu
plus dense, l'enveloppe aérienne de la lune, est dévié de
sa direction initiale d'après les lois de la réfraction de la
lumière. Il se rapproche de la normale à son entrée dans
l'atmosphère, il s'en éloigne à sa sortie, et les deux effets
amènent le rayon à la terre suivant la direction nT. Le
spectateur en T voit donc l'étoile dans le prolongement
de Tn, c'est-à-dire en S'. Ainsi, en de telles conditions,
l'étoile est visible alors même qu'elle est réellement derrière le globe opaque de la lune. Pareil fait se reprodui-
rait un peu avant la fin de l'occultation : l'étoile re-
deviendrait visible avant d'être dégagée de son écran
opaque.

Or, si l'on mesure la durée d'une occultation, on la
trouve exactement égale à celle employée par la lune

pour se déplacer de son propre diamètre. Puisque l'étoile reste cachée derrière la lune juste le temps que celle-ci met à passer, il faut que les rayons stellaires cessent de nous parvenir à l'instant précis où le disque lunaire atteint l'étoile, et nous reviennent à l'instant précis où ce disque, déplacé de son diamètre, ne la masque plus ; il faut, en d'autres termes, que ces rayons ne soient pas réfractés au voisinage de la lune, ce qui entraîne logiquement l'absence d'une atmosphère.

Gardons-nous toutefois d'une négation trop absolue. Un point seul est certain : si la lune possède une enveloppe aériforme, la substance de cette enveloppe, qui ne s'illumine pas de clartés crépusculaires et ne réfracte pas la lumière, est quelques milliers de fois plus rare que l'air de notre atmosphère. Le vide produit par nos meilleures machines pneumatiques est plus riche en matière.

15. Absence d'eau. — De l'absence d'une atmosphère, on conclut forcément à l'absence d'eau, car s'il existait des nappes aqueuses, mers, lacs ou étangs, à la surface de la lune, une évaporation spontanée, rendue plus abondante par un soleil permanent de quinze jours, envelopperait l'astre d'une couche de nuages et de vapeurs. Or, nuages, vapeurs, enveloppe quelconque, tout cela fait défaut. Le sol de la lune est donc partout à sec.

En l'absence de ces deux conditions premières de la vie, l'air et l'eau, la lune est le domaine exclusif de la matière brute, le domaine du minéral. C'est une solitude perpétuellement silencieuse, un désert d'une morne immobilité, d'où la plante et l'animal, tels que nous les connaissons, sont irrévocablement exclus.

16. Climat de la lune. — On peut l'affirmer avec d'autant plus de raisons, que, à l'absence de l'air et de l'eau, vient s'adjoindre une alternative de températures extrêmes. Le jour solaire, en effet, vaut, pour la lune, la durée de la révolution synodique, soit 29 jours et 12 heures. Deux périodes égales, l'une d'illumination,

14.

l'autre d'obscurité, partagent cette durée. Pendant environ 15 fois 24 heures, chaque hémisphère reste donc
sans interruption en présence du soleil ; et pendant
15 fois 24 heures, il demeure plongé dans l'ombre de la
nuit. Si nos journées d'été sont accablantes, à cause de
leur longueur et de la température qui en résulte, que
doivent être les journées lunaires de 360 heures, où les
ardeurs continues du soleil ne sont tempérées par aucun
voile de nuages, par aucun souffle d'air? Une nuit de
pareille durée leur succède. La déperdition de chaleur
est alors d'une excessive rapidité, car il n'y a pas ici
d'atmosphère, pas d'enveloppe gazeuse pour protéger le
sol du refroidissement ; et la température descend peut-
être jusqu'au froid des espaces célestes, que les calculs
les plus modérés évaluent à une soixantaine de degrés
au-dessous de zéro. De quinze jours en quinze jours,
brusquement meurtris par la chaleur, brusquement
meurtris par le froid, que deviendraient sur la lune les
êtres de la terre ?

17. La terre vue de la lune. — Le diamètre de la terre
est à celui de la lune dans le rapport de 11 à 3, et par
conséquent les surfaces sont dans le rapport de 121 à 9.
D'où il résulte que le disque terrestre équivaut en surface
à 14 fois environ le disque lunaire. Imaginons donc réunies en une seule quatorze pleines lunes, pareilles à
celle qui éclaire les plus belles nuits terrestres, et nous
aurons l'effet de notre globe illuminant les nuits lunaires.
A cause de la position variable de la lune, la terre, nous
l'avons vu au sujet des phases, tourne vers cet astre
tantôt son hémisphère éclairé, tantôt son hémisphère
obscur, tantôt une partie de l'un et de l'autre à la fois.
De là les phases graduelles que doit prendre la terre vue
de la lune, depuis un disque lumineux complet jusqu'à
un mince croissant, suivi bientôt d'une invisibilité
totale. Un mois s'écoule à peu près entre deux retours
consécutifs de la pleine terre. D'ailleurs, nous le savons
déjà, les phases terrestres et les phases lunaires sont

inverses. Quand la lune nous tourne son hémisphère obscur, la terre lui présente son hémisphère éclairé. C'est l'époque de la nouvelle lune pour nous, et de la pleine terre pour la lune. Réciproquement : lorsque la lune est pleine pour nous, la terre est invisible pour la lune.

Une autre particularité digne de remarque, c'est que la terre n'est visible que d'un hémisphère de la lune, de l'hémisphère constamment tourné vers nous; pour l'autre moitié, elle est toujours invisible. Un spectateur placé au centre de l'hémisphère qui nous fait face aurait la terre constamment à son zénith, tantôt obscure et invisible, et tantôt ayant l'aspect d'un croissant plus ou moins délié, ou d'un grand disque lumineux.

RÉSUMÉ

1. Les taches de la lune sont invariables de forme. Elles sont vues, de la terre, toujours dans les mêmes positions.

2. De cette permanence des taches, on déduit que la lune tourne sur elle-même dans un temps exactement égal à celui qu'elle met à faire une révolution autour de la terre.

3. Un exemple de ces deux mouvements d'égale durée nous est fourni par une personne qui tournerait autour d'une table ronde en regardant toujours un objet placé au centre de cette table.

4. A cause de la forme elliptique de l'orbite lunaire, la vitesse de translation est variable, tandis que la vitesse de rotation est constante. De là résulte entre les deux mouvements un défaut de concordance qui nous permet de voir, tantôt au bord oriental et tantôt au bord occidental, une faible partie de l'hémisphère qui resterait totalement invisible dans les conditions d'une concordance parfaite. Cette sorte d'oscillation de la lune, de

l'ouest à l'est, puis de l'est à l'ouest, se nomme *libration en longitude*.

5. En s'élevant un peu au-dessus du plan de l'écliptique, puis s'abaissant au-dessous, la lune nous montre tour à tour les régions de l'un et de l'autre pôle. C'est la *libration en latitude*.

6. La lune est hérissée de montagnes à configuration volcanique, c'est-à-dire excavées en cratère.

7. Pour quelques-unes de ces montagnes lunaires, la hauteur égale presque celle des cimes les plus élevées de la terre. Quant à leurs cratères ou cirques, ils dépassent en diamètre tout ce que nous montrent les bouches volcaniques terrestres.

8. Toute proportion gardée, les montagnes sont trois fois plus hautes sur la lune que sur la terre. Une cause probable de cet excès du relief lunaire, c'est la pesanteur six fois moindre.

9. Quand la lune est à l'état de croissant, des points lumineux se montrent en dehors de la ligne de séparation de la partie éclairée et de la partie obscure. Ces points sont des cimes de montagnes illuminées par le soleil avant les plaines de la base. La distance de ces points à la ligne de démarcation de la lumière et de l'obscurité, permet d'évaluer les hauteurs des montagnes correspondantes.

10. L'un des cirques les plus remarquables de la lune est celui de *Tydro*. Il se compose d'une enceinte circulaire de 63 lieues de circuit, au centre de laquelle s'élève un piton de 5,000 mètres.

11. Les *rainures* sont des sillons compris entre deux talus parallèles à pic. Dans la pleine lune, elles apparaissent comme des lignes blanches ; et sur l'astre à l'état de croissant, elles forment des lignes noires.

12. Les taches grisâtres, improprement appelées mers, sont de grands terrains plats, criblés de bouches volcaniques, fendillés de rainures et moins brillants que les régions montagneuses.

13. La lune n'a pas de lumière diffuse, pas de crépuscule.

14. On en déduit que la lune n'a pas d'atmosphère. L'occultation des étoiles, en démontrant que la lumière n'est pas réfractée au voisinage de la lune, conduit au même résultat.

15. De l'absence d'une atmosphère, on conclut forcément à l'absence de l'eau. Par conséquent, des êtres organisés, analogues à ceux qui nous sont connus, sont impossibles à la surface de la lune.

16. Pendant 15 jours environ, un même point de la surface lunaire voit le soleil sans discontinuer ; et pendant 15 jours, il cesse de le voir. Cette longueur des journées et des nuits, combinée avec l'absence d'atmosphère, doit amener des variations brusques et excessives de température.

17. Vue de la lune, la terre doit apparaître comme un disque lumineux, 14 fois plus étendu en surface que notre pleine lune. Un hémisphère de la lune ne voit jamais la terre ; l'autre l'a constamment en face, éclairée plus ou moins, ou obscure.

<hr>

CHAPITRE XIX

ÉCLIPSES DE LUNE

1. **Ombre.** — L'ombre n'est pas une obscurité spéciale projetée par les écrans opaques ; c'est le manque de lumière en arrière des corps qui, par leur opacité, empêchent la propagation rectiligne des rayons lumineux. La source de lumière se réduisant à un point A, pour délimiter l'étendue obombrée, il faut du point lumineux (fig. 111) mener une tangente ABC au corps opaque B, et faire tourner cette tangente de manière à lui donner toutes les positions possibles. On décrit ainsi une sur-

face conique dont le sommet est le point lumineux, et
qui enveloppe le corps opaque. Toute l'étendue située

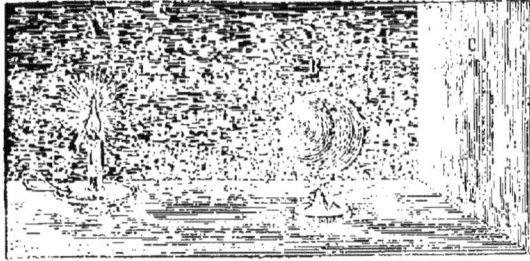

Fig. 111.

dans ce cône, en arrière du corps, est dans l'ombre ;
c'est-à-dire qu'elle ne peut recevoir aucun rayon lumineux issu de la source A. La courbe de contact B est,
sur le corps opaque, la ligne de séparation entre la partie éclairée et la partie non éclairée. Enfin, si en arrière
du corps, on interpose un écran, celui-ci ne reçoit pas
de lumière dans une certaine région nommée *ombre
portée*. L'ombre portée est délimitée par l'intersection
du cône avec l'écran.

2. **Cône d'ombre de la terre.** — Soient S le soleil, et T
la terre (fig. 112). Menons les deux tangentes extérieures

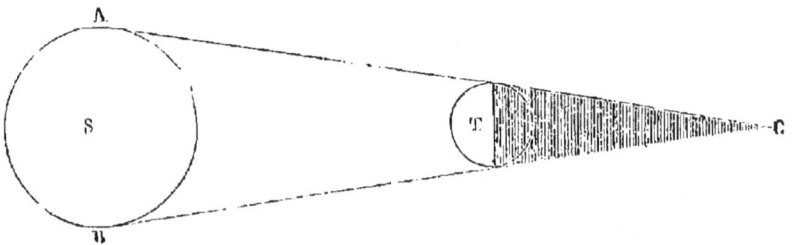

Fig. 112.

AC et BC, et faisons tourner la figure autour de la ligne
des centres S et T. Les deux cercles décriront deux
sphères, représentant l'une le globe solaire, l'autre le
globe terrestre ; et les tangentes décriront un cône enveloppant les deux sphères. Or, il est d'évidence que

dans la partie de ce cône située au delà de la terre, de T
en C, aucun rayon venu du soleil ne peut pénétrer, car,
dans sa propagation en ligne droite, il aurait à traverser
l'obstacle opaque de la terre. On donne le nom de *cône
d'ombre de la terre* à cette région TC, où la lumière solaire n'arrive pas, arrêtée qu'elle est par l'opacité de
notre globe.

Le calcul de la longueur de ce cône d'ombre est des
plus simples. S étant le soleil et T la terre (fig. 113), me-

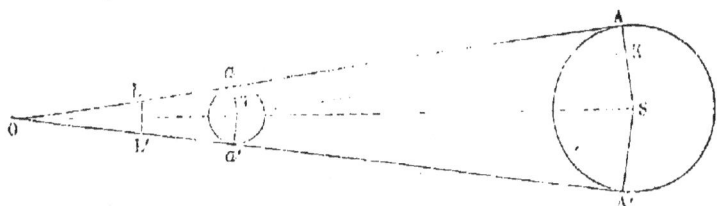

Fig. 113.

nons TK parallèle à la tangente AO, qui délimite le cône
d'ombre, dont la longueur est TO. Les deux triangles
OTa et TSK sont semblables et fournissent l'égalité

$$\frac{OT}{Ta} = \frac{TS}{SK}.$$

OT est la longueur n du cône d'ombre ; Ta est le rayon
terrestre r; TS est la distance du soleil à la terre, qui
vaut 24000.r, SK est la différence entre le rayon du soleil et celui de la terre, et vaut par conséquent 111.r,
puisque le rayon du soleil a été reconnu égal à 112.r.
L'égalité devient ainsi :

$$\frac{l}{r} = \frac{24000.r}{111.r}$$

D'où $l = \dfrac{24000}{111}.r = 216.$

Le cône d'ombre que la terre projette à l'opposé du
soleil a donc une longueur de 216 fois le rayon terrestre.

3. Pénombre de la terre. — Menons maintenant les
deux tangentes intérieures DV et BK (fig. 114). En tour-

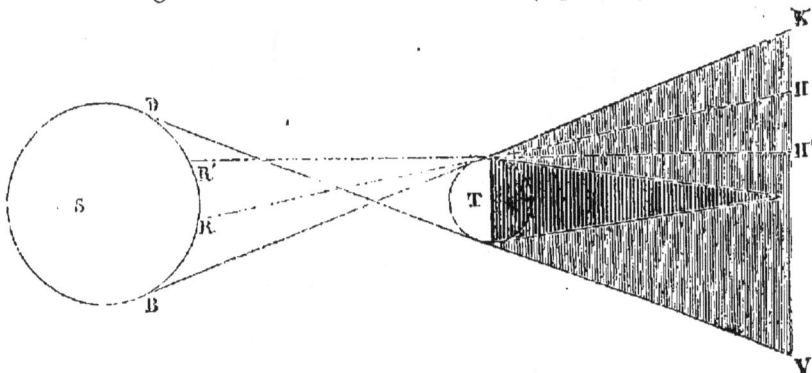

Fig. 114.

nant autour de la ligne des centres, ces tangentes déli-
mitent deux cônes opposés par le sommet et enveloppant l'un le soleil S, l'autre la terre T. L'espace compris
entre le cône d'ombre et le cône KV enveloppant le globe
opaque T s'appelle *pénombre de la terre*, c'est-à-dire
presque ombre. Dans cet espace, l'obscurité n'est pas
totale comme dans l'ombre ; mais l'illumination s'y
trouve plus ou moins affaiblie, parce que le soleil ne s'y
voit pas en plein. Considérons, en effet, un point de la
pénombre, le point H, par exemple.

Si nous menons de ce point une tangente HR au globe
terrestre, tangente qui aboutit en R au soleil, on voit
d'après la seule inspection de la figure, que la partie du
globe solaire située au-dessous de R ne peut envoyer
des rayons au point H, à cause de l'obstacle de la terre ;
mais que la partie située au-dessus en envoie librement.
En H, l'illumination est donc incomplète, puisque le
soleil n'y est pas en entier visible. Pour un second point
H', plus voisin de l'ombre, l'illumination est encore
plus défectueuse, car, pour ce point, toute la partie du
soleil située au-dessous de R' est invisible.

Ainsi, dans la pénombre, la clarté s'affaiblit graduellement à mesure que le point considéré est plus rap-

proché de l'ombre, parce que la portion visible du soleil décroît. Trois régions sont donc à considérer en arrière de la terre, éclairée par le soleil : la région de la lumière pure, l'ombre et la pénombre. Dans la première, située au delà de l'enveloppe conique idéale correspondante aux tangentes intérieures K et V, le soleil est visible sans obstacle et l'illumination est complète. Dans la seconde, comprise dans le cône correspondant aux tangentes extérieures, aucun rayon solaire n'arrive, et l'obscurité est totale. Dans la troisième, embrassant l'étendue comprise entre les deux autres régions, le soleil n'est visible qu'en partie, et l'illumination y décroît par degrés depuis le plein jour jusqu'à l'obscurité totale. Si quelque écran céleste s'étalait dans l'espace en arrière de la terre, de façon à embrasser les trois régions à la fois, l'ombre s'y dessinerait en un cercle d'un noir intense, la pénombre formerait autour de ce cercle une zône à clarté graduelle, et par delà viendrait le jour dans tout son éclat.

4. **Cause des éclipses de lune.** — Aucun écran n'existe dans le ciel qui nous permette de voir en plein le spectacle de l'ombre de la terre, comme nous voyons sur un mur l'ombre d'une boule frappée par les rayons du soleil. Vainement le cône ténébreux de la terre se prolonge dans l'espace à une profondeur énorme, il ne peut rencontrer qu'un seul corps, trop petit pour lui servir d'écran complet, qu'un seul astre, le plus voisin de tous, la lune. Celle-ci est éloignée de 60 rayons terrestres en moyenne, et le cône d'obscurité s'étend à 216 rayons. C'est plus qu'il n'en faut pour que la lune, dans certaines circonstances, soit atteinte par l'ombre de la terre. Reste à savoir si elle peut en être totalement enveloppée.

Dans la figure 113 coupons le cône d'ombre par un plan perpendiculaire à son axe, à une distance de 60 rayons terrestres comptée à partir de T ; ou bien ce qui revient au même, à une distance 216 — 60 = 156, comptée à partir de O. Entre le diamètre LL' de la section et le diamètre $2r$ de la terre, on aura la relation :

$$\frac{LL'}{156} = \frac{2r}{216}$$

ou bien LL' $= 0,7.2r$,

Mais le diamètre de la lune n'est que les 3/11 de celui de la terre, ou les 0,27. Ainsi, à la distance où elle se trouve de nous, la lune peut, non-seulement être atteinte par le cône d'ombre de la terre, mais encore en être totalement enveloppée.

En pénétrant dans le cône d'ombre, la lune cesse de recevoir la lumière du soleil, arrêtée par l'obstacle de la terre ; et comme elle n'est pas lumineuse par elle-même, elle devient obscure, invisible ; enfin elle est *éclipsée*. L'éclipse est *totale* si la lune pénètre en entier dans le cône d'ombre ; elle est *partielle*, si l'astre n'y pénètre qu'en partie.

5. **Epoque des éclipses de lune.** — Pour se produire, une éclipse de lune exige, on le voit, une condition indispensable : il faut que la lune se trouve en arrière de la terre, à l'opposé du soleil. Nous avons vu, au sujet des phases, que cela a lieu à l'époque de la pleine lune, au moment de l'opposition. Il devrait alors y avoir éclipse à chaque révolution synodique, tous les vingt-neuf jours, au moment où l'astre, parvenu à l'opposite du soleil, devient pleine lune. Cela aurait lieu, en effet, si le plan de l'orbite lunaire se confondait avec le plan de l'orbite terrestre. Mais nous savons que le premier plan est incliné sur le second de 5° environ, de sorte que la lune, venue à l'opposition, passe tantôt au-dessus, tantôt au-dessous de l'alignement de la terre et du soleil et ne pénètre pas dans le cône d'ombre terrestre. Le calcul établit que si au moment de l'opposition la lune s'éloigne du plan de l'orbite terrestre de 63', elle ne peut pénétrer, même partiellement dans le cône d'ombre, et alors toute éclipse est impossible ; mais si elle ne s'en

éloigne que de 52' ou moins, il y a éclipse partielle ou totale. Entre ces deux limites, l'éclipse est incertaine.

A deux reprises, pour la durée d'une révolution autour de nous, la lune traverse le plan de l'orbite terrestre en des points que nous avons appelés *nœuds*. Ces points, avons-nous dit, se déplacent, rétrogradent ; il arrive donc qu'à certaines époques l'un d'eux se trouve plus ou moins exactement à l'opposé du soleil. Les trois astres sont alors en ligne droite, dans le plan de l'orbite terrestre, qui porte le nom d'*écliptique* parce que les éclipses, soit de lune soit de soleil, n'arrivent que lorsque les trois corps, soleil, lune et terre sont à la fois dans ce plan ou à peu près. Il faut donc, pour une éclipse lunaire, que la lune soit à la fois en opposition et dans le voisinage de l'un de ses nœuds, conditions dont la simultanéité ne se réalise que de loin en loin.

6. **Immersion de la lune dans la pénombre.** — Lorsque le concours de ces deux circonstances se présente, pleine lune et position des trois astres sur un même alignement ou à peu près, la lune ne peut manquer de plonger dans notre cône d'ombre de trois à quatre fois plus long qu'il ne faut pour l'atteindre et suffisamment large pour l'envelopper en entier à la distance où elle se trouve. Trois cas peuvent se présenter dans le passage de l'astre en arrière de la terre : ou bien la lune plonge en plein dans le cône d'ombre, ou bien elle n'y pénètre qu'en partie, ou bien encore elle traverse simplement la pénombre. Ces trois cas, représentés dans la figure 115, dépendent de la position plus ou moins exacte des trois astres en ligne droite.

Quand le passage en arrière de la terre a la direction 1 (fig. 115), la lune traverse uniquement la pénombre, c'est-à-dire, la région de l'espace où l'illumination n'est pas complète, parce que le soleil, en partie masqué par notre globe, n'y darde pas ses rayons en plein. Alors l'éclat de la lune pâlit un peu, ses grandes taches grisâ-

tres prennent une teinte plus foncée, et tout se borne
là. L'astre, un moment terni comme par l'interposition

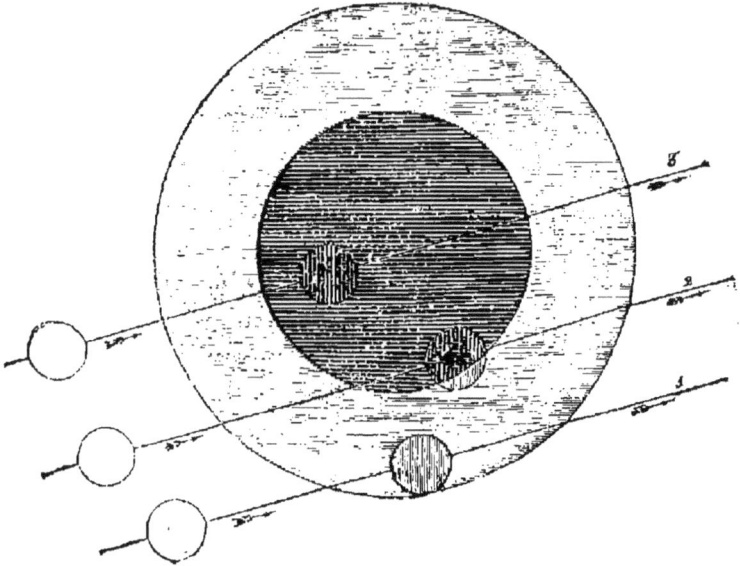

Fig. 115.

d'un léger brouillard, se dégage de la pénombre et reprend sa sérénité sans être devenu un seul instant invisible.

7. **Éclipses partielle de lune.** — Mais supposons que
la lune suive la direction 2 (fig. 115). D'abord elle pâlit
en pénétrant dans la pénombre ; puis une échancrure
noire apparaît sur le disque lumineux, et de proche en
proche l'envahit en plus ou moins grande partie. Cette
échancrure provient de l'immersion partielle de la lune
dans la région de l'ombre. Tout ce qui plonge dans le
cône ténébreux s'obscurcit et devient invisible parce que
la lumière du soleil ne lui parvient plus ; tout ce qui
reste en dehors est visible, mais un peu terni par la pénombre. L'éclipse est alors dite *partielle*.

8. **Éclipse totale de lune.** — Enfin l'éclipse est *totale*
lorsque la lune suit une direction qui l'amène en plein
dans le cône d'ombre, la direction 3 (fig. 115) par exem-

ple. Alors, à mesure qu'il plonge plus avant dans la région de l'ombre, le disque de la lune s'échancre ; puis il disparaît en entier lorsque l'immersion est complète. Après un laps de temps variable, il reparaît peu à peu du côté opposé.

La durée de l'éclipse totale est évidemment plus ou moins longue suivant l'épaisseur d'ombre traversée par la lune ; la plus grande valeur correspond au trajet de l'astre suivant le diamètre du cercle ténébreux. Dans ce cas, la lune reste en entier obscurcie pendant près de deux heures. Mais prise dans toutes ses phases, c'est-à-dire depuis l'instant où le disque commence à s'échancrer au contact de l'ombre, jusqu'à celui de la réapparition totale au bord opposé, l'éclipse peut durer quatre heures environ.

9. Forme sphérique de la terre déduite des éclipses de lune. — Si le disque de la lune avait assez d'ampleur pour recevoir en entier l'ombre de la terre, nous verrions cette ombre s'y dessiner avec la forme d'un cercle noir, et ce serait pour nous une preuve frappante de la rondeur de la terre. La lune est loin, il est vrai, d'avoir les dimensions nécessaires pour intercepter en plein

Fig. 116. Aspect de la lune pendant une éclipse.

l'ombre de notre planète ; toutefois, au moment des éclipses, elle nous fournit encore une preuve de la sphé-

ricité de la terre, car, toutes les fois que l'astre est partiellement éclipsé, le contour de la portion d'ombre
projetée sur le disque est un arc régulier (fig. 116).

10. Généralité des éclipses lunaires. — Une éclipse de
lune, partielle ou totale, n'est pas un fait local, visible
pour certaines contrées, invisible pour d'autres, commençant ici plus tôt, ailleurs plus tard. Au même instant,
pour tous les points du monde, l'éclipse commence ; au
même instant, elle finit. De plus, d'un bout à l'autre de
la terre, à la condition seule que l'astre soit au-dessus de
l'horizon, toutes les contrées la voient avec les mêmes
aspects. Un hémisphère entier assiste à la fois au spectacle de l'éclipse ; et s'il nous était possible de nous
transporter hors de la terre, en un point quelconque de
l'espace, nous verrions, absolument comme d'ici, la
lune s'éclipser. Une lampe qui s'éteint dans un appartement obscur cesse au même instant d'être visible de
tous les points de la salle. De même la lune, qui s'éteint
en quelque sorte en plongeant dans l'ombre de la
terre, c'est-à-dire ne reçoit plus les rayons solaires,
cause de sa clarté, s'éclipse au même instant pour tous
les lieux du monde. Elle n'est plus visible ni de la terre,
ni d'aucun autre point de l'univers. Les éclipses lunaires sont donc générales et simultanées. Nous avons
vu comment cette simultanéité est mise à profit pour
obtenir la longitude d'un lieu.

**11. Influence de l'atmosphère de la terre sur les éclipses
lunaires.** — Quoique plongée en entier dans l'ombre de
la terre pendant une éclipse totale, la lune reste visible, mais colorée d'un rouge obscur et blafard. Cette
faible visibilité a pour cause l'atmosphère de notre
globe, qui dévie les rayons solaires de leur direction
rectiligne, les réfracte et les rassemble dans l'espace
occupé par le cône d'ombre, à la manière d'un verre
lenticulaire qui envelopperait la terre en la débordant.
La lune reçoit donc une faible clarté malgré l'interposition de notre globe.

Pour arriver à l'astre, les rayons réfractés ont à traverser l'atmosphère de part en part suivant sa plus grande épaisseur; aussi, dans leur trajet au sein des couches humides et grossières avoisinant le sol, ils s'appauvrissent et ne gardent qu'une teinte rougeâtre, comme les rayons obliques de l'aurore et du soleil couchant. De là provient la coloration cuivreuse du disque lunaire éclipsé. On conçoit d'ailleurs que l'état de l'atmosphère au moment de l'éclipse, doit beaucoup modifier le degré de visibilité de l'astre.

RÉSUMÉ

1. L'*ombre* est la région où un corps opaque, éclairé par une source lumineuse, empêche la lumière de pénétrer.

2. Si l'on imagine un cône tangent extérieurement à la fois au soleil et à la terre, la portion de ce cône située au delà de notre globe est le *cône d'ombre de la terre*. Sa longueur est de 216 rayons terrestres.

3. Dans la *pénombre*, le soleil n'est visible qu'en partie. Elle est délimitée par le cône tangent intérieurement.

4. La lune est éclipsée quand elle pénètre dans le cône d'ombre de la terre. A la distance de 60 rayons terrestres, distance de la lune, le cône d'ombre a un diamètre de beaucoup supérieur à celui de la lune et par conséquent peut envelopper en entier celle-ci.

5. Les éclipses de lune ne peuvent avoir lieu que lorsque la lune est en opposition, c'est-à-dire quand elle est pleine. Il faut en outre qu'elle s'écarte peu du plan de l'orbite terrestre et soit par conséquent dans le voisinage de l'un de ses nœuds.

6. Si la lune plonge seulement dans la pénombre de a terre, elle y subit une légère diminution d'éclat.

7. L'éclipse est *partielle* si la lune ne pénètre qu'en partie dans le cône d'ombre.

8. Elle est *totale* si la lune pénètre en entier dans le

cône d'ombre. La durée du passage à travers le cône d'ombre peut s'élever jusqu'à deux heures environ. Considérée dans toutes ses phases, une éclipse totale de lune peut durer à peu près quatre heures.

9. Le contour de la portion d'ombre projetée sur la lune est toujours une courbe, preuve que la terre est ronde.

10. Les éclipses de lune sont générales et simultanées. Elles sont visibles au même instant d'un point quelconque ayant la lune au-dessus de son horizon.

11. Pendant une éclipse totale, la lune conserve une faible visibilité et prend une coloration rougeâtre. La cause en est l'atmosphère terrestre, qui dévie les rayons solaires et les rassemble en arrière de la terre, comme le ferait une immense lentille.

CHAPITRE XX

ÉCLIPSES DE SOLEIL

1. Cause et époque des éclipses de soleil. — Le soleil, foyer de lumière, ne s'obscurcit pas, comme la lune, en pénétrant dans l'ombre d'un astre: en sa présence, c'est évident, les ténèbres n'existent pas. Mais un écran opaque peut nous en masquer la vue; et alors pour nous, il y a éclipse de soleil. La lune est cet écran. Elle passe entre la terre et le soleil à l'époque où son hémisphère nocturne est tourné vers nous, à l'époque enfin de la nouvelle lune ou de la *conjonction*. Si les trois astres se trouvent alors à peu près sur la même droite, l'éclipse solaire a lieu; mais cet alignement est assez rare à cause de l'inclinaison de l'orbite de la lune sur celle de la terre. En général, la lune passe en dehors de la droite joignant la terre au soleil, et assez loin pour ne pas projeter son ombre sur nous; sinon il y aurait éclipse de soleil à chaque lunaison. En somme, pour une éclipse solaire, il faut que la lune soit en conjonction, il faut en outre qu'elle se trouve dans le voisinage de l'un de ses nœuds ; en d'autres termes, il faut que la lune vienne se placer entre le soleil et la terre, et à peu près sur l'alignement des deux corps.

2. Longueur du cône d'ombre de la lune. — Soient, dans la figure 117, S le soleil, L la lune et T la terre. Menons les

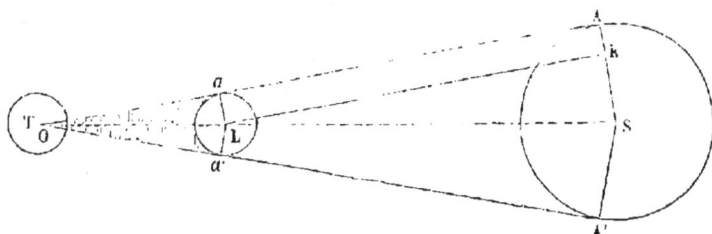

Fig. 117.

tangentes extérieures Aa et A'a', qui délimiteront l'ombre de la lune, aOa'. Par le centre de la lune conduisons LK parallèle à OA. Les deux triangles LOa et SLK étant semblables, donnent l'égalité :

$$\frac{LO}{La} = \frac{SL}{SK}$$

LO est la longueur x du cône d'ombre de la lune, La est le rayon r de la lune, SL est la distance D de la lune au soleil ; enfin SK est la différence entre le rayon R du soleil et le rayon r de la lune. On a donc

$$\frac{x}{r} = \frac{D}{R-r} \quad \text{ou bien} \quad x = \frac{Dr}{R-r}$$

La longueur du cône d'ombre de la lune varie donc avec la distance D, et atteint sa plus grande ou sa plus petite valeur lorsque D est un maximum ou un minimum. Le maximum de D a lieu évidemment quand la lune est à son périgée et le soleil à son apogée ; le minimum a lieu au contraire lorsque la lune est à son apogée et le soleil à son périgée. La distance apogée de la lune est de 63, le rayon terrestre étant pris pour unité ; et la

15.

distance périgée est de 57. Quant au soleil, sa distance apogée est de 24472, et sa distance périgée de 23664. D'autre part, R vaut 112 et r vaut 3/14. En portant ces valeurs dans la formule précédente, on trouve que la longueur du cône d'ombre de la lune varie entre 57 et 59 rayons terrestres.

Mais la distance de la lune au point le plus voisin de la terre varie de son côté entre 56 et 62 rayons terrestres. On voit donc que, suivant les circonstances, le cône d'ombre de la lune peut ne pas atteindre la terre, ou bien ne l'atteindre que de sa pointe à peu près. Dans ce dernier cas, le cercle obscur produit sur la terre par l'ombre de la lune a tout au plus 22 lieues de diamètre. Les points compris dans le cercle d'ombre ont une éclipse totale de soleil ; les régions avoisinant le cercle d'ombre et comprises dans la pénombre lunaire ont une éclipse partielle, c'est-à-dire ne voient qu'une portion plus ou moins grande du soleil ; les régions situées au-delà de la pénombre voient le soleil en plein.

3. Explication expérimentale des éclipses solaires. — Traçons au tableau noir un cercle un peu grand dont nous blanchirons l'intérieur ; puis, prenons du bout des doigts un petit disque de carton, pour le rapprocher plus ou moins d'un œil, l'autre restant fermé. Plaçons-nous alors en face du cercle blanc. Si le disque de carton est assez près de l'œil, il nous cachera tout le cercle, si grand que soit ce dernier ; en quelque sorte, il l'éclipsera. Mais cette espèce d'éclipse totale n'a lieu que juste en arrière du disque de carton interposé. Pour une autre personne située à notre droite ou à notre gauche, le rond blanc du tableau reste toujours visible.

Maintenant, sans déranger de sa place le disque de carton, inclinons la tête de manière à changer un peu la direction du regard. Le rond blanc reparaît en partie, échancré en croissant. Dans ces conditions l'éclipse est partielle ; l'œil est placé dans la pénombre du disque de carton. — Inclinons davantage la tête ; le croissant s'élargit, et bientôt le cercle blanc se montre en entier. L'éclipse n'a pas lieu ; l'œil est en dehors de l'ombre et de la pénombre.

Revenons à la première position, de manière que l'œil, le disque de carton et le rond blanc du tableau soient en ligne droite. D'abord le rond est totalement masqué. Mais éloignons peu à peu le disque de l'œil, dans la direction du cercle blanc, et nous verrons celui-ci tôt ou tard déborder et apparaître sous la forme d'un anneau. Ce genre d'éclipse, qui masque la vue des parties centrales et laisse les bords visibles sous forme d'un anneau, a pour ce motif la qualification d'*annulaire*.

Dans cette expérience évidemment, tout est subordonné à la position de l'œil. En arrière du disque, à une certaine distance, l'éclipse du cercle est totale ; un peu plus loin, sur la même droite, elle est annulaire ; de côté, elle est partielle ; plus à l'écart, elle est nulle. S'il y avait donc plusieurs observateurs en arrière de l'écran de carton, chacun, suivant sa position, verrait une éclipse différente ; ou, plus fréquemment n'en verrait pas du tout.

4. **Éclipse totale de soleil.** — Dans les explications qui précèdent, substituons le soleil au rond blanc du tableau, la lune au disque de carton, et telle ou telle autre région de la terre à l'œil de l'observateur ; et nous aurons l'exacte théorie des éclipses solaires.

La lune est trop petite pour cacher jamais le soleil à toute la terre, ou pour envelopper en entier notre globe dans son cône d'ombre. Elle est comparable au disque de carton de notre expérience, qui masque la vue du cercle blanc pour un observateur placé en arrière, et ne le fait qu'en partie ou même pas du tout pour un observateur situé de côté. Dans les circonstances les plus favorables, c'est-à-dire lorsqu'elle est le plus rapprochée de nous, la lune peut faire ombre à la surface de la terre dans l'étendue d'un cercle de 22 lieues de diamètre. Pour tous les lieux compris dans l'intérieur

de ce cercle, le soleil est caché en plein et l'éclipse est
totale. Mais par suite de la rotation de la terre sur son
axe et de la translation de la lune autour de nous, ce
cercle d'ombre se déplace, à peu près comme se déplace
sur le sol l'ombre d'un nuage que le vent entraîne. Le
cercle d'ombre trace donc à la surface de notre globe
une bande obscure pour l'étendue de laquelle l'éclipse est
totale, non simultanément, mais de proche en proche.

5. **Éclipse partielle. Éclipse annulaire.** — De part et
d'autre de cette bande à éclipse totale, on est dans la
pénombre lunaire. Le soleil y est visible, mais seulement en partie ; et son disque paraît échancré par le
disque lunaire, d'autant plus profondément que la sta-
tion considérée est plus voisine de l'ombre pure. Pour
ces régions l'éclipse est partielle. Enfin par delà la pénombre, il n'y a plus rien.

Supposons maintenant que le cône d'ombre de la
lune n'arrive pas jusqu'à la terre. Soit I le point où la
terre T est rencontrée par la ligne des centres de la lune
et du soleil (fig. 118). De ce point comme sommet, me-

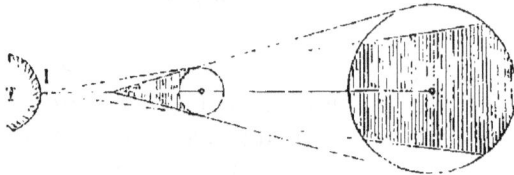

Fig. 118.

nons un cône tangent au globe lunaire. Sa base inter-
ceptera sur le disque du soleil la partie invisible, la
portion éclipsée, et laissera déborder, sous forme d'un

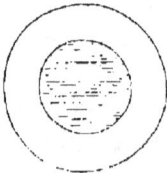

Fig. 119.

anneau lumineux la partie visible (figure
119). L'éclipse est dite alors *annulaire*.
Tous les points qui à tour de rôle viendront occuper la position I, soit par le
fait de la rotation de la terre, soit par le
fait de la translation de la lune, auront
leur éclipse annulaire, qui sera centrale

si le centre de lune coïncide avec le centre du soleil. En
dehors de ce point, l'éclipse tout en restant annulaire
ne sera plus centrale ; l'anneau lumineux deviendra
irrégulier, plus large d'un côté, plus étroit de l'autre.
Enfin à une distance suffisante du point I, en M par
exemple (fig. 120), l'éclipse annulaire sera remplacée par

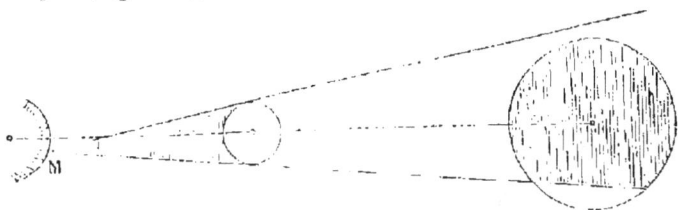

Fig. 120.

une éclipse partielle, car le cône tangent à la lune ne
laisse visible qu'un bord de soleil.

6. **Caractère des éclipses solaires.** — Les éclipses de soleil ne sont pas générales et simultanées comme les
éclipses de lune ; elles sont locales et se propagent d'un
point à un autre de la terre à mesure que celle-ci tourne
et que la lune s'avance, interposée entre le soleil et l'observateur. Dans l'expérience que nous venons d'exposer, supposons des spectateurs rangés devant le cercle
blanc du tableau ; supposons encore que le disque de
carton se déplace et vienne intercepter de proche en
proche leurs regards. L'invisibilité du rond blanc n'aura
pas lieu pour toute la rangée à la fois ; elle se propagera
d'une personne à l'autre. Au même instant, d'après la
position du disque de carton, l'éclipse du cercle sera totale pour un spectateur, partielle pour un autre, nulle
pour le plus grand nombre. Ainsi des éclipses de soleil.

7. **Effets d'une éclipse totale.** — Une éclipse totale de
soleil est bien un des spectacles les plus solennels qu'il
nous soit donné de voir. Tout à coup, sans motif apparent, dans un ciel inondé de lumière, le bord occidental de l'astre est maculé de noir. C'est le disque invisible de la lune, qui, par rapport à notre point de vue.

accourt se projeter sur le disque solaire. L'écran obscur s'avance toujours et la tache noire augmente. Bientôt le soleil, à demi éteint, semble de ses rayons blafards, n'éclairer qu'à regret le paysage attristé. Enfin de minute en minute plus mince, l'extrême bord de l'astre disparaît, et les ténèbres se font, soudaines mais non complètes, car autour du cercle noir de la lune, rayonne, encore inexpliquée, une auréole de lumière ou *couronne*, qui produit parfois d'admirables effets.

Alors, dans le firmament obscurci, les étoiles, d'abord effacées par les clartés de l'atmosphère, deviennent visibles, du moins les plus brillantes. La température baisse, la rosée se dépose, une brusque impression de fraîcheur vous saisit. Les plantes replient leur feuillage et ferment leurs fleurs comme pour le repos nocturne. Les chauves-souris quittent leurs retraites pour voleter au grand air ; les oiseaux, au contraire, regagnent leurs nids d'un vol incertain. Les bêtes de somme se couchent en chemin, indociles au fouet qui veut les faire avancer ; les taureaux se rangent en cercle au pâturage, les cornes en dehors, comme pour conjurer un danger commun ; les poussins se réfugient sous l'aile de leur mère ; le chien tremble d'effroi aux talons de son maître ; l'homme lui-même, l'homme qui connaît la cause de ces ténèbres insolites et en calcule d'avance la venue, ne peut se défendre d'une vague inquiétude. Quelques minutes, cinq au plus, s'écoulent dans cette anxieuse attente ; puis un flot de lumière jaillit, l'astre radieux déborde l'écran noir de la lune et l'illumination du jour renaît par degré.

8. **Période chaldéenne.** — En des siècles d'ignorance, les éclipses jetaient la terreur dans les populations, qui voyaient en elles les redoutables précurseurs des colères du ciel. Aujourd'hui, élevés par la science à des idées plus saines, nous voyons dans les éclipses un simple effet des lois qui meuvent la lune et la terre sur leurs orbites, et les ramènent à jour fixe sur la même droite avec le

soleil. L'astronomie est en état de calculer une éclipse aussi longtemps à l'avance qu'elle le désire ; elle dit le jour, l'heure, la minute précise de son arrivée ; elle dit en quels lieux elle sera totale, en quels lieux partielle.

Tous les dix-huit ans et onze jours, les éclipses reviennent dans le même ordre, autant celles de lune que celles de soleil. C'est ce qu'on nomme la *période chaldéenne*. Il suffit donc de noter toutes les éclipses d'une période de dix-huit ans et onze jours, pour être en état de prédire les éclipses pour les périodes suivantes. Ce n'est là, il est vrai, qu'une méthode grossière, donnant au plus la date approchée, sans spécifier l'aspect de l'éclipse, et encore moins l'instant précis de l'apparition et les lieux de visibilité. Pour des détails plus circonstanciés ; il faut des calculs spéciaux qui ne sauraient trouver place dans un traité élémentaire.

9. **Nombre des éclipses.** — Dans cette période de dix-huit ans et onze jours arrivent environ 70 éclipses, dont 41 de soleil et 29 de lune. Cette prédominance des éclipses solaires sur les éclipses lunaires est facile à expliquer. Pour qu'une éclipse lunaire ait lieu, il faut que la lune pénètre dans le cône d'ombre aOa' de la terre T (fig. 121) ; et pour qu'une éclipse de soleil se pro-

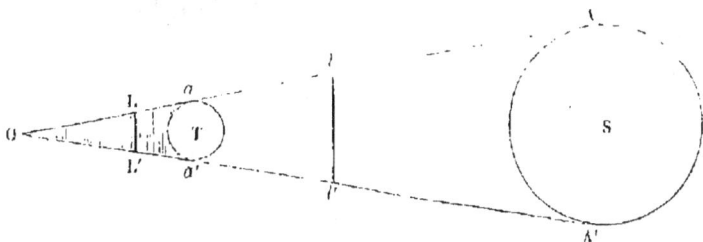

Fig. 121.

duise, il faut que la lune vienne former écran quelque part dans la région conique Aa $A'a'$ comprenant l'ensemble des rayons solaires qui peuvent parvenir à notre globe. Or, la section l, de cette région est évidemment plus grande que la section LL' du cône d'ombre ; et par conséquent les chances sont plus nombreuses pour une éclipse de soleil que pour une éclipse de lune.

Cependant, pour un lieu déterminé, les éclipses de soleil sont à peu près trois fois plus rares que celles de lune. Cela tient à ce que les éclipses de lune sont générales, c'est-à-dire visibles à la fois de tout l'hémisphère faisant face à cet astre; tandis que celles de soleil ne correspondent, chacune, qu'à une région limitée de la surface terrestre.

En une année, pour la terre entière, il y a au plus 7 éclipses, soit de lune, soit de soleil; il y en a 2 au moins, et 4 en moyenne. Pour un lieu déterminé, il ne survient qu'une éclipse totale de soleil en 200 ans.

10. Éclipses totales du soleil pour ce siècle. — En considérant, non un lieu précis, mais la surface entière du globe, les éclipses totales de soleil ne sont pourtant pas rares. En ce siècle, on en compte 12. Celle du 8 juillet 1842 a été visible dans le midi de la France; celle du 28 juillet 1851, dans le nord de l'Allemagne; celle du 15 mars 1858, en Angleterre; celle du 28 juillet 1860, dans le nord de l'Espagne; celle du 25 avril 1865, dans l'Amérique méridionale et le sud de l'Afrique; celle du 22 décembre 1870, dans le midi de l'Espagne et le nord de l'Afrique.

Il y aura une éclipse totale de soleil, le 19 août 1887, pour le midi de la Russie et l'Asie centrale; une autre, le 9 août 1896, pour les régions circompolaires, la Sibérie, la Laponie, le Groënland; une dernière enfin, le 8 mai 1900, pour l'Espagne, l'Algérie, l'Égypte et les États-Unis.

RÉSUMÉ

1. Les éclipses solaires ont pour cause la lune, qui s'interpose entre nous et le soleil. Elles ont lieu quand la lune est nouvelle ou se trouve en conjonction.

2. La longueur du cône d'ombre de la lune varie entre 57 et 59 rayons terrestres. La distance de la lune au

point le plus voisin de la terre varie, de son côté, entre
56 et 62 rayons terrestres. Suivant les circonstances, le
cône d'ombre de la lune peut donc ne pas atteindre la
terre, ou bien ne l'atteindre que de sa pointe à peu
près.

3. Un cercle blanc figuré sur le tableau noir, et un
petit disque de carton, que l'on déplace devant le regard du spectateur, permettent de reproduire les circonstances fondamentales des éclipses solaires.

4. Le cercle d'ombre projeté par la lune sur la terre
a au plus 22 lieues de diamètre. Les points situés sur ce
cercle d'ombre ont une éclipse *totale*. Le cercle d'ombre
se déplace par suite de la rotation de la terre et de la
translation de la lune, et trace à la surface de la terre
une bande pour l'étendue de laquelle l'éclipse est totale,
mais de proche en proche.

5. En dehors de cette bande, mais à proximité, le
soleil est visible en partie, et l'éclipse est *partielle*. — Si
le cône d'ombre n'atteint pas la terre, le point terrestre
situé sur la ligne des centres de la lune et du soleil a une
éclipse *annulaire*.

6. Les éclipses de soleil sont locales et se propagent
d'un point à un autre de la terre.

7. Pour un point déterminé, la durée d'une éclipse
totale de soleil est au plus de cinq minutes.

8. Tous les dix-huit ans et onze jours, les éclipses reviennent dans le même ordre, autant celles de lune
que celles de soleil. C'est ce qu'on nomme *période chaldéenne*.

9. Dans cette période arrivent 70 éclipses, dont 41 de
soleil et 29 de lune. Cependant pour un lieu déterminé,
les éclipses de soleil sont à peu près trois fois plus rares
que celles de la lune.

10. Le nombre des éclipses totales de soleil pour notre
siècle est de 12. Il n'arrive qu'une éclipse totale de soleil en 200 ans pour un point déterminé de la terre.

CHAPITRE XXI

LES PLANÈTES. — LOIS DE KÉPLER. — GRAVITATION UNIVERSELLE.

1. Planètes et satellites. — Autour du soleil circulent, comme le fait la terre, divers globes analogues au nôtre, les uns plus grands, les autres plus petits, et à des distances variables. Tous sont obscurs par eux-mêmes ; comme la terre, ils reçoivent du soleil leur part de lumière et de chaleur. On leur donne le nom de *planètes*. Et pendant que ces astres circulent autour du soleil, d'autres globes, d'importance moindre, tournent autour de quelques-uns d'entre eux en les accompagnant, de même que le fait la lune à l'égard de la terre. On les appelle des *satellites*. Le soleil avec son cortége de planètes et de satellites, constitue ce que l'on nomme le *système solaire*.

Le mot planète signifie errer. En effet, tandis que les étoiles conservent des positions invariables relativement l'une à l'autre, les planètes, à cause de leur révolution circonsolaire, se déplacent sur la sphère du ciel, et par rapport à notre point de vue, correspondant d'un jour à l'autre à des régions différentes du ciel étoilé. Aujourd'hui telle planète est en face d'une constellation ; demain, emportée par son mouvement propre, elle se trouvera en face d'une autre. C'est donc à leur course errante que les planètes se font reconnaître au milieu des étoiles, nommées par opposition *étoiles fixes*, ou plus laconiquement les *fixes*.

Le mot satellite fait allusion au rôle subalterne d'un astre circulant autour d'un autre. Il signifie garde, serviteur. Le globe satellite est en quelque sorte le serviteur du globe qu'il accompagne ; il lui réfléchit la lumière du soleil, service que du reste l'astre principal

rend de son côté à son satellite. Résumons ces notions
en disant que la terre est une planète, et que la lune est
son satellite.

2. **Nombre et noms des planètes.** — On connaît aujour-
d'hui huit planètes principales, et en outre une série de
petites planètes, dites *astéroïdes*, dont l'observation
augmente chaque année le nombre. Voici leurs noms,
rangés par ordre de distance à partir du soleil :

Mercure.	Jupiter.
Vénus.	Saturne.
La Terre.	Uranus.
Mars.	Neptune.
Les Astéroïdes.	

3. **Orbites des planètes.** — A la manière de la terre, chaque planète décrit autour du soleil une ellipse spéciale,
peu différente d'un cercle ; et toutes ces orbites elliptiques ont un foyer commun occupé par le soleil. Mais
l'autre foyer change d'une planète à l'autre, comme
changent aussi les axes des ellipses respectives ; de
sorte que jamais les diverses orbites planétaires ne
peuvent se confondre, se croiser. Il faut en excepter les
orbites des astéroïdes, enchevêtrées l'une dans l'autre.
De plus ces orbites ne sont pas dirigées dans tous les
sens indifféremment. Elles ne sont pas couchées, il est
vrai, dans un même plan ; mais elles s'écartent peu
d'un plan commun, qui est celui de l'orbite terrestre.
Enfin, le sens dans lequel les planètes circulent autour
du soleil est le même pour toutes, d'occident en orient.
C'est dans ce sens que le soleil tourne autour de son axe,
que les planètes tournent sur elles-mêmes, et que les
satellites circulent autour de leurs planètes respectives.

4. **Distance des planètes. Loi de Bode.** — Sans surchar-
ger la mémoire, on peut comme il suit retrouver la série
des distances des diverses planètes au soleil. Écrivons 0,
puis 3. Doublons ce dernier, et continuons en doublant
toujours le résultat. Nous aurons la série

$$0 — 3 — 6 — 12 — 24 — 48 — 96 — 192 — 384.$$

Maintenant, ajoutons 4 aux divers termes de cette série, et nous obtiendrons les nombres suivants :

$$4 - 7 - 10 - 16 - 28 - 52 - 100 - 196 - 388.$$

Écrivons enfin ces nombres par ordre en face des noms de planètes rangées d'après leur distance au soleil.

Mercure	4	Jupiter	52
Vénus . . . . . . ,	7	Saturne	100
La Terre	10	Uranus	196
Mars	16	Neptune	388
Les Astéroïdes . . .	28		

Ce tableau nous dit que, la distance de la terre au soleil étant représentée par 10, celle de Vénus au soleil est représentée par 7, celle de Mars par 16, celle de Saturne par 100, etc. Si nous voulons convertir ces valeurs relatives en valeurs exprimées en rayons terrestres ou bien en lieues, il faut se rappeler que la distance de la terre au soleil est de 24000 rayons terrestres ou de 38000000 de lieues. D'après cela, la distance de Jupiter, par exemple, est de 52 fois la dixième partie soit de l'une, soit de l'autre de ces deux valeurs ; ce qui donne 124800 rayons terrestres, ou bien 197600000 lieues.

Cette méthode mnémonique est connue sous le nom de *Loi de Bode*. Le mot loi est ici impropre ; il semble désigner un rapport numérique qui présiderait réellement aux distances planétaires, lorsqu'il n'est question que d'une combinaison ingénieuse propre à soulager la mémoire. En faisant usage de cette prétendue loi, il ne faut pas perdre de vue qu'elle ne donne que des approximations.

Ainsi, d'après la loi de Bode, la distance de Jupiter au soleil serait de 197600000 de lieues, tandis qu'en réalité elle est de 198716000. Il faut se rappeler aussi que le nombre 28 correspondant au groupe des astéroïdes est une moyenne entre toutes les distances des petites planètes qui composent ce groupe. Enfin le dernier terme est fautif. La terre étant éloignée de 10, Neptune n'a pas pour distance 388, mais seulement 300.

5. **Volume des planètes.** — De la distance des planètes et de leur diamètre angulaire, on déduit leur rayon et par suite leur volume. Le tableau suivant contient les volumes des diverses planètes, celui de la terre étant pris pour unité.

Mercure.	$\frac{1}{17}$	Jupiter.	1414
Vénus.	1	Saturne	731
La Terre	1		
Mars	$\frac{1}{7}$	Uranus.	82
Les Astéroïdes (Le plus volumineux). . .	$\frac{1}{2000}$	Neptune	110

En additionnant les nombres de ce tableau, on n'arrive pas en tout à 2400, même en tenant compte des satellites, dont il n'est pas ici question. Ainsi, le globe terrestre étant pris pour unité, les volumes réunis de toutes les planètes et de leurs satellites n'atteignent pas 2400, tandis que le soleil à lui seul mesure 1400000. Il est donc, à lui tout seul, environ 600 fois plus volumineux que l'ensemble de ses planètes.

6. **Image du système solaire.** — Pour concevoir dans son ensemble le système solaire et mieux saisir les rapports des distances et des volumes respectifs, imaginons la disposition que voici. — Au milieu d'une grande plaine, plaçons une boule de 1 mètre et 12 centimètres de diamètre. Cette sphère représentera le soleil. Pour figurer Mercure, il faudra déposer sur le sol, à 48 mètres de distance de la grosse boule, un petit grain de chènevis. Vénus et la terre seront représentées par deux médiocres cerises, placées la première à 84 mètres de distance, la seconde à 120. Un petit pois suffira pour Mars, situé à 192 mètres de la boule centrale. Le groupe des astéroïdes sera figuré par une pincée de sable fin, disséminée çà et là sur une circonférence de 336 mètres de

rayon en moyenne. Le volumineux Jupiter aura sa place occupée, à 624 mètres d'éloignement, par une très-grosse orange ; et Saturne, distant de 1200 mètres, par une orange ordinaire. Uranus sera éloigné de 3252 mètres et son représentant sera un abricot. A côté de Mars, de la Terre, de Jupiter, de Saturne, d'Uranus et de Neptune, supposons un ou plusieurs menus grains de plomb pour figurer les satellites de ces planètes ; puis imaginons que le tout circule en des temps inégaux autour de la boule centrale, et nous aurons une représentation assez fidèle du système solaire.

7. **Masse des planètes.** — On détermine la masse d'une planète accompagnée de satellites par la méthode qui nous a déjà servi à calculer la masse du soleil. D'après son mouvement, on calcule de combien un satellite tombe en une seconde vers sa planète, et le résultat obtenu est comparé à la chute ordinaire des corps terrestres. Si pour la même distance, le satellite descend vers sa planète deux, trois fois plus, etc., que ne descendent les corps attirés par la terre, cela signifie que la planète a deux fois, trois fois plus de matière que le globe terrestre. En l'absence de satellites, l'évaluation de la masse d'une planète peut encore se faire, mais par des considérations dont il est impossible de s'occuper ici.

Les masses respectives des planètes sont contenues dans le tableau suivant, la terre étant prise pour unité :

Mercure	$\frac{1}{13}$	Jupiter	338
Vénus	$\frac{9}{10}$	Saturne	101
La Terre	1	Uranus	15
Mars	$\frac{1}{8}$	Neptune	21

Quant aux petites planètes situées entre Mars et Jupiter, si l'on ne peut donner encore des nombres précis, on sait du moins que leur masse est très-petite.

La prédominance du soleil sur l'ensemble des planètes

et leurs satellites, se maintient sous le rapport de la masse. Si l'on ajoute, en effet, les nombres qui précèdent, on n'arrive pas au nombre 500 pour la masse totale, même en tenant compte de satellites. D'autre part, on a déjà vu que le soleil équivaut, en quantité de matière, à 355500 globes pareils à la terre. Le soleil à lui seul représente donc environ 700 fois les masses réunies de son cortège de planètes.

8. **Densité des planètes.** — La comparaison des volumes et des masses planétaires conduit à de remarquables résultats. Jupiter, par exemple, 1414 fois plus gros que la terre, ne pèse cependant que 338 fois plus. Au contraire, Mercure, 17 fois moins gros, ne pèse que 13 fois moins. Il faut donc que la matière dont Jupiter se compose soit, à volume égal, moins lourde que celle de la terre, et celle de Mercure plus lourde. En divisant le poids de chaque planète par son volume, on arrive aux nombres suivants :

Noms des planètes.	Poids par décimètre cube de la matière supposée homogène.
Mercure	$6^{kg},76$
Vénus	5,02
La Terre	5,44
Mars	5,15
Jupiter	1,29
Saturne	0,75
Uranus	0,98
Neptune	1,21

Ainsi Mars, la Terre et Vénus, ont à peu près la même densité ; Mercure est proportionnellement plus lourd ; les autres planètes sont plus légères. Jupiter et Neptune dépassent un peu le poids de l'eau ; mais Saturne et Uranus n'arrivent pas à ce poids, si bien qu'ils flotteraient sur l'eau comme des globes de sapin.

9. **Durée des révolutions des planètes autour du soleil.** — Pour décrire son orbite autour du soleil, chaque planète

emploie une période différente, d'autant plus longue que la distance à l'astre central est plus grande. Cette période constitue l'année de la planète. En prenant notre jour et notre année pour terme de comparaison, on trouve pour les années des diverses planètes les valeurs suivantes :

Mercure	88 jours.	Jupiter	12 ans.
Vénus	225 —	Saturne	29 —
La Terre	1 an.	Uranus	84 —
Mars	2 —	Neptune	165 —
Les astéroïdes (en moyenne	5 —		

Ces valeurs, que nous exprimons, pour simplifier, en nombres ronds, sans viser à une précision rigoureuse, nous montrent combien est variée pour les planètes la durée de leur révolution autour du soleil, c'est-à-dire la durée de leur année. Tandis que Mercure accomplit sa translation en 88 jours, ce qui lui donne des saisons moindres qu'un seul de nos mois, des saisons de 22 jours, Neptune, aux limites du système solaire, emploie 165 ans à parcourir son orbite, de manière que son année équivaut à 165 des nôtres, et un seul de ses printemps, un seul de ses hivers, à 41 ans.

10. Durée des rotations des planètes autour de leur axe. — La rotation autour de l'axe produit, pour les planètes comme pour la terre, l'alternative du jour et de la nuit. Sa durée est, pour Mercure, Vénus et Mars, d'à peu près 24 heures. Sur ces planètes, les jours et les nuits ont donc une grande analogie avec les nôtres. Jupiter, malgré son énorme volume, est beaucoup plus rapide. En 10 heures, il tourne sur lui-même, de sorte que chacun de ses hémisphères est éclairé 5 heures par le soleil, et reste 5 heures dans l'obscurité. Saturne rivalise avec lui de rapidité : il tourne sur son axe en 10 heures et demie. Enfin, pour Uranus et Neptune, la durée de la rotation est encore inconnue. L'excessive distance de ces planètes en est cause.

11. Lois de Képler. — En soumettant aux combinaisons numériques les résultats de ses propres recherches et de celles de ses prédécesseurs, Képler, après dix-sept années de pénibles calculs, parvint à l'énoncé des trois lois suivantes, qui régissent les mouvements des planètes :

1° *Les aires décrites autour du centre du soleil par les rayons vecteurs des planètes sont proportionnelles aux temps employés à les décrire.*

2° *Les orbites des planètes sont des ellipses dont le centre du soleil occupe un des foyers.*

3° *Les carrés des temps des révolutions des planètes sont entre eux comme les cubes de leurs moyennes distances au soleil.*

12. Conséquences de la première loi de Képler. — Ces lois, dont l'observation confirme chaque jour la légitimité, sont devenues la base sur laquelle repose toute l'astronomie moderne. Il était réservé au génie de Newton d'en déduire le premier les conséquences, et d'arriver ainsi au principe de la gravitation universelle. Voici à peu près comment Newton démontre à quelle conclusion conduit la première loi de Képler.

THÉORÈME I. — *Si un corps se meut autour d'un autre qui l'attire, les aires décrites en des temps égaux par son rayon vecteur sont égales.* — Soient A le corps mobile et M le corps autour duquel le premier se meut (fig. 122.) Partageons la durée en instants très-courts et égaux, au bout de chacun desquels nous pouvons supposer que M agit sur A en une seule fois. Pendant le premier instant, le mobile parcourt AB. Parvenu en B, si rien d'extérieur

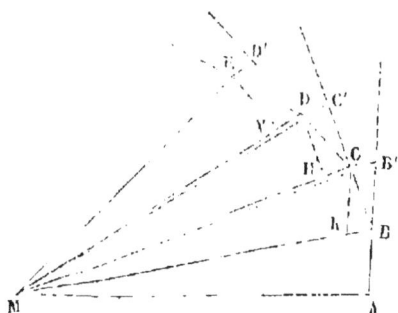

Fig. 122.

n'agissait en lui, le mobile, en vertu de l'inertie de la matière, continuerait son mouvement en ligne droite, et pendant le second instant parcourrait BB′ égal à AB, de manière que les triangles BMB′ et AMB auraient même surface, comme ayant des bases égales et même souvent M. Mais arrivé en B, le mobile reçoit de M une impulsion dirigée de B vers M et qui, dans ce second instant, lui ferait à elle seule parcourir par exemple KB. Le mobile décrira donc en réalité la diagonale BC du parallélogramme KBB′C construit sur BB′ et BK. Il arrivera de la sorte en C, et son rayon vecteur décrira le triangle BMC. Mais ce triangle BMC a même surface que le triangle BMB′, car la base MB est la même, et les sommets C et B′ se trouvent sur CB′ parallèle à la base. D'autre part, nous avons reconnu que le triangle BMB′ a même surface que le triangle AMB. On a donc BMC = AMB. Ainsi, pendant le deuxième instant, de même valeur que le premier, l'aire décrite par le rayon vecteur reste la même. On démontrerait de même que les triangles CMD, DME, etc., décrits pendant le troisième instant, le quatrième, etc., ont chacun même surface que celui qui le précède ; et par conséquent ont même surface que AMB ; ce qui établit le théorème énoncé.

THÉORÈME II. — *Réciproquement, si les aires décrites en des temps égaux par le rayon vecteur sont égales, le mobile est attiré par le corps autour duquel il se meut.* — Admettons que les aires AMB, BMC, CMD, etc., décrites en des instants égaux par le rayon vecteur soient égales ; il s'agit de déterminer suivant quelle direction agit la force qui à chaque instant dévie le mobile de la direction rectiligne. Si aucune force extérieure n'agissait sur lui, le mobile, parvenu en B, continuerait à se mouvoir en ligne droite d'un mouvement uniforme, et pendant le second instant parcourrait BB′ égal à AB, de façon que les deux triangles BMB′ et AMB auraient même surface. Mais par suite d'une action extérieure, le mobile, au lieu d'arriver en B', arrive en C, en un point tel que le triangle BMC a même surface que le triangle AMB, d'après notre supposition. On a alors BMC = BMB'. Ces deux triangles étant équivalents et ayant même base, MB doivent avoir leurs sommets C et B' sur une même parallèle à la base. Donc CB' est parallèle à MB. Achevons sur BB' et B'C le parallélogramme BB'CK. Le trajet suivi par le mobile est BC, diagonale de ce parallélogramme. L'un des chemins composants est BB', l'autre est donc BK. Ainsi parvenu en B, le mobile est détourné de sa direction rectiligne par une impulsion qui, à elle seule, lui ferait parcourir BK pendant le second instant. Cette impulsion est donc dirigée de B vers M, c'est-à-dire vers le point autour duquel le mobile tourne.

COROLLAIRE. — Puisque le rayon vecteur de chaque planète décrit autour du soleil des aires égales en des temps égaux, ou en d'autres termes des aires proportionnelles au temps, on voit donc que la force extérieure modifiant sans cesse la direction du mouvement des planètes et faisant décrire à celles-ci une ligne courbe autour du soleil, agit comme le ferait une attraction émanant de cet astre. On dit ainsi que *le soleil, par son attraction, maintient les planètes sur leurs orbites*, et les empêche à chaque instant de suivre la ligne droite, la tangente, qu'elles parcouraient d'un mouvement uniforme avec leur seule vitesse acquise.

13. Conséquence de la seconde loi de Kléper. — Pour suivre Newton dans la suite de ses déductions, il faudrait faire intervenir les propriétés géométriques de l'ellipse, propriétés peut-être un peu trop élevées pour le lecteur. Nous nous bornerons donc à énoncer le résultat. De ce que les orbites planétaires sont des ellipses dont le soleil occupe un foyer, il résulte que *la force attractive agit en raison inverse du carré de la distance.*

14. Conséquence de la troisième loi de Kléper. — Enfin, de ce que les carrés des temps des révolutions sont proportionnels aux cubes des moyennes distances, il ré-

sulte que la force attractive est la même pour toutes les
planètes, supposées à la même distance du soleil. Quelle
que soit leur nature, toutes, grandes et petites, se pré-
cipiteraient vers cet astre avec la même vitesse, à parité
de distance. Par conséquent, pour une même distance,
la force attractive est proportionnelle à la masse de chaque
planète, et ne dépend en rien de sa nature particulière.

15. Énoncé du principe de la gravitation universelle. —
Les satellites en circulant autour de leurs planètes respectives, suivent les lois de Képler. Les planètes sont
donc aussi douées d'une force attractive, qui agit comme
celle du soleil et maintient sur leurs orbites les astres
secondaires tournant autour d'elles. D'autre part, un
corps ne peut agir sur un autre sans en éprouver une
réaction égale et contraire. Si le soleil attire les planètes, si les planètes attirent leurs satellites, les planètes à leur tour attirent le soleil, et les satellites leurs
planètes. Entre tous les corps célestes, la réciprocité
est générale : soleil, planètes, satellites, comètes s'attirent mutuellement ; et leur sphère d'action s'étend à
l'infini mais en diminuant en proportion du carré de la
distance.

La pesanteur, cause de la chute des corps vers la
terre, est un cas particulier de cette force générale, dont
il est possible de constater les effets jusqu'aux dernières
limites de l'univers visible. La pesanteur fait tomber
tous les corps vers la terre avec la même vitesse, pour
la même distance au centre, quels que soient leur volume, leur poids, leur nature ; de même que le soleil
fait graviter également toutes les planètes, d'après
la troisième loi de Képler. La pesanteur dévie le projectile de sa direction rectiligne et courbe sa trajectoire,
de même que l'attraction du soleil courbe la trajectoire
d'une planète. C'est la pesanteur, qui, diminuée proportionnellement au carré de la distance, fait tomber
à chaque instant la lune vers la terre, comme elle ferait
tomber un vulgaire projectile ; c'est elle qui infléchit à

chaque instant la direction que la lune suivrait par le seul élan de la vitesse acquise, et maintient ainsi notre satellite sur une orbite toujours recommencée. Nous avons déjà, au chapitre XII, développé cette intéressante question. Après cette admirable assimilation entre la pesanteur terrestre et la force attractive qui fait circuler un astre autour d'un autre, Newton conclut enfin par ces deux lois générales, régissant la matière dans l'univers, et connues sous le nom de principe de la gravitation universelle :

1° *L'attraction est proportionnelle à la masse* ;
2° *Elle est en raison inverse du carré de la distance.*

RÉSUMÉ

1. Les *planètes* sont des globes opaques, circulant, comme la terre, autour du soleil. Les *satellites* sont des globes secondaires circulant autour de certaines planètes. La terre est une planète, et la lune est son satellite.

2. Les planètes connues sont : Mercure, Vénus, la Terre, les Astéroïdes, Jupiter, Saturne, Uranus et Neptune.

3. Les orbites des planètes sont des ellipses dont le soleil occupe un foyer.

4. La loi de Bode est un moyen mnémonique pour se rappeler la distance des diverses planètes au soleil.

5. Jupiter, Saturne, Uranus et Neptune ont un volume supérieur à celui de la terre. Vénus possède à peu près le même volume que la terre ; les autres ont un volume inférieur. A lui seul, le soleil est environ 600 fois plus volumineux que l'ensemble des planètes et de leurs satellites.

6. Si le soleil est représenté par une sphère de 1m12 de diamètre, Vénus et la Terre seraient·représentées par deux médiocres cerises, Mercure par un grain de chènevis, Mars par un pois, Jupiter par une grosse

16.

orange, Saturne par une orange ordinaire, Uranus par un abricot.

7. Le soleil à lui seul représente environ 700 fois les masses réunies des planètes et de leurs satellites.

8. Mars, Vénus et la Terre ont à peu près la même densité ; Mercure est proportionnellement plus lourd ; Jupiter et Neptune dépassent un peu la densité de l'eau ; Saturne et Uranus ont une densité inférieure à celle de l'eau.

9. La durée de la révolution autour du soleil est plus longue à mesure que la planète est plus éloignée. Elle est de 88 jours pour Mercure, de 2 ans pour Mars, de 12 ans pour Jupiter, de 165 ans pour Neptune.

10. Mercure, Vénus et Mars tournent autour de leur axe à peu près en 24 heures. Jupiter fait sa rotation en 10 heures, et Saturne en 10 heures et demie.

11. Les lois de Képler, régissant les mouvements des planètes, sont au nombre de trois :

1° *Les aires décrites autour du centre du soleil par les rayons vecteurs des planètes, sont proportionnelles aux temps employés à les décrire.*

2° *Les orbites des planètes sont des ellipses dont le centre du soleil occupe un foyer.*

3° *Les carrés des temps des révolutions des planètes sont entre eux comme les cubes de leurs moyennes distances au soleil.*

12. De la première loi de Képler, il résulte que *le soleil, par son attraction, maintient les planètes sur leurs orbites.*

13. De la seconde il résulte que *la force attractive agit en raison inverse du carré de la distance.*

14. Enfin la troisième a pour conséquence que *la force attractive est proportionnelle à la masse* et indépendante de la nature particulière de chaque planète.

15. Un même principe régit la matière dans tout l'univers. *L'attraction est proportionnelle à la masse. Elle est en raison inverse du carré de la distance.* La pesanteur est un cas particulier de la gravitation universelle.

CHAPITRE XXII

NOTIONS SUR LES PLANÈTES PRINCIPALES.

MERCURE. — VÉNUS.

1. Planètes supérieures et planètes inférieures. — D'après leur position dans le système solaire, les planètes sont divisées en deux groupes, savoir : les planètes *intérieures* ou *inférieures*, et les planètes *extérieures ou supérieures*. Les premières comprennent Mercure et Vénus. Elles sont dites intérieures parce que leurs orbites sont enveloppées par celles ds la terre ; et inférieures parce qu'elles sont plus voisines que nous du soleil, centre vers lequel les planètes gravitent comme les corps terrestres gravitent vers le centre de la terre. A ce point de vue, le soleil est le point le plus bas du système solaire, de même que le centre de la terre est le point le plus bas de notre globe ; tandis que l'orbite de Neptune ou de toute autre planète plus éloignée, s'il en existe encore par delà, en constitue le haut. Les secondes, Mars, les Astéroïdes, Jupiter, Saturne, Uranus, Neptune, sont appelées extérieures parce que leurs orbites entourent celle de la terre, et supérieures à cause de leur position plus éloignée du soleil que la nôtre, et par conséquent plus élevée.

2. Phases des planètes inférieures. — Vues de la terre, les planètes inférieures ont des phases pareilles à celle de la lune, c'est-à-dire que, suivant l'époque de l'observation, elles se montrent en plein, où partiellement, ou pas du tout, parce qu'elles tournent vers nous en totalité ou en partie leur hémisphère éclairé ou bien leur hémisphère obscur. Les planètes supérieures, au contraire, apparaissent toujours pleines, à l'exception de la plus rapprochée, Mars, qui se montre parfois légèrement échancrée. Ces différences d'aspect entre les deux groupes de planètes, proviennent de la position occupée par la terre, position qui nous met par moments en face de l'hémisphère nocturne des planètes inférieures, et nous laisse toujours en présence de l'hémisphère éclairé des planètes supérieures.

Soient S le soleil, V une planète intérieure, Vénus, par exemple; T, la terre, et M, une planète extérieure, Mars (fig. 123). A l'époque où la terre est en T sur son

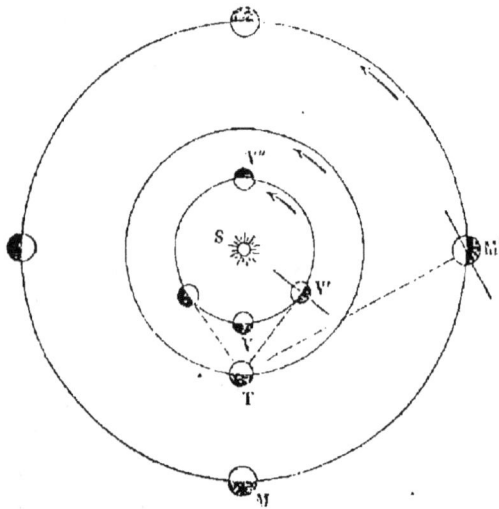

Fig. 123.

orbite, la planète intérieure V peut occuper sur la sienne tantôt un point, tantôt un autre. Quand elle est en V, entre nous et le soleil, elle nous tourne son hémisphère obscur et se trouve invisible. Cette phase correspond à ce que nous avons appelé nouvelle lune en parlant de notre satellite. Si elle était exactement située sur la droite joignant la terre au soleil, nous verrions la planète intérieure passer comme un point noir sur le disque radieux de l'astre. Ce serait ce qu'on nomme un *passage de Vénus*.

A mesure qu'elle progresse sur son orbite, elle nous

montre peu à peu une partie de son hémisphère éclairé
sous forme d'un croissant; et, parvenue en V', elle nous
en montre la moitié. La phase est alors l'analogue d'un
quartier de la lune. Enfin, arrivée en V″, par delà le
soleil, la planète a l'aspect d'un disque complet parce
qu'elle tourne en entier vers nous son hémisphère
éclairé. Il est inutile de dire que si elle passait exactement en ligne droite derrière le soleil, elle serait masquée par le disque de l'astre. Mais c'est là un cas assez
rare. La planète, le plus souvent, passe en dehors de la
droite qui joint le soleil à la terre ; l'inclinaison de son
orbite sur celle de la terre en est cause. Par delà V″,
le disque de la planète s'échancre, redevient un croissant
et finit par disparaître.

3. Aspect des planètes supérieures. — La perspective est
pour nous toute différente relativement aux planètes
supérieures. Et d'abord, un observateur placé sur le soleil, foyer de l'illumination planétaire, verrait évidemment en plein l'hémisphère éclairé de toutes les planètes, abstraction faite du véhément éclat qui l'envelopperait et l'empêcherait de distinguer des corps aussi
peu lumineux. En d'autres termes, les planètes seraient
toujours pleines pour cet observateur.

Quelque chose d'approchant se passe pour nous au
sujet des planètes supérieures, surtout des plus
éloignées. Nous ne les voyons pas du centre du système
solaire, mais d'un point voisin, la terre, relativement
rapprochée du soleil, eu égard à la grande distance de
ces planètes ; et, par suite, de notre position presque
centrale, Jupiter, Saturne, Uranus, Neptune, tournent
toujours vers nous leur hémisphère faisant face au
soleil.

Il suffit d'un coup d'œil jeté sur la figure 123 pour se
convaincre que, sur tout le trajet de son orbite, la planète extérieure M tourne vers la terre sa moitié éclairée. C'est d'autant plus exact, d'ailleurs, que la planète
considérée est plus distante du centre du système.

Aussi, Mars qui nous avoisine d'assez près, tourne vers nous, à certaines époques, malgré son rang de planète supérieure, une petite partie de son hémisphère nocturne, ce qui déforme légèrement son disque; mais jamais il ne devient croissant, encore moins ne disparaît-il en plein. On voit en M' la position que Mars occupe quand il présente à la terre un mince fuseau de son hémisphère obscur.

4. Mercure. — Mercure, la première des planètes inférieures, est rarement visible à la vue simple, à cause du voisinage trop rapproché du soleil, autour duquel il décrit l'orbite de moindre étendue. Il apparaît comme une petite étoile à lumière vive et scintillante, tantôt un peu après le coucher du soleil, tantôt un peu avant son lever, de sorte qu'on ne peut l'observer sans instruments que près de l'horizon et au sein des lueurs crépusculaires du matin ou du soir.

Ses phases sont aussi nettes que celles de la lune. Un jour il se montre avec la forme d'un mince croissant dont les cornes sont toujours dirigées en sens inverse du soleil, comme l'exige son illumination par cet astre; un autre jour, sous la forme d'un demi-disque; plus tard, sous la forme d'un disque complet. Une lunette est absolument nécessaire pour apercevoir ces divers aspects de la planète.

5. Le soleil vu de Mercure. — Mercure est environ deux fois et demie plus rapproché du soleil que ne l'est la terre. Le soleil doit donc s'y montrer deux fois et demie plus large que vu de la terre (fig. 124), et son disque doit avoir une superficie apparente de six à sept fois plus grande. Figurons-nous sept soleils comme le nôtre, dardant à la fois leurs rayons, et nous aurons l'exacte mesure de l'effet produit sur Mercure par le soleil plus rapproché. L'illumination y est sept fois plus forte qu'ici. Mais peut-être l'atmosphère, que les observations astronomiques s'accordent à reconnaître autour de Mercure, modifie-t-elle cette température et cette clarté? L'interposition d'un épais rideau de nuages affaiblit pour nous les rayons du soleil. Or, l'atmosphère de Mercure est, ce semble, fortement nuageuse, car on observe parfois sur

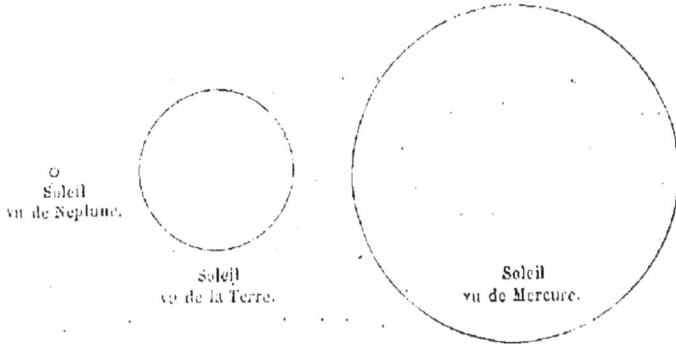

o
Soleil
vu de Neptune.

Soleil
vu de la Terre.

Soleil
vu de Mercure.

Fig. 124.

le disque lumineux de la planète, la formation rapide de bandes obscures qui occupent des espaces considérables et amènent des variations très-sensibles d'éclat.

6. **Les saisons de Mercure.** — Quoi qu'il en soit, Mercure ne doit pas moins se trouver dans des conditions excessives de chaleur et de lumière, auxquelles viennent s'adjoindre des saisons dont rien sur la terre ne peut donner une idée. En quatre-vingt-huit jours, Mercure fait le tour du soleil ; c'est la valeur de son année. Chaque saison n'embrasse donc que vingt-deux jours. De plus, l'axe de la planète est tellement penché sur le plan de l'orbite, que le soleil gagne à tour de rôle vers l'un et l'autre pôle, de manière à ne pas laisser de place aux zones tempérées. Pendant quarante-quatre jours, une immense zone dont le centre est le pôle boréal de la planète, voit le soleil tourner autour de l'horizon sans se coucher ; tandis que la zone opposée, ayant pour centre le pôle austral, est plongée dans une continuelle obscurité. Les rôles changent dans la seconde moitié de l'année, ou les quarante-quatre jours restants : la zone australe a la lumière et la chaleur, la zone boréale a la nuit et le froid. Seule la bande équatoriale

possède toute l'année, dans les vingt-quatre heures
cinq minutes que dure la rotation de la planète, le retour périodique du jour et de la nuit.

7. Les montagnes de Mercure. — De l'aspect dentelé du
croissant de Mercure on conclut à la présence de montagnes sur cette planète. L'une d'elles a pu être mesurée. Sa hauteur, si l'évaluation n'est pas exagérée, serait
de cinq lieues environ, hauteur excessive relativement
aux dimensions de la planète. Enfin, un petit point lumineux aperçu sur le disque noir de Mercure pendant
l'un de ses passages devant le soleil, a porté à croire
que la petite planète possède des volcans en ignition.
Mais depuis Schrœter qui, le 7 mai 1799, aperçut ce
point lumineux, pareille observation n'a plus été renouvelée.

8. Vénus. — Vénus est cette magnifique étoile (1) à
lumière si vive et si blanche, qu'on voit précéder l'aurore ou suivre le soleil couchant. Il n'est pas rare même
de l'apercevoir en plein jour, tant elle resplendit. Lorsqu'elle se montre à l'est, on lui donne vulgairement le
nom d'*étoile du matin;* et celui d'*étoile du soir* quand elle
se montre à l'ouest. Les anciens la nommaient *Lucifer*
le matin, et *Vesper* le soir. Enfin on l'appelle encore l'*é-
toile du berger.* Ces dénominations multiples prouvent
combien, de tout temps, la brillante planète a frappé
les regards même les plus inattentifs.

9. Phases de Vénus. — Les phases de Vénus sont admirables de netteté; cependant, pour les observer, la
vue simple ne suffit pas. Elle est à l'état de croissant
lorsqu'elle se trouve à peu près entre nous et le soleil,
dans une position voisine de V' (fig. 123). C'est alors
qu'elle brille de l'éclat le plus vif, bien qu'une partie
seule de son disque soit visible; c'est alors aussi qu'elle

---

(1) Le mot étoile est pris ici dans son acception vulgaire mais
impropre, car il désigne les corps célestes lumineux par eux-
mêmes et non les planètes, qui ne brillent que d'un éclat em-
prunté au soleil.

se montre avec le plus grand diamètre apparent. Parvenue en V″, par delà le soleil, elle tourne vers nous en

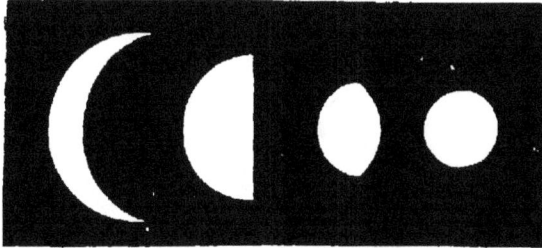

Fig. 125. Phases de Vénus.

entier son hémisphère éclairé ; cependant elle est moins
brillante et son diamètre apparent est plus faible, parce
que la distance qui nous en sépare est beaucoup plus
considérable. En V, Vénus est éloignée de la terre de
9750000 lieues ; en V″, de 65000000.

10. Montagnes et atmosphère de Vénus. — Les dente-
lures de Vénus à l'état de croissant démontrent qu'il y a
des montagnes à la surface de cette planète. Quelques-
unes auraient, dit-on, une élévation de 44 kilomètres.
Nos cimes des Alpes et de l'Himalaya ne seraient que
des collines en comparaison de ces pics vénusiens de
onze lieues de haut. Mais avant d'admettre de tels reliefs
montagneux, il faut attendre que de nouvelles observations aient confirmé les premières. Enfin des clartés
crépusculaires, qui s'étendent au delà de la partie directement éclairée par le soleil, affirment, autour de
Vénus, l'existence d'une atmosphère analogue à la
nôtre.

11. Les saisons de Vénus. — On a déjà vu comment
l'inclinaison de l'axe de notre globe sur le plan de l'orbite parcourue est cause des saisons et de l'inégalité des
jours. Si cette inclinaison était différente, les saisons
changeraient entièrement de caractère, ainsi que l'alternance du jour et de la nuit. Mercure, dont l'axe est
beaucoup plus penché que celui de la terre, vient de

nous en donner un exemple ; Vénus nous en fournit un autre, que nous allons développer avec plus de détails.

L'axe de cette planète fait avec le plan de son orbite un angle de 18°, tandis que l'axe de la terre en fait un de 67°. La fig. 89 représente Vénus à l'époque de son solstice d'été ; elle est l'analogue de la fig. 126 représen-

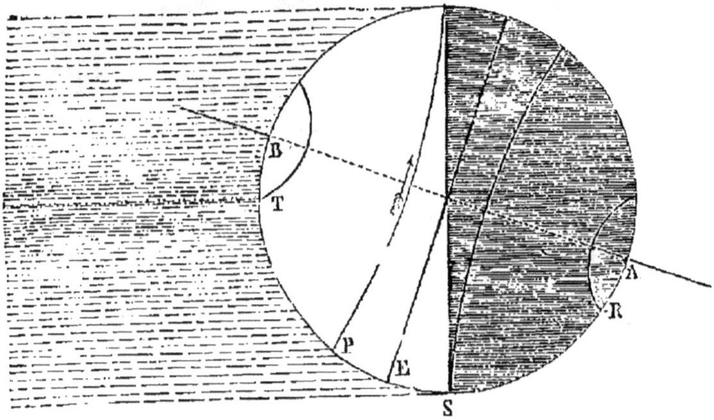

Fig. 126.

tant la terre au 22 juin. On voit immédiatement combien les deux planètes diffèrent dans la manière de se présenter aux rayons du soleil. Pour se rendre compte des principales conséquences de la grande inclinaison de l'axe de Vénus, faisons tourner en imagination le globe de la fig. 126 autour de son axe AB, dans le sens de la flèche.

Il est visible que les points décrivant le parallèle P ne sortent pas de la région éclairée pendant 23 heures et 21 minutes que dure la rotation de la planète. Alors, depuis le pôle boréal B jusqu'au parallèle P, le soleil ne se couche plus et il n'y a pas de nuit. En nous servant des termes déjà appliqués à la terre, nous nommerons ce parallèle le *cercle polaire boréal* de Vénus, puisqu'il délimite les régions où il n'y a plus de nuit à l'époque du solstice vénusien. On voit aussi que les rayons solaires arrivent verticalement sur le parallèle T, avoisinant le pôle, ce parallèle est alors le *tropique boréal* de la planète.

Il y a donc, comparativement à ce qui se passe sur notre globe, interversion des cercles polaires et des tropiques de Vénus. Nos tropiques sont voisins de l'équateur ; et nos cercles polaires des pôles. Sur Vénus, les cercles polaires avoisinent l'équateur ; et les tropiques avoisinent les pôles. De cette interversion résultent, pour les saisons de Vénus, les plus étranges disparates avec ce qui nous est connu. Les régions boréales de la terre ont bien, au solstice d'été, de longues journées, des journées sans nuit, mais le soleil y manque d'ardeur à cause de l'obliquité de ses rayons. Les régions boréales de Vénus ont à la fois des jours sans nuit et un soleil vertical deux fois plus chaud, deux fois plus lumineux qu'ici à cause d'une distance moindre. De ces conditions réunies doit résulter pour cette zone un climat bien supérieur à celui de notre zone torride.

Pendant que la zone boréale de la planète est sous l'influence d'un soleil permanent, la zone australe, depuis le pôle A jusqu'au cercle polaire S, est plongée dans des ténèbres continues. La température doit donc y baisser jusqu'à devenir comparable, sans doute, à celle de nos régions polaires dans la saison d'hiver. Seule, la zone étroite comprise entre les deux cercles polaires P et S, et partagée en son milieu par l'équateur, jouit en ce moment de l'alternance du jour et de la nuit. Partout ailleurs, c'est un jour continuel ou bien une nuit continuelle ; une chaleur excessive ou bien un froid excessif.

Mais la planète se déplace, parcourant son orbite. Peu à peu les rayons solaires cessent d'arriver d'aplomb sur le tropique T pour atteindre un parallèle plus bas. L'équateur est atteint au moment de l'équinoxe. Enfin dans 112 jours, moitié de l'année de Vénus, le soleil

darde ses rayons d'aplomb sur le tropique R. Supposons dans la fig. 126 que les rayons solaires, au lieu de
venir de gauche, viennent de droite, à cause de la situation de la planète au point opposé de son orbite ; rappelons-nous aussi que l'axe de la planète se maintient
parallèle à lui-même, et nous comprendrons sans difficulté l'arrivée des longs jours et de la chaleur dans les
régions australes de Vénus, l'arrivée des longues nuits
et du froid dans les régions boréales.

En résumé, par suite de la forte inclinaison de son
axe, la planète Vénus n'a pas de zones tempérées. Un
climat excessif, à tour de rôle torride ou glacial, de
112 jours en 112 jours, va d'un pôle à l'autre.

12. Passages de Vénus et parallaxe du soleil. — Les passages de Vénus sont des faits astronomiques fort rares,
que la science utilise pour obtenir la distance de la terre
au soleil, et avec cette distance les autres dimensions
du système planétaire. Nous avons déjà annoncé au
chapitre XII que ces passages nous fournissent la méthode la plus précise pour obtenir la parallaxe du soleil
c'est-à-dire l'angle sous lequel du soleil se verrait le
rayon de la terre. De cet angle, nous savons comment
se déduit la distance. Sans entrer dans les détails épi-
neux de cette question très-délicate, nous pouvons du
moins montrer ce que la méthode a d'essentiel.

Soient T la terre, V Vénus, et S le soleil (fig. 127). Sup-

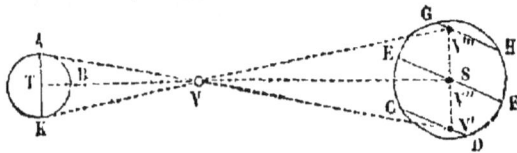

Fig. 127.

posons deux observateurs placés en A et en K, aux
extrémités d'un même diamètre. Pour l'observateur A,
la planète V se projettera en V' sur le soleil, sous la
forme d'un point noir qui traversera le disque solaire
suivant la corde CD. Pour l'observateur K, elle se pro-

jettera en V''' et décrira la corde GH. Chaque observateur mesure l'angle sous lequel est aperçue la corde qu'il voit décrire à la planète, ce qui peut s'obtenir soit par l'observation directe, soit par le temps que Vénus met à parcourir la corde. De ces deux valeurs, la géométrie déduit aisément l'angle sous lequel serait vu V'V''' distance des deux cordes.

Maintenant, les deux triangles semblables AVK et V'VV''' donnent :

$$\frac{V'V'''}{AK} = \frac{VV'''}{KV}.$$

Le second rapport est celui de la distance de Vénus au soleil, et de Vénus à la terre, rapport qui nous est inconnu mais que l'on peut calculer en se basant sur la troisième loi de Képler. D'après cette loi, les carrés des temps des révolutions de la terre et de Vénus sont entre eux comme les cubes des moyennes distances de ces planètes au soleil. Appelons T le temps de la révolution de la terre, et t celui de Vénus ; D la distance de la terre au soleil, et d celle de Vénus au soleil. Nous aurons :

$$\frac{T^2}{t^2} = \frac{D^3}{d^3}, \text{ ou } \frac{D}{d} = \frac{\sqrt[3]{T^2}}{\sqrt[3]{t^2}}.$$

On en déduit :

$$\frac{d}{D-d} = \frac{\sqrt[3]{t^2}}{\sqrt[3]{T^2} - \sqrt[3]{t^2}}.$$

Or d c'est VV''', et D — d, c'est KV. On a donc pour le rapport inconnu :

$$\frac{VV'''}{KV} = \frac{\sqrt[3]{t^2}}{\sqrt[3]{T^2} - \sqrt[3]{t^2}}.$$

En remplaçant t par 225, durée de la révolution de Vénus, et T par 365, durée de la révolution de la terre, on trouve pour le second membre de cette dernière égalité environ $\frac{5}{2}$. On a donc $\frac{VV'''}{KV} = \frac{5}{2}$; et, par conséquent, $\frac{V'V''}{AK} = \frac{5}{2}$; ou bien $V''V''' = \frac{5}{2}$ AK.

Mais AK vaut $2r$, r étant le rayon terrestre ; et par suite $V'V''' = 5r$.

Ainsi la distance des cordes GH et CD vaut 5 fois le rayon terrestre. Par conséquent, un observateur qui de la terre, verrait cette distance $V'V'''$ entre les deux cordes décrites par Vénus, l'apercevrait sous un angle 5 fois plus grand que celui sous lequel serait aperçu le rayon terrestre vu du soleil. Il suffit donc d'obtenir l'angle sous lequel est vu $V'V'''$ et d'en prendre le cinquième pour avoir la parallaxe du soleil.

RÉSUMÉ.

1. On appelle planètes *inférieures* ou *intérieures* les planètes comprises entre le soleil et la terre. Ce sont Mercure et Vénus. Les autres sont dites planètes *supérieures* ou *extérieures*.

2. Les planètes inférieures par suite de leur position entre la terre et le soleil, ont des phases pareilles à celles de la lune.

3. Les planètes supérieures n'ont pas de phases. Cependant Mars, la planète supérieure la plus voisine de nous se montre, à certaines époques, avec son disque légèrement déformé.

4. Mercure est rarement visible à la vue simple. Il apparaît comme une petite étoile à lumière vive et scintillante.

5. Vu de Mercure, le soleil doit avoir une superficie apparente sept fois plus grande que vu de la terre.

6. L'axe de Mercure étant très-incliné sur le plan de l'orbite, les saisons de cette planète ne sont pas comparables aux nôtres.

7. Le croissant dentelé de Mercure démontre que cette planète est hérissée de montagnes.

8. Vénus est la planète dont l'éclat est le plus vif. Elle porte les noms d'étoile du matin, étoile du soir, étoile du berger, Lucifer, Vesper.

9. Les phases de Vénus sont admirables de netteté. C'est à l'état de croissant que cette planète a le diamètre apparent le plus considérable et l'éclat le plus vif, parce qu'elle est alors plus rapprochée de la terre qu'à toute autre époque.

10. On a reconnu sur Vénus des montagnes et une atmosphère analogue à la nôtre.

11. Les saisons de Vénus diffèrent totalement des nôtres à cause de la grande inclinaison de l'axe sur le plan de l'orbite.

12. Les passages de Vénus nous fournissent le moyen le plus précis pour obtenir la parallaxe du soleil.

CHAPITRE XXIII

NOTIONS SUR LES PLANÈTES PRINCIPALES. — MARS. — LES ASTÉROIDES. — JUPITER.

1. **Mars. Ses taches.** — Mars nous apparaît comme une étoile brillante qui se fait remarquer entre toutes les autres par une vive coloration rouge. Il parcourt son orbite en 687 de nos jours, ou à peu près en un an et dix mois. Lorsqu'il se trouve, par rapport au soleil, du même côté que la terre, il n'est éloigné de nous que de 14 millions de lieues ; mais quand il atteint le point opposé de son orbite, il est distant de 106 millions de

lieues. Aussi sa grandeur apparente et son éclat sont-ils très-différents d'une époque à l'autre.

Examiné au télescope, surtout lors de sa plus grande proximité de la terre, Mars nous présente un des plus curieux spectacles du firmament. Son disque est moucheté de grandes taches à forme permanente, à contours nets, les unes rougeâtres, les autres d'un vert indécis. On présume que les taches rouges correspondent à des continents, et les espaces verdâtres à des mers. Ces taches apparaissent au bord occidental de la planète : elles défilent peu à peu sous les yeux de l'observateur, puis disparaissent au bord oriental pour se montrer plus tard du côté opposé. Il s'écoule vingt-quatre heures et trente-sept minutes entre deux retours consécutifs de la même tache. Mars tourne donc sur son axe en ce laps de temps.

2. Taches polaires de Mars. — En outre, une tache circulaire d'un blanc vif occupe chacun des pôles de la planète, et se détache nettement, par son éclat, du fond rougeâtre ou vert des terres et des mers voisines. L'étendue de ces taches polaires (fig. 128) est périodiquement variable. Pendant une moitié de l'année de Mars correspondant à la saison chaude de l'hémisphère nord, la tache boréale s'amoindrit graduellement et recule vers le pôle à mesure que le soleil visite ses bords. En même temps, la tache

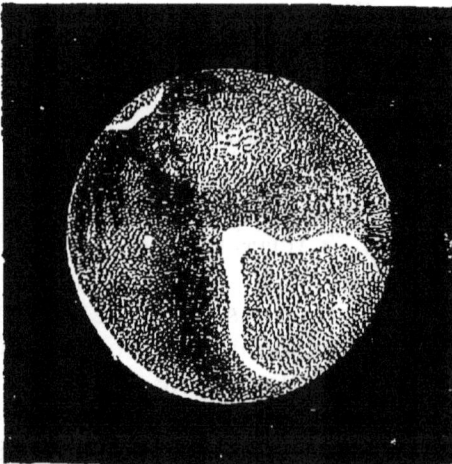

Fig. 128.

australe, pour laquelle sévit alors l'hiver, élargit ses limites et gagne sur les espaces verts et rouges. Dans la seconde moitié de l'année de la planète, les saisons sont interverties : l'hémisphère sud a l'été, l'hémisphère nord l'hiver. Alors la tache boréale s'élargit, tandis que la tache australe s'amoindrit.

3. **Neiges et glaces polaires de la terre.** — Quelle peut être la signification de ces étendues blanches des deux pôles de Mars, qui tour à tour augmentent ou diminuent suivant que le soleil les abandonne ou leur revient ? Pour un observateur qui verrait notre globe de quelque point du ciel, la terre à ses deux pôles présenterait exactement le même aspect. Une immense coupole de neige et de glace, qui ne fond jamais en entier, occupe l'extrémité arctique de la terre ; une coupole pareille, mais un peu plus étendue à cause d'un hiver plus rigoureux, recouvre l'extrémité antarctique. Vues de l'espace, ces deux coupoles de neige doivent apparaître comme des taches rondes d'un blanc éblouissant, de six mois en six mois plus grandes ou plus petites, suivant la saison.

4. **Explication des taches polaires de Mars.** — De cette étroite similitude d'aspect entre les deux planètes, on conclut que Mars a comme la terre ses neiges et ses glaces polaires qui, tour à tour, s'amoncellent et s'étendent pendant l'hiver, ou se fondent en partie au soleil d'été et reculent vers le pôle. Pour la terre, la fusion partielle et l'extension des calottes neigeuses des pôles arrivent de six mois en six mois ; pour Mars, dont l'année est plus longue, de onze mois en onze mois.

La coupole glaciale de la terre est plus étendue au pôle sud qu'au pôle nord. Pareille chose a lieu pour Mars. Les deux planètes, à l'époque de la saison d'hiver de l'hémisphère austral, atteignent le point de leur orbite elliptique le plus éloigné du soleil, enfin leur aphélie. Pour l'une comme pour l'autre, l'hiver du pôle sud arrive à l'époque de l'aphélie, et l'hiver du pôle nord à l'époque du périphélie. Le froid, à cause d'un accroisse-

ment de distance au soleil, est donc plus rigoureux sur
les deux planètes dans l'hémisphère austral que dans
l'hémisphère boréal. De là résulte, sur Mars et sur la
terre, la prépondérance des neiges australes.

5. **Les saisons de Mars.** — L'inclinaison de l'axe de
Mars sur le plan de l'orbite est presque celle de l'axe de
la terre, 61° au lieu de 67°. Il y a donc sur cette planète
une zone torride, deux zones tempérées et deux zones
glaciales, absolument comme ici ; il y a des saisons, un
printemps, un été, un automne, un hiver, analogues aux
autres, mais d'une durée environ double à cause de la
valeur de l'année. Le soleil, vu de Mars, est réduit environ de moitié par une plus grande distance. Son disque n'a guère, en superficie apparente, que les 0,43 du
disque tel que nous l'apercevons. La chaleur et la lumière y sont donc deux fois plus faibles que sur la
terre, si toutefois une nature spéciale de l'atmosphère
ne modifie pas les résultats bruts de la distance.

6. **Atmosphère de Mars.** — La présence d'une enveloppe
atmosphérique autour de Mars est hors de doute. La
présence des neiges polaires implique la présence de
l'eau, et celle-ci ne peut manquer de former au moins
une enveloppe de vapeurs. Mais il y a plus : Mars possède une atmosphère aériforme, limpide comme la nôtre,
et comme la nôtre susceptible de s'illuminer aux rayons
du soleil. L'observation suivante le prouve.

Les taches de Mars, rougeâtres ou vertes, continen-
tales ou océaniques, ne sont bien visibles que lorsqu'elles occupent la partie centrale du disque. Près des
bords de la planète, elles semblent noyées dans un
rideau lumineux qui en affaiblit la netteté. Elles finis-
sent même par disparaître totalement avant d'avoir atteint l'extrême bord de l'astre. Enfin, le contour de la
planète a parfois une telle prédominance d'éclat sur le
reste du disque, que Mars paraît entouré, à l'orient
surtout et à l'occident, d'un mince liseré resplendissant de lumière. De ces faits, on conclut à la présence

d'une atmosphère, qui s'illumine comme la nôtre, sous les rayons du soleil. Le liseré resplendissant qui borde l'astre et le voile lumineux qui nous dérobe les taches près des bords, ne sont autre chose que cette atmosphère, traversée par le regard sous une grande obliquité, et par conséquent suivant une grande épaisseur.

7. Dimensions de Mars. Satellites. — Le rayon de Mars est environ la moitié du rayon terrestre ; son circuit est de 5000 lieues, et son volume équivaut à la septième partie de celui de la terre. Son moindre volume à part, Mars est, en résumé, la planète qui ressemble le plus à la terre. Une découverte récente lui attribue deux satellites.

8. Les Astéroïdes. — Entre l'orbite de Mars et celle de Jupiter est comprise une zone où circule un essaim de petites planètes, connues· sous le nom d'*Astéroïdes* ou de *Planètes télescopiques*, parce qu'on ne peut les apercevoir qu'avec le secours d'un télescope. Leur nombre atteint déjà 180, et tout porte à croire que les observations futures enrichiront encore de beaucoup la série.

Le trait le plus frappant de ces planètes est leur extrême petitesse. Les plus grosses d'entre elles, Junon, Cérès, Pallas, Vesta, ont un rayon de 50 à 100 lieues. Il en est dont le rayon atteint quelques lieues à peine, et dont on ferait le tour en une journée de marche. Un autre caractère spécial aux astéroïdes, c'est la confusion qui règne dans leurs orbites. Les grosses planètes circulent autour du soleil à peu près dans un même plan, qui est celui de l'orbite terrestre. Les planètes télescopiques font exception à cette loi. Leurs orbites sont, en général, très-inclinées sur le plan commun où se meuvent les astres principaux du système solaire ; et de plus, au lieu d'être exactement renfermées l'une dans l'autre, elles s'entrelacent et se croisent comme des cercles assemblés au hasard

9. Hypothèse d'Olbers. — Le petit volume des astéroïdes, leur nombre, leur agglomération dans une même zone du ciel, leur forme parfois angulaire et d'aspect fragmenté, l'inclinaison et l'entrelacement bizarre de leurs orbites, ont fait supposer que ces petits corps sont les débris d'une planète primitive. A une époque que l'astronomie ne peut assigner, une explosion, dont la terre nous présente de faibles exemples dans le jeu des forces souterraines qui font trembler les continents et les disloquent parfois, aurait éclaté au sein de la planète et projeté en tous sens dans l'espace les fragments de l'astre brisé. Cette hypothèse hardie a été proposée par Olbers, le célèbre astronome à qui l'on doit la découverte des astéroïdes Pallas et Vesta.

10. Nomenclature des astéroïdes. — On ne sait rien encore sur la constitution physique des planètes télescopiques ; rien sur leurs saisons, rien sur leur rotation diurne. La distance et l'exiguïté de volume s'opposent aux observations qui nous donneraient ces renseignements. Flore, la plus rapprochée du soleil parmi celles qui nous sont connues, est à une distance de cet astre de 84 millions de lieues en moyenne. Elle parcourt son orbite en 1 193 jours. Maximiliana, l'une des plus éloignées, est distante du soleil de 130 millions de lieues. La durée de son année est de 2 310 jours. Voici, dressés par ordre de date, les noms des 10 premières petites planètes :

Noms des astéroïdes.	Auteurs de la découverte.	Années de la découverte.
Cérès	Piazzi	1801
Pallas	Olbers	1802
Junon	Harding	1804
Vesta	Olbers	1807
Astrée	Hencke	1845
Hébé	Hencke	1847
Iris	Hind	1847
Flore	Hind	1847
Métis	Graham	1848
Hygie	De Gaspars	1849

11. Jupiter — Quoique 1 414 fois plus grosse que

la terre, cette planète nous apparaît ici comme une étoile d'un blanc jaunâtre, très-brillante, mais inférieure en éclat à Vénus. Suivant le point qu'il occupe, sur son orbite, Jupiter est éloigné du soleil de 188 à 207 millions de lieues. La distance moyenne est cinq fois environ celle qui nous sépare nous-mêmes de l'astre central. A cet éloignement, le soleil a un diamètre apparent cinq fois plus petit que vu de la terre, ce qui entraîne un pouvoir calorique et lumineux vingt-cinq fois moindre. L'année de Jupiter en vaut douze des nôtres, c'est-à-dire que la planète fait une fois le tour du soleil pendant que la terre en fait douze. L'immense développement de l'orbite est cause de cette lenteur, qui n'est qu'apparente, car Jupiter parcourt une douzaine de mille lieues par heure.

12. **Aplatissement polaire de Jupiter.** — La terre tourne sur elle-même en 24 heures, de sorte qu'un point de son équateur se déplace par seconde de 462 mètres. C'est la vitesse à peu près d'un boulet de canon. Jupiter, pour accomplir sa rotation autour de son axe, ne met que 10 heures moins 5 minutes. Alors un point équatorial de la grosse planète parcourt, en une seconde, 12 586 mètres, ou 25 fois plus qu'un point de l'équateur terrestre. Cette vitesse excessive doit avoir pour conséquence une déformation considérable aux pôles de la planète, car la force centrifuge est d'autant plus considérable que la rotation est plus rapide. Et, en effet, si l'on examine la planète au télescope, son disque n'apparaît pas rond, mais très-sensiblement écrasé. Des mesures délicates apprennent que la dépression est d'un million de lieues pour chaque pôle de l'astre. Pour les pôles de la terre, elle n'est que de 5 lieues.

L'aplatissement polaire est sans doute un fait commun à tous les corps du système solaire, puisqu'ils tournent tous sur eux-mêmes ; mais, à cause d'une rotation trop lente, il est parfois trop faible pour être appréciable d'ici. Le soleil et la lune, qui tournent sur eux-mêmes, le premier en 25 jours, la seconde en 27, ne nous présentent aucune déformation sensible. Mercure, Vénus et Mars, qui mettent à leur rotation à peu près le temps employé par la terre, ont de trop petits volumes relativement à la distance pour nous rendre observable la légère irrégularité de leurs pôles. Quoi qu'il en soit, Jupiter nous fournit une preuve évidente de l'intime rapport qu'il y a entre la vitesse de rotation d'une planète et l'aplatissement de ses pôles. L'examen de Saturne confirmera cette loi.

13. **Saisons de Jupiter.** — L'axe de Jupiter, au lieu d'être plus ou moins incliné, comme nous l'avons vu pour les planètes précédentes, est perpendiculaire, ou peu s'en faut, sur le plan de l'orbite. La planète présente donc constamment son équateur aux rayons du soleil, et par conséquent ne connaît pas la périodicité des saisons. D'un bout à l'autre de son année de 12 ans, c'est un printemps continuel, une température sans variation. Notre mois de mars, époque où la terre présente son équateur aux rayons verticaux du soleil, notre mois de mars perpétuellement prolongé mais vingt-cinq fois moins chaud, si toutefois des conditions atmosphériques inconnues n'interviennent ici, nous donne une idée des climats monotones de Jupiter. Ce printemps sans fin se compose de jours et de nuits de longueur toujours égale : jours de 5 heures, nuits de 5 heures, d'un pôle à l'autre de la planète.

14. **Bandes de Jupiter.** — Le télescope nous montre sur le disque de Jupiter des bandes irrégulières, alternativement brillantes et sombres, parallèles à l'équateur de la planète. On présume que ces bandes brillantes sont des traînées nuageuses alignées dans le sens de la rotation de l'astre par des courants aériens qu'engendre la révolution si rapide de Jupiter. Quant aux bandes obscures, elles correspondraient au sol obombré par son enveloppe de nuages et vu à travers une portion limpide de l'atmosphère.

15. Satellites de Jupiter. — Nous avons nommé *satel-lites* des astres secondaires qui circulent autour de cer-

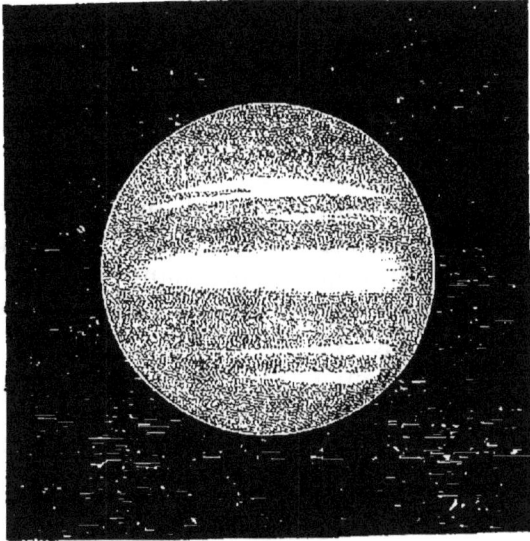

Fig. 129.

taines planètes et remplissent à leur égard le même rôle que la lune à l'égard de la terre. Les nuits de Jupiter sont éclairées par quatre satellites ou par quatre lunes, dont trois notablement plus grandes que la nôtre. Tantôt isolés, ou deux à deux, ou trois à trois, ou tous les quatre ensemble, les satellites de la planète montent au-dessus de l'horizon, vus en plein, à l'état de croissant ou de quartier, et donnent au ciel de Jupiter des magni-ficences d'illumination inconnues sur la terre. Le plus rapproché fait le tour de la terre en 42 heures et 28 mi-nutes ; le plus éloigné, en 16 jours, 6 heures et 32 mi-nutes. En circulant autour de Jupiter, les satellites tour-nent sur eux-mêmes ; et leurs deux révolutions ont une durée pareille, de manière que ces lunes présentent à la planète toujours la même face, absolument comme le fait la lune à l'égard de la terre.

16. Éclipses des satellites de Jupiter. — Pour nous, les quatre lunes de Jupiter se réduisent à des points lumineux, placés dans des situations incessamment changeantes dans l'étroit voisinage de la planète. On les voit passer en avant de l'astre, traverser son disque, le quitter, s'avancer, puis revenir, disparaître derrière la planète, et reparaître du côté opposé quelque temps après. Au moment où il passe entre le soleil et Jupiter, chaque satellite projette son ombre sur le disque brillant de la planète, en produisant une petite tache ronde et noire. Pour les régions de Jupiter que couvre cette tache, il y a éclipse de soleil. Quand un satellite passe au delà, il pénètre dans le cône d'ombre de la planète, et devient invisible, s'éclipse, absolument comme notre lune quand elle plonge dans l'ombre de la terre.

Les lunettes astronomiques permettent de suivre aisément d'ici toutes les circonstances de ces lointaines éclipses. On voit tantôt l'un, tantôt l'autre des quatre satellites pénétrer à chaque révolution dans le cône d'ombre de Jupiter, disparaître pendant le temps employé à le traverser, et reparaître enfin avec tout son éclat de l'autre côté de l'ombre.

Toutes les fois qu'elle passe en arrière de la terre, notre lune ne pénètre pas dans le cône d'ombre terrestre, et par suite ne s'éclipse pas, parce que son orbite est assez inclinée sur le plan où se meut la terre. Les lunes de Jupiter, du moins les trois premières, s'éclipsent au contraire à chaque révolution, parce qu'elles tournent à peu près dans le même plan que la planète.

17. Vitesse de la lumière. — C'est au moyen des éclipses des satellites de Jupiter que Roëmer, en 1675 parvint à résoudre l'un des plus beaux problèmes de la physique du firmament, le problème de la vitesse de la lumière. — L'un des satellites tourne autour de la planète en 42 heures et 28 minutes. Il s'écoule donc ce même laps de temps entre deux de ses réapparitions successives en dehors du cône d'ombre de Jupiter. Supposons qu'à l'époque où la terre est en conjonction avec Jupiter, c'est-à-dire dans le voisinage du point A, (figure 130), un observateur constate l'instant précis où le satellite sort de l'ombre. Après 42 heures et 28 minutes, à partir de cet instant aura lieu l'émersion suivante; après un certain nombre de fois cette durée, aura lieu l'émersion dont le rang est déterminé par ce nombre. Il est donc possible de calculer à l'avance l'instant exact où doit avoir lieu telle ou telle autre émersion.

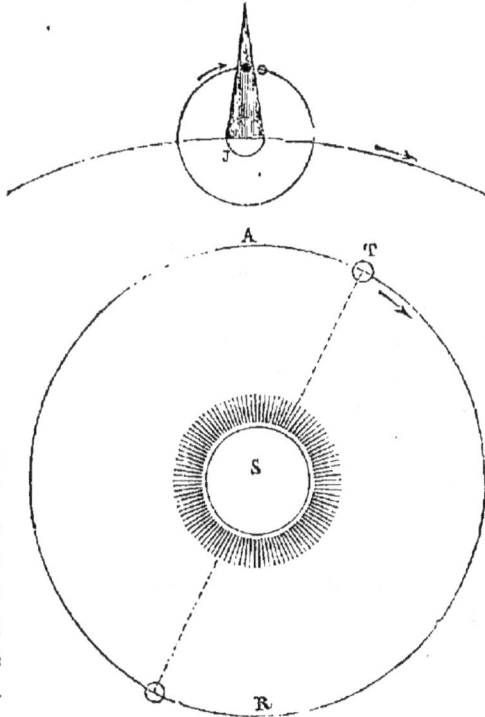

Fig. 130.

Supposons calculée de la sorte l'époque rigoureuse de la centième émersion. Quand cette époque est arrivée, on observe le satellite; mais le calcul n'est pas d'accord avec l'observation, l'émersion n'arrive pas à l'instant prédit. Pour la voir se faire, il faut attendre 16 minutes environ.

Remarquons que pour atteindre l'époque de la centième émersion du satellite, il s'écoule près de six mois. Pendant ce temps, la terre parcourt la moitié de son orbite et se transporte du point A où elle était d'abord, au point R, éloigné du premier du diamètre de l'orbite terrestre. Jupiter, beaucoup plus lent dans sa révolution, puisqu'il met près de douze ans pour tourner autour du soleil, sera considéré, pour plus de simplicité, comme ne s'étant pas déplacé pendant ce laps de temps de six mois. La lumière, partie du satellite à l'instant même de l'émersion, doit donc, pour arriver jusqu'ici et nous porter la nouvelle de la fin de l'éclipse, parcourir en plus qu'au début des observations, tout le diamètre de l'orbite terrestre, toute la distance de A en B, c'est-à-dire 76 millions de lieues. Telle est la cause de son retard. Le trajet à parcourir s'étant allongé, le temps employé s'est accru également. Roëmer trouva ainsi que pour franchir une distance de 76 millions de lieues, la lumière met 16 minutes et 26 secondes. Pour en franchir la moitié ou la distance du soleil à la terre, elle met 8 minutes et 13 secondes.

Dans le but de simplifier l'exposition, nous avons supposé Jupiter immobile pendant les six mois employés par la terre à se transporter d'une extrémité à l'autre de son orbite. Examinons maintenant ce qui réellement se passe à cause du déplacement de la planète. Supposons la terre entre le soleil et Jupiter. Les deux planètes se meuvent dans le même sens sur leurs orbites respectives. Si leur vitesse angulaire était la même, si elles employaient le même temps pour accomplir une révolution autour du soleil, elles se maintiendraient à une distance constante l'une de l'autre. Mais la terre tourne beaucoup plus vite. La distance des deux planètes doit donc augmenter à partir de la conjonction. Par conséquent, l'instant de la réapparition du satellite hors du cône d'ombre est de jour en jour en retard sur l'heure calculée, à cause de l'allongement du chemin à parcourir. Si l'on détermine, à une époque quelconque, de combien s'est augmentée la distance de la terre à Jupiter, et de combien l'instant de la réapparition du satellite est en retard sur l'instant calculé, on aura tous les éléments nécessaires pour obtenir la vitesse de propagation de la lumière.

18. Applications. — Comme les éclipses de lune, les éclipses des satellites de Jupiter sont générales et simultanées, c'est-à-dire qu'elles sont visibles au même instant de tous les points de l'univers. Elles constituent pour nous une sorte de signal céleste qui permet aux géographes, aux astronomes, aux navigateurs, d'exécuter leurs observations au même instant n'importe en quel point de la terre. Cette simultanéité d'observations fait connaître la longitude quand on connaît l'heure du méridien du lieu. Un premier observateur reconnaît, par exemple, à Paris, que l'entrée d'un satellite dans le cône d'ombre de Jupiter se passe à deux heures du matin. Un second observateur constate ailleurs la même éclipse à 5 heures du matin. L'instant est le même pour les deux observateurs, mais l'heure est différente parcequ'ils se trouvent sur des méridiens différents. Si le second a 3 heures de plus que le premier, cela signifie qu'il se trouve à l'est du premier et de 3 fois 15 degrés. Sa longitude est donc orientale et de 45°.

Les astronomes calculent et mettent en tables les heures précises, pour le méridien de Paris, des diverses éclipses des satellites de Jupiter dans tout le cours de l'année. Un navigateur pourvu de ces tables trouve la longitude du lieu où il est en observant une des éclipses prédites. Les tables, supposons, annoncent cette éclipse comme visible à Paris à 11 heures du soir. Le navigateur la voit à 7 heures du soir. Sa longitude est donc occidentale et de 4 fois 15° ou de 60°, puisque le méridien du point où il est a 4 heures de moins que le méridien de Paris. Les éclipses de notre lune peuvent évidemment servir aux mêmes calculs, mais elles sont beaucoup moins fréquentes que celles des satellites de Jupiter.

RÉSUMÉ.

1. Mars nous apparaît comme une étoile brillante à coloration rouge. Le télescope y indique de grandes taches à formes permanentes, les unes rougeâtres, les autres d'un vert indécis. Mars tourne sur lui-même à peu près en 24 heures.

2. Les pôles de Mars se font remarquer chacun par une tache circulaire, d'un blanc vif, dont l'étendue croît et décroît tour à tour dans l'intervalle d'une année de la planète.

3. Les neiges et les glaces polaires de la terre, vues de l'espace, doivent présenter semblable aspect.

4. Les taches polaires de Mars ont donc probablement pour cause des accumulations de neige et de glace à chaque pôle.

5. L'inclinaison de l'axe de Mars étant à peu près l'inclinaison de l'axe de la terre, les saisons sur cette planète ont une grande analogie avec les nôtres.

6. Mars est enveloppé d'une atmosphère.

7. Le rayon de cette planète est environ la moitié du rayon terrestre.

8. Les *Astéroïdes* ou *Planètes télescopiques* sont de très-petit volume. Les plus grosses ont un rayon de 50 à 100 lieues. Leurs orbites, s'entrelacent et se croisent. Leur nombre paraît être considérable. On en connaît déjà près de 180.

9. D'après Olbers, les astéroïdes seraient les débris d'une planète primitive mise en éclats par quelque explosion intérieure.

10. Les premiers astéroïdes découverts sont Cérès, Pallas, Junon et Vesta.

11. Jupiter nous apparaît comme une étoile d'un blanc jaunâtre, très-brillante, mais inférieure en éclat à Vénus.

12. Jupiter tourne sur son axe environ en dix heures. Sa grande vitesse de rotation est cause d'un aplatissement considérable aux deux pôles. Son disque n'apparaît pas rond, mais très-sensiblement écrasé.

13. L'axe de Jupiter est à peu près perpendiculaire sur le plan de l'orbite. La planète n'a donc pas la pé-

riodicité des saisons, et la température y est à peu près invariable.

14. Le télescope montre sur Jupiter des bandes irrégulières alternativement brillantes et sombres, parallèles à l'équateur de la planète.

15. Jupiter a quatre satellites ou lunes, dont trois notablement plus grandes que la nôtre.

16. En passant devant Jupiter, ces satellites donnent lieu à des éclipses de soleil pour les points de la planète qu'ils recouvrent de leur ombre. Quand ils pénètrent dans le cône d'ombre de la planète, ils sont eux-mêmes éclipsés.

17. L'étude des éclipses des satellites de Jupiter a permis à Roëmer de déterminer la vitesse de propagation de la lumière. Pour nous venir du soleil, la lumière emploie environ 8 minutes.

18. L'observation des éclipses des satellites de Jupiter peut servir aux navigateurs pour déterminer la longitude.

CHAPITRE XXIV

NOTIONS SUR LES PLANÈTES PRINCIPALES.

SATURNE. — URANUS. — NEPTUNE.

1. Saturne. — Cette planète équivaut en grosseur à 734 fois le globe terrestre. Nous la voyons comme une étoile pâle et dont la lumière rappelle les reflets du plomb. Le télescope nous montre sur son disque des bandes lumineuses, entremêlées de bandes sombres et parallèles à l'équateur. C'est la reproduction des bandes de Jupiter. Saturne emploie vingt-neuf ans au parcours de son orbite, avec une vitesse de 9000 lieues par heure. Sa distance moyenne au soleil est de 362 millions de lieues. Il

tourne sur lui-même en dix heures et demie. Cette rapidité de rotation autour de l'axe entraîne, comme
pour Jupiter, un aplatissement considérable aux pôles.
Pour Saturne, la valeur de la dépression polaire égale
0,1 du rayon de la planète, ou bien 1400 lieues environ. La faible densité de la matière de l'astre est sans
doute pour quelque chose dans cet énorme affaissement des pôles. La densité de Saturne est 0,7, de manière que la planète pourrait flotter sur l'eau. L'axe de
Saturne est incliné de 64° sur le plan de son orbite, à
peu près comme celui de la terre. Les saisons de cette
planète sont donc semblables aux nôtres, à cela près
qu'elles ont chacune une durée de sept ans environ.

2. Satellites de Saturne. — De tous les globes planétaires,
Saturne est le plus riche en satellites. On lui en connaît huit. Le plus rapproché tourne autour de la planète en vingt-deux heures et demie ; le plus éloigné, en
soixante-dix-neuf jours. Titan, le plus gros des huit,
équivaut en volume à neuf fois notre lune.

3. Anneau de Saturne. — Saturne possède, en outre, un
neuvième satellite, unique en son genre dans le sys-

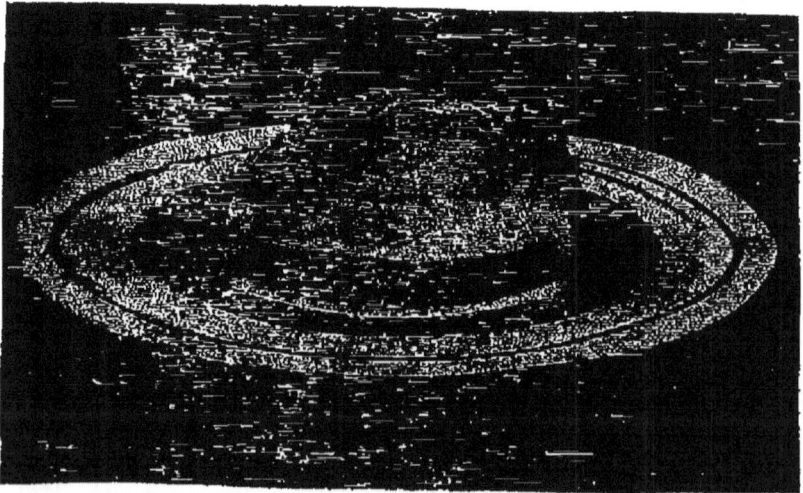

Fig. 131.

tème solaire. C'est un anneau circulaire, aplati, très-large et relativement fort mince, qui ceint la planète par le milieu sans la toucher nulle part (fig. 131). Il n'est pas continu, mais composé de trois zones concentriques, l'intérieure obscure et transparente, l'extérieure de teinte grisâtre, l'intermédiaire plus lumineuse que le disque même de la planète. Les deux dernières zones sont nettement séparées l'une de l'autre par un intervalle vide, à travers lequel se voit le ciel étoilé. On présume que leur matière est de nature fluide, car on voit parfois des traces de subdivisions plus nombreuses, annonçant des déchirures faciles. La largeur totale de de trois zones est de 1200 lieues. L'espace vide qui sépare l'anneau de la planète est de 7500 lieues. Quant à l'épaisseur de l'anneau, elle est évaluée à une centaine de lieues au plus.

Cette couronne satellite accompagne Saturne dans sa rotation ; elle tourne autour de la planète dans le même temps que celle-ci tourne autour de son axe, comme si les deux faisaient un seul corps. Par lui-même, l'anneau n'est pas lumineux, car on le voit projeter son ombre sur la planète, de même qu'on voit la planète projeter son ombre sur lui. Il réfléchit simplement la lumière qui lui vient du soleil. C'est donc pour Saturne une lune de forme exceptionnelle, embrassant le tour entier du ciel comme une chaîne continue de satellites.

4. Découverte d'Uranus. — Les planètes Mercure, Vénus, Mars, Jupiter et Saturne ont été connues dès la plus haute antiquité, moins le cortége de satellites accompagnant les trois dernières. Les astéroïdes, Uranus et Neptune, sont des découvertes de l'astronomie moderne. Uranus a été découvert en 1781 par Herschel, l'un des astronomes qui ont le plus avancé la science du firmament. La planète lui apparut dans son puissant télescope comme un petit disque d'un éclat uniforme et faible, qui, peu à peu, se déplaçait parmi les étoiles

voisines. C'était donc un nouvel astre errant, une nouvelle planète qui, jusque-là, par sa faible clarté avait
échappé aux regards. L'astre fut mesuré en volume et
en masse, son orbite déterminée, sa distance au soleil
calculée, et ses satellites découverts, bien avant qu'il
eût accompli une de ses révolutions.

5. **Uranus.** — Rarement, cette planète est visible sans
instrument. Dans les circonstances les plus favorables,
tout au plus apparaît-elle à l'œil nu comme une étoile
de sixième grandeur. L'invisibilité n'a pourtant pas pour
cause la faiblesse de volume, car la planète est quatre-
vingt-deux fois plus grosse que la terre; mais bien la
grande distance. Uranus est éloigné du soleil de 700
millions de lieues. Il met quatre vingt-quatre ans à parcourir son orbite. Il tourne apparemment sur lui-même avec une grande rapidité, car le télescope reconnaît
une énorme dépression aux pôles, un aplatissement
égal à 0,1 du rayon de la planète; mais l'astre, trop
éloigné pour laisser distinguer le moindre détail, ne
montre aucune tache sur son disque, aucun point
de repère qui permette de constater la rotation et d'en
mesurer la durée.

On soupçonne que l'axe de rotation est à peu près
couché dans le plan de l'orbite, de sorte que la planète,
à quarante-deux ans d'intervalle, présente chacun de
ses pôles aux rayons verticaux du soleil. On sait enfin
que pour Uranus le disque du soleil est rendu, par l'é-
loignement, de 300 à 400 fois moindre que pour nous;
on sait que sa densité moyenne est légèrement inférieure à celle de l'eau; on sait que huit lunes circulent
autour de la planète dans un plan perpendiculaire à celui de l'orbite. Nos connaissances s'arrêtent là; l'é-
loignement nous dérobe le reste.

6. **Perturbations planétaires.** — La découverte de Neptune est la preuve la plus éclatante de la précision des
théories astronomiques modernes. C'est ce que feront
suffisamment comprendre les considérations que voici:

NOTIONS SUR LES PLANÈTES PRINCIPALES — 313

L'attraction est une propriété commune à tous les corps, mais son énergie est proportionnelle à la masse. Le soleil, à cause de la prépondérance de sa masse, attire à lui toutes les planètes et courbe leurs orbites par une chute sans fin ; les planètes pareillement attirent leurs satellites et les font tourner autour d'elles. La terre attire la lune, comme le soleil attire la terre. Or, il est d'évidence que l'attraction terrestre s'exerce encore au-delà de l'orbite lunaire, en diminuant d'énergie suivant la loi des carrés des distances. La terre agit donc sur les planètes voisines, sur Mars, sur Vénus et les autres ; seulement son action, très-amoindrie par la distance, ne peut entrer en parallèle avec celle du soleil. De son côté, la terre est attirée par les autres planètes.

Il y a ainsi de planète à planète un conflit incessant ; chacune, en raison de sa masse et en proportion inverse du carré de la distance, agit sur les voisines, qui cependant n'abandonnent pas leurs orbites, maintenues qu'elles sont par l'action prépondérante du soleil. De ces actions réciproques, il résulte cependant de légères irrégularités de marche. Telle planète, sollicitée par le voisinage et la masse considérable d'une autre, s'écarte un peu de son orbite normale où tend à la ramener l'action dominante du soleil. On nomme *perturbations* ces écarts des planètes hors de leurs voies fondamentales par suite des attractions des planètes voisines. Elles sont d'autant plus grandes que l'astre, cause de la déviation, que l'astre *perturbateur*, est plus près et de masse plus forte.

7. Perturbations d'Uranus. — On conçoit alors que, pour déterminer l'orbite précise que doit parcourir une planète et calculer d'avance le point du ciel où elle se trouvera à telle ou telle autre époque, les astronomes ont à tenir compte, non-seulement de l'attraction du soleil, mais aussi de l'effet perturbateur des planètes voisines. Si les calculs sont exacts, si l'action d'aucune planète n'échappe, en tout temps l'observation doit être d'accord avec la théorie mécanique; le mobile céleste doit occuper, à une date quelconque, le point de l'étendue que la science lui assigne.

Or, depuis sa découverte, Uranus mettait en flagrant désaccord les théories astronomiques et les positions observées ; la planète n'arrivait jamais au point calculé. En vain faisait-on intervenir l'action perturbatrice des deux grandes planètes voisines, Saturne et Jupiter ; des déviations imprévues venaient constamment mettre le calcul en défaut. Alors un soupçon s'éleva dans l'esprit des astronomes, soupçon qui, par le seul fait de la marche troublée d'Uranus, entrevoyait un nouveau monde dans les extrêmes profondeurs du système solaire. Au delà d'Uranus, une planète inconnue devait se trouver qui, par son attraction, modifiait l'orbite de la première.

8. Découverte de Neptune. — Un géomètre de la France, Le Verrier, se proposa de vérifier le soupçon et de découvrir l'astre perturbateur par la seule puissance de la théorie. Le résultat de ses calculs fut admirable. Le 31 août 1866, Le Verrier annonçait à l'Europe savante que la planète perturbatrice devait se trouver en tel point du ciel et avoir telle grandeur. Sur cette annonce, le directeur de l'observatoire de Berlin, M. Galle, dirige quelques jours après son télescope vers le point du ciel assigné ; la planète était là, à la place indiquée par la théorie. Sans jeter un seul regard dans le ciel, la science avait vu juste au fond du firmament. On nomma Neptune la planète prévue par la plume du calculateur.

9. Neptune. — Cette planète n'est jamais visible à l'œil nu, bien qu'elle soit 110 fois plus grosse que la terre. Au télescope, elle apparaît comme un point brillant, comparable à une étoile de huitième grandeur. A peine les meilleures lunettes lui donnent-elles des dimensions sensibles. Onze cent millions de lieues la séparent du soleil, autour duquel elle accomplit une révolution en 164 ans. Neptune est accompagné d'un satellite, qui tourne autour de la planète en 5 jours et 21 heures. Vu de Neptune, le disque du soleil apparaît un millier de fois moins grand que vu de la terre. L'immense foyer de lumière et de chaleur n'est ainsi pour Neptune qu'une espèce d'étoile un peu plus brillante que les autres.

10. **Incertitude sur les limites du système solaire.** — Avec Neptune, atteignons-nous les régions finales du système solaire ; par delà, n'y a-t-il plus de planètes ? Rien encore ne permet de le nier ou de l'affirmer. Assez bien connu dans ses régions moyennes, le système solaire laisse le champ ouvert aux suppositions dans sa partie centrale et sa zone extérieure. Peut-être au delà de Neptune roulent encore des mondes sur des orbites plusieurs fois séculaires ; peut-être entre Mercure et le soleil, d'autres planètes circulent, rendues invisibles par le voisinage trop rapproché des clartés solaires.

RÉSUMÉ.

1. Saturne, dont le volume équivant à 734 fois celui de la terre, a l'aspect d'une étoile à lumière pâle. Son disque présente des bandes lumineuses et des bandes analogues à celles de Jupiter. L'aplatissement de ses pôles est très-considérable.

2. Saturne a huit satellites, dont le plus gros, Titan, équivaut à neuf fois notre terre.

3. La planète est, en outre, entourée d'un anneau qui l'accompagne dans sa rotation.

4. La découverte d'Uranus date de 1781. Elle est due à Herschel.

5. Uranus a 82 fois le volume de la terre et possède huit satellites. Rarement cette planète est visible à l'œil nu. Dans les circonstances les plus favorables, elle apparaît comme une étoile de sixième grandeur.

6. Par leurs attractions réciproques, les planètes modifient mutuellement les orbites qu'elles décriraient

en vertu de l'action seule du soleil. On nomme *perturbations* ces écarts des planètes hors de leurs voies fondamentales.

7. Les perturbations d'Uranus ont fait soupçonner l'existence d'une nouvelle planète.

8. Cette nouvelle planète, nommée Neptune, a été découverte au point du ciel indiqué par les calculs de Le Verrier.

9. Neptune est 110 fois plus volumineux que la terre. Il a un satellite. Vu de Neptune, le soleil doit avoir l'aspect d'une étoile un peu plus brillante que les autres.

10. On ignore si Mercure d'une part, et Neptune de l'autre, sont les extrêmes limites du système solaire.

CHAPITRE XXV

NOTIONS SUR LES COMÈTES.

1. **Aspect des comètes.** — Les planètes et leurs satellites sont la partie vraiment essentielle du système solaire; mais à cet ensemble de corps, toujours visibles dans notre ciel, d'autres de loin en loin viennent s'adjoindre, étranges, énormes, venus on ne sait d'où et replongeant bientôt à des profondeurs où l'observation ne peut plus les suivre. Ce sont les *comètes*. On distingue en général dans une comète, le *noyau*, la *chevelure* et la *queue*. Le noyau est la partie centrale de l'astre. L'éclat y est plus vif qu'ailleurs, par suite apparemment d'une concentration plus grande de matière. Il est enveloppé d'une nébulosité volumineuse, d'une sorte de brouillard lumineux appelé chevelure. Les comètes doivent leur nom, signifiant astre chevelu, à cette particularité. Enfin on nomme queue une traînée lumineuse plus ou moins

longue et de forme variable, dont la plupart des comètes sont accompagnées (fig. 132).

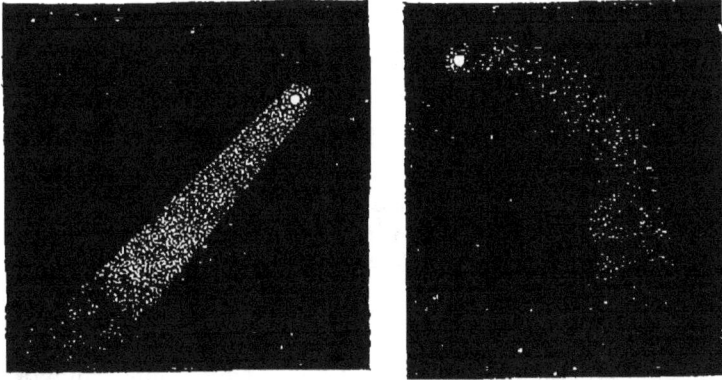

Fig. 132. Aspects d'une comète.

2. Orbite des comètes. — Cependant un astre nouveau venu peut se montrer sans queue ni chevelure et porter à juste titre le nom de comète. Ce qui caractérise avant tout les comètes, c'est l'extrême allongement de leurs orbites, qui, après les avoir plus ou moins rapprochées du soleil, les en éloigne ensuite à des distances où elles cessent d'être visibles, même avec nos meilleurs instruments. A la manière des planètes, les comètes se meuvent suivant des ellipses autour du soleil pour foyer; elles obéissent aux trois lois de Képler; mais leurs orbites sont tellement allongées que parfois, après avoir effleuré, pour ainsi dire, la surface du soleil, elles s'élancent au delà de Neptune, dans les dernières régions du système solaire. Il y a plus : beaucoup de comètes semblent errer dans le ciel sur des orbites qui ne se ferment pas et portent en géométrie le nom de paraboles. Si la direction de leur course les amène dans notre voisinage, elles s'approchent un moment du soleil, entraînées par son attraction ; et après avoir traversé de part en part notre système planétaire, s'éloignent pour ne plus revenir.

3. Inclinaison variable des orbites cométaires. — Un

18.

second caractère mécanique distingue les comètes des planètes. Ces dernières se meuvent toutes dans le même sens, d'occident en orient; en outre, leurs orbites sont à peu près couchées dans un même plan, qui est celui de l'écliptique ou de l'orbite terrestre, ou du moins ces orbites ne sont inclinées que d'un petit nombre de degrés par rapport à ce plan. Aussi jamais une planète ne se montre hors d'une étroite zone du ciel correspondant à ce plan commun prolongé. Les comètes, au contraire, affectent pour leurs orbites tous les degrés d'inclinaison; elles se montrent dans toutes les parties du ciel indifféremment. Enfin elles se meuvent tantôt dans le sens des planètes, et tantôt en sens opposé.

4. **Principaux traits de l'apparition d'une comète.** — Tant que l'éloignement dépasse certaines limites, rien ne peut en général annoncer la venue d'une comète. Prévisions, calculs sont ici sans valeur. L'astre étranger, visitant peut-être notre ciel pour la première fois, ne saurait être attendu. Un soir, il apparaît à l'improviste. — C'est d'abord une nébulosité blanche, indécise, à contour arrondi, d'un éclat plus vif au centre que sur les bords; et rien de plus. Mais en se rapprochant du soleil, le corps nébuleux s'altère dans sa forme, de rond qu'il était, il devient ovalaire. Puis il s'allonge encore, il épanche une partie de sa nébulosité en sens inverse des rayons solaires qui le frappent; et finalement la comète traîne après elle une immense queue. L'astre atteint son périhélie. C'est l'époque de son plus grand éclat et du développement complet de sa traînée lumineuse. Bientôt le soleil est contourné; la comète poursuit sa course sur la seconde branche de son orbite; elle s'éloigne. Maintenant la queue, dirigée toujours en sens inverse du soleil, précède la comète au lieu de la suivre. De jour en jour aussi elle perd en éclat, se dissipe et disparaît. La tête elle-même, c'est-à-dire le noyau enveloppé de sa chevelure, redevient invisible, voilée par la distance.

Ainsi, d'une part, la queue d'une comète n'est pas chose permanente ; elle se forme à un certain moment aux dépens du noyau et de la chevelure, dont la matière nébuleuse s'épanche en immense traînée. En second lieu, la queue n'apparaît qu'au voisinage du soleil. Elle est probablement un effet soit de la chaleur, soit de toute autre force émanée de cet astre, car elle est toujours dirigée à peu près à l'opposite des rayons solaires, suivant la comète quand celle-ci s'approche du soleil, la précédant quand elle s'en éloigne. Plus rarement, les comètes fusent par les deux bouts de leur noyau à la fois. Il y a alors d'un côté une ou plusieurs aigrettes appelées *barbe*, et de l'autre la queue proprement dite. Mais dans ce cas encore, la direction des traînées lumineuses est orientée sur la position du soleil : les aigrettes de la barbe sont tournées vers cet astre, et la queue en sens opposé.

5. **Queue des comètes.** — La queue des comètes affecte des configurations très-variées. Tantôt elle rappelle une écharpe rectiligne, un pinceau de lumière épanoui ; tantôt elle se courbe en croissant ou s'ouvre en éventail. Ses dimensions sont quelquefois prodigieuses. La queue de la grande comète de 1843 mesurait 60 millions de lieues de longueur et 1320 mille lieues de largeur. Elle aurait pu, la tête étant supposée près du soleil, dépasser la terre et atteindre Mars ; elle aurait pu, en se tournant vers nous, envelopper dans son épaisseur l'orbite de la Lune et même un cercle d'un diamètre six fois plus grand. La comète de 1843 fut, il est vrai, exceptionnelle par ses dimensions ; mais des queues de dix, vingt, trente millions de lieues de longueur sont loin d'être rares.

6. **Volume des comètes.** — Ces énormes traînées de nébulosité fluent du corps de la comète. La matière cométaire, refoulée ce semble par quelque puissance répulsive émanée du soleil, s'épanche par la queue et se dissémine en brume invisible, dont chaque flocon pour-

suit désormais isolément sa route dans les abîmes de l'étendue. Quel est alors le volume des comètes pour suffire à de pareilles déperditions; de quelle nature est leur matière pour fluer ainsi dans l'espace?

La tête de la comète de Halley, apparition de 1835, mesurait 142000 lieues de diamètre; celle de la comète de 1811 en mesurait 450000. La seconde dépassait en volume le soleil lui-même; et la première, à elle seule, représentait une quarantaine de fois le volume de toutes les planètes et de leurs satellites réunis. La comète de 1843, malgré les dimensions extraordinaires de sa queue, était moindre. Le diamètre de sa tête n'atteignait que 38000 lieues, ce qui correspond cependant à un volume bien supérieur à celui de Jupiter. Le volume des comètes est donc toujours considérable. Fréquemment il dépasse celui des plus grosses comètes; parfois il peut se comparer à celui du soleil).

7. **Faible densité des comètes.** La tête d'une comète comprend, disons-nous, une partie centrale, plus brillante, le *noyau*, et une enveloppe nébuleuse, la *chevelure*. Si par ce mot de noyau on entendait un corps solide, comparable au globe des planètes, et sur lequel s'enroulerait la nébulosité comme une énorme atmosphère, on serait dans une complète erreur. Examiné avec une forte lunette, le prétendu noyau perd toute apparence de solidité pour se résoudre en une brume lumineuse, plus condensée que celle de la chevelure. D'ailleurs des faits décisifs nous démontrent l'extrême subtilité de la matière cométaire.

A travers l'épaisseur des comètes, même à travers le noyau, les plus faibles étoiles brillent comme si rien n'était interposé. Devant de pareils résultats, il faut aussitôt rejeter toute idée de substance solide ou liquide. Le brouillard le plus léger est même comparativement substance très-grossière, car sous une épaisseur de quelques centaines de mètres, il forme un écran impénétrable à la lumière des étoiles, tandis que la matière des comètes, en amas de plusieurs milliers de lieues d'épaisseur, nous laisse arriver sans déperdition les rayons des plus faibles.

On ne peut pas davantage admettre une substance gazeuse, diaphane, plus ou moins analogue à l'air atmosphérique. Tous les gaz, en effet, dévient les rayons de lumière qui les traversent, ils les réfractent. Rien de semblable n'a lieu pour le rayon venu d'une étoile lorsqu'il traverse une comète, serait-ce par le centre du noyau. Le rayon n'est pas dévié ; il poursuit sa marche en ligne droite comme s'il ne rencontrait rien sur son chemin. A quelle catégorie appartient donc l'étrange matière des comètes, qui n'est ni solide, ni liquide, ni gazeuse? Nous l'ignorons complétement. Tout ce que l'on peut affirmer, c'est que cette matière est raréfiée à un point dont n'approche aucune substance terrestre.

8. Comètes périodiques. — Les comètes circulent autour du soleil à la manière des planètes ; mais tantôt leur orbite allonge indéfiniment ses deux branches sans se refermer, tantôt elle forme un circuit revenant sur lui-même. En d'autres termes, l'orbite d'une comète peut être une ellipse ou une parabole. Les comètes à orbite parabolique apparaissent un moment au voisinage du soleil, puis s'éloignent et ne reviennent plus. Celles qui suivent des orbites fermées, c'est-à-dire des orbites elliptiques, après être restées visibles tant que leur éloignement est trop grand, reparaissent dans notre ciel par périodes dont la durée dépend de l'ampleur de l'orbite parcourue. On les nomme *comètes périodiques*.

On estime que certaines d'entre elles emploient des siècles et même des milliers d'années à parcourir leurs orbites excessivement allongées, dont un sommet avoisine le soleil et dont l'autre plonge à des distances inconnues par delà l'orbite de Neptune. L'astronomie ne possède pas encore sur leur compte des données suffisantes pour calculer leur route et prédire leur retour.

Un petit nombre d'autres, par des réapparitions plus fréquentes, se sont mieux prêtées au calcul. Aujourd'hui l'astronome peut annoncer leur arrivée et dire en quel point du ciel elles se montreront. Les principales sont : la comète de Halley, qui revient tous les 76 ans ; la comète d'Encke, dont la révolution est de trois ans et demi ; celle de Biéla, qui parcourt son orbite en 6 ans et 3/4.

9. Comète de Halley — Un astronome anglais, contemporain et ami de Newton, Halley, le premier soupçonna la périodicité des comètes. En 1682, une comète apparut. Halley en étudia la marche ; puis, comparant par le calcul ses observations avec celles de ses prédécesseurs, il crut reconnaître dans l'astre de 1682 des comètes qui s'étaient montrées en 1607 et 1531. Dans les trois cas, la route suivie était à peu près la même. Les trois astres n'en formaient donc qu'un seul, vu à des intervalles de 75 à 76 ans. Pénétré de cette idée, Halley n'hésita pas à prédire le retour de la comète 76 ans plus tard, vers la fin de 1758 ou le commencement de 1759. L'illustre astronome ne vécut pas assez pour assister à l'éclatante confirmation de ses théories.

Dans l'impossibilité de déterminer exactement la valeur des perturbations que la comète devait éprouver de la part des planètes, Halley était resté dans le vague d'une sage réserve. Un géomètre français, Clairaut, débrouilla en 1758 le difficile problème de ces perturbations et annonça le passage de la comète pour le milieu d'avril 1759, avec une incertitude d'un mois en plus ou en moins. L'astre devait employer 618 jours de plus que dans sa révolution précédente, savoir : 100 jours par l'effet de l'attraction de Saturne, et 518 jours par l'effet de l'attraction de Jupiter. L'événement confirma ces savantes déductions. La comète apparut, dans les limites assignées, le 12 mars 1759.

Depuis, en tenant compte de la planète Uranus, inconnue au temps de Clairaut, et de l'action de la terre, les astronomes ont atteint une plus grande précision. Le retour suivant, celui de 1835, a eu lieu à l'époque prédite avec une erreur de 3 jours seulement, 3 jours sur une période de 76 ans. Le merveilleux accord entre les faits et les prévisions du calcul est une des confirmations les plus belles des théories astronomiques.

10. Comète d'Encke. — Cette comète est remarquable par la courte durée de sa révolution, trois ans et demi environ. Aussi la nomme-t-on comète à courte période. Son orbite cependant va de Mercure à Jupiter. En compensation des terreurs imaginaires que les comètes ont souvent causées, la comète d'Encke a rendu un service à l'astronomie. Au moyen des perturbations qu'elle éprouve au voisinage de Mercure, elle a permis de calculer la masse de cette planète, qui, dépourvue de satellites, ne se prête pas à la méthode fondamentale de l'évaluation des masses planétaires. L'astre, réputé calamiteux par l'ignorance, est utilisé par le savoir à étendre notre connaissance du ciel. Une comète n'est plus regardée comme le présage d'un fléau; elle sert à peser les planètes.

11. Comète de Biéla. — La comète périodique de Biéla parcourt son orbite en 6 ans et 3/4. Dans sa réapparition de 1846, elle a offert aux astronomes un fait encore unique. Au lieu de la comète attendue, on en vit revenir deux, plus petites, semblables et très-voisines l'une de l'autre. Pour des causes qui nous échappent, la comète primitive s'était dédoublée en chemin (fig. 133).

21. Nombre des comètes. — Le nombre total des comètes circulant dans notre système solaire paraît être très-considérable. Déjà les catalogues astronomiques en ont inscrit 800, sans compter une foule d'autres vues à diverses époques et non soumises à des calculs précis. Toutes les années, il en apparaît des nouvelles. Peut-être faut-il évaluer à des millions le nombre de comètes circulant en deçà seulement de l'orbite de Neptune.

13. Comète de Lexell. — Longtemps les comètes, par leurs apparitions imprévues et leurs formes bizarres, ont jeté l'épouvante dans les populations. On voyait en

Fig. 133. Comète de Biéla.

elles les signes avant-coureurs de quelque calamité, peste, guerre, famine. Le bons sens, cette haute faculté qui consiste à voir les choses telles qu'elles sont, a fait justice, la science aidant, de ces folles terreurs de la superstition. Mais un autre motif d'appréhension se présente, qui paraît assez fondé au premier abord. Les comètes se meuvent dans toutes les directions imaginables. Il peut alors se faire que l'une d'elles vienne un jour à rencontrer la terre, ou du moins à s'en rapprocher assez pour y exercer l'influence de son attraction. Que résulterait-il du choc des deux corps, que résulterait-il de leur simple attraction? Les faits connus sont en mesure de fournir une réponse satisfaisante à la seconde partie de cette question.

En 1773, une comète apparut, celle de Lexell, qu'on n'avait pas encore observée jusque-là. Dans sa course, elle vint à proximité de la terre, à six fois environ la distance de la lune. Bien rarement une comète s'est autant rapprochée de nous. Et néanmoins la terre ne fut en rien influencée par son voisinage. La rotation autour de l'axe, la vitesse de translation autour du soleil, n'éprouvèrent pas le moindre changement. Pour la comète, ce fut autre chose. Retenue par l'attraction de sa puissante voisine, elle s'attarda de deux jours et plus en chemin. Enfin, elle s'éloigna, se dirigeant vers le monde de Jupiter. C'est là surtout que le danger devait être grand, car la comète s'engageait en plein milieu des quatre lunes de la planète, elle traversait de part en part leurs orbites. Que deviendraient les quatre satellites attirés par l'astre chevelu? Tout ne serait-il pas brouillé dans leur mouvement? Ne pourraient-ils, l'un ou l'autre, déserter Jupiter, et s'en aller pour toujours, entraînés par la comète? Devant de telles éventualités, l'intérêt était vif: le monde de Jupiter allait nous apprendre ce qui pourrait un jour menacer le nôtre. Le résultat ne répondit pas aux appréhensions. Sans le moindre encombre, la comète passa. Aucune des quatre lunes ne fut détournée de son orbite, pas même accélérée ou ralentie dans son mouvement. Comme elles circulaient avant la venue de la comète, elles circulèrent après. On eût dit que rien d'extraordinaire ne s'était passé dans ce coin de l'univers. La comète, au contraire, attirée par les satellites et par Jupiter, abandonna sa voie, et lancée sur une nouvelle orbite, se perdit dans les profondeurs de l'étendue. On ne l'a plus revue depuis. Sous un volume énorme, les comètes ont donc une masse insuffisante pour amener dans la marche des planètes ou même de leurs satellites, la plus légère perturbation.

14. Improbabilité de la rencontre de la terre et d'une comète. — On ne peut s'empêcher de le reconnaître : si une comète de masse comparable à celle de la terre, venait à nous heurter dans sa course, tout serait bouleversé sur les continents et dans les mers. L'axe et le mouvement de rotation changés ; les mers abandonnant leur ancienne position pour se précipiter vers le nouvel équateur ; une grande partie des hommes et des animaux noyés dans ce déluge universel, ou détruits par la violente secousse imprimée au globe terrestre ; des espèces entières anéanties ; tous les monuments de l'industrie humaine renversés, tels sont les désastres que le choc d'une comète pourrait produire si sa masse était comparable à celle de la terre ». (Laplace, *Exposition du système du monde.*) Mais une telle catastrophe exige deux conditions qui ne paraissent pas devoir se réaliser : condition de masse et condition de rencontre.

Examinons d'abord la probabilité de la rencontre. Imaginons quelques grains de poussière disséminés au hasard dans l'immensité de l'air et chassés par le vent dans toutes les directions. Est-il raisonnable d'admettre que deux de ces grains s'entre-choqueront tôt ou tard ? Non. L'extrême ampleur de l'atmosphère ne laisse à l'événement qu'une probabilité sans valeur. Or, par rapport à l'étendue où elles se meuvent, la terre et les comètes que sont-elles si ce n'est d'autres grains de poussière ? Se préoccuper de leur rencontre possible, ce serait donc folie. Le calcul des probabilités démontre que pareil choc n'a qu'une chance contre 281 millions de chances contraires.

« Ce choc, quoique possible, ajoute Laplace, est si peu vraisemblable dans le cours d'un siècle, il faudrait un hasard si extraordinaire pour la rencontre de deux corps aussi petits relativement à l'immensité de l'espace dans lequel ils se meuvent, que l'on ne peut concevoir à cet égard aucune crainte raisonnable. Mais l'homme est tellement disposé à recevoir l'impression de la crainte, que l'on a vu, en 1773, la plus vive frayeur se répandre dans Paris, et de là se communiquer à toute

la France, sur la simple annonce d'un mémoire dans
lequel Lalande déterminait celles des comètes observées
qui peuvent le plus approcher de la terre : tant il est
vrai que les erreurs, les superstitions, les vaines terreurs,
et tous les maux qu'entraîne l'ignorance, se reprodui-
raient promptement si la lumière des sciences venait à
s'éteindre ! »

La probabilité devient plus grande si l'on suppose que
la comète passe seulement à proximité de la terre. La
mécanique peut nous dire ce qui adviendrait alors. Une
comète d'une masse égale à celle de notre globe, qui
passerait (ce qu'on n'a jamais vu) entre la lune et nous,
à la faible distance de 1500 lieues, retarderait un peu
la terre sur son orbite et porterait la valeur de l'année à
367 jours, 16 heures et 5 minutes. La visite de l'astre
chevelu ne serait donc pas bien terrible ; nous en serions quittes avec une simple retouche dans le calendrier.

Et encore accordons-nous à la comète une masse
exagérée, celle de la terre. Nous savons, au contraire,
que les comètes ont des masses très-faibles, insuffisantes
pour causer la moindre altération dans la marche des
planètes et de leurs satellites ; nous savons que leur
matière est raréfiée au point de ne pouvoir être comparée à la brume la plus légère, au gaz le plus subtil.
Si, par impossible, une rencontre avait donc lieu, la
faiblesse de masse de l'astre annulerait les résultats de
la collision. L'énorme nébulosité n'opposerait pas plus
de résistance à la terre qu'une toile d'araignée à la
pierre lancée par la fronde.

Mais, dit-on encore, car la crainte est féconde en ob-
jections, si la matière cométaire est trop subtile pour
faire obstacle à la terre, ne pourrait-elle du moins, en
se mélangeant avec l'air atmosphérique, rendre ce dernier irrespirable ? Sommes-nous certains qu'une comète,
en nous balayant de sa queue, n'introduirait pas dans
l'atmosphère des principes mortels ? Et puis, est-il bien

avéré que toutes les comètes aient des noyaux diapha-
nes, de nature nébuleuse? On en a vue de trop brillantes, même en plein jour, pour ne pas faire soupçonner
des noyaux plus compactes, peut-être solides, peut-être
incandescents? Le choc de ces fournaises serait-il donc
sans danger? — A toutes ces questions, la science reste
muette : l'étude des comètes est encore trop peu avancée. Mais, à un point de vue plus général, elle répond
ceci : à cause de l'immensité des espaces célestes, la
rencontre de la terre et d'une comète est si peu vraisemblable, que c'est déraison de s'en préoccuper.

En remontant par périodes de 76 ans et en comparant les trajets suivis, on trouve que la comète de Halley est la même qui répandit la terreur en Europe en
1456. Sa queue en forme de sabre recourbé fut regardée
comme le présage des succès des Turcs sur la chrétienté.

A une époque plus récente, en 1832, la comète de
Biéla fut également l'inoffensive cause de folles épouvantes. D'après les calculs, dans la nuit du 29 octobre, la
comète devait croiser l'orbite de la terre. En dehors des
personnes un peu familières avec les lois astronomiques, la panique fut grande. Qu'allait-on devenir si,
d'aventure, la terre se trouvait au point de son orbite
traversé par la comète? Serions-nous brisés par le choc;
serions-nous ensevelis dans la nébulosité de l'astre? La
nuit redoutée se passa très-pacifiquement. Au moment
où la comète coupa notre orbite, la terre était au moins
à 20 millions de lieues du point d'intersection. Répétons-
le encore ici : dans les immensités de l'étendue, planètes et comètes circulent sans péril de s'entre-cho-
quer.

RÉSUMÉ.

1. On distingue en général dans une comète, le
noyau, la chevelure et la queue.

2. Les orbites des comètes sont des ellipses très-allon-

gées, dont le soleil occupe un foyer. Quelques comètes se meuvent suivant des paraboles.

3. Les orbites cométaires affectent tous les degrés possibles d'inclinaison. La direction du mouvement est tantôt dans le sens de celui des planètes, et tantôt en sens opposé.

4. La queue d'une comète est toujours dirigée en sens inverse du soleil. Elle suit la comète quand celle-ci se rapproche du soleil, elle la précède quand la comète s'en éloigne. Cette queue est produite par la matière nébuleuse qui s'épanche en immense traînée.

5. La queue des comètes affecte des configurations très-variées. Ses dimensions sont parfois énormes. La queue de la comète de 1843 mesurait 60 millions de lieues de longueur.

6. Le volume des comètes est toujours considérable. Fréquemment il dépasse celui des plus grosses planètes ; parfois il peut se comparer à celui du soleil.

7. A travers l'épaisseur des comètes, même à travers le noyau, les plus faibles étoiles restent visibles, et la lumière n'est pas réfractée. La matière cométaire est donc raréfiée à un point dont n'approche aucune substance terrestre.

8. On nomme *comètes périodiques* celles qui reparaissent par périodes dans notre ciel, et dont on peut calculer d'avance le retour.

9. La plus importante des comètes périodiques est celle de Halley, qui reparaît tous les 76 ans.

10. La comète périodique d'Encke fait sa révolution en trois ans et demi ; aussi la nomme-t-on comète à courte période. Les perturbations qu'elle éprouve au voisinage de Mercure ont permis d'évaluer la masse de cette planète.

11. La comète périodique de Biéla fait sa révolution en six ans et trois quarts. En 1846, elle s'est dédoublée en deux comètes.

12. Le nombre des comètes cataloguées atteint déjà 800.

13. En 1770, la comète de Lexell a traversé le monde de Jupiter sans amener aucun trouble dans le mouvement des quatre satellites.

14. La rencontre d'une comète avec la terre est de probabilité si faible, que l'on ne peut concevoir à cet égard aucune crainte raisonnable.

CHAPITRE XXVI

NOTIONS D'ASTRONOMIE SIDÉRALE.

1. Distance des étoiles. — Pour déterminer la distance d'un objet inaccessible, les procédés géométriques se réduisent à mesurer une base sur laquelle on établit un triangle dont deux angles peuvent être directement obtenus par l'observation. Avec ces données, la base du triangle et les deux angles adjacents, le calcul fait connaître la distance. Une condition indispensable à remplir, c'est que la base soit en rapport avec la distance à évaluer. Or la plus grande base dont nous puissions disposer sur notre globe, serait-ce le diamètre terrestre, n'apporte pas le moindre changement dans la direction du rayon visuel qui, de l'une et de l'autre de ses extrémités, aboutit à la même étoile ; les deux directions sont parallèles et le triangle n'existe pas. Le diamètre terrestre est donc comme nul en comparaison de la distance nous séparant d'une étoile quelconque.

La translation de la terre autour du soleil nous fournit une autre base incomparablement plus grande que celle dont nous pouvons disposer avec les dimensions de notre globe : c'est le diamètre de l'orbite terrestre, mesurant 76 millions de lieues. — A une époque quelconque, la terre se trouvant au point T de son orbite (fig 134), on mesure l'angle STE que forme la direction du soleil S avec la direction d'une étoile E. Six mois plus tard, quand la terre est parvenue en

T', à l'autre extrémité du diamètre de l'orbite, on mesure l'angle ST'E', formé encore par la direction du soleil et celle de la même étoile aperçue maintenant suivant T'E. Or il se trouve que, pour l'immense majorité des étoiles, la somme des deux angles ETT' et E'T'T vaut deux angles droits, abstraction faite de l'erreur très-légère inhérente à nos appareils de mesure. Le deux lignes TE et T'E', aboutissant à la même étoile des extrémités d'une base de 76 millions de lieues, sont donc comme parallèles

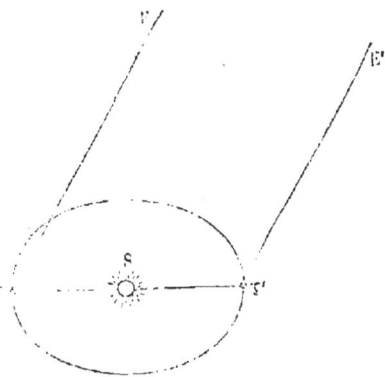

Fig. 134.

pour nos moyens d'appréciation. Leur parallélisme nous apprend que nous comparons des longueurs sans comparaison entre elles : le très-petit, le diamètre de l'orbite terrestre, avec le très-grand, la distance de l'étoile.

2. **Limite inférieure des étoiles.** — Soient encore TT', le diamètre de l'orbite terrestre et A une étoile d'où l'on verrait ce diamètre sous l'angle TAT' (fig. 135). Le para-

Fig. 135.

graphe précédent vient de nous apprendre que la somme des angles en T et en T' vaut deux angles droits dans l'immense majorité des cas, ou du moins ne laisse pour l'angle A qu'une valeur très-petite, inférieure à un dixième de seconde. Nos appareils, si précis qu'ils soient, ne permettent pas d'affirmer la légitimité de si faible résultat, dont l'origine peut être une simple erreur de mesure. Quoi qu'il en soit, il est établi que l'angle A, lorsqu'il peut s'obtenir, est très-petit.

Cela étant, de l'étoile A comme centre, avec un rayon AT égal à la distance de la terre, décrivons une circonférence dont TST′ est un arc. Cet arc peut être considéré comme se confondant avec sa corde TT′, à cause de la très-faible valeur de l'angle A. Appelons p la valeur de l'angle SAT, sous lequel de l'étoile on verrait le rayon de l'orbite terrestre. Cet angle prend le nom de *parallaxe annuelle* de l'étoile. Désignons par R le rayon de l'orbite terrestre, et par D la distance AT. La circonférence entière don t AT est le rayon a pour valeur $2\pi D$, et la valeur d'une seconde sur cette conférence est :

$$\frac{2\pi D}{360 \times 60 \times 60} = \frac{\pi D}{648000}$$

Pour p secondes, la valeur est :

$$\frac{\pi D p}{648000}$$

Mais à cet angle p correspond un arc qui se confond avec le rayon R de l'orbite terrestre; on a donc :

$$\frac{\pi D p}{648000} = R. \quad \text{D'où } D = \frac{648000}{\pi p} R.$$

$$\text{Or } \frac{648000}{\pi} = 206265.$$

On a donc finalement :

$$D = \frac{206265}{p} R.$$

Cette formule fera connaître la distance d'une étoile, exprimée en rayons de l'orbite terrestre lorsque l'on connaîtra sa parallaxe annuelle p. Si une étoile avait pour parallaxe annuelle un 1″, sa distance serait 206265 R, c'est-à-dire 206265 fois la distance de la terre au soleil. Mais aucune étoile connue n'a une parallaxe aussi considérable; par conséquent, la distance, même pour les plus rapprochées, dépasse la limite que nous venons de calculer. Si donc, avec un rayon égal à 206265 fois 38 millions de lieues, on imagine une sphère décrite autour de nous, on est certain qu'aucune étoile ne sera comprise dans cette enceinte. C'est par delà que commencent les régions stellaires.

Voici pour un petit nombre de cas, choisis parmi les moins incertains, la parallaxe observée et la distance qui en résulte :

Étoiles.	Parallaxe.	Distance.
α du Centaure	0″.91	226400 R.
61me du Cygne	0″.35	589300 R.
Wéga de la Lyre	0″.26	785600 R.
La Polaire	0″.11	1916000 R.

3. Temps que met la lumière pour nous venir de quelques étoiles. — Pour se faire une idée de pareilles distances et éviter les grands nombres qui fatiguent en vain l'entendement, une mesure spéciale est nécessaire; c'est la lumière qui nous la fournit.—On se rappelle que pour nous venir du soleil, c'est-à-dire pour franchir une distance de 38 millions de lieues, la lumière emploie 8 minutes environ. Eh bien, pour nous arriver de l'une des étoiles les plus voisines, d'Alpha du Centaure, la lumière met trois ans et demi. La soixante et unième du Cygne met neuf années et plus à nous envoyer ses rayons; Wéga de la Lyre en met de 12 à 13; Sirius, 22; Arcturus, 26; la Polaire, 34; la Chèvre 72. Le rayon qui maintenant atteint nos yeux, quoique dardé avec l'incompréhensible vitesse de 77000 lieues par seconde, était en route depuis de longues années; depuis 34 ans s'il nous vient de la Polaire; depuis 72 ans s'il nous vient de la Chèvre. Vieilli en chemin, il nous apporte de l'étoile non les témoignages du présent, mais les témoignages du passé.

Par delà les étoiles qui mettent, comme la Chèvre, la durée d'une vie humaine à nous envoyer leurs rayons,

d'autres plus nombreuses se trouvent encore dont la
lumière emploie des siècles, des milliers d'années à
nous parvenir. Des calculs basés sur la diminution de
l'intensité lumineuse avec la distance, donnent pour
l'éloignement probable des dernières étoiles vues avec
les plus puissants télescopes, une distance telle que la
lumière met 2700 ans à la franchir.

4. **Les étoiles sont lumineuses par elles-mêmes** — Transportons-nous en esprit en un point de cette sphère
idéale que nous avons déterminée comme limite inférieure des étoiles. De là, comment verrons-nous le
soleil? Le diamètre apparent diminue proportionnellement à la distance; le soleil sera donc réduit à un
disque 206265 fois moindre en diamètre. A la distance
de l'étoile la plus rapprochée de nous, la soleil doit
donc, tout au plus, faire l'effet d'une médiocre étoile,
de la Polaire, par exemple.

Cette conclusion amène forcément cette autre : les
étoiles brillent d'un éclat qui leur est propre, et non
d'une lumière venue du soleil. Si les étoiles, effective-
ment, recevaient leur éclat du soleil, elles seraient
éclairées par cet astre, réduit par l'éloignement aux
apparences de la Polaire, comme la terre elle-même
est éclairée par la Polaire. Or tout le ciel étoilé
est presque sans effet sur l'obscurité de la nuit. Que
serait-ce si la Polaire brillait seule! Vue de près ou vue
de loin, sous les faibles rayons de cette seule étoile, la
terre demeurerait complétement obscure. De même,
sous les rayons de notre soleil, les étoiles resteraient té-
nébreuses. Mais loin de là : chacune est un point lumineux plus ou moins vif. Quelques-unes même, Sirius,
la Chèvre, Arcturus, etc., brillent d'une lumière éclatante. Il faut donc qu'elles soient toutes, aux mêmes
titres que le soleil, des foyers primitifs de lumière.

5. **Dimension des étoiles.** — Théoriquement, le problème du volume des étoiles se borne, une fois la distance connue, à mesurer l'angle sous lequel l'astre est

vu, c'est-à-dire le diamètre angulaire. Pour la plupart des étoiles, la distance rend cette mesure impossible. En effet, vu de la terre, le soleil a un diamètre angulaire mesurable sans difficulté ; nous avons vu qu'il varie, à cause du mouvement elliptique de la terre, entre 32' 36" et 31' 30". Vu à la distance de l'étoile la plus rapprochée de nous, le soleil serait compris dans un angle 206265 fois plus petit, c'est-à-dire moindre qu'un centième de seconde. Aucun de nos instruments de mesure angulaire ne peut évaluer une quantité si petite. Ainsi, malgré ses énormes dimensions réelles, à la distance des étoiles, le soleil apparaîtrait comme un point sans largeur.

Inversement, les étoiles, seraient-elles du volume du soleil, doivent être des points pour nous. Nous les voyons cependant avec une certaine ampleur. Cela provient de l'irradiation diffuse dont elles paraissent entourées à la vue simple. L'emploi de puissantes lunettes, en donnant de la netteté au regard, fait évanouir cette irradiation : et alors l'astre, dépouillé de son auréole illusoire, se réduit à un véritable point. Plus l'instrument est précis, parfait, plus le point stellaire est amoindri. Chose étrange, si l'on ne tient compte de l'excessive différence d'éloignement : les télescopes, qui amplifient les planètes, amoindrissent les étoiles, leur pouvoir, mis en défaut par une distance hors de proportion avec nos moyens optiques, se borne à bien délimiter une étoile, à la dépouiller de son rayonnement diffus, sans parvenir à l'amplifier. En général donc, le diamètre angulaire des étoiles n'est pas appréciable avec les moyens dont la science dispose.

Une étoile dont le diamètre apparent serait seulement d'une seconde, à la distance des plus rapprochées, équivaudrait en volume à plus d'un million de fois le soleil. Herschel croyait avoir reconnu à la Chèvre un diamètre angulaire de deux secondes et demie. Or, deux secondes, c'est l'angle sous lequel on verrait, des étoiles

les plus voisines, le diamètre de l'orbite terrestre. Si la Chèvre, réellement, a le diamètre angulaire que lui attribuait Herschel, elle doit former un soleil que ne pourrait entourer, en guise de ceinture, l'orbite de la terre ; un soleil enfin égal à plus de vingt millions de fois le nôtre.

6. Les étoiles sont des soleils. — Si l'impuissance de nos instruments laisse un champ trop libre aux conjectures dans la question du volume des étoiles, une vérité cependant se dégage avec toute l'évidence désirable. Les étoiles sont des globes lumineux par eux-mêmes. Leur distance est telle que, pour nous venir de la plus rapprochée, la lumière emploie de trois à quatre ans. D'autre part, les déductions les plus élémentaires de la géométrie nous apprennent que notre soleil, vu à une distance toujours croissante, s'amoindrirait en apparence jusqu'à devenir semblable à la Polaire, si nous pouvions le regarder des régions où les étoiles commencent ; jusqu'à disparaître totalement, si notre observatoire était plus éloigné. Vu des étoiles, le soleil est une étoile ; avec une moindre distance, il redevient soleil. On est donc invinciblement amené à conclure que les étoiles sont autant de soleils comparables au nôtre, foyers comme lui de chaleur et de lumière, énormes comme lui, et comme lui sans doute centres de systèmes de planètes et de satellites, globes obscurs que la raison devine, mais que l'œil humain ne verra peut-être jamais.

7. Étoiles multiples. — On nomme *étoiles multiples* des groupes de plusieurs étoiles, deux, trois, quatre ou davantage, qui font partie d'un même système et tournent autour de leur commun centre de gravité. Les étoiles doubles sont les plus fréquentes. On en connaît plus de 3,000. Les étoiles triples paraissent être peu nombreuses ; les catalogues astronomiques n'en renferment que 52. Enfin les groupes d'un ordre plus élevé sont très-rares. Castor ou Alpha des Gémeaux est une étoile double ; Alpha d'Andromède est triple ; Epsilon de la Lyre est quadruple ; Thêta d'Orion est sextuple.

Quel que soit leur nombre, les soleils compagnons dont se compose une étoile multiple sont toujours assez rapprochés pour se confondre à la vue simple en un seul point brillant. Il faut les meilleurs télescopes et des conditions atmosphériques exceptionnelles pour les voir séparés. La soixante et unième du Cygne, par exemple, aux yeux les plus perçants est un astre indivisible ; avec une puissante lunette, elle se résout en deux étoiles à peu près d'égal éclat. De la difficulté du dédoublement, il ne faudrait pas conclure à une extrême proximité. Les deux soleils de la soixante et unième du Cygne se trouvent pour le moins à 1700 millions de lieues l'un de l'autre. C'est plus que le rayon de l'orbite de Neptune.

8. Révolution des étoiles multiples. — Le plus petit des deux soleils dont se compose la soixante et unième du Cygne, soumis à l'attraction du plus grand, tourne autour de ce dernier en décrivant une ellipse à la manière des planètes. On le voit aujourd'hui au-dessus du soleil principal, plus tard à gauche, puis en dessous, à droite, et enfin le circuit recommence. Dans toutes les étoiles multiples, les mêmes faits se reproduisent : les soleils de moindre masse circulent, simples satellites, autour du soleil de masse prépondérante, et parcourent des orbites elliptiques. La même force qui régit notre système solaire et préside au mouvement de translation des planètes, l'attraction, s'exerce donc jusque dans les régions les plus reculées de l'univers où le regard puisse pénétrer, et porte à juste titre le nom d'attraction universelle.

Le soleil satellite emploie au parcours de son orbite un temps variable d'une étoile multiple à l'autre. La durée de la révolution est de 36 ans dans l'étoile double Zêta d'Hercule ; de 58 ans dans Xi de la Grande Ourse ; de 78 ans dans Alpha du Centaure ; de 452 ans dans la

338 ÉLÉMENTS DE COSMOGRAPHIE

soixante et unième du Cygne; de 1200 ans dans Gamma
du Lion.

9. Coloration des étoiles multiples. — Les soleils composants d'une étoile multiple ont en général des colorations différentes. Tandis que l'un est blanc, jaune ou rouge, l'autre est vert ou bleu. Notre soleil est blanc, c'est-à-dire qu'il émet de la lumière blanche. Une étoile multiple composée d'un soleil rouge et d'un soleil bleu, donne de la lumière rouge et de la lumière bleue. Dans Hêta de Persée, la grande étoile est d'un beau rouge, la petite est d'un bleu sombre; dans Alpha d'Hercule, la grande est jaune et la petite verte; dans la soixante et unième du Cygne, les deux étoiles sont égales et toutes les deux orangées; dans Gamma d'Andromède, la grande étoile est d'un orangé vif et a pour satellites deux soleils moindres à lumière verte; Hêta d'Argo a son grand soleil bleu et son petit rouge sombre.

La coloration autre que la blanche se retrouve encore, mais avec moins de fréquence, dans les étoiles isolées. Ainsi Aldébaran, Arcturus, Antarès, Béteigeuze, qui sont des étoiles simples, brillent d'un éclat rouge; la Chèvre et Ataïr sont jaunes. A part quelques rares exceptions de ce genre, toutes les autres étoiles simples sont blanches.

10. Étoiles périodiques. — On connaît un certain nombre d'étoiles dont l'éclat augmente et diminue tour à tour dans des périodes de temps plus ou moins longues. On les nomme étoiles périodiques. Ainsi Omicron de la Baleine atteint parfois l'éclat des étoiles de première grandeur. En octobre 1779, elle était à peine inférieure à Aldébaran; plus souvent, elle arrive à la deuxième grandeur. Après avoir brillé de son éclat le plus vif pendant une quinzaine de jours, elle s'affaiblit peu à peu jusqu'à devenir invisible même au télescope. L'invisibilité dure cinq mois. Puis l'étoile se rallume, pour ainsi dire, et revient à son premier éclat pour recommencer les mêmes phases dans une période de 332 jours environ.

Hêta d'Argo est encore plus remarquable. Cette étoile n'est visible que dans l'hémisphère austral. Au commencement de ce siècle elle était classée dans la quatrième grandeur. En 1837, Herschel, qui l'observait au cap de Bonne-Espérance et qui depuis plusieurs années l'avait trouvée de deuxième grandeur, la vit rapidement augmenter d'éclat et devenir presque l'égale de Sirius. En une quinzaine de jours, la transformation fut accomplie. Puis l'étoile pâlit sans toutefois descendre au-dessous de la première grandeur. Une seconde fois et avec la même rapidité, en 1843, Hêta d'Argo a rivalisé avec Sirius. Cet état extraordinaire s'est maintenu jusqu'en 1850.

11. Etoiles variables. — Quelques étoiles éprouvent de lentes variations de couleur ou d'intensité sans retour périodique à l'état primitif. Ce sont des *étoiles variables*. Les unes pâlissent avec les siècles et d'autres prennent plus d'éclat. D'autres encore, en conservant le même ordre de grandeur, changent de coloration. Sirius, dans l'antiquité, était d'un rouge de feu ; il est aujourd'hui d'une éclatante blancheur. On cite enfin de rares exemples d'étoiles qui ont disparu.

12. Etoiles temporaires. — Les étoiles dites *temporaires* apparaissent soudainement dans le ciel, brillent un certain temps, puis s'éteignent. Telle fut l'étoile de 1572. Tycho-Brahé nous raconte que, frappé de surprise à la vue de cet astre d'un éclat extraordinaire, brusquement apparu dans la constellation de Cassiopée il avait peine à en croire le témoignage de ses yeux. L'étoile nouvelle ressemblait de tous points aux autres, seulement elle scintillait encore plus que les étoiles de première grandeur. Son éclat surpassait celui de Sirius. Avec une bonne vue, on pouvait la distinguer en plein midi. A plusieurs reprises, pendant une nuit obscure, elle fut visible à travers un rideau de nuages, alors que toutes les autres étaient voilées.

Enfin elle conserva constamment la même position

dans le ciel comme le font les étoiles ordinaires. Deux à trois semaines après, son éclat commença à décliner, et, en mars 1574, l'étoile s'éteignit. Elle avait brillé 17 mois.

On peut citer encore, parmi les plus remarquables, l'étoile temporaire de 1604, observée par Képler, dans la constellation du Serpentaire. Dès les premiers jours, ceux qui avaient vu l'étoile de 1572 trouvaient que la nouvelle la surpassait en éclat. Quinze mois plus tard, elle avait totalement disparu après une extinction graduelle.

En 1670, étoile nouvelle dans le voisinage du Cygne. Celle-ci, particularité fort remarquable, parut s'éteindre et se raviver à diverses reprises avant de disparaître en entier.

Enfin, pour mentionner un exemple plus rapproché de nous, nous ajouterons qu'une petite étoile rouge apparut en 1848 dans la constellation du serpentaire. Dans le courant de l'année, elle s'évanouit.

13. Mouvement de translation des étoiles. — Nous avons considéré jusqu'ici les étoiles comme conservant les mêmes positions par rapport l'une à l'autre; mais elles ne semblent fixes que parce que l'immense distance où elles se trouvent, annule à nos regards l'effet de leurs déplacements En réalité elles se meuvent. La soixante et unième du Cygne se déplace tous les ans d'un arc de 5 secondes. A la distance de l'étoile, cet arc correspond au moins à 40 millions de lieues. Telle est la longueur que la soixante et unième du Cygne parcourt en une année. Par heure, elle se déplace de 64 440 lieues. Arcturus, dans le même temps, parcourt 76 824 lieues; Sirius, 36 000; la Chèvre, 37 592. La terre, sur son orbite, ne parcourt que 27 000 lieues par heure. Dans leur immobilité apparente, Sirius, la Chèvre, Arcturus, etc., sont donc plus rapides encore; ces prétendues fixes possèdent les plus grandes vitesses dont la matière soit animée.

Toutes les étoiles, à des degrés divers, ont leur mouvement de translation, qui dans un sens, qui dans l'autre. Notre étoile, le soleil ne fait pas exception. Accompagné de ses planètes, il s'avance vers la constellation d'Hercule, à raison de 7,200 lieues par heure. On ignore quelle puissance l'entraîne vers cette région du ciel. Les déplacements stellaires, quoique dissimulés à nos regards par les distances infinies où ils s'accomplissent, s'accumulent néanmoins avec les siècles. Un jour viendra donc où, par leur mélange, les constellations présentes auront pris une nouvelle forme, et les cieux seront renouvelés.

RÉSUMÉ

1. Les rayons visuels menés des deux extrémités d'un diamètre de l'orbite terrestre à la même étoile, sont parallèles dans l'immense majorité des cas. Ce diamètre est une base insuffisante pour établir un triangle dont une étoile serait le sommet.

2. On nomme *parallaxe annuelle* d'une étoile l'angle sous lequel de cette étoile on verrait le rayon de l'orbite terrestre. Aucune étoile n'a une parallaxe d'une seconde, qui correspond à la distance de 206265 fois le rayon de l'orbite terrestre. Les étoiles les plus rapprochées de nous sont donc au delà de cette limite inférieure.

3. La lumière qui franchit en 8 minutes les 38 millions de lieues nous séparant du soleil, met trois ans et demi pour nous arriver de l'étoile la plus rapprochée. Pour nous venir de certaines étoiles, la lumière met des siècles et des milliers d'années.

4. A la distance de l'étoile la plus rapprochée, le soleil apparaîtrait comme une médiocre étoile, comme la Polaire par exemple. On en déduit que les étoiles sont lumineuses par elles-mêmes.

5. Le diamètre apparent des étoiles n'est pas appréciable avec nos appareils d'observation. Plus l'instru-

ment est précis, parfait, plus le point stellaire est
amoindri parce qu'il est dépouillé de son irradiation
diffuse. Une étoile dont le diamètre apparent serait seulement d'une seconde, à la distance des plus rapprochées, équivaudrait en volume à plus d'un million de
fois le soleil.

6. Les étoiles sont autant de soleils comparables au
nôtre, foyers comme lui de chaleur et de lumière, énormes comme lui, et comme lui sans doute centres de
systèmes de globes obscurs.

7. On nomme *étoiles multiples* des groupes de plusieurs
étoiles, qui font partie d'un même système et tournent
autour de leur commun centre de gravité. On connaît
plus de 3000 étoiles doubles. Les étoiles triples et celles
d'un ordre plus élevé sont rares.

8. Les étoiles de moindre masse circulent autour de
l'étoile de masse prépondérante dans le même groupe,
et décrivent autour d'elle des orbites elliptiques. L'attention s'exerce donc jusque dans les régions les plus
reculées de l'univers où le regard puisse pénétrer, et
porte à juste titre le nom d'*attraction universelle*.

9. Les soleils composants d'une étoile multiple ont en
général des colorations différentes. Tandis que l'un est
blanc, jaune ou rouge, l'autre est vert ou bleu.

10. On appelle *étoiles périodiques* celles dont l'éclat
augmente et diminue tour à tour à des périodes de temps
plus ou moins longues. Telles sont Omicron de la Baleine, et Hêta d'Argo.

11. Les *étoiles variables* sont celles qui éprouvent de
lentes variations de couleur ou d'intensité sans retour
périodique à l'état primitif. Sirius, qui était rouge dans
l'antiquité, est aujourd'hui d'une blancheur éclatante.

12. Les étoiles dites *temporaires* apparaissent soudainement dans le ciel, brillent un certain temps, puis disparaissent. Les plus célèbres sont celles de 1572, observée par Tycho-Brahé ; et celle de 1604, observée par
Képler.

13, Malgré leur dénomination de fixes, les étoi s possèdent les plus grandes vitesses dont la matière soit animée. La soixante et unième du Cygne se déplace par heure de 64000 lieues et plus. Le soleil, avec son cortège de planètes, s'avance vers la constellation d'Hercule à raison de 7 200 lieues par heure.

CHAPITRE XXVII

VOIE LACTÉE. — NÉBULEUSES.

1. Aspect de la voie lactée. — Par une nuit sereine, en l'absence de la lune, s'aperçoit une bande lumineuse très-irrégulière, qui traverse la voûte du ciel, à peu près dans la direction nord-sud. C'est la voie lactée, connue encore sous le nom populaire de Chemin de Saint Jacques. Dans notre hémisphère, on la suit l'hiver à travers les constellations de Cassiopée, de Persée, du Cocher, tout près de la Chèvre, dans le voisinage d'Orion, dont elle couvre la massue; enfin, à proximité de Sirius. En été, de Cassiopée elle se dirige à travers le Cygne et l'Aigle. A partir du Cygne, elle se divise en deux branches, qui se rejoignent dans le ciel austral près d'Alpha du Centaure. Ainsi partagée en deux arcs sur la moitié de sa longueur, et réduite à un seul dans l'autre, elle peut être comparée à une bague métallique qui se dédouble et laisse une place vide pour enchâsser une pierre précieuse. Réduit à ses seules forces, l'œil ne peut nous en apprendre davantage sur la voie lactée.

2. La Voie lactée vue au télescope. — Si un télescope est dirigé vers un point quelconque de la voie lactée, aussitôt une multitude de points brillants apparaissent là où le regard ne percevait d'abord qu'une vague lueur. C'est, à la lettre, une fourmilière d'étoiles, un entassement de soleils. Lorsque Herschel étudiait cette

merveille du ciel, le télescope employé n'étendait le
champ de vision que sur une surface équivalente au
quart du disque de la lune; et, dans une aire aussi res-
treinte, les étoiles se comptaient par 300, 400, 500. jusqu'à 600. Dans le champ du télescope immobile, les
étoiles se renouvelaient sans cesse, entraînées par leur
rotation apparente. Herschel essaya de les compter. Il
estima que, en un quart d'heure, 116000 étoiles défi-
laient sous ses yeux; il estima que le dénombrement
total s'élèverait à 18 millions.

3. Apparences produites par une couche de brume. —
Pour nous rendre compte de la constitution de la voie
lactée, prenons un exemple qui nous soit familier. Supposons une fine brume qui repose sur le sol tout autour
de nous, avec une épaisseur d'une dizaine de mètres.
Au milieu de ce brouillard, indéfiniment étendu dans
le sens horizontal, bientôt borné dans le sens vertical,
quelles sont pour nous les apparences?

Au-dessus de nos têtes, le regard plonge sans obstacle, à cause de la faible épaisseur de la brume; il ne
rencontre qu'un petit nombre de particules de vapeur,
et le bleu du ciel nous apparaît à peine terni. Dans le
sens horizontal, au contraire, la vue embrasse, suivant
toutes les directions, des files indéfinies de particules
brumeuses, qui se superposent en perspective commune,
et, par cette superposition, s'épaississent en un cercle
nuageux plus ou moins opaque. La couche uniforme de
vapeur, invisible pour nous dans le sens de sa moindre
dimension, dessine autour de nous, dans le sens de sa
plus grande dimension, une zone circulaire de brouil-
lards. Le cercle vaporeux qui cerne d'ordinaire l'horizon n'a pas d'autre origine. L'horizon peut ne pas être
plus brumeux en réalité que le lieu où nous sommes;
mais c'est là que se superposent en perspective les vapeurs uniformément répandues sur le sol.

4. Constitution de la Voie lactée. —Cela compris, imaginons, avec Herschel, que des millions et des millions

d'étoiles, à peu près également distantes entre elles, soient disposées en amas aplati, en couche ou meule de peu d'épaisseur relativement à ses incommensurables dimensions dans les autres sens. Notre soleil est une des étoiles de la couche ; nous occupons un point intérieur de la meule stellaire. Si le regard est dirigé à travers la mince épaisseur de la couche, il ne rencontre qu'un petit nombre d'étoiles, et le ciel nous apparaît dégarni dans cette direction ; s'il plonge suivant la largeur de la couche, il rencontre, il côtoie tant d'étoiles, que celles-ci superposées en perspective , semblent se toucher et se confondent en une lueur laiteuse continue. De la sorte, les plus grandes dimensions de la couche de soleils se trouvent dessinées autour de nous sur le firmament par une ceinture d'étoiles accumulées, comme les plus grandes dimensions d'une couche de brume sont accusées par une zone circulaire nuageuse. La voie lactée est donc la perspective, suivant ses plus grandes profondeurs, de la couche aplatie d'étoiles dont nous faisons partie.

En résumé, toutes les étoiles que nous voyons au ciel, absolument toutes, petites et grandes, télescopiques ou visibles sans instruments, au nombre d'une quarantaine de millions pour le moins, sont disposées en amas aplati, au sein duquel notre soleil se trouve, simple unité dans l'amoncellement immense des soleils ses compagnons. Pour nous qui le voyons du sein de son épaisseur, l'amas stellaire reste inaperçu dans un sens, parce qu'il est trop mince ; mais dans l'autre il se révèle par une condensation de perspective, enfin par la Voie lactée. On donne à cette couche d'étoiles le nom de *nébuleuse*. Sa forme générale est celle d'une meule ; mais la bifurcation de la voie lactée, depuis le Cygne jusqu'au Centaure, nous apprend que la couche, sur la moitié de son étendue, est divisée en deux nappes.

5. **Dimensions de notre nébuleuse.** — Herschel essaya d'évaluer les dimensions de cet amas de soleils. Sa mé-

thode est d'une frappante simplicité: Si les étoiles de la nébuleuse sont à peu près également espacées entre elles, supposition toute naturelle, le regard doit en apercevoir dans une direction déterminée, d'autant plus que dans ce même sens la couche est plus profonde. Basé sur ce principe incontestable, le célèbre astronome se mit à jauger le firmament. La jauge, la sonde, était le télescope, qui permettait à la vue de plonger dans les profondeurs de la nébuleuse. Or, dans telle direction du ciel, le champ du télescope n'embrassait qu'une étoile ; dans telle autre, il en embrassait 10 ; dans une troisième, 100, puis 200, 300, etc. De ces nombres, on peut déduire les profondeurs proportionnelles de la couche d'étoiles dans les diverses directions sondées par le regard ; et, finalement, avec ces profondeurs proportionnelles, il est facile de tracer la configuration de la nébuleuse.

Herschel trouva de la sorte que, dans le sens de sa longueur, dans le sens de la Voie lactée, la meule stellaire est cent fois plus étendue que suivant son épaisseur ; et encore était-il convaincu, malgré la puissance de pénétration de son télescope, de n'avoir pas atteint les étoiles finales de la nébuleuse, insondable à son avis.

Il trouva enfin, par la comparaison des pouvoirs lumineux, que les dernières étoiles perceptibles dans la Voie lactée étaient éloignées de nous d'au moins 500 fois la distance des plus voisines. Or, pour nous venir de celles-ci, la lumière emploie de 3 à 4 ans ; pour nous venir du fond de la Voie lactée elle met donc de 15 à 20 siècles ; et pour traverser de part en part la nébuleuse dans le sens de sa largeur, de 3000 à 4000 ans pour le moins, à raison de 77000 lieues par seconde.

6. Aspect de notre nébuleuse vue à distance. — La nébuleuse dessine autour de nous, dans le ciel, une zone circulaire parce que nous sommes placés au sein même de l'amas d'étoiles. La Voie lactée est un effet de notre

point de vue intérieur ; mais si nous étions placés hors
de la couche, l'aspect serait tout différent. A certaine
distance, la nébuleuse serait un immense disque de
points lumineux, couvrant tout le ciel de son orbe. A
mesure que la distance augmenterait, le disque stellaire
s'amoindrirait, et ces points lumineux, se rapprochant,
finiraient par se confondre en une commune lueur laiteuse. La géométrie calcule qu'à une distance de 334
fois sa plus grande dimension, il serait vu sous un
angle de 10 minutes. Il ne nous est pas donné de con-
templer en réalité notre nébuleuse resserrée par l'éloignement, dans un espace aussi étroit ; la raison, toutefois, s'en fait une juste image. Elle voit l'immense
couche, où les soleils se comptent par millions, perdue, insignifiante dans un coin de l'étendue ; elle
l'aperçoit, comme une petite tâche arrondie, dont la
vague clarté rappelle les lueurs mourantes du phos-
phore.

7. Nébuleuses résolubles. — Or de la terre, avec un bon
télescope, on peut voir réellement ce que la raison voit
en idée lorsqu'elle se figure notre nébuleuse à distance.
Dans une foule de régions du ciel, bien au delà de notre
couche d'étoiles, l'instrument nous montre des taches
lumineuses, de faibles nuages d'aspect laiteux, qui pour
la plus part, sont des nébuleuses assimilables à la nôtre,
c'est-à-dire encore des amoncellements de soleils. Dans
les profondeurs explorées jusqu'ici par les astronomes,
on en compte plus de quatre mille. Leur nombre du
reste s'accroît à mesure que l'on emploie des télescopes
doués d'un plus grand pouvoir de pénétration. Très-
peu, à cause de la faiblesse de leur éclat et de leurs dimensions apparentes, sont perceptibles à la vue simple ;
il faut les meilleures lunettes pour les apercevoir.

Avec un grossissement médiocre, ce sont de petits flocons d'une pâle et douce lueur (figure 136). Mais que le
grossissement augmente, et la réalité se dévoilant vous
saisit de stupeur. Chacun de ces flocons lumineux est un

amoncellement de soleils; la nébulosité, qui paraissait
d'abord homogène, se résout en fourmilière de points.

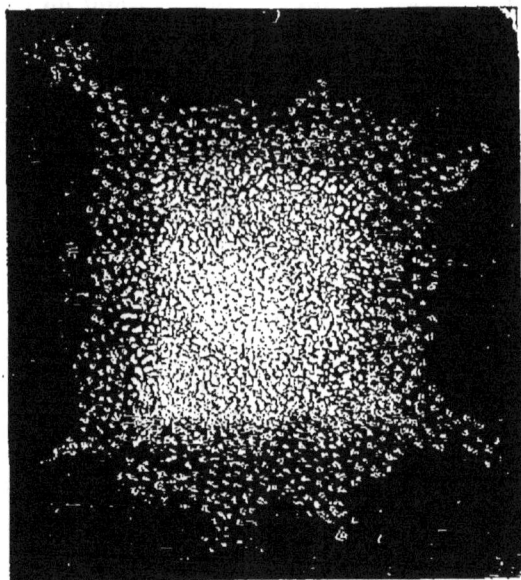

Fig. 136. Nébuleuse.

brillants isolés, en étoiles, comme le ferait un lambeau
de la Voie lactée.

8. **Forme et distance de quelques nébuleuses.** — Notre
nébuleuse, cause de la Voie lactée, n'est donc pas la
seule. Il y a çà et là, dans les champs de l'étendue,
en nombre que l'homme probablement ne déterminera
jamais, d'autres amas stellaires séparés par d'immenses
espaces vides; et l'univers est alors comparable à un
océan sans rivages connus, ayant pour archipels d'in-
sondables amas de soleils.

Ces archipels célestes affectent toutes sortes de formes. Les uns sont globulaires, tantôt sphériques, tantôt
allongés en ovale (fig. 137). D'autres s'épanouissent en ai-
grette, se courbent en couronne, s'allongent en fuseau. Il
y en a qui ressemblent à des noyaux de comète envelop-

pés de leur chevelure ; il y en a qui groupent leurs étoiles

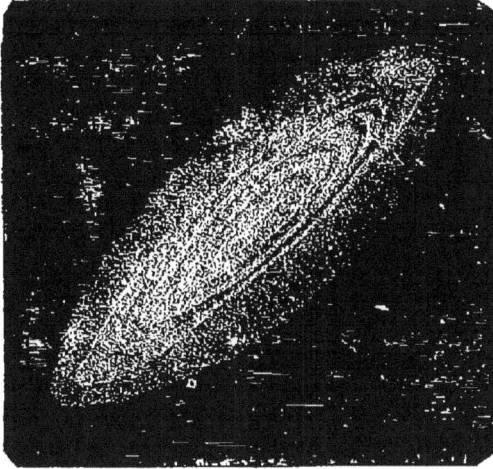

Fig. 137.

en épaisses traînées spirales (fig. 138) autour d'un centre

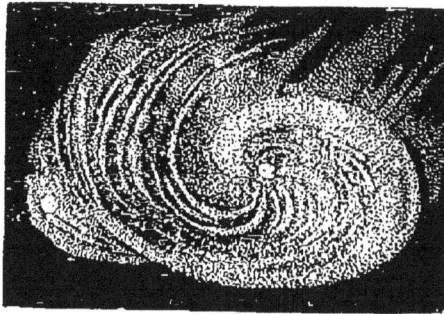

Fig. 138 - Nébuleuse.

commun. Quant à leur distance, voici ce qu'on en peut dire. Pour nous apparaître sous un angle de dix minutes, notre nébuleuse devrait être éloignée de 334 fois sa plus grande dimension. Or pour la traverser dans le sens de sa longueur, un rayon de lumière met au moins de trois à quatre mille ans. Admettons le nombre le plus faible. Ce serait alors 334 fois 3000, ou plus d'un million d'an-

nées, que la lumière emploierait à nous arriver des pro-
deurs où notre amas d'étoiles serait vu d'ici sous un
angle de 10 minutes. Quelques nébuleuses ont précisément cette grandeur apparente de 10 minutes ; d'autres
sont moindres. Ces amas d'étoiles sont donc tellement
reculés, que la lumière met un million d'années au
moins à nous parvenir.

9. **Nébuleuses irrésolubles.** — Outre les nébuleuses
que les télescopes parviennent à résoudre en point brillants, en étoiles, et qu'on nomme pour ce motif nébuleuses *résolubles*, l'astronomie en connaît d'autres qui ré-
sistent à la puissance de nos instruments et restent des
taches laiteuses à lumière uniforme. On les nomme nébuleuses *irrésolubles*. Peut-être n'est-ce là qu'une classification relative, subordonnée à la puissance de nos
appareils de visions, car bien des nébuleuses qualifiées
d'abord d'irrésolubles, ont été reconnues depuis comme
des amas d'étoiles avec des télescopes doués d'un plus
grand pouvoir de pénétration. Quoi qu'il en soit, ces
nébuleuses à lumière uniforme, non décomposables en
points brillants avec les appareils de vision dont on
dispose aujourd'hui, affectent en général l'aspect de
lambeaux de nuages tourmentés par un vent violent.
On soupçonne qu'elles sont formées d'une matière diffuse et subtile, qui, lentement façonnée par l'attraction, se condense en nouvelles étoiles. Mais laissons-là
ces conjectures : ce que nous affirme l'astronomie
stellaire accable l'entendement et ne laisse place qu'à
un élan de religieuse admiration envers l'Auteur de ces
merveilles.

RÉSUMÉ

1. La *Voie lactée* apparaît comme une bande lumineuse très-irrégulière qui fait le tour du ciel à peu près
dans sa direction nord-sud, et se subdivise en deux
branches depuis la constellation du Cygne dans notre

hémisphère jusqu'à celle du Centaure dans l'autre hémisphère.

2. Vue au télescope, cette bande lumineuse se résout en une multitude d'étoiles, dont Herschel a évalué le nombre à 18 millions au moins.

3. Une couche de brume uniformément répandue sur le sol produit autour de nous l'apparence d'une zone vaporeuse. Le cercle vaporeux qui cerne d'ordinaire l'horizon, n'a pas d'autre origine.

4. Toutes les étoiles que nous voyons au ciel, au nombre d'une quarantaine de millions, sont disposées en amas aplati, au sein duquel notre soleil se trouve. Cet amas est ce qu'on appelle une *nébuleuse*. La Voie lactée est la perspective de cet amas vu dans le sens de ses plus grandes dimensions. Sur la moitié de son étendue, la couche stellaire est divisée en deux nappes, et de là provient la bifurcation de la Voie lactée.

5. D'après Herschel, l'amas stellaire dont nous faisons partie est cent fois plus étendu dans le sens de la Voie lactée que dans le sens de son épaisseur. Pour traverser cette couche d'étoiles suivant sa plus grande dimension, la lumière met de 3000 à 4000 ans.

6. A la distance de 334 fois sa plus grande dimension, cet amas stellaire serait vu sous un angle de 10 minutes, et se présenterait avec l'aspect d'un disque à vague clarté.

7. Bien au delà de notre couche d'étoiles, se montrent des taches lumineuses, d'aspect laiteux, assimilables à notre nébuleuse, car le télescope les résout en amas de points brillants, c'est-à-dire en étoiles,

8. Ces lointaines nébuleuses affectent les formes les plus variées. Leur distance est telle, que, pour nous en parvenir, la lumière met au moins un million d'années.

9. D'autres nébuleuses, dites *irrésolubles*, ne sont pas décomposables en points brillants avec les meilleurs appareils de vision dont on dispose aujourd'hui. On soupçonne qu'elles sont formées d'une matière subtile

et diffuse qui, lentement façonnée par l'attraction, se condense en nouvelles étoiles.

CHAPITRE XXVIII

NOTIONS SUR LES MARÉES

1. Flux et reflux. — Quatre fois par jour, à des périodes égales revenant avec une exacte précision, les rivages océaniques nous présentent un spectacle des plus remarquables. Sans cause apparente aucune, par le temps le plus calme aussi bien que sous un ciel orageux, la mer monte ainsi qu'une lente et immense inondation. Chaque flot dépasse celui auquel il succède, et se brise un peu plus loin sur la plage. Celle-ci disparaît peu à peu sous les eaux; les écueils et les rochers d'abord à découvert sont submergés; et la vague vient enfin se heurter au front des dunes ou des falaises, quelques heures avant éloignées de la mer. Ce mouvement ascendant des eaux océaniques se nomme *flux* ou *flot*. Quand il est parvenu à sa plus grande valeur, on dit que la mer est *pleine* ou *haute*.

Cet état des hautes eaux est de courte durée. Bientôt la mer lentement baisse et le recul commence. Les vagues cessent de battre la falaise, chacune reste en arrière de la précédente; la plage se découvre, les rochers et les écueils apparaissent de nouveau à sec ; enfin l'Océan se retire plus ou moins du rivage. Ce mouvement descendant est le *reflux* ou *jusant;* lorsqu'il atteint le moindre niveau, on dit que la mer est *basse*.

L'état des basses eaux est d'aussi courte durée que celui des hautes eaux. Presque immédiatement, le flux recommence, pour être suivi d'un nouveau reflux; de manière que dans l'intervalle d'un jour environ, deux fois la mer monte et deux fois elle descend, comme soumise à quelque puissance périodique qui tour à tour soulèverait ses eaux au-dessus d'un niveau moyen, puis les abaisserait au-dessous de ce même niveau. Tel est, dans une vue d'ensemble, le phénomène des *marées*.

2. **Concordance entre les périodes des marées et les périodes lunaires.** — La puissance qui soulève les eaux océaniques au-dessus de leur niveau moyen, et les déprime au-dessous de ce niveau alternativement, fut à peine soupçonné de l'antiquité; il était réservé aux temps modernes de donner l'interprétation rigoureuse des marées, et d'en trouver la cause dans les lois générales de l'astronomie. Et d'abord une frappante concordance, entre la révolution de notre satellite et le retour soit de la mer pleine, soit de la mer basse, fait aussitôt entrevoir que l'action de la lune est certainement ici en jeu. Entre le flux et le reflux qui le suit, il s'écoule 6ʰ 12ᵐ 37ˢ. il s'écoule le même intervalle entre le reflux et le flux Le quadruple en est de 24ʰ 50ᵐ 28ˢ, c'est-à-dire précisément le temps que la lune emploie pour accomplir sa révolution diurne et revenir au méridien du lieu que l'on considère. Deux fois dans cet intervalle, la mer est basse quand la lune est à l'horizon soit à l'orient, soit à l'occident ; deux fois elle est haute, quand la lune passe soit au demi-méridien supérieur, soit au demi-méridien inférieur. Enfin les marées sont plus fortes quand la lune est à son périgée ; elles sont plus faibles quand elle est à son apogée. De telles concordances, se répétant avec une invariable régularité, ne sauraient être fortuites ; et les marées incontestablement sont sous la dépendance de l'action lunaire.

Elles sont aussi sous la dépendance de l'action solaire, car les marées les plus fortes se produisent lorsque le soleil, la terre et la lune sont sur un même alignement, aux époques de la nouvelle lune et de la pleine lune, en un mot aux époques des syzygies ; tandis qu'elles ont leur moindre valeur lors du premier et du dernier quartier, enfin aux époques des quadratures.

3. **Action de la lune sur les eaux océaniques.** — Ces re-

20.

lations si frappantes portent à voir dans les marées un
fait de l'ordre astronomique; et l'on est amené à cette
conséquence que les oscillations périodiques des océans
sont dues à l'action de la lune, et à un moindre degré à
l'action du soleil. Or la lune, pour ne parler d'abord que
de celle-ci, ne peut agir sur les eaux des mers que par
son attraction. Les lois newtonniennes, avons-nous dit,
s'appliquent à toute matière; l'attraction est universelle. Deux corps quelconques s'attirent mutuellement,
en proportion de la masse et en raison inverse du carré
de la distance. Si la terre attire la lune et courbe incessamment l'orbite où elle se maintient, la lune, à son
tour, attire la terre; elle agit sur chaque particule ma-
térielle de notre globe de même que l'attraction terrestre
agit sur chaque particule d'un corps soumis à la pesanteur.

Pour simplifier, supposons la terre immobile et composée d'une sphère solide que recouvre une nappe d'eau
uniforme et continue (fig. 139). Quelle sera l'influence

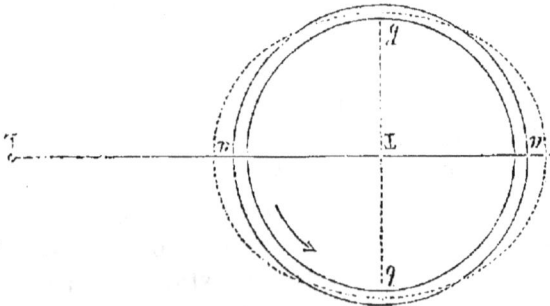

Fig. 139.

de la lune sur cet océan enveloppant la terre entière ?
— Tous les points, tant de la sphère solide que de son
enveloppe océanique, tendent à se porter vers la lune,
mais à des degrés différents à cause de l'inégale distance ; ceux en a, par exemple, sont plus attirés que ceux
de T; pareillement ceux de T sont plus attirés que ceux
de a'. D'autre part, à cause de leur liaison mutuelle, les

particules composant la sphère solide ne peuvent obéir
isolément à l'influence de ces attractions inégales; leur
ensemble conserve donc sa configuration sphérique et se
comporte comme si une force unique, résultante de
toutes les attractions élémentaires, agissait sur le point
central T. Au contraire, l'enveloppe fluide, avec sa mobilité moléculaire, obéit à ces inégalités d'attraction et
se déforme de la manière que voici.

Les molécules liquides situées en *a*, plus rapprochées
de la lune de toute la longueur du rayon terrestre, sont
plus attirées que le point T. Elles tendent donc à se séparer du noyau solide, et n'y sont retenues que par
l'excès de l'attraction terrestre ou de la pesanteur sur
l'attraction lunaire. Leur poids se trouve ainsi diminué.
— Quant aux molécules situées à l'autre extrémité, en
a', elles sont moins attirées que le centre T, parce
qu'elles sont plus distantes de la lune. Le centre tend
donc à s'en éloigner, à les abandonner en arrière; et les
choses se passent comme si ces molécules avaient elles-
mêmes une tendance à s'éloigner du centre pour abandonner le noyau solide. C'est encore l'excès de la pesanteur qui les maintient en place, mais leur poids se
trouve diminué, tout autant que pour les molécules du
point *a*. Ainsi d'une part les molécules *a* tendent à se
séparer de la sphère solide parce qu'elles sont plus attirées que le centre; d'autre part celles de *a'* tendent à
rester en arrière parce qu'elles sont moins attirées que
le centre. Ces deux tendances contraires sont égales,
ainsi que le calcul va l'établir; elles diminuent la pesanteur en chacun des deux points *a* et *a'*.

Considérons actuellement le diamètre perpendiculaire à la direction TL. Pour les points *b* et *b'*, la distance à la lune est sensiblement la même que pour le
point T; et par suite l'attraction lunaire y est pareille
en valeur à celle qui s'exerce sur le point central T.
De cette parité, il résulte que, pour les régions *b* et *b'*,
la pesanteur n'est pas diminuée et que les eaux n'y ont

aucune tendance à se séparer de la sphère solide.

On pourrait encore, si le raisonnement que nous venons de suivre paraissait trop abstrait, recourir à celui-ci. — Pour les points en a, l'attraction lunaire agit exactement en sens inverse de la pesanteur, et par conséquent diminue celle-ci d'une quantité égale à sa propre valeur. — Les points en a' tendent à rester en arrière, à s'écarter du centre, parce que l'attraction lunaire est plus forte sur T que sur a'; et de cette tendance résulte encore une diminution de sa pesanteur. — Mais pour les points b et b'', l'attraction lunaire s'exerce dans une direction à très-peu près perpendiculaire à la pesanteur; ce qui est sans influence sur celle-ci.

Or d'après le principe des vases communiquants, l'équilibre d'une masse liquide exige des pressions égales. il faut donc qu'en a et a', où la pesanteur est moindre, l'épaisseur des eaux augmente afin de compenser par un surcroît de hauteur la diminution de poids; il faut enfin qu'en b et b', où la pesanteur garde sa valeur entière, l'épaisseur des eaux diminue. Ainsi, par le fait de l'attraction lunaire, l'océan universel que nous avons imaginé enveloppant la terre, doit prendre la forme d'un ellipsoïde, renflé aux points qui ont la lune soit à leur zénith, soit à leur nadir, et déprimé aux points qui ont la lune à leur horizon.

4. **Calcul de l'attraction lunaire soulevant les eaux des mers.** — Appelons m la masse de la lune, d sa distance comptée à partir du centre de la terre, r le rayon terrestre et f l'attraction que l'unité de masse exerce à l'unité de distance. La force soulevant les eaux en a (fig. 139) est égale à la différence entre l'attraction exercée sur le point a et l'attraction exercée sur le point T. En tenant compte des deux lois newtoniennes, nous dirons : Si l'attraction est f quand la masse est 1, elle deviendra fm quand la masse sera m. La distance est toujours l'unité ; mais si cette distance devient d-r, l'attraction sera

$$\frac{fm}{(d-r^2)}$$

Telle est l'expression de l'attraction exercée en a. On aura de même pour l'attraction exercée en T :

$$\frac{fm}{d^2}$$

La force F qui soulève les eaux en a étant égale à leur différence, on a

$$F = \frac{fm}{(d-r)^2} - \frac{fm}{d^2} = \frac{fmr\,(2\,d-r)}{d^2\,(d-r)^2}$$

Mais la distance moyenne de la lune étant de 60 rayons terrestres, r vaut $\frac{d}{60}$. Négligeons cette fraction par rapport à $2d$ au numérateur et par rapport à d au dénominateur, il viendra :

$$F = \frac{fmr.\,2\,d}{d^4} = \frac{2\,fmr}{d^3}$$

Ainsi la force qui soulève les eaux de la mer en a est proportionnelle à la masse de la lune et en raison inverse du cube de sa distance au centre de la terre.

Pour le point a', la tendance qu'ont les eaux à rester en arrière et à se soulever en bourrelet, a pour valeur la différence entre l'attraction exercée sur le centre T et l'attraction exercée sur le point a'. La première est exprimée par

$$\frac{fm}{d^2}$$

et la seconde par

$$\frac{fm}{(d+r)^2}$$

On a ainsi pour F', valeur de cette tendance :

$$F' = \frac{fm}{d^2} - \frac{fm}{(d+r)^2} = \frac{fm\,r\,(2d+r)}{d^2\,(d+r)^2}$$

Et en négligeant comme précédemment r par rapport

à $2d$ au numérateur, et par rapport à d au dénominateur :

$$\mathrm{F}' = \frac{2\,fm}{d^4}\,rd = \frac{2\,fm\,r}{d^3}$$

Cette force est donc égale à la première, ainsi que nous l'avions déjà annoncé.

5. **Effets de la rotation de la terre et du mouvement de translation de la lune.** — Pour le point A, qui a la lune à son zénith, la mer est soulevée, c'est la marée haute. Il en est de même pour le point B, qui a la lune à son nadir (fig. 140). Pour les points C et D, qui ont la lune à

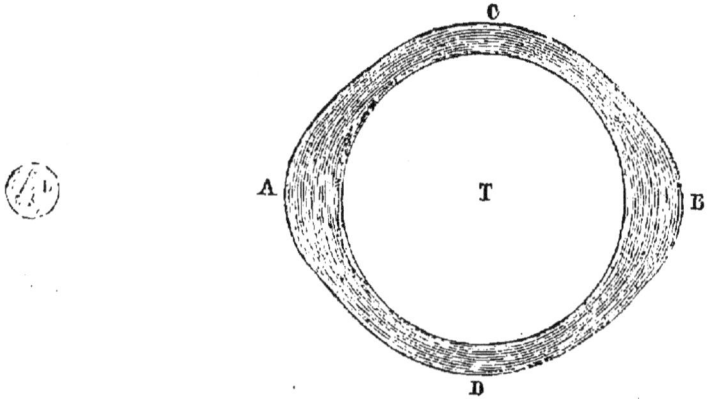

Fig. 140.

leur horizon, soit au moment du lever, soit au moment du coucher de cet astre, la mer est déprimée, c'est la marée basse. Tel est l'état des eaux océaniques à un instant donné, état d'équilibre qui se maintiendrait indéfiniment si la terre et la lune étaient immobiles.

Mais la terre tourne sur elle-même; de son côté la lune se déplace d'occident en orient; et de la combinaison de ces deux mouvements, il résulte que cette dernière revient au méridien dans l'intervalle de $24^h 50^m 28^s$. Nous pouvons alors continuer à considérer la terre comme immobile, en supposant que la lune décrive une circonférence complète autour de nous dans cet intervalle de temps. Ainsi les deux protubérances liquides A et B, qui doivent se trouver toujours l'une directement sous la lune et l'autre à l'extrémité opposée du même diamètre, suivant le mouvement apparent de la lune et font dans le même temps le tour de la terre de l'est à l'ouest. Pareille chose arrive pour les deux dépressions C et D. On voit donc que, dans l'espace de 24^h 50^m 28^s, il y a pour une région déterminée de l'océan, deux marées hautes et deux marées basses, se succédant à un intervalle de 6^h 12^m 37^s, résultats théoriques parfaitement conformes aux données de l'observation.

On voit en outre que les sommets des deux intumescences liquides se trouvant aux extrémités du diamètre terrestre dirigé vers la lune, c'est dans le plan où la lune se meut que se déplacent aussi ces deux sommets des eaux soulevées. Or le plan de l'orbite lunaire s'écarte peu du plan de l'écliptique, lui-même peu éloigné du plan de l'équateur. C'est par conséquent dans les régions équatoriales que se trouvent les sommets des renflements produits par la marée. A partir de ces régions l'intumescence diminue graduellement jusqu'aux régions polaires, qui, ayant toujours la lune au voisinage de l'horizon, ne peuvent jamais avoir de marée proprement dite.

6. **Action du soleil sur les eaux océaniques.** — Ce que nous venons de dire au sujet de l'attraction de la lune sur les eaux des mers, doit se répéter mot pour mot de l'attraction du soleil. L'océan se renfle dans les régions qui ont le soleil soit à leur zénith soit à leur nadir; il se déprime dans les régions qui sont à l'horizon. Si nous représentons par M la masse du soleil et par D la distance, en raisonnant comme nous l'avons fait au paragraphe 4, nous verrons que le soleil soulève les eaux des mers avec une force F″, dont la valeur est

$$F'' = \frac{2\,fMr}{D^3}$$

Comparons cette force à F résultant de l'attraction lunaire ; nous aurons :

$$\frac{F''}{F} = \frac{2 f M r}{D^3} \cdot \frac{d^3}{2 f m r} = \frac{M d^3}{m D^3}$$

La masse de la terre étant prise pour unité ; on a : $M = 355500$, $m = \frac{1}{88}$. D'autre part, r étant le rayon terrestre, on a : $D = 24000\, r$ et $d = 60\, r$; ou bien $D = 400\, d$. L'égalité devient aussi :

$$\frac{F''}{F} = \frac{355500 \times 88}{400^3} = 0,48$$

Malgré sa masse énorme, le soleil, à cause de sa grande distance, n'exerce donc sur les eaux des mers qu'une action au-dessous de la moitié de celle exercée par la lune ; en d'autres termes *la marée solaire est moindre que la moitié de la marée lunaire.*

7. Marées des syzygies et des quadratures. — Deux actions simultanées sont donc à considérer, l'une plus grande, celle de la lune, l'autre moindre, celle du soleil ; actions qui tantôt ajoutent leurs effets et tantôt les annulent partiellement. Supposons le soleil et la lune en ligne droite avec la terre, les deux astres pouvant être du même côté, ce qui est l'époque de la nouvelle lune ; ou bien l'un d'un côté et le second de l'autre, ce qui est l'époque de la pleine lune. Dans ces conditions les deux renflements produits par l'attraction de la lune coïncident avec les deux renflements produits par l'attraction du soleil ; il en est de même des dépressions correspondantes. La marée solaire s'ajoute donc à la marée lunaire, et de leur ensemble résulte une intumescence plus grande. Ainsi s'expliquent les fortes marées des syzygies. — Au contraire, à l'époque des quadratures, la lune étant au méridien, le soleil est à l'horizon, soit à l'orient, soit à l'occident. L'action solaire tend ainsi à produire une dépression là où l'action lunaire produit un gonflement ; de la discordance de ces deux effets résulte une marée affaiblie.

Il est visible d'ailleurs que les marées des syzygies
ront d'autant plus fortes que les deux astres combi-
:ront mieux leurs effets en une commune somme,
ndition remplie si la lune et le soleil sont exacte-
ent en ligne droite avec la terre, ainsi que cela se
isse au moment des éclipses. Si à cette condition
ent s'ajouter la position des deux astres à leur périgée,
marée atteint la plus grande valeur possible. Quant
ix marées des quadratures, elles seront encore amoin-
:ies, si les deux astres, à effets discordants, se trouvent
leur apogée. — Entre ces deux extrêmes, les marées
es syzygies de valeur la plus grande, et les marées des
nadratures de valeur la plus faible, se maintient le
onflement des eaux, variable d'un jour à l'autre sui-
ant les positions respectives de la lune et du soleil.

8. Effets des marées. — Il ne faudrait pas se figurer
ue les marées se produisent comme des courants, et
ue les deux intumescences opposées, qui font le tour
e la terre dans l'intervalle d'une révolution lunaire,
iurent réellement à la surface des mers et peuvent
itraîner les corps flottants. Il n'en est rien : la mer se
iulève et s'affaisse sur place, se gonflant au point où la
ine passe, et se dégonflant quand l'astre s'est trans-
irté plus loin. Les vaisseaux ne sont pas plus entraî-
is par l'onde de la marée que ne le sont les brins de
iille par les ondulations que la chute d'une pierre fait
iître sur une nappe d'eau tranquille. Un soulèvement
un affaissement alternatifs des eaux, se propageant
: proche en proche, toujours avec la même ampleur,
iilà tout ce qui se passe loin des côtes, en pleine mer,
il en serait ainsi de partout si la terre était, comme
i l'a supposé jusqu'ici, en entier couverte par l'océan.

9. Etablissement du port. — Mais les trois quarts seule-
ent du globe sont occupés par les mers, et alors le
iisinage des terres modifie beaucoup la marche des
arées, parce que les obstacles des îles et des conti-
ints entravent la propagation de l'onde. Aussi l'heure

de la plus grande élévation de la marée n'est pas l'heure
du passage de la lune au méridien du point considéré. Il y a généralement un retard, et d'une quantité
variable suivant la configuration et la résistance des
lieux. Ce retard est nul à Gibraltar; il est de 3 heures
53 minutes pour la tour de Cordouan à l'embouchure
de la Gironde ; de 3 heures 32 à Lorient; de 6 heures
40 minutes à Saint-Malo ; de 8 heures à Cherbourg ; de
11 heures à Dieppe; de 12 heures 13 minutes à Dunkerque; et il augmente encore à mesure que l'onde se
propage plus avant dans l'étroit canal de la Manche. Ce
retard se nomme *Etablissement du port*. Quand il est
connu pour un point du littoral, on peut calculer d'a-
vance, en se basant sur le mouvement de la lune,
les heures des hautes et des basses marées pour ce
point.

10. Hauteur des marées. — Dans une mer libre des
obstacles des terres, l'onde n'acquiert qu'une faible
élévation. Pour les îles de la mer du Sud, la marée ne
monte guère qu'à un demi-mètre. Mais au voisinage
des terres, dans les étroits passages surtout, l'onde,
ralentie dans sa marche, est refoulée sur elle-même, et
s'élève bien plus haut qu'elle ne le fait dans une mer
libre. A Saint-Malo, par exemple, suivant que les circonstances sont plus ou moins favorables, la marée
monte de 6 mètres à 7^m 5 au-dessus de son niveau
moyen pendant le flux, et baisse de la même quantité
au-dessous de ce niveau pendant le reflux, de sorte que
la différence entre la mer basse et la haute mer varie de
12 à 15 mètres. Hors de la Manche, les côtes océaniques de la France n'ont plus que des marées de 2 à
3 mètres.

Loin de terres, le gonflement et le dégonflement alternatifs des eaux n'amènent aucun courant, mais près
des terres, la mer, quand elle monte, se répand avec
rapidité sur les rivages peu inclinés ; quand elle baisse,
elle recule tout aussi vite et laisse à sec ces mêmes

rivages. De là résultent deux courants, le flux et le reflux, tour à tour dirigés de la mer à la terre et de la terre à la mer.

11. Défaut de marées dans les mers intérieures. — Les lacs et les petites mers enclavées dans les terres ne peuvent avoir de marées. Reportons-nous, en effet, à la figure 140. L'intumescence des eaux en A et B, leur dépression en C et D, ont pour cause l'inégalité de l'attraction lunaire en ces points. L'inégalité est la plus grande pour des régions distantes d'un quart du tour de la terre, comme le suppose la figure. Une nappe d'eau, pour être soumise aux plus fortes marées, doit donc embrasser au moins le quart du circuit terrestre. Pour les régions intermédiaires entre ces extrêmes, l'inégalité d'attraction diminue, et d'autant plus que ces régions sont plus rapprochées l'une de l'autre. Si donc l'on considère une nappe d'eau de peu d'étendue, l'attraction lunaire sera la même partout à très-peu près, et la marée ne sera plus possible, ou du moins sera très-faible. Or, aucun lac, aucune mer intérieure, pas même la Caspienne, n'est assez vaste pour éprouver ici et là des attractions sensiblement inégales ; ce qui entraîne l'absence de marées. Quant à la Méditerranée, elle n'occupe qu'une fraction assez petite de la circonférence du globe, et d'autre part elle ne communique avec l'Atlantique que par l'étroit passage de Gibraltar, trop restreint pour donner un suffisant accès à l'onde formée dans les mers libres. Aussi les marées ne s'y traduisent-elles que par des oscillations fort peu sensibles.

RÉSUMÉ.

1. A six heures environ d'intervalle, pour un point déterminé des océans, le niveau des eaux s'élève puis s'abaisse alternativement. Le mouvement ascendant est le *flux* ou *flot* ; le mouvement descendant est le *reflux* ou *jusant*. A son niveau le plus élevé, la mer est

dite *haute* ou pleine ; à son niveau le plus bas, elle est dite *basse*.

2. Le flux et le reflux se succèdent à un intervalle de 6 heures 12 minutes 37 secondes, ce qui est précisément le quart du temps que la lune met pour revenir au méridien. Les marées les plus fortes ont lieu à l'époque des syzygies, et les plus faibles à l'époque des quadratures.

3. L'attraction lunaire est cause d'un gonflement des eaux aux points qui ont la lune à leur zénith et à leur nadir, et d'une dépression aux points qui ont la lune à leur horizon.

4. La force avec laquelle la lune soulève les eaux des mers est proportionnelle à la masse de la lune et en raison inverse du cube de la distance. Cette force est la même aux deux extrémités du diamètre terrestre dirigé vers la lune.

5. Par le fait de la rotation de la terre et de la translation de la lune, l'onde soulevée fait le tour de la terre de l'est à l'ouest dans l'intervalle de 24 heures 50 minutes 28 secondes. Il en est de même de la dépression correspondante.

6. Les marées dues à l'attraction solaire sont moindres que la moitié des marées lunaires.

7. Les marées atteignent leur plus grande valeur à l'époque des syzygies, parce qu'alors les effets des deux astres sont concordants, et que les marées solaires s'ajoutent aux marées lunaires. Elles ont leur moindre valeur à l'époque des quadratures parce que les effets des deux astres sont discordants, et que les marées solaires se retranchent des marées lunaires.

8. Les marées ne produisent pas de courant. La mer se soulève et s'affaisse, tour à tour, sur place.

9. Par suite de l'obstacle que les iles et les continents opposent à la propagation de l'onde, l'heure du flux n'est pas l'heure du passage de la lune au méridien, et varie beaucoup d'un port à l'autre.

10. Dans une mer libre des obstacles des terres, l'onde n'acquiert qu'une faible élévation, un demi-mètre environ pour les mers du Sud. Mais au voisinage des terres, dans les étroits passages surtout, l'onde refoulée sur elle-même, peut acquérir une assez grande élévation, très-variable d'un point à un autre.

11. Pour être pleinement soumise à la marée, une mer doit embrasser au moins le quart du tour de la terre. Les lacs et les petites mers intérieures ne peuvent avoir de marées parce que l'attraction lunaire ne s'exerce pas d'une manière assez inégale en leurs différents points.

·FIN.

TABLE DES CHAPITRES

FIN

F. Aureau. — Imprimerie de Lagny.

Fig. 15.

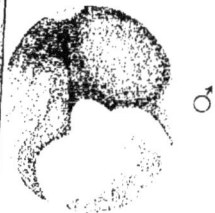

♂

Fig. 16.

♃

Fig. 54.

☽

Fig. 17.

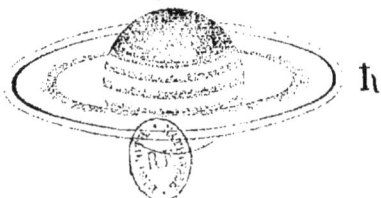

♄

LIBRAIRIE CH. DELAGRAVE, RUE SOUFFLOT 15.

LA LUNE
MARS, JUPITER, SATURNE.

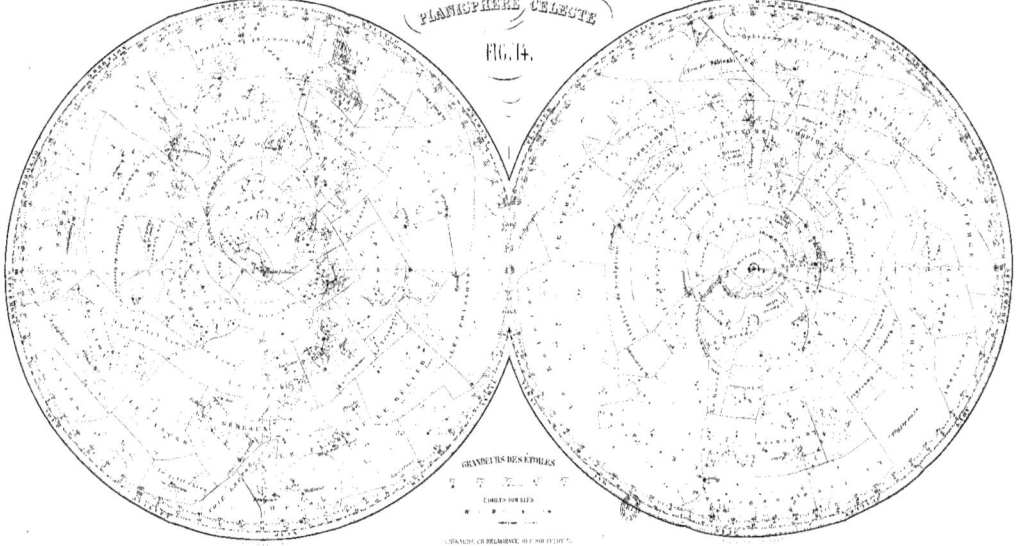

HÉMISPHÈRE BORÉAL   PLANISPHÈRE CÉLESTE   HÉMISPHÈRE AUSTRAL

FIG. 14.

GRANDEURS DES ÉTOILES

CONSTELLATIONS ÉQUATORIALES.

Fig. 14 bis

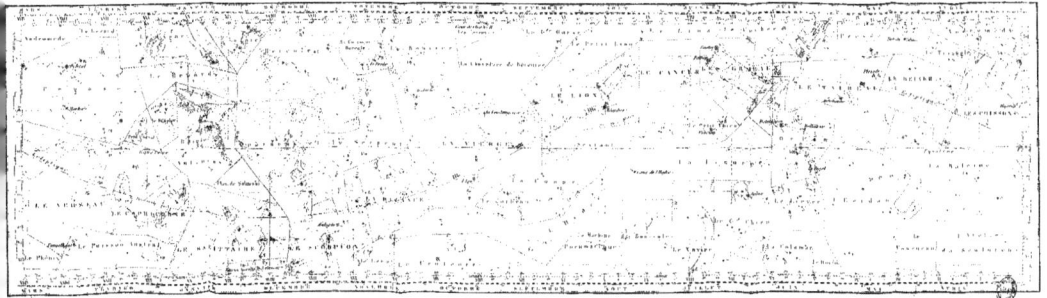

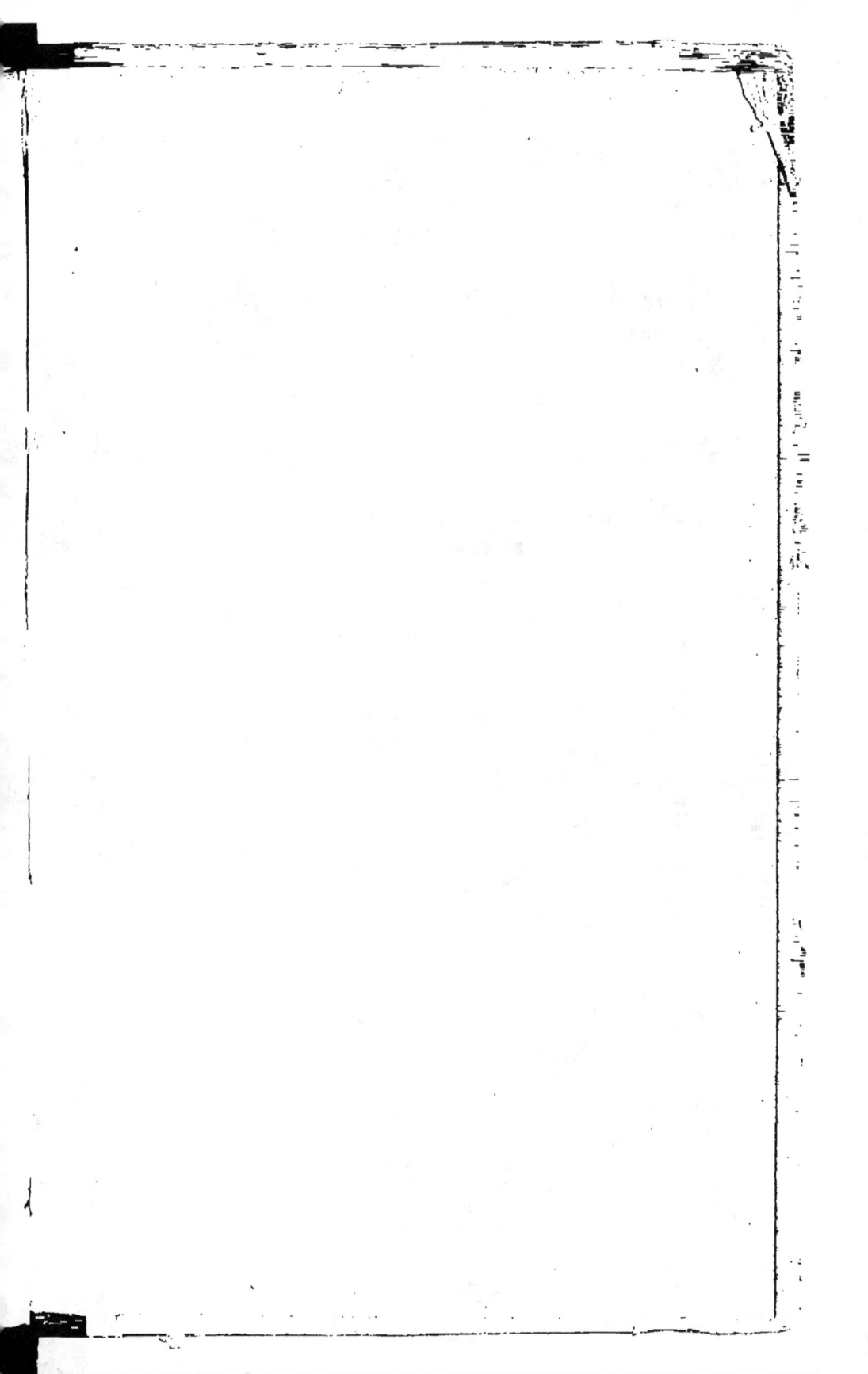

BIBLIOTHEQUE NATIONALE DE FRANCE

3 7531 04127768 3

www.ingramcontent.com/pod-product-compliance
Lightning Source LLC
Chambersburg PA
CBHW071621270326
41928CB00010B/1727